Das Geschlecht in mir

Das Geschlecht in mir

Neurowissenschaftliche, lebensweltliche und theologische Beiträge zu Transsexualität

Herausgegeben von Gerhard Schreiber

DE GRUYTER

Ausgewählte, überarbeitete und zum Teil übersetzte Beiträge aus dem Sammelband *Transsexualität in Theologie und Neurowissenschaften. Ergebnisse, Kontroversen, Perspektiven*, hg. von Gerhard Schreiber, Berlin/Boston: De Gruyter 2016.

ISBN 978-3-11-060506-8
e-ISBN (PDF) 978-3-11-061462-5
e-ISBN (EPUB) 978-3-11-062066-6

Library of Congress Control Number 2019933623

Bibliografische Information der Deutschen Nationalbibliothek
Die Deutsche Nationalbibliothek verzeichnet diese Publikation in der Deutschen Nationalbibliografie; detaillierte bibliografische Daten sind im Internet über http://dnb.dnb.de abrufbar.

Einbandabbildung: Cornelia Kunert: Der verkehrte Junge (2002)
Druck und Bindung: CPI books GmbH, Leck

MIX
Papier aus verantwortungsvollen Quellen
FSC® C083411

www.degruyter.com

„Alle Menschen sind Ausnahmen von einer Regel, die nicht existiert."
Fernando Pessoa

Dem Andenken an Jeanne Lessenich (1942–2017) gewidmet.

Inhalt

3 Theologisch

Vorwort

„Glückwunsch, es ist ein Mädchen!“, „Glückwunsch, es ist ein Junge!“ – mit diesen kurzen Mitteilungen seitens Hebammen und medizinischen Personals an die gebärende Mutter ist weitaus Bedeutenderes als ein floskelhafter Glückwunsch ausgesprochen. Denn es gibt in der Biographie eines Menschen wohl kaum eine folgenreichere Festlegung als die seines Geschlechts im Moment des Eintritts in diese Welt. Je nach Erscheinungsbild seines äußeren Genitales wird ein neugeborenes Kind, soweit möglich, einem bestimmten Geschlecht zugeordnet, und diese Zuordnung ist für das Selbstverständnis einer Person wie für die Wahrnehmung dieser Person durch andere von geradezu existenzieller Bedeutung. Die Ausbildung ihres individuellen Denkens, Fühlens und Verhaltens steht in ständiger Wechselwirkung mit ihrem gesellschaftlichen Umfeld auf der Basis der zuvor festgelegten Geschlechtszugehörigkeit. Diese wird landläufig als ein ‚natürlich‘ vorgegebener, durch die äußerlich sichtbaren Genitalien erkennbarer unveränderlicher Tatbestand betrachtet. Wenn das im weiteren Lebensverlauf mit bestimmten Vorstellungen und Idealisierungen verknüpfte Geschlecht eines Menschen jedoch *nicht* eindeutig in das Schema zweier Geschlechter ‚passt‘ und/oder dem ersten Anschein widerspricht, werden Erwartungen durchkreuzt und bei vielen Mitmenschen Gefühle der Verunsicherung bis hin zur Abwehr hervorgerufen, nicht selten begleitet von dem mehr oder weniger bewussten Bestreben, das ‚wirkliche‘ Geschlecht des Gegenübers herauszufinden.

Ein Mensch ist und bleibt entweder männlichen oder weiblichen Geschlechts – dies ist im Alltagswissen noch heute eine nahezu unhinterfragte Annahme. Nachdem es sich im neuzeitlichen Europa als allgemeine Sicht auf das menschliche Geschlecht durchgesetzt hat,[1] befördert und zementiert das sozial und kulturell dominierende binäre Geschlechtermodell vielfältige Ausgrenzungserfahrungen für Menschen, die sich selbst geschlechtlich jenseits der Kategorien ‚männlich‘ und ‚weiblich‘ verorten oder die sich nicht bzw. nicht nur mit dem bei der Geburt eingetragenen Geschlecht identifizieren. Die Ergebnisse der zwischen Anfang Juli und Mitte Oktober 2015 durchgeführten ZEIT-Vermächtnisstudie zeigen, dass der genannte Befund keineswegs nur auf eine statistisch zu

---

1 Wie die Geschlechter- und Genderforschung in einer Fülle von Studien herausgearbeitet hat, handelt es sich bei der Annahme einer binären Zweigeschlechtlichkeit des Menschen nicht um eine zeit- und kulturübergreifende Konstante, sondern um ein historisch kontingentes Konstrukt, welches gleichwohl, als mentalitätsprägender Faktor in nahezu sämtlichen westlichen Gesellschaften individual- und sozialgeschichtlich wirksam, den Anspruch einer anthropologischen Konstante erhoben hat und noch erhebt.

vernachlässigende Minderheit der Bevölkerung zutrifft. Nach der Geschlechterrolle befragt, die sie „am ehesten" beschreibt, haben 3,3 % der befragten Personen „ein von ihrem Registerdaten-Geschlecht (und wahrscheinlich auch biologischen Geschlecht) abweichendes soziales Geschlecht angegeben."[2]

Auch die Rechtsordnung unseres Landes ist bis vor Kurzem vom binären Geschlechtermodell als von einer Selbstverständlichkeit ausgegangen. Als wissenschaftlicher Garant für diese Festlegung des Geschlechts *sub utraque specie* galt nicht zuletzt die Biologie. Doch gerade sie ist es, die auf beeindruckende Weise zeigt, wie atemberaubend vielfältig die geschlechtlichen Erscheinungs- und Ausdrucksformen ‚weiblicher' und ‚männlicher' Individuen und wie fließend die Übergänge zwischen beiden sein können und sind.[3] Diesem wissenschaftlichen Befund, dass Geschlecht durchaus differenzierter und komplexer ist, als es im Alltagswissen unterstellt und durch sprachliche Termini und gesellschaftliche Konventionen gefestigt wird, hat das Bundesverfassungsgericht in seinem Beschluss vom 10. Oktober 2017 (Aktenzeichen: 1 BvR 2019/16) Rechnung getragen. Das Gericht kam zu der Auffassung, dass auch diejenigen Menschen, „deren Geschlechtsentwicklung gegenüber einer weiblichen oder männlichen Geschlechtsentwicklung Varianten aufweist und die sich selbst dauerhaft weder dem männlichen noch dem weiblichen Geschlecht zuordnen", ein Recht auf einen ihrem Geschlecht entsprechenden „positiven Geschlechtseintrag"[4] im Personenstandsregister haben. Doch auch dieser Beschluss des Bundesverfassungsgerichts und die vom Gesetzgeber daraufhin getroffene Regelung[5] ändern nichts an dem Umstand, dass die Geschlechtszugehörigkeit eines Menschen nach wie vor *zunächst* das Resultat einer Fremdzuschreibung durch Dritte aufgrund äußerer Körpermerkmale ist.

Die darin liegende Problematik zeigt sich besonders deutlich beim Umgang mit jenen Menschen, deren geschlechtliches Selbsterleben nicht dem bei der Geburt eingetragenen Geschlecht entspricht. Die von ihnen erlebte Geschlechtskörperdiskrepanz – unter anderem als Transsexualität bezeichnet – galt lange Zeit

---

2 Jutta Allmendinger, *Das Land, in dem wir leben wollen. Wie die Deutschen sich ihre Zukunft vorstellen*, München: Pantheon 2017, 260 (III.4, Anm. 1).

3 Joan Roughgarden, *Evolution's Rainbow. Diversity, Gender, and Sexuality in Nature and People*, Berkeley/Los Angeles, CA: University of California Press 2004.

4 BVerfG, Beschluss des Ersten Senats vom 10. Oktober 2017 – 1 BvR 2019/16, Rn. 35.

5 Ergänzung vor Drucklegung: Das „Gesetz zur Änderung der in das Geburtenregister einzutragenden Angaben" wurde am 21. Dezember 2018 im Bundesgesetzblatt (2018, Teil I, 2635) verkündet und ist am Folgetag in Kraft getreten. § 22 Abs. 3 Personenstandsgesetz (PStG) lautet nunmehr: „(3) Kann das Kind weder dem weiblichen noch dem männlichen Geschlecht zugeordnet werden, so kann der Personenstandsfall auch ohne eine solche Angabe oder mit der Angabe ‚divers' in das Geburtenregister eingetragen werden."

hindurch als schwere psychische Störung. Man unterstellte, die persönliche Überzeugung, einem anderen als dem durch die Genitalien angezeigten Geschlecht zuzugehören – dies sei eine Art Wahn. Nicht zuletzt unter dem Einfluss neurowissenschaftlicher Forschungsarbeiten hat sich in den letzten beiden Jahrzehnten jedoch ein Paradigmenwechsel vollzogen, der eng mit der Entpsychiatrisierung und Entpsychopathologisierung von Transsexualität verbunden ist und in das Axiom mündet: Transsexualität ist eine individuelle Variante menschlicher Geschlechtlichkeit.[6] Neurowissenschaftliche Untersuchungen gelangten zu dem Schluss, dass Strukturen und Funktionen des Gehirns als bestimmend für das subjektiv erlebte Geschlecht zu betrachten seien. Das Gehirn fungiere demnach als Basis und Steuerungsorgan für das geschlechtliche Selbsterleben: „Das wichtigste Geschlechtsorgan befindet sich nicht zwischen den Beinen, sondern zwischen den Ohren. Es ist das Gehirn [...], und dieses wird prä- und postnatal geformt."[7] So betrachtet sind die Genitalien bei transsexuellen Menschen gewissermaßen geschlechtlich ‚diskrepant' zum Gehirn. Mit diesem geschlechtlichen Diskrepanzempfinden *kann* das explizite Bedürfnis nach Angleichung von Körper und Lebensweise an das innerlich bestimmende Geschlecht einhergehen.[8]

Mit Gewissheit lässt sich heute konstatieren: „Die Zeiten, in denen Transsexuelle in psychiatrische Anstalten gesteckt, mit Insulin geschockt, mit elektrischem Strom traktiert, zur Zwangspsychotherapie interniert oder gar am Gehirn operiert worden sind, gehören erfreulicherweise der Vergangenheit an."[9] Jedoch besteht die Fremdbestimmung transsexueller Menschen durch Dritte unverändert fort. Noch immer ist die Einholung zweier vom Gericht bestellter Gutachten von

---

6 In der von der Weltgesundheitsorganisation (WHO) am 18. Juni 2018 vorgestellten 11. Fassung der *International Classification of Diseases*, die 2019 auf der Weltgesundheitsversammlung verabschiedet werden und ab 2022 offiziell gelten soll, wird „Transsexualität" nicht länger den Persönlichkeits- und Verhaltensstörungen zugeordnet; stattdessen ist von „Geschlechtsinkongruenz" (*gender incongruence*) in einem neuen Kapitel zur „sexuellen Gesundheit" (*Conditions related to sexual health*) die Rede, vgl. [www.who.int/classifications/icd/revision/en/] (Zugriff: 20.11.2018).

7 Milton Diamond, „Biased-Interaction Theory of Psychosexual Development: ‚How Does One Know if One is Male or Female?'", *Sex Roles*, Bd. 55, 2006, 589–600, 596 (meine Übers.).

8 Die Sichtung der internationalen Literatur zeigt, „dass sich längst nicht der größte Teil von Trans*menschen hormonell und chirurgisch behandeln lässt, sondern zwischen 43 Prozent und 50 Prozent von ihnen eine Lösung ihres Problems *ohne* Operation suchen" (Udo Rauchfleisch, *Transsexualität – Transidentität. Begutachtung, Begleitung, Therapie*, 5. Aufl., Göttingen: Vandenhoeck & Ruprecht 2016, 21).

9 Volkmar Sigusch, *Sexualitäten. Eine kritische Theorie in 99 Fragmenten*, Darmstadt: WBG 2013, 243.

„Sachverständigen“, denen transsexuelle Menschen ihre Männlichkeit oder Weiblichkeit gewissermaßen demonstrieren müssen, zwingende Voraussetzung für eine Vornamens- und Personenstandsänderung nach §§1 und 8 Transsexuellengesetz (TSG).[10] Überdies lassen Medizin und Psychiatrie in der Praxis nicht selten den nötigen Respekt vor der geschlechtlichen Selbstbestimmung und deren in der Unantastbarkeit der Würde eines jeden Menschen verbürgten Achtung vermissen.[11] Hier gilt es deutlich zu machen: Geschlecht ist nicht verfügbar,[12] sondern Gegenstand der Selbstbestimmung des Einzelnen, der – theologisch gesprochen – durch das Geschenk der rechtfertigenden Gnade zur Freiheit begabt und zum Leben in freiheitlicher Verantwortung gegenüber Gott und den Mitmenschen berufen ist.

Transsexuelle Menschen benötigen keine Bevormundung, sondern vollkommene Wertschätzung und Unterstützung in Übergangsphasen ihres Lebensweges sowie, wenn ausdrücklich gewünscht, kompetente Begleitung beim ‚Einleben‘ in ihren geschlechtlich angeglichenen Körper. Denn der Bewusstwerdungsprozess einer Geschlechtskörperdiskrepanz kann für den betreffenden Menschen mit erheblichem Leidensdruck und gravierenden Auswirkungen, unter anderem auf Partnerschaft und Familie, verbunden sein. Hinzu kommen diskriminierende Erfahrungen im Erwerbsleben, erhebliche (nicht zuletzt: finanzielle) Belastungen, eine erschreckend hohe Arbeitslosigkeit[13] und Suizidalität.[14] Überdies hat sich in den letzten Jahren das gesellschaftliche und politische Klima in mehreren westlichen oder westlich orientierten Staaten auch zum Nachteil von LSBTTIQ[15] merklich verschlechtert, wie die deutliche Zunahme herabwürdigender und po-

---

10 Erst am 17. Oktober 2017 hat das Bundesverfassungsgericht einstimmig die Verfassungs*gemäßheit* dieser Vorgabe in § 4 Abs. 3 Satz 1 TSG bestätigt, vgl. BVerfG, Beschluss der 2. Kammer des Ersten Senats vom 17. Oktober 2017 – 1 BvR 747/17.

11 Im medizinischen Bereich wurde am 9. Oktober 2018 die Leitlinie „Geschlechtsinkongruenz, Geschlechtsdysphorie und Trans-Gesundheit: S3-Leitlinie zur Diagnostik, Beratung und Behandlung“ (AWMF-Registernr. 138/001) veröffentlicht, wonach es die Forderung nach einem „Alltagstest“ und eine Psychotherapiepflicht nicht mehr geben wird. Ob sich der Medizinische Dienst der Krankenversicherung (MDK) nach dieser Leitlinie richten wird, bleibt abzuwarten.

12 Vgl. hierzu die sog. „Stuttgarter Erklärung“ unter [http://die-erklaerung.de] (Zugriff: 20.11. 2018).

13 Der *Studie zur Lebenssituation von Transsexuellen in Nordrhein-Westfalen* (2012) zufolge sind fast ein Viertel der transsexuellen Menschen auf ALG II angewiesen, vgl. [http://t1p.de/mxkf] (Zugriff: 20.11.2018).

14 Vgl. Ann P. Haas et al., „Suicide and Suicide Risk in Lesbian, Gay, Bisexual, and Transgender Populations: Review and Recommendations,“ *Journal of Homosexuality*, Bd. 58, 2011, 10 – 51.

15 Die Abkürzung LSBTTIQ steht für lesbische, schwule, bisexuelle, transsexuelle, Transgender, intersexuelle und queere Menschen, was allerdings *nicht* im Sinne einer Festlegung eines Menschen ausschließlich auf einen der Begriffe verstanden werden soll.

lemischer Äußerungen seitens führender Politiker und rechtsnationaler Parteien, nicht zuletzt aber das bestürzende Ausmaß von Hassverbrechen gegen sexuelle und geschlechtliche Minderheiten zeigt.[16] Angesichts dieser wirklich bedrängenden Herausforderungen scheint mir – man möge mir diese Bemerkung nachsehen – das Verhalten so mancher Akteur*innen aus der „Community" alles andere als zuträglich zu sein, offenbar lieber müßige Debatten und Streitigkeiten über Begrifflichkeiten und Formulierungen anzustrengen als dem weitaus wichtigeren Bemühen nachzugehen, mit Gleichgesinnten solidarisch an einem Strang zu ziehen. Durch die Infragestellung von Selbstbeschreibungen und Selbstbezeichnungen anderer wird eben jene Bevormundung praktiziert, gegen die man sich sonst im medizinischen und juristischen Bereich mit Fug und Recht zur Wehr setzt.

Was bedeutet dies nun aber für die theologische Reflexion und kirchliche Praxis? Wie Intersexualität[17] ist auch Transsexualität für Kirche und Theologie im deutschsprachigen Raum bislang noch weitgehend außerhalb des Gesichtsfeldes, mithin ein blinder Fleck. In kirchlichen Stellungnahmen und theologischen Veröffentlichungen, in denen das binäre Geschlechtermodell eine selbstverständliche Grundvoraussetzung bildet, stellen Transsexualität und Intersexualität gewissermaßen ein *exterritoriales Gebiet* dar, das nicht selten als etwas Abseitiges qualifiziert wird. Auf der Basis schöpfungstheologischer Aussagen weiter entfaltet, fand das binäre Geschlechtermodell seinen festen Platz in kirchlicher Lehre und Praxis. Dies hat zu einem Mangel an seelsorglicher Empathie geführt – sprich: Einfühlung in den Nächsten, den zu lieben ‚wie sich selbst' jedem Christenmenschen von Jesus im Einklang mit dem jüdischen Glauben aufgetragen ist.

Diese ‚Bedachtsamkeit' im kirchlich-theologischen Bereich mag auch darin begründet sein, dass Transsexualität und Intersexualität als Segmente eines wesentlich breiter zu sehenden Spektrums möglicher individueller geschlechtlicher Muster, die ich unter dem Terminus ‚geschlechtliche Vielfalt' zusammengefasst sehe, relativ neue Themen im gesellschaftlichen Diskurs darstellen, deren

16 In Brasilien, zu dessen neuen Präsidenten der Rechtsextremist Jair Bolsonaro am 1. Januar 2019 vereidigt wird, der im Wahlkampf beinahe täglich mit Invektiven und offener Hetze gegen Schwarze, Indigene, Trans- und Homosexuelle aufgewartet hat, wurden den Angaben von Menschenrechtsorganisationen und Verbänden zufolge allein im Jahr 2017 179 Morde (d.h. im Durchschnitt jeden zweiten Tag ein Mord) an transsexuellen Menschen verübt, vgl. [http://t1p.de/n29j] und [http://t1p.de/u0ow] (Zugriff: 20.11.2018).

17 Zu Intersexualität aus theologischer Perspektive vgl. den in Kürze erscheinenden Tagungsband *Diverse Identität. Interdisziplinäre Annäherungen an das Phänomen Intersexualität*, hg. von Julia Koll, Jantine Nierop und Gerhard Schreiber, Hannover: creo-media 2018 (*Schriften zu Genderfragen in Kirche und Theologie*, Bd. 4).

Relevanz für die Gestaltung des Lebens von den sinngebenden Instanzen und Institutionen individueller und sozialer Wertsetzung noch keineswegs hinreichend geklärt worden ist – und hier ordnen sich Kirche und Theologie ganz konform ein. Beides, Intersexualität und Transsexualität, ist für die theologische Reflexion und kirchliche Praxis eine „irritierende Kontingenz“[18], die gängige, etablierte Denkmuster aufbricht und zu einem Kurswechsel in der theologischen Auseinandersetzung mit Geschlecht herausfordert.

Der Abschied vom Althergebrachten[19] fällt schwer, doch ist es Aufgabe *und* Stärke theologischen Denkens, sich neueren Wissensbeständen nicht zu verschließen, zumal wenn sie ‚fächerübergreifend‘ aus außertheologischen Quellen stammen und womöglich im Widerspruch zu dogmatischen Aussagen über den Menschen und seine Lebenswelt stehen. Um Orientierung für die Auseinandersetzung mit Aufgaben und Herausforderungen heutiger Zeit geben zu können, gilt es daher, die Traditionen des eigenen Glaubens im Kontext neuzeitlichen Denkens und Handelns zu entfalten und in einer zunehmend von Komplexität und Differenziertheit geprägten modernen Gesellschaft argumentativ zu verantworten. Die damit einhergehende Re-Evaluation bisheriger Auslegungstraditionen einschlägiger Bibelstellen vor dem Hintergrund und unter Einbeziehung des gegenwärtigen wissenschaftlichen *State of the Art* – gewissermaßen eine Rückkehr *ad fontes* unter veränderten Vorzeichen – erfordert die stetige Bereitschaft zu neuerlichem Nachdenken einschließlich der sich daraus ergebenden Revisionen traditioneller ‚Richtigkeiten‘.

Damit sind Motivation und Ausgangslage der Konferenz skizziert, die unter dem Titel *Transsexualität. Eine gesellschaftliche Herausforderung im Gespräch zwischen Theologie und Neurowissenschaften* vom 4. bis 6. Februar 2016 an der Goethe-Universität Frankfurt stattfand. Diese internationale Konferenz verstand sich als Plattform für einen inner- und interdisziplinären Austausch über Transsexualität zwischen Vertreter*innen der Neuro-, Bio- und Rechtswissenschaften auf der einen, Theologie und Kirche auf der anderen Seite. Der daraus hervorgegangene, im Oktober 2016 bei De Gruyter erschienene Tagungsband *Transsexualität in Theologie und Neurowissenschaften. Ergebnisse, Kontroversen, Per-*

---

18 Stephan Goertz, „Irritierende Kontingenz. Transsexualität als moraltheologische Herausforderung,“ in *Zukunftshorizonte katholischer Sexualethik. Bausteine zu einer Antwort auf die Missbrauchsdiskussion*, hg. von Konrad Hilpert, Freiburg i. Br.: Herder 2011, 345–358.

19 Vgl. Klaus-Peter Jörns, *Notwendige Abschiede. Auf dem Weg zu einem glaubwürdigen Christentum*, 5. Aufl., Gütersloh: Gütersloher Verlagshaus 2010.

spektiven erfreute sich ausgesprochen positiver Resonanz und wurde im November 2017 mit dem Leonore-Siegele-Wenschkewitz-Preis ausgezeichnet.[20]

Im vorliegenden Band sind ausgewählte Beiträge aus dem Tagungsband versammelt, die von den Autor*innen jeweils durchgesehen, aktualisiert oder neu ausgearbeitet wurden. Der vorliegende Band versteht sich insofern als Ergänzung zum wesentlich umfangreicheren und noch einige weitere Aspekte des Themas behandelnden Tagungsband. Auf den vielfach an mich herangetragenen Wunsch hin wird hiermit eine deutsche Übersetzung der englischsprachigen Beiträge von Mark Solms, Dick F. Swaab, Laura Castellanos-Cruz & Ai-Min Bao, Seth Watt & Gillian Einstein, Milton Diamond, Joan Roughgarden und Peter Dabrock vorgelegt. Bei der Übersetzung dieser Beiträge habe ich mich bemüht, das selbstverständliche Erfordernis der Originaltreue mit dem Erfordernis der größtmöglichen Verständlichkeit bei der Wahl der Ausdrucksweise der Zielsprache zu vereinen. Dies ging zuweilen nicht ohne mehr oder weniger merkliche Veränderungen der formalen Struktur des Textes. Für alle englischsprachigen *termini technici* wurden, falls vorhanden, die entsprechenden deutschsprachigen Äquivalente gewählt, denen ich an manchen Stellen die Originaltermini zur Verdeutlichung in Klammern beigefügt habe.

Die Untergliederung der Beiträge dieses Bandes in die Sektionen „Neurowissenschaftlich“, „Lebensweltlich“ und „Theologisch“ erfolgt nach der jeweiligen Schwerpunktsetzung. Während in der ersten Sektion wesentliche Ergebnisse und unterschiedliche Standpunkte der neurowissenschaftlichen Forschung zur Entwicklung und Ausprägung des geschlechtlichen Selbsterlebens eines Menschen im Allgemeinen, zum Phänomen der Transsexualität im Besonderen dokumentiert werden, befassen sich die Beiträge der zweiten Sektion vornehmlich mit den Herausforderungen von und Kontroversen um Transsexualität in den Strukturen der Lebenswelt des Alltags (A. Schütz). Zu dieser alle Formen praktischer Lebensbewältigung umfassenden Welt gehören folglich auch rechtliche, medizinische, psychotherapeutische sowie kindheitsbezogene Aspekte unseres Themas. In der dritten Sektion werden schließlich unterschiedliche Perspektiven für einen angemessenen, die sexuelle und geschlechtliche Selbstbestimmung des Einzelnen respektierenden Umgang mit Transsexualität aus christlich-theologischer Sicht eröffnet, wozu dogmatisch- und ethisch-theologische Standpunkte ebenso gehören wie die seelsorgliche und homiletische Dimension. Es versteht sich, dass die gewählten Sektionen lediglich Orientierungspunkte darstellen,

---

20 Der Jury dieses vom Verein zur Förderung Feministischer Theologie in Forschung und Lehre e.V., den Evangelischen Frauen in Hessen und Nassau e.V., der Evangelischen Kirche in Hessen und Nassau (EKHN) und der Evangelischen Akademie Frankfurt vergebenen Preises möchte ich an dieser Stelle herzlich danken.

zumal einige Beiträge auch übergreifend zu Fragestellungen aller drei Sektionsthemen Bezug nehmen.

Eine prinzipielle, systematisch- und praktisch-theologische Reflexion von Transsexualität ist zwar noch immer ein Desiderat, doch sind seit der Frankfurter Konferenz mehrere Beiträge und kleinere Publikationen zu Transsexualität aus theologischer Perspektive erschienen.[21] Überdies hat sich mit der Evangelischen Kirche in Hessen und Nassau (EKHN) erstmals auch eine Landeskirche der EKD in einer eigenständigen Publikation mit Transsexualität beschäftigt. Diese von der Fachgruppe „Gendergerechtigkeit" unter der Leitung von Landesjugendpfarrer Gernot Bach-Leucht ausgearbeitete und im April 2018 veröffentlichte Handreichung *Zum Bilde Gottes geschaffen. Transsexualität in der Kirche* möchte nicht nur für das Thema sensibilisieren, sondern zugleich für die Belange transsexueller Menschen in *und* außerhalb der Kirche eintreten. Aus bewusst christlicher Perspektive heraus soll ein Beitrag geleistet werden zur Wahrnehmung von Menschen in ihrer Vielfalt und zur Beendigung von Diskriminierungen aufgrund von Geschlecht und sexueller Orientierung. Im März 2019 wird diese Handreichung bereits in 3. Auflage erscheinen.[22]

Wie beim Tagungsband zum Konferenzprojekt von 2016 bin ich einer Vielzahl von Personen zu Dank verpflichtet, die auf unterschiedlichste Weise zum Gelingen dieser Publikation beigetragen haben. Mein Dank gilt zuallererst den Beitragenden für die Durchsicht, Überarbeitung oder Neuausarbeitung ihrer Beiträge und die erneut ausgezeichnete Zusammenarbeit! Dass auch das Cover dieses Bandes ein wunderbares Bild[23] der Theologin und Therapeutin Cornelia Kunert (Wien) ziert, erfüllt mich mit Freude und Dankbarkeit! Von ganzem Herzen dankbar bin ich Pfr. i.R. Dr. Günter Meyer-Mintel (Moers) für seine ebenso scharfsinnigen wie bereichernden Denkanstöße und für seinen klugen Rat in allen Belangen! Frauke Uh-

21 Besonders hervorheben möchte ich dabei den anlässlich des Reformationsjubiläums 2017 erschienenen Interview- und Materialienband *Reformation für Alle*. Transidentität/Transsexualität und Kirche*, hg. von der Deutschen Gesellschaft für Transidentität und Intersexualität in Kooperation mit Asta Dittes, Livia Prüll, Anne Scheschonk, Johanna Schmidt-Räntsch und Gerhard Schreiber, Berlin: dgti e.V. 2017. Download möglich unter [http://t1p.de/rw2b] (Zugriff: 20.11.2018).

22 Ein Download der Handreichung ist möglich unter [http://t1p.de/0jar] (Zugriff: 20.11.2018).

23 Über dieses Bild, „Der verkehrte Junge" (2002, 200 × 125 cm), schrieb Cornelia Kunert einmal: „[Dieses Bild] ist so sehr aus der Tiefe gemalt wie kein anderes und hat mir viel über mich selbst gezeigt. Es hat mir meine tiefsten Gefühle offenbart, die ich kaum verstehen und denen ich damals kaum standhalten konnte. Auf diese Weise hat das Bild mich gemalt, mich verändert. In allem, was wirklich Kunst ist, werden wir, wenn wir es bestehen, zugleich selbst erschaffen […]; es ist die Geschichte von meiner Reise in einem Boot aus Haut. Von dieser meiner Geschichte will und kann ich mich nicht trennen, solange ich lebe".

lenbruch (Redwood City, CA) sei für ihre kompetente Hilfe und Unterstützung bei der Übersetzung gedankt. Ihre Übersetzung des Artikels von Joan Roughgarden wurde dankenswerterweise vom Verein Kreuzweise-Miteinander e.V. finanziell unterstützt. Dieser im Sommer 2018 in Würzburg gegründete Verein unter dem Vorsitz von Pfr.in Dorothea Zwölfer fördert die wissenschaftliche Arbeit, die Bildung sowie Begegnungen und innerkirchliche Veränderungsprozesse im Blick auf Minderheiten in der Gesellschaft (insbesondere LSBTTIQ) mit dem Ziel, mehr Akzeptanz, Wertschätzung und Gemeinschaft zwischen Minderheiten und der Mehrheitsgesellschaft sowie Verbesserungen im medizinischen Bereich (insbesondere für transsexuelle Menschen) zu ermöglichen.

Last, not least sei dem Verlag De Gruyter für die Ermöglichung dieser Publikation gedankt. Ganz besonders möchte ich dabei Katrin Mittmann und Dr. Sophie Wagenhofer für ihre äußerst kompetente verlegerische Betreuung dieses Bandes und die überaus freundliche und zugewandte Zusammenarbeit danken!

Unerwartet und plötzlich verstarb am 9. Mai 2017 die Illustratorin, Autorin und Malerin Jeanne Lessenich (*29. September 1942). Jeanne Lessenich hat im Tagungsband von 2016 einen ausgesprochen interessanten Beitrag über die Two-Spirits bei den indigenen Völkern Nordamerikas verfasst. Ihrem Andenken sei der vorliegende Band gewidmet.

Gerhard Schreiber
Darmstadt, am Transgender Day of Remembrance (TDOR),
20. November 2018

Zu den Beitragenden

Dr. **Laura Adamietz**, Rechtsanwältin und Notarin, Bremen.
E-Mail: kanzlei@dr-adamietz.de

Prof. Dr. **Regina Ammicht Quinn**, Direktorin des Zentrums für Gender- und Diversitätsforschung (ZGD), Eberhard-Karls-Universität Tübingen.
E-Mail: regina.ammicht-quinn@uni-tuebingen.de

Ai-Min Bao, MD, PhD, Professorin für Neurobiologie, Zhejiang University School of Medicine, Volksrepublik China.
E-Mail: baoaimin@zju.edu.cn

Prof. Dr. **Peter Dabrock**, Professor für Systematische Theologie (Ethik), Friedrich-Alexander-Universität Erlangen-Nürnberg.
E-Mail: peter.dabrock@fau.de

Milton Diamond, MD, PhD, Professor (em.) für Anatomie und reproduktive Biologie, University of Hawaii, USA.
E-Mail: diamond@hawaii.edu

Gillian Einstein, PhD, The Wilfred and Joyce Posluns Chair in Women's Brain Health and Aging, University of Toronto, Canada.
E-Mail: gillian.einstein@utoronto.ca

Prof. Dr. **Dirk Evers**, Professor für Systematische Theologie, Martin-Luther-Universität Halle-Wittenberg.
E-Mail: dirk.evers@theologie.uni-halle.de

Prof. Dr. **Stephan Goertz**, Professor für Moraltheologie, Johannes Gutenberg-Universität Mainz.
E-Mail: goertzst@uni-mainz.de

Karoline Haufe, Vorsitzende von Trans-Kinder-Netz e.V.
E-Mail: k.haufe@trans-kinder-netz.de

Dr. med.univ. Dr. phil. **Claudia Haupt**, Leitende Ärztin, Medizinische Fachstelle für Transgenderpersonen Luzern, Schweiz.
E-Mail: ddr.haupt@hin.ch

Dr. Dr. h.c. **Volker Jung**, Kirchenpräsident der Evangelischen Kirche in Hessen und Nassau (EKHN), Darmstadt.
E-Mail: kirchenpraesident@ekhn-kv.de

Mag.[a] **Cornelia Kunert**, Theologin und Therapeutin, Wien, Österreich.
E-Mail: cornelia@kunert.net

Prof. Dr. **Lukas Ohly**, M.A., apl. Professor für Systematische Theologie und Religionsphilosophie, Goethe-Universität Frankfurt.
E-Mail: lukas.ohly@t-online.de

Joan Roughgarden, PhD, Professorin (em.) für Biologie, Stanford University / apl. Professorin, University of Hawaii, USA.
E-Mail: joan.roughgarden@hawaii.edu

Dr. med. **Erik Schneider**, Facharzt für Psychiatrie und Psychotherapie, Intersex & Transgender Luxembourg a.s.b.l., Luxemburg.
E-Mail: tgluxembourg@gmail.com

PD Dr. rer. nat. habil. **Kurt Seikowski**, Psychologe und Psychotherapeut, Medizinische Fakultät, Universität Leipzig.
E-Mail: kurt.seikowski@medizin.uni-leipzig.de

Mark Solms, PhD, Professor für Neuropsychologie, University of Cape Town, Südafrika / The Arnold Pfeffer Center for Neuropsychoanalysis, New York, USA.
E-Mail: mark.solms@uct.ac.za

Dick F. Swaab, MD, PhD, Professor für Neurobiologie, University of Amsterdam, Niederlande.
E-Mail: d.f.swaab@nin.knaw.nl

Seth Watt, BSc, c/o Einstein Lab, University of Toronto, Canada.
E-Mail: livswatt@gmail.com

Pfr.in **Ilka Wieberneit**, Ev.-Luth. Pfarramt Christuskirche, München.
E-Mail: ilka.wieberneit@elkb.de

Pfr.in **Dorothea Zwölfer**, Florianweg 9, 96450 Coburg.
E-Mail: dorothea.zwoelfer@elkb.de

Abkürzungen

Altes Testament

Gen	Genesis (1. Buch Mose)	Spr	Buch der Sprichwörter (Sprüche)
Ex	Exodus (2. Buch Mose)	Koh	Kohelet (Prediger Salomo)
Lev	Levitikus (3. Buch Mose)	Hld	Hohelied Salomos
Num	Numeri (4. Buch Mose)	Weish	Weisheit Salomos
Dtn	Deuteronomium (5. Buch Mose)	Sir	Jesus Sirach
Jos	Josua	Jes	Jesaja
Ri	Buch der Richter	Jer	Jeremia
Rut	Rut	Klgl	Klagelieder des Jeremia
1 Sam	1. Buch Samuel	Bar	Baruch
2 Sam	2. Buch Samuel	Ez	Ezechiel
1 Kön	1. Buch der Könige	Dan	Daniel
2 Kön	2. Buch der Könige	Hos	Hosea
1 Chr	1. Buch der Chronik	Joel	Joel
2 Chr	2. Buch der Chronik	Am	Amos
Esra	Esra	Obd	Obadja
Neh	Nehemia	Jona	Jona
Tob	Tobit (Tobias)	Mi	Micha
Jdt	Buch Judit	Nah	Nahum
Est	Ester	Hab	Habakuk
1 Makk	1. Buch der Makkabäer	Zef	Zefania
2 Makk	2. Buch der Makkabäer	Hag	Haggai
Ijob	Ijob (Hiob)	Sach	Sacharja
Ps	Buch der Psalmen	Mal	Maleachi

Neues Testament

Mt	Matthäusevangelium	1 Tim	1. Timotheusbrief
Mk	Markusevangelium	2 Tim	2. Timotheusbrief
Lk	Lukasevangelium	Tit	Titusbrief
Joh	Johannesevangelium	Phlm	Philemonbrief
Apg	Apostelgeschichte	Hebr	Hebräerbrief
Röm	Römerbrief	Jak	Jakobusbrief
1 Kor	1. Korintherbrief	1 Petr	1. Petrusbrief
2 Kor	2. Korintherbrief	2 Petr	2. Petrusbrief
Gal	Galaterbrief	1 Joh	1. Johannesbrief
Eph	Epheserbrief	2 Joh	2. Johannesbrief
Phil	Philipperbrief	3 Joh	3. Johannesbrief
Kol	Kolosserbrief	Jud	Judasbrief
1 Thess	1. Thessalonicherbrief	Offb	Offenbarung des Johannes
2 Thess	2. Thessalonicherbrief		

1 Neurowissenschaftlich

Mark Solms

Die biologischen Grundlagen von Geschlecht

Ein empfindliches Gleichgewicht*

Abstract: Die meisten Menschen stellen sich vor, das biologische Geschlecht sei eine einfache Dichotomie zwischen männlich (XY) und weiblich (XX). Auf dieser Grundlage werden Menschen, die mit männlicher Geschlechtsanatomie geboren wurden und ‚glauben', dass sie weiblich sind, und umgekehrt, als an einer psychischen Störung leidend eingestuft. Dies ist keineswegs immer der Fall; es ist nicht einmal in der Regel der Fall. Vielmehr ist es ein grobes Missverständnis, dem die wissenschaftlichen Fakten völlig widersprechen. In diesem Beitrag werde ich beschreiben, wie sich das Geschlecht im fetalen Körper und Gehirn entwickelt, und ich werde zeigen, wie kompliziert – nahezu unmöglich – es ist, genau zu entscheiden, was „männlich" von „weiblich" unterscheidet. Es scheint, als wären wir alle eine raffinierte und komplexe Mischung aus beidem.

Das überwältigend große Thema des Einflusses von Anlage oder Umwelt auf die Hirnfunktion kann potenziell alles umfassen, was der Neurowissenschaft über Reifung und Entwicklung bekannt ist. Ich möchte daher eingangs betonen, dass meine Ziele in diesem Beitrag darauf begrenzt sind, einige grundlegende Prinzipien über Gene und ihre Arbeitsweise vorzustellen, um deren Implikationen spezifisch für die Frage des Geschlechtsunterschieds zu diskutieren.

I Gene

1 Phobie gegenüber Genen

Viele Menschen scheinen eine regelrechte Phobie gegenüber den Genen zu haben: eine Aversion oder ein Misstrauen gegenüber genetischen „Erklärungen" des Verhaltens. Diese Aversion beruht offenbar auf der irrigen Vorstellung, dass genetische Einflussfaktoren auf das Verhalten unveränderlich und ein für alle Mal

* Dieser Beitrag basiert auf dem 7. Kapitel des Buches *The Brain and the Inner World. An Introduction to the Neuroscience of Subjective Experience*, von Mark Solms und Oliver Turnbull, New York: Other Press 2002, 217–238 („Genetic and Environmental Influences on Mental Development").

https://doi.org/10.1515/9783110614626-001

festgelegt seien. Dies *könnte* wahrhaft beängstigend sein, wenn nämlich genetische Einflüsse durch Erfahrung nicht verändert werden können, sind sie etwas, dem wir restlos ausgeliefert wären. In Wahrheit stehen die Dinge aber ganz anders. Genetische und Umwelteinflüsse auf das Verhalten sind *absolut untrennbar*, und genetische Einflüsse sind daher alles andere als unveränderlich. In der Tat wären Gene ein furchtbares Handicap, wenn sie Umwelteinflüssen nicht zugänglich wären. Jedoch stehen beide, Anlage *und* Umwelt, von den ersten Augenblicken der Entwicklung an in einem dynamischen Wechselspiel miteinander.

2 Zwei Funktionen der Gene

Gene sind Sequenzen der *Desoxyribonukleinsäure* (DNS), die in der berühmten *Doppelhelix-Struktur* miteinander verbunden sind, um Chromosomen zu bilden. Menschen besitzen dreiundzwanzig Chromosomenpaare. Die Gensequenzen auf diesen Chromosomen erfüllen zwei Funktionen, die landläufig als *Schablonenfunktion* und als *Transkriptionsfunktion* bezeichnet werden. Wenn man den Unterschied zwischen diesen beiden Funktionen versteht, werden automatisch so manche Alltagsmythen über die Gene hinfällig.

Viele Menschen wissen, dass Gene sich selbst replizieren. Bekannt ist auch, dass bei der Empfängnis die Gene des Mannes und die der Frau miteinander gemischt werden und die weitere Entwicklung dieses Gemisches das kleine genetische Wunder entstehen lässt, das wir als Baby bezeichnen. Diese Fähigkeit, sich zu *replizieren*, ist die *Schablonen*funktion der Gene. Es ist bedauerlich, dass die meisten Menschen glauben, dies sei alles, was Gene tun, denn nichts könnte von der Wahrheit weiter entfernt sein als diese Annahme. Alle unsere Gene sind in jeder einzelnen Zelle unseres Körpers vorhanden, aber ihre Schablonenfunktion beschränkt sich – in gewisser Hinsicht – auf die Gene in den Zellen von Sperma und Eizelle. Das führt uns zu der wichtigen Frage, was eigentlich all die Gene in den anderen Zellen des Körpers tun, einschließlich jener in den Milliarden und Abermilliarden von Zellen, aus denen das Nervensystem besteht. Die Antwort hierauf gehört zum Thema der *Transkriptionsfunktion* der Gene.

3 Die Transkriptionsfunktion der Gene

Die Transkriptionsfunktion der Gene hängt eng mit dem zusammen, was ich die „Expression" der Gene nenne. Die genetischen Codes (Aminosäuresequenzen), aus denen die DNS-Stränge bestehen, besitzen die Fähigkeit, verschiedene Proteine zu produzieren. Im einfachsten Fall bewirkt ein auf diese Weise hergestelltes Protein, dass Sie blaue oder braune Augen und schwarzes oder rotes Haar haben.

Wenn sich die Aktivität eines Gens auf die Produktion eines Proteins beschränkt, wie kann es dann ein Gen für Schizophrenie, eines für Hyperaktivität, eines für Kriminalität, eines für Alkoholismus usw. geben, wie es in den Massenmedien so oft zu hören ist? Wie kann ein Protein Sie zu einem Kriminellen machen? Man wird doch einen derart komplexen psychischen Zustand unmöglich auf die Aktivität eines einzelnen Proteins reduzieren können!? Wir stimmen sicher überein, dass derartige Argumente drastische Vereinfachungen sind. Gene erzeugen und modifizieren verschiedene Hirnstrukturen, und die Neurobiologie beispielsweise einer bestimmten geistigen Erkrankung betrifft verschiedenste Hirnregionen, und zwar auf zweifellos überbestimmte Weise. Es ist auch wichtig, sich vor Augen zu halten, dass Gene nicht alleine, sondern vielmehr in komplexen Interaktionen mit anderen Genen arbeiten. Die Herstellung eines einzigen neuronalen Schaltkreises – beispielsweise von einem, der die elementare Wahrnehmungsfunktion der Lichterkennung erfüllt – setzt eine sehr komplizierte Sequenz genetischer Abläufe voraus. Selbst wenn es möglich wäre, dass Zustände wie Schizophrenie oder Hyperaktivität einfach durch genetische Vorgänge „programmiert" würden, müssten die fraglichen Programme extrem komplex und das Zusammenwirken einer großen Anzahl von Genen daran beteiligt sein.

Wir haben gesagt, dass jede Zelle Ihres Körpers Ihren vollständigen Gensatz enthält. *Potenziell* könnte daher jede Zelle eine Vielzahl an Proteinen produzieren. In Wirklichkeit aber teilen sich die verschiedenen Zellen Ihres Körpers die Arbeit, sodass sie nicht alle am gesamten Spektrum der Dinge, die das menschliche Genom hervorbringen kann, beteiligt sind. Die Gene produzieren in den verschiedenen Zellen Proteine, die nur einen kleinen Ausschnitt dessen repräsentieren, was potenziell möglich wäre – was gleichbedeutend ist mit der Feststellung, dass nur ein kleiner Prozentsatz der Gene einer jeden Zelle tatsächlich *exprimiert* wird. Der Unterschied zwischen einer Leberzelle und einer Gehirnzelle ist auf die Expression unterschiedlicher Gene zurückzuführen, und dies wiederum bewirkt die Entwicklung unterschiedlicher Zelltypen und letztlich (aufgrund des Zusammenklumpens der Zellen) unterschiedlicher Gewebearten. So erklärt sich die große Organ- und Funktionsvielfalt unseres Körpers.

Der Prozess der Aktivierung und Expression von Genen macht aus dem *Genotyp* den *Phänotyp*, indem er die *virtuelle* (oder „potenzielle") Struktur, die in Ihrer DNS kodiert ist, in *reales* Gewebe verwandelt. Dieser Vorgang wird durch bestimmte physiologische Mechanismen gesteuert – und *diese Mechanismen unterliegen mannigfaltigen Umwelteinflüssen.* Wie sich der Genotyp exprimiert, um das phänotypische „Sie" zu bilden, hängt untrennbar mit der einzigartigen Umwelt zusammen, in der sich Ihre Entwicklung vollzog.

4 Ein einfaches Beispiel: Gedächtnis

Erinnerungen im Langzeitgedächtnis werden in Form von strukturellen Veränderungen der Nervenzellen kodiert. Deshalb verändert sich, schlicht und einfach formuliert, die Struktur der Verbindungen innerhalb Ihres Gehirns, wenn neue Langzeiterinnerungen gebildet werden. An diesem Prozess ist die Genexpression beteiligt. Wenn ein Neuron ein anderes aktiviert, stimuliert es in diesem zweiten Neuron die Gene, sodass sie bestimmte Proteine herstellen, was wiederum zur Entwicklung neuer Synapsen in dieser Zelle führt. Man kann sich schwerlich etwas vorstellen, das in höherem Maße *umweltabhängig* ist als Ihr autobiographisches Gedächtnis, und dennoch erfolgt seine physische Realisierung in Ihrem Gehirn durch den Prozess der *Gen*transkription. Viele weitere psychische Funktionen werden auf ganz ähnliche Weise durch die ständige Interaktion von Umwelt- und genetischen Mechanismen geprägt.

II Was ist die „Umwelt"?

Wenn ein Etwas auf eine Zelle einwirkt, spielt es für die Zelle keine Rolle, ob der betreffende Akteur dem Körperinneren entstammt oder von außen kommt. Die Zelle interessiert sich nicht für den Ursprung einer Veränderung, die an ihr erfolgt: Aus ihrer Sicht ist *alles*, was sich außerhalb ihrer eigenen kleinen Welt befindet, „die Umwelt". Wenn beispielsweise ein Stoffwechselprozess im Gehirn Insulin benötigt, ist es der Zelle gleichgültig, ob das Insulin von der Bauchspeicheldrüse produziert oder es künstlich in den Blutkreislauf injiziert wurde. Der Einfluss, den das benötigte Insulin auf die Zelle ausübt, ist in beiden Fällen derselbe.

Wenn *ich* von der Umwelt spreche, meine ich die äußere Welt (alles, was sich außerhalb unseres körperlichen Selbst befindet). Das ist schon richtig. Allerdings scheinen manche Menschen unter äußeren Entwicklungseinflüssen *psychische* und unter inneren Einflüssen *physische* zu verstehen. Dies kann Verwirrung stiften. Der Unterschied zwischen „psychisch" und „physisch" ist lediglich ein Artefakt der Beobachtungsperspektive.[1] Die Wirkung von Kokain, nämlich die Stimulierung des Belohnungssystems, ist physischer Art, wenn wir sie durch einen fMRI-Scanner (funktionellen Magnetresonanztomographen) beobachten. Sie ist jedoch psychischer Art, wenn wir diese Effekte in unserem eigenen Inneren, als gesteigertes Interesse an den Objekten in der Welt, spüren. *Sämtliche* Vorgänge

1 Vgl. Solms/Turnbull, *The Brain and the Inner World*, Kapitel 2 („Mind and Brain: How Do They Relate?").

sind physische Vorgänge, wenn man sie unter dem entsprechenden Blickwinkel beobachtet, ungeachtet ihres Ursprungs. Im Folgenden untersuchen wir die Beeinflussung der psychischen Entwicklung durch die Umwelt unter dem Gesichtspunkt ihrer Auswirkungen auf genetische Mechanismen auf der Zellebene. Die hier zur Debatte stehende „Umwelt" wird also immer *physisch* vermittelt, obwohl der *Ursprung* der Umwelteinflüsse, die wir erörtern werden, immer die *äußere Welt* ist.

III Kritische Entwicklungsphasen

Die enge Verbindung zwischen genetischen und Umwelteinflüssen variiert für die unterschiedlichen psychischen Funktionen in bestimmten Phasen des Entwicklungsprozesses. Die Reifungssequenz der Genexpression in den Gehirnzellen geht einher mit einer schubartigen Herstellung von Synapsen an unterschiedlichen Orten des Nervensystems zu unterschiedlichen Zeitpunkten. Während dieser Phasen schnellen Wachstums entstehen weit mehr Verbindungen, als letztendlich benutzt werden. Die Umwelt, in der sich das Gehirn in diesen kritischen Perioden befindet, bestimmt, welche Verbindungen benutzt (aktiviert) und folglich überleben werden und welche nicht. Nicht genügend aktivierte Synapsen werden aus der reifenden Struktur eliminiert („Pruning"). Während dieser kritischen Phasen sind die heranwachsenden Gehirnstrukturen besonders empfindlich gegenüber Umwelteinflüssen. In den ersten dreizehn Lebensjahren, das heißt vom Säuglingsalter bis etwa zur Pubertät, gibt es eine Vielzahl dieser kritischen Phasen.

IV Geschlechtsunterschiede

Am Thema der Geschlechtsunterschiede lässt sich unsere Argumentation besonders gut verdeutlichen. Es scheint auf den ersten Blick nichts zu geben, was eindeutiger „genetisch bestimmt" ist als der Unterschied zwischen Jungen und Mädchen. Männliche und weibliche Individuen weisen von Beginn an unverkennbare Unterschiede in ihrer Körperanatomie auf, und diese Unterschiede sind offenkundig in ihren unterschiedlichen Chromosomen begründet. Diese anatomischen Hauptunterschiede sind am deutlichsten für die geschlechtliche Fortpflanzung relevant, und sie scheinen daher bestimmte zwangsläufige Unterschiede im Instinktverhalten vorherzusagen. Tatsächlich nimmt man gemeinhin an, dass sich Jungen und Mädchen in vielen Aspekten ihres Verhaltens sowie in ihren emotionalen und intellektuellen Dispositionen unterscheiden. Inwieweit sind nun aber diese *psychischen* Unterschiede genetisch bedingt?[2]

Es gibt 23 Chromosomenpaare, die unsere Gene enthalten. 22 von ihnen sind bei Männern und Frauen gleich; sie unterscheiden sich systematisch in nur einem einzigen Paar. Frauen haben (normalerweise) ein sogenanntes „XX"-Paar auf dem 23. Chromosom, während sich an dem entsprechenden Ort bei Männern ein „XY"-Paar befindet. Der Unterschied liegt daher in dem einen „Y"-Chromosom. Es ist interessant, dass die Gesellschaft den Unterschied zwischen Männern und Frauen, der doch letztlich (genetisch gesprochen) auf einen Unterschied in nur einem einzigen von insgesamt 46 Chromosomen hinausläuft, so stark gewichtet. Unsere Gemeinsamkeiten sind jedenfalls entschieden größer als unsere Unterschiede.

1 Hoden und Eierstöcke

Der „Standard"-Plan des menschlichen Körpers einschließlich des Gehirns – ungeachtet dessen, was die Bibel sagt – ist *weiblich*. (Diese Tatsache gilt für alle Säugetiere, nicht nur für den Menschen. Ein Großteil der Forschung, die den unten beschriebenen Befunden zu Grunde liegt, basiert auf Untersuchungen anderer Säugetierarten als Menschen. Die *grundlegenden* Prinzipien sind jedoch allen Säugetieren gemeinsam.) Käme nicht während der Reifung des Fetus ein spezifischer Faktor, den wir sogleich identifizieren werden, ins Spiel, würde jeder Mensch mit einem phänotypisch weiblichen Körper geboren. Die fetalen Organe, die die Geschlechtszellen produzieren, heißen *Gonaden*. Diese Organe sind bis zu einem ganz spezifischen Augenblick im Reifungsprozess bei Jungen und Mädchen identisch. In diesem einen entscheidenden Augenblick aber übt das Y-Chromosom seinen folgenreichen Einfluss aus. Eine kurze Sequenz von Genen auf dem Y-Chromosom produziert eine Substanz, die als *Testis-determinierender Faktor* (TDF) bezeichnet wird. Dieser Faktor wirkt auf die Gonaden ein und beeinflusst die Transkriptionsfunktion der Gene in ihren Zellen dergestalt, dass ein Organ, das sich sonst auf natürliche Weise zu einem Eierstock entwickelt hätte, zu einem Hoden wird.

Von ein paar Kleinigkeiten abgesehen, die für unsere eigentlichen Fragen unerheblich sind, macht ebendies den wesentlichen Unterschied zwischen

2 Eine verständliche Darstellung eines Großteils der im weiteren Verlauf dieses Beitrags erläuterten wissenschaftlichen Erkenntnisse findet sich bei Simon LeVay, *The Sexual Brain*, Cambridge, MA: MIT Press 1994; für eine feministische Kritik vgl. ferner Lesley Rogers, *Sexing the Brain*, New York: Columbia University Press 1999.

männlichen und weiblichen Individuen aus. Wie bei anderen biologischen Mechanismen, die von der Wissenschaft restlos aufgeklärt werden konnten, ist auch dieser Mechanismus experimentell manipulierbar. Insbesondere kann der Testis-determinierende Faktor im Tierversuch während der kritischen Entwicklungsphase eines XX-Fetus (eines weiblichen Fetus) künstlich eingeführt werden.[3] Trotz des weiblichen chromosomalen (genotypischen) „Bauplans" jeder einzelnen Körperzelle besteht das Ergebnis darin, dass sich das Tier im Anschluss daran als anatomisches (phänotypisches) Männchen weiterentwickelt. Wenn umgekehrt die Produktion des Testis-determinierenden Faktors bei einem XY-Fetus (einem männlichen Fetus) gehemmt wird, entwickelt sich das Tier fortan in weiblicher (Standard-)Richtung weiter. Dies ist der erste und ausschlaggebende Schritt in der Entwicklung der Geschlechtsunterschiede. Und es ist offensichtlich, dass selbst während dieser grundlegenden Phase Umweltfaktoren auf dramatische Weise in den Prozess eingreifen können.

2 Testosteron

Wenn sich im zweiten Schwangerschaftsdrittel die Hoden zu entwickeln beginnen, sondern ihre Zellen ein Hormon namens *Testosteron* ab. Alles andere, was Männer und Frauen während dieser frühen Prozesse unterscheidet, scheint auf der Wirkung des Testosterons zu beruhen. Testosteron beeinflusst eine ganze Reihe von Organsystemen im Körper – nämlich all jene, deren Zellen über *Rezeptoren* verfügen, von denen es „erkannt" wird. Rezeptoren sind wie kleine Schlüssellöcher auf der Zelloberfläche. Wenn ein Molekül die richtige Form hat (wenn es der richtige „Schlüssel" ist), um an eine bestimmte Rezeptorstelle zu passen, wird es sich an die Zelle heften und ihre Aktivität entsprechend beeinflussen. Testosteron, das über den Blutkreislauf transportiert wird, ist ein solcher Schlüssel. Wo immer es auf Zellen mit passenden Schlüssellöchern trifft, löst es in diesen Zellen eine Abfolge genetischer Vorgänge aus.

In (genotypisch) männlichen und weiblichen Körpern gibt es dieselbe Anzahl von Testosteronrezeptoren an denselben Orten. Da jedoch männliche Individuen – infolge des eben beschriebenen Prozesses – Hoden besitzen, produzieren ihre Körper Testosteron im Überfluss. Dadurch werden im männlichen Körper weit mehr Testosteronrezeptoren aktiviert als im weiblichen. Die Aktivierung der Testosteronrezeptoren übt auf die Zellen in den verschiedenen Organsystemen einen je unterschiedlichen Einfluss aus (d.h. sie haben unterschiedliche Tran-

3 Dieses Experiment wurde erstmals 1991 beschrieben.

skriptionseffekte), was zu unzähligen anatomischen Veränderungen führt: die Herausbildung der Genitalien, die sekundären Geschlechtsmerkmale (z. B. Brüste, Körperbehaarung und Stimmlage) und die allgemeine Körperform und Größe. Alle diese Veränderungen werden also trotz ihrer scheinbar grundlegenden Natur durch subtile chemische Prozesse bestimmt, die durch die Umwelt ohne Weiteres manipuliert werden können.

3 Das Testosteron und seine Wandlungen

Die Biochemie von Testosteron ist kompliziert. Es wirkt nicht *direkt* auf Zellen ein, sondern muss (bei den meisten Säugetieren) zunächst in andere Substanzen *umgewandelt* werden, bevor es die entsprechenden Zellen aktiviert und dadurch geschlechtsspezifische Veränderungen in Gang setzt. Unter anderem ist ein Enzym namens *5-α-Reduktase* für die Umwandlung von Testosteron verantwortlich. Dieses Enzym wandelt Testosteron in *Dihydrotestosteron* um, und *dies* ist genau jene Substanz, die den Prozess der körperlichen Maskulinisierung auslöst. Aus dem weiblichen Körper wird also nur dann ein männlicher Körper, wenn dieses umgewandelte Testosteron in ausreichender Menge in ihm vorhanden ist – andernfalls setzt sich die körperliche Entwicklung in die ursprünglich weibliche Richtung fort. Das bedeutet offenkundig, dass alles, was die Menge des Enzyms 5-α-Reduktase reduziert, die Testosteronumwandlung blockiert und somit die Maskulinisierung hemmt. Dies ermöglicht Umwelteinflüssen abermals, sich über den Genotyp hinwegzusetzen.

Stellen wir uns einen Körper mit dem (männlichen) XY-Chromosomensatz vor. In diesem Fall wurden die Hoden bereits durch das Einwirken des Testis-determinierenden Faktors gebildet. Die Hoden werden nun Testosteron über das Blut an andere Körpergewebe senden. Gewebe mit den passenden Rezeptoren werden es „erkennen". Wenn jedoch nicht genug 5-α-Reduktase vorhanden ist, um dieses Testosteron umzuwandeln, werden die Gewebe nicht maskulinisiert, und der Körper entwickelt sich (obwohl Hoden vorhanden sind) in weiblicher Richtung weiter. Dieser Körper weist die (männliche) XY-Chromosomenstruktur auf und besitzt ein maßgebendes männliches anatomisches Organ (Hoden), wird aber dennoch weibliche äußere Genitalien herausbilden, weibliche sekundäre Geschlechtsmerkmale sowie eine „weibliche" Körperform und Größe.

Die vielleicht bekanntesten Beispiele hierfür stammen aus der Welt der olympischen Athletinnen und Athleten. Als es vor einigen Jahrzehnten möglich wurde, XY-Chromosomen nachzuweisen, beschloss das Internationale Olympische Komitee, einschlägige Tests einzuführen, um zu verhindern, dass (größere, stärkere) männliche Athleten sich einen unfairen Vorteil verschafften, indem sie sich als Frauen ausgaben. Die Tests wurden wieder gestoppt, als Fälle auftauchten, in denen Frauen mit äußerlich nachweislich weiblicher Anatomie gleichwohl einen „männlichen“ (XY) Genotyp aufwiesen. Diese Personen waren genetisch männlich, aber anatomisch weiblich. Ihr Genotyp stimmte nicht mit ihrem Phänotyp überein, vermutlich, weil die Testosteronumwandlung während einer kritischen Entwicklungsphase verändert worden war.

Dies kann auf unterschiedliche Weise geschehen. In den 1950er- und 1960er-Jahren wurde schwangeren Frauen zur Verhinderung von Fehlgeburten ein Medikament namens *Progesten* verabreicht. Eine Nebenwirkung dieses Medikaments bestand darin, dass es den Prozess der Testosteronumwandlung unterdrückte. Ein Befund namens *kongenitale Nebennierenhyperplasie* (CAH) blockiert diesen Prozess ebenfalls. Die Tatsache, dass die genetische Ausstattung eines Menschen derart dramatisch verändert werden kann, stellt die weitverbreitete Annahme in Frage, dass Gene unser Schicksal auf eine nicht veränderbare und vorbestimmte Weise festlegen.

V Geschlechtliche Unterschiede im Gehirn

Gegen Ende des zweiten Schwangerschaftsdrittels vollziehen sich weitere kritische Entwicklungsprozesse am werdenden Menschlein. Es handelt sich dabei um Veränderungen, die unmittelbar auf die soeben beschriebene Sequenz der Veränderungen des Geschlechtskörpers folgen. Diese zweite Welle von Veränderungen bewirkt eine „geschlechtliche Veränderung“ des Gehirns selbst. Abermals ist die Umwandlung von Testosteron erforderlich, diesmal durch das Enzym namens *Aromatase*, welches Testosteron in *Östrogen* umwandelt. Östrogen ist ein Hormon, das auf natürliche Weise von den Eierstöcken produziert wird; dieselbe Substanz aber ist (während dieser kritischen Phase) für die Maskulinisierung des Gehirns verantwortlich. Eine umweltbedingte Beeinträchtigung des Schlüsselenzyms kann wie im Falle der 5-α-Reduktase den gesamten Prozess behindern. Deshalb ist es möglich, in einem männlichen Geschlechtskörper zu leben, der ein „weibliches“ Gehirn beheimatet.

Zwischen männlichen und weiblichen Gehirnen bestehen eindeutige, wenn auch feine Unterschiede. Ein klarer Unterschied besteht darin, dass das männliche Gehirn größer ist. Dieser Unterschied verhält sich offenbar proportional zur Größe des übrigen Körpers. Das bedeutet, dass der *durchschnittliche* Mann ein größeres Gehirn besitzt als die *durchschnittliche* Frau. Dies gilt auch für andere Organe – für das Herz, den Magen und die Leber. Das größere Gehirn ist jedoch nicht gleichbedeutend mit höherer Intelligenz – in diesem Fall müssten große

Männer intelligenter sein als kleine![4] Es gibt jedoch – von zahlreichen weiteren, geringfügigen Unterschieden abgesehen – zwei auffällige Unterschiede zwischen männlichen und weiblichen Gehirnen, die mit der Gehirngröße nichts zu tun haben und sehr gründlich erforscht sind.

1 Hemisphärische Asymmetrie

Die erste Region, die einen zuverlässigen geschlechtsspezifischen Unterschied aufweist, ist das Corpus callosum (siehe Abbildung 1). Dieser Faserstrang verbindet die linke und die rechte Großhirnhemisphäre miteinander. Das Corpus callosum ist *im weiblichen Gehirn* proportional *größer* als im männlichen. Die Maskulinisierung des Gehirns ist daher offenbar mit einer Unterdrückung des Wachstums dieser Fasern verbunden. Aus diesem Grund sind die linke und rechte Hemisphäre im (durchschnittlichen) weiblichen Gehirn enger miteinander verbunden als im männlichen.

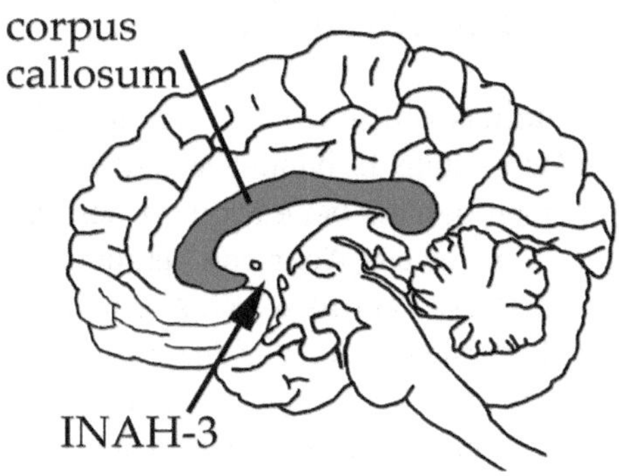

Abbildung 1: Corpus callosum und INAH-3 (aus Solms/Turnbull, *The Brain and the Inner World*, 228).

Man nimmt an, dass das größere Corpus callosum zu einer *geringeren lateralen Spezialisierung von Frauen* im Vergleich zu Männern führt. Die weiblichen Hemisphären weisen deshalb für gewöhnlich ein höheres Äquipotential auf. Bei Männern gibt es eine größere Arbeitsteilung zwischen den Hemisphären (sie setzen sozusagen „alles auf eine Karte"), und dies hat spezifische funktionelle

4 Intelligenz hängt vom *Muster* der Verbindungen zwischen den Zellen ab, nicht von ihrer Anzahl (Ausnahmen bilden bestimmte extreme Krankheitsbilder, die mit einer massiven Lernbehinderung einhergehen).

Konsequenzen. Erstens besitzen Frauen für gewöhnlich *bessere sprachliche Fähigkeiten* (sie sind eloquenter und sprechen als Kleinkinder früher und mehr als Jungen), während bei Männern im Allgemeinen *das räumliche Sehen besser ausgebildet* ist (wie die topographischen Fähigkeiten, wenn es darum geht, sich an eine bestimmte Wegstrecke zu erinnern oder eine Straßenkarte zu lesen).[5] Es ist allerdings nicht restlos geklärt, warum die intensivere Interaktion zwischen den Hemisphären zu den genannten charakteristischen Unterschieden führt. Dennoch sind diese Unterschiede an sich zuverlässig nachgewiesen und stellen die am gründlichsten erforschten kognitiven Unterschiede zwischen Männern und Frauen dar.

Eine wichtige Einschränkung in Bezug auf diese Ergebnisse darf jedoch nicht vergessen werden: Wir sprechen über die *durchschnittlichen* Fähigkeiten *großer Gruppen*. Durchschnittsfähigkeiten sagen das Verhalten *einzelner Gruppenmitglieder* nicht zuverlässig voraus. Zudem sind die erwähnten Unterschiede zwischen Männern und Frauen nicht dramatisch, sondern schlagen sich lediglich in *kleinen* (aber statistisch signifikanten) Abweichungen nieder.[6] Solche kognitiven Unterschiede sind politisch heikle Themen und es ist interessant, dass unsere Gesellschaft so viel Aufhebens um diese Details macht. Offenkundig wurzelt die Bedeutung, die wir diesen Unterschieden beimessen, *nicht* in *kognitiven* Faktoren.

Ungleich bedeutsamere Unterschiede als die verschwindend geringen der *kognitiven* Fähigkeiten (und der hemisphärischen Anatomie) spiegeln sich zwischen den Geschlechtern in unserer primitiveren, *subkortikalen* Anatomie wider.

2 Der Hypothalamus

Der zweite neuroanatomische Hauptunterschied zwischen den Geschlechtern findet sich im medialen präoptischen Bereich des *Hypothalamus*. In dieser Region befindet sich eine Gruppe von Kernen, die man als *interstitiellen Kern des ante-*

5 Eine zusammenfassende Darstellung findet sich bei Sally P. Springer und Georg Deutsch, *Left Brain, Right Brain: Perspectives from Cognitive Neuroscience*, 5. Aufl., New York: W.H. Freeman 1998 [1981], 139–156.

6 Für die eher statistisch Orientierten: Die Größe des Geschlechtsunterschieds für derartige kognitive Funktionen liegt typischerweise in der Größenordnung von einem Viertel einer Standardabweichung. Analog dazu sind IQ-Tests so ausgelegt, dass sie einen Mittelwert von 100 und eine Standardabweichung von 15 haben. Die Unterschiede, über die wir hier sprechen, sind solcherart, dass wenn die durchschnittliche Punktzahl der „überlegenen" Gruppe (z.B. Frauen bei einer verbalen Aufgabe) 106 wäre, dann würde die „unterlegene" Gruppe einen Durchschnitt von ungefähr 102 (d.h. vier Punkte – ungefähr ein Viertel der Standardabweichung von 15) erzielen. Die Auswirkungen sind offensichtlich sehr gering.

rioren Hypothalamus (INAH) bezeichnet. Es gibt vier dieser Kerne, und zwei von ihnen weisen erkennbare geschlechtsspezifische Unterschiede auf. Der Unterschied ist bei einem von ihnen gering und war für Forscher im Experiment nur schwierig zu replizieren.[7] Im Falle des anderen Kerns aber, *INAH-3* genannt (s. Abbildung 1), ist der Unterschied beträchtlich – entschieden größer als beim Corpus callosum, denn der männliche INAH-3 ist sehr viel größer als der weibliche.

Dieser Geschlechtsunterschied ist bei sämtlichen Säugetieren erkennbar, doch die Größe des Effekts variiert ein wenig von Spezies zu Spezies. Bei Männern ist der INAH-3 dreimal so groß wie bei Frauen. Bei männlichen Ratten ist sein Volumen sogar fünfmal größer als bei weiblichen. Obwohl einige der unten diskutierten Ergebnisse aus Tierversuchen stammen, beziehen sich die entscheidenden und interessantesten von ihnen auf den Menschen.

Der Hypothalamus (von dem der INAH-3 einen kleinen Teil ausmacht) bildet sozusagen die „Kommandozentrale" des vegetativen Nervensystems. Daher hängen die Aktivitäten der Hypothalamuskerne aufs Engste mit unserem Hormonhaushalt zusammen. Diese Nuklei reagieren ununterbrochen auf den Spiegel der unterschiedlichen Hormone, die in unserem Körper zirkulieren, und verändern ihn. Aus diesem Grund haben geschlechtsspezifische Unterschiede im Hypothalamus weitreichende Auswirkungen auf andere Gehirnbereiche und auf den übrigen Körper. Die meisten Fortpflanzungsfunktionen – die sich bei Männern und Frauen erheblich unterscheiden (man denke nur an den Menstruationszyklus) – werden durch die hypothalamischen Kerne reguliert. Aus demselben Grund weist möglicherweise auch die Gehirnchemie von Männern und Frauen signifikante geschlechtsspezifische Unterschiede auf. Besonders auffällig sind die Unterschiede zwischen den Geschlechtern im Falle der Schaltkreise, die das sexuelle Verhalten (im weitesten Sinne) vermitteln. Der weibliche Schaltkreis wird zu einem hohen Grad durch ein Peptid namens *Oxytozin* vermittelt, während die entsprechende Funktion bei Männern großenteils durch das Peptidhormon *Vasopressin* erfüllt wird. Darüber hinaus wurden weitere neurophysiologische Unterschiede beobachtet, die möglicherweise mit diesem chemischen Unterschied und den zugrunde liegenden Unterschieden im Hypothalamus zusammenhängen. Dazu gehört die Tatsache, dass der *Gyrus cinguli anterior* (im Ruhezustand) bei Frauen aktiver ist als bei Männern, während umgekehrt die *Amygdala* (im Ruhezustand) bei Männern aktiver ist als bei Frauen. Der Gyrus cinguli anterior ist

7 Vgl. LeVay, *The Sexual Brain*, 76.

eine Schlüsselkomponente des emotionalen PANIK-(Trennungsstress-)Systems des Säugetiergehirns.[8]

Die stärkere Aktivierung dieser Region bei weiblichen Individuen scheint daher mit der Ausprägung von *Pflege*verhalten und mit der Sorge um *soziale* Bindungen zusammenzuhängen. Die Amygdala hingegen ist eine Schlüsselkomponente des emotionalen WUT-Systems. Ihre stärkere Aktivierung bei männlichen Individuen ist wahrscheinlich auf die Beobachtung zurückzuführen, dass Jungen üblicherweise aggressiver und aktiver sind als Mädchen. Diese geschlechtsspezifischen Unterschiede sind nicht typisch menschlich. Männliche Primaten und Nagetiere zeigen ein höheres Interesse an Machtverhältnissen und Dominanzverhalten als weibliche. Auf der anderen Seite des Spektrums kann man bei weiblichen Primaten und Nagetieren ein stärkeres soziales Interesse und intensiveres Pflegeverhalten als bei männlichen beobachten.[9]

3 „Diskrepanzen" zwischen Körper und Gehirn

Bislang haben wir geklärt, was wir unter der „Maskulinisierung" des Gehirns verstehen und in welchen Hinsichten sich das maskulinisierte Gehirn vom weiblichen unterscheidet. Deshalb sollten wir uns vor Augen halten, dass all dies einzig und allein auf die Umwandlung des zirkulierenden Testosterons (durch das Enzym Aromatase) in Östrogen während einer bestimmten, kritischen Phase der fetalen Entwicklung zurückzuführen ist, nachdem die geschlechtlichen Merkmale des übrigen Körpers bereits festgelegt worden sind.

Zudem erinnern wir uns, dass dieser Prozess durch die Umwelt manipuliert werden kann. Wenn beispielsweise die Wirkung von Aromatase bei männlichen Ratten unterdrückt wird, bleibt die Maskulinisierung des Gehirns aus. Statt der oben beschriebenen „typisch männlichen" Verhaltensweisen zeigen die Tiere als Folge „typisch weibliche" – einschließlich eines weiblichen Sexualverhaltens, indem sie ihren Genitalbereich zum Zweck der Penetration präsentieren, statt auf das weibliche Individuum aufzureiten. Sie tun dies, weil sie in ihrem männlichen Körper ein weibliches Gehirn haben.

Diese Effekte sind nicht auf Ratten beschränkt. In einer Familie in der Dominikanischen Republik entwickeln chromosomal männliche (XY) Individuen mit einer seltenen Störung weibliche Körper, obwohl sie männliche Gehirne besitzen.

8 Vgl. Jaak Panksepp, *Affective Neuroscience. The Foundations of Human and Animal Emotions*, New York und Oxford: Oxford University Press 1998.
9 Ibid.

Die Situation ändert sich in der Pubertät, wenn ihre Körper sich nachträglich zu maskulinisieren beginnen. Da die Kinder (äußerlich) bis zu diesem Zeitpunkt weiblich aussahen, wurden sie von ihren nichtsahnenden Familienangehörigen als Mädchen erzogen – bis zu der Überraschung in der Pubertät. Dies ermöglicht einige interessante Beobachtungen darüber, inwieweit soziale Faktoren die Geschlechtsidentität bestimmen. Die fälschlicherweise als „Mädchen" identifizierten Jugendlichen haben keine Schwierigkeiten, zu Jungen zu werden, und führen nach der Pubertät als Männer ein glückliches Leben.[10]

Ein zweites Beispiel zeigt dies noch deutlicher. Eine kleine Anzahl normaler XY-Individuen wurde versehentlich kastriert – oft aufgrund eines ärztlichen Kunstfehlers bei der Beschneidung. Ärzte raten typischerweise in einem solchen Fall, das Kind auf chirurgische Weise mit weiblichen Genitalien auszustatten und „seinen" Hormonhaushalt durch Medikamente zu manipulieren, damit er dem eines Mädchens entspricht und das Kind als ein solches erzogen werden kann. Bis zur Pubertät mag dann alles in Ordnung erscheinen, trotz „burschikosen" Verhaltens. In der Pubertät geraten solche Kinder jedoch in aller Regel in eine Krise der Geschlechtsidentität. In einem gut dokumentierten Fall ließ ein junger Mann bei Erreichen des Erwachsenenalters die an ihm in seiner Kindheit vorgenommenen chirurgischen Veränderungen rückgängig machen. Seine äußeren Genitalien sehen nun zwar männlich aus, sind aber nicht voll funktionsfähig. Trotzdem führt er als Mann ein glückliches Leben.[11]

Der alle Befunde und beobachteten Phänomene verbindende „rote Faden" besteht in der Tatsache, dass die geschlechtliche Identität des *Gehirns*, ob nun weiblich oder männlich, zu bestimmen scheint, ob sich jemand weiblich oder männlich „fühlt" und sich „typisch" weiblich oder männlich verhält.

4 Die Beeinflussung der sexuellen Orientierung durch die Umwelt am Beispiel von pränatalem Stress

Der Einwand, dass die bislang diskutierten Umwelteinflüsse mit jener Art von „Lebensereignissen", die den Psychotherapeuten beschäftigen, nur sehr wenig zu tun haben, wäre durchaus verständlich. Deshalb ist es wichtig, sich daran zu erinnern, was ich anfangs schon gesagt habe: Aus Sicht der Neurophysiologie werden sämtliche „Lebensereignisse" letztlich durch körperliche Vorgänge vermittelt (registriert und übersetzt). Ein gutes Beispiel ist *Stress*.

---

10 Vgl. Rogers, *Sexing the Brain*, 33 ff.
11 Vgl. ibid.

Es gibt viele Anzeichen (aus der Tierforschung) dafür, dass die sexuelle Orientierung durch das Einwirken von Umweltstressoren in kritischen Entwicklungsphasen bestimmt sein kann. Bei Ratten liegt diese kritische Phase unmittelbar vor der Geburt. Ein Anstieg des *mütterlichen* Stresses in dieser Phase führt zu einem verfrühten *intrauterinen* Testosteronschub, mit dem Ergebnis, dass die Gehirne in den (bereits maskulinisierten) Körpern der männlichen XY-Feten *nicht maskulinisieren*. Der Stress wird bei trächtigen Ratten durch überfüllte Käfige induziert oder durch häufige (schwache, aber unvorhersagbare) elektrische Schläge, die durch den Käfigboden geleitet werden. Nach der Geburt entwickeln lediglich 20 % der männlichen Jungen ein aktives Sexualverhalten irgendeiner Art (normalerweise sind 80 % der Ratten sexuell aktiv), und ganze 60 % derjenigen Tiere, die sexuelles Interesse bekunden, zeigen dabei „typisch weibliche" Verhaltensweisen (was bei Ratten bedeutet, dass sie den Rücken wölben und die Genitalien exponieren). Zu dieser Gruppe gehören auch etliche Ratten, die (mangels eines besseren Begriffs) „bisexuell" sind – sie zeigen sowohl typisch männliche als auch typisch weibliche Verhaltensweisen.[12]

In Anbetracht dessen, was wir über die Erhaltung solcher grundlegenden Mechanismen bei den verschiedenen Säugetierarten wissen, können ähnliche Effekte durchaus auch beim Menschen auftreten. Die kritische Periode für die Maskulinisierung des menschlichen Gehirns liegt früher als bei Ratten – nämlich im zweiten Schwangerschaftsdrittel. Es ist schwierig, die Folgen von pränatalem Stress in dieser Phase für den Menschen genau zu bestimmen, weil entsprechend kontrollierte Experimente nicht möglich sind. In einer Studie wurde die Anzahl homosexueller Männer gegenüber heterosexuellen Männern, die in Deutschland (a) vor dem Zweiten Weltkrieg, (b) während des Kriegs und unmittelbar nach Kriegsende und (c) lange nach dem Krieg geboren wurden, miteinander verglichen.[13] Die Hypothese, dass sich in Gruppe (b) ein größerer Anteil Homosexueller finden würde (weil sie stärkerem pränatalem Stress ausgesetzt waren), wurde durch die Ergebnisse bestätigt. Allerdings könnte dieser Effekt auch auf andere Faktoren als pränatalen Stress zurückzuführen sein.[14]

---

12 Vgl. ibid.

13 Günter Dörner et al., „Prenatal Stress as a Possible Aetiogenetic Factor of Homosexuality in Human Males," *Endokrinologie*, Bd. 75, 1980, 365–386.

14 LeVay, *The Sexual Brain*, 125 betont: (1) Es ist schwierig, das Vorkommen von Homosexualität in verschiedenen Altersgruppen zuverlässig zu bestimmen; (2) andere Faktoren als Stress könnten ebenfalls Einfluss gehabt haben (z. B., dass die Väter während des Krieges gewöhnlich nicht im Hause der Familie lebten). Vgl. auch J. Michael Bailey, Lee Willerman, und Carlton Parks, „A Test of the Maternal Stress Theory of Human Male Homosexuality," *Archives of Sexual Behavior*, Bd. 20, 1991, 277–293.

Jedenfalls scheint es unwahrscheinlich, dass die sexuelle Orientierung des Menschen derart einfach bestimmt sein sollte. Darüber hinaus beeinflusst die Maskulinisierung des Gehirns vermutlich eher die *Geschlechtsidentität* als die womöglich komplexer determinierte *sexuelle Orientierung*.

Die wohl berühmteste neurowissenschaftliche Entdeckung in Bezug auf die menschliche Homosexualität gelang LeVay,[15] der die Größe der Interstitialkerne des Hypothalamus bei homosexuellen und heterosexuellen Männern miteinander verglichen hat. Er konzentrierte sich speziell auf den INAH-3 (siehe oben) und fand heraus, dass der INAH-3 bei homosexuellen Männern (die nach ihrem AIDS-Tod obduziert wurden) dreimal kleiner war als bei heterosexuellen Männern. Wie bereits erwähnt, ist dieser Nukleus bei Frauen gewöhnlich um das Dreifache kleiner als bei Männern. Die übrigen INAH-Strukturen wiesen keinerlei Unterschiede auf. Dieses Ergebnis unterstützt die Annahme, dass der INAH-3 mit Unterschieden der sexuellen Orientierung in Zusammenhang steht – möglicherweise speziell in Bezug auf das *Ziel* des Sexualtriebs. Allerdings ist ungewiss, wie Umweltfaktoren, einschließlich der Folgen von Stress im zweiten Schwangerschaftsdrittel, die Größe des INAH-3 beeinflussen könnten. Eine Reihe von erblichen und Umweltfaktoren könnte einen maßgeblichen Einfluss auf die Größe des INAH-3 haben, und es ist gut denkbar, dass der INAH-3 nicht der einzige neuroanatomische Prädiktor der sexuellen Orientierung des Mannes ist.

5 Die Beeinflussung der sexuellen Orientierung durch erbliche Einflüsse: ein „Schwulen-Gen"?

Die übliche Methode, das Ausmaß des erblichen Einflusses zu bestimmen, besteht darin, die Prävalenz einer bestimmten Verhaltensweise bei monozygotischen oder eineiigen Zwillingen zu überprüfen, die getrennt voneinander aufgewachsen sind. Monozygotische Zwillinge besitzen eine identische genetische Ausstattung. Indem man den Grad an Übereinstimmung (die „Konkordanzrate") zwischen den Verhaltensweisen beider Zwillinge misst, kann man den Beitrag der Vererbung ungefähr abschätzen.

Bei männlichen Homosexuellen beträgt diese Konkordanzrate etwa 50 %, bei weiblichen etwa 30 % (die Häufigkeit von Homosexualität in der Gesamtbevölkerung beträgt etwa 10 % oder weniger).[16] An der Homosexualität scheint also ein

15 Simon LeVay, „A Difference in Hypothalamic Structure Between Heterosexual and Homosexual Men," *Science*, Bd. 253, 1991, 1034–1037. Eine Zusammenfassung findet sich bei LeVay, *The Sexual Brain*, 120–122.

16 Vgl. LeVay, *The Sexual Brain*; Rogers, *Sexing the Brain*.

signifikanter erblicher Faktor beteiligt zu sein, und dieser wird vermutlich durch genetische Mechanismen vermittelt, die zu anatomischen Unterschieden wie etwa der abweichenden Größe des INAH-3 führen. In diesem Zusammenhang ist es relevant, dass eine spezifische Gensequenz, die mit männlicher Homosexualität zusammenhängen könnte, identifiziert wurde.[17] Diese Sequenz wurde als *Xq28* bezeichnet. (Die Tatsache, dass die Sequenz auf dem X- und nicht auf dem Y-Chromosom liegt, steht im Einklang mit der gesicherten Erkenntnis, dass das Erblichkeitsmuster der mütterlichen Vererbungslinie folgt.) Als dieser Befund publiziert wurde, entfalteten die Medien ein ungeheures Interesse an der Entdeckung dieses mutmaßlichen „Schwulen-Gens". Seither gab es erhebliche Unsicherheiten über die Zuverlässigkeit jener Ergebnisse. Doch selbst wenn man annimmt, dass sie irgendwann bestätigt werden können, darf man nicht vergessen, dass es sich um eine *Abfolge* von Genen handelt, und diese Gensequenz kann nur *einer der Faktoren* sein, die die sexuelle Orientierung bestimmen. Selbst in der Untergruppe homosexueller Männer, die diese Gensequenz besitzen, interagiert sie wahrscheinlich auf mannigfaltige, komplexe Weise mit Umweltereignissen.

Zur Verdeutlichung: Man kann die Schlussfolgerung, dass die Varianz männlicher Homosexualität zu 50 % (30 % bei weiblicher Homosexualität) durch Vererbung bestimmt ist, auch umkehren. Was bestimmt die übrigen 50 % (beziehungsweise 70 %)? Warum stimmen genetisch identische Zwillinge in ihrer sexuellen Orientierung nicht *immer* überein? Fragen dieser Art berühren viele komplizierte Zusammenhänge, und nicht der unwichtigste ist die Tatsache, dass Zwillinge dieselbe *intrauterine Umwelt* teilen, die in Bezug auf die sexuelle Orientierung ein wesentlicher Faktor zu sein scheint. Noch schwieriger dingfest zu machen sind die Umwelteinflüsse, die Gene sozusagen *auf sich selbst ausüben.*

6 Der Multiplikationseffekt

Wir haben bereits gesagt, dass die genetischen Unterschiede zwischen Männern und Frauen minimal sind. Auch die anatomischen und physiologischen Unterschiede, die sich aus diesen genetischen ergeben, sind im Vergleich zu den Gemeinsamkeiten verschwindend gering. Die psychischen *Folgen* dieser kleinen Unterschiede jedoch *multiplizieren* sich im Laufe der Entwicklung. Dass die Erwartungen Erwachsener (die ihrerseits eine komplexe Ursache haben) Einfluss ausüben, ist allgemein anerkannt. Beispielsweise sprechen Bezugspersonen mehr

17 Vgl. Dean H. Hamer et al., „A Linkage Between DNA Markers on the X Chromosome and Male Sexual Orientation," *Science*, Bd. 261, 1993, 321–337.

mit Babys in rosa Strampelanzügen als mit denen in blauen Stramplern, und sie interagieren verstärkt auf einer körperlichen Ebene, wenn man denselben Babys, die zuvor rosa Strampler trugen, blaue anzieht.[18] Weniger bekannt ist der „Multiplikationseffekt". Kinder, die zum Beispiel von Natur aus aktiver und aggressiver sind, *erschaffen* sich buchstäblich eine andere Umwelt als umsichtige und ausgeglichene Kinder. Eltern reagieren nicht nur unterschiedlich auf männliche und weibliche Kinder, vielmehr *lösen* Jungen und Mädchen auch unterschiedliche Reaktionen in ihnen (und den Rest der Welt) *aus*, und zwar durch ihre typisch männlichen beziehungsweise typisch weiblichen Verhaltensweisen. Diese unterschiedlichen Reaktionen wiederum fördern weitere Unterschiede des ursprünglichen Verhaltens usw. Obwohl also die angeborenen Unterschiede zunächst gering erscheinen mögen, vermehren sie sich schnell und erweitern sich. Auf diese Weise verursachen die genetischen Unterschiede Umweltunterschiede, die dann nicht mehr eindeutig als solche identifiziert werden können (zum Beispiel bei der Berechnung von „Konkordanzraten").

Abschließend noch einige verblüffende Beispiele für die komplexe Interaktion zwischen genetischen und Umweltfaktoren bei der Entwicklung des sexuellen Verhaltens.

7 Die Beeinflussung der Sexualität durch die Mutter

Rattenmütter haben die eigenartige Angewohnheit, den Anogenitalbereich ihrer männlichen Jungen zu lecken.[19] Dies scheint die typisch männlichen Verhaltensweisen der jungen Nager zu fördern. Die Mütter lecken Anus und Genitalien ihrer männlichen Nachkommen, weil Testosteron in Interaktion mit anderen chemischen Substanzen im anogenitalen Bereich einen Geruch erzeugt, der weibliche Ratten anzieht. Man kann diesen Mechanismus nachweisen, indem man den Geruch unterdrückt und das Lecken aufhört. In ähnlicher Weise kann man sie veranlassen, die anogenitale Region auch ihrer weiblichen Nachkommen zu lecken, indem man künstlich eine Chemikalie aufträgt. Dies löst eine ganze Kaskade von Veränderungen der weiblichen Rattenjungen aus: sie vermännlichen, der INAH-3 vergrößert sich, und sie versuchen, auf ihre Artgenossen aufzureiten. Das Umgekehrte gilt für die männlichen Jungtiere: Wenn das Leckverhalten der Mutter unterdrückt wird, entwickeln sie eine typisch weibliche Gehirnmorphologie und zeigen ein weibliches Sexualverhalten. Es ist überaus

18 Für eine detaillierte Darstellung der folgenden Beobachtungen vgl. Rogers, *Sexing the Brain.*
19 Vgl. hierzu ibid.

wichtig festzuhalten, dass diese Veränderungen durch das *Lecken* bewirkt werden, nicht durch das zugrundeliegende Hormon, das es (normalerweise) in Gang setzt. Dies ist also ein Beispiel für testosteron-induzierte neuropsychologische Veränderungen, die nicht auf direktem Weg vermittelt werden, sondern durch ein Hormon ausgelöste Umweltreaktionen.

Eine letzte Beobachtung stammt ebenfalls aus einer der bereits erwähnten Studien, in denen „typisch weibliches“ Sexualverhalten bei männlichen XY-Ratten induziert wurde, indem man ihre Mütter gegen Ende der Schwangerschaft unter Stress setzte. Im weiteren Verlauf des Experiments ließ man die Hälfte der „homosexuellen“ Ratten von sexuell aktiven erwachsenen Weibchen aufziehen (die nicht unbedingt ihre biologischen Mütter sein mussten, aber sexuell erfahren waren). Die andere Hälfte wurde von sexuell unerfahrenen erwachsenen Weibchen aufgezogen. Das Ergebnis war ein gewaltiger Unterschied in der sexuellen Entwicklung der beiden Gruppen. 50 % der ersten Gruppe zeigten „typisch männliche“ sexuelle Verhaltensweisen, während nur 2 % der Ratten in der zweiten Gruppe eine „typisch männliche“ Sexualität entwickelten.

Obgleich *menschliche* Mütter nicht dazu neigen, den Anogenitalbereich ihrer Babys zu lecken, ist es sehr wahrscheinlich, dass auch sie mit ihren männlichen und weiblichen Säuglingen unterschiedlich interagieren. Wie bereits erwähnt, weisen Studien darauf hin, dass Mütter bestimmte Formen des Körperkontakts mit ihren männlichen Babys deutlich häufiger praktizieren als mit ihren weiblichen. Dies könnte unterschiedlichen morphologischen Veränderungen in den Gehirnen der Babys Vorschub leisten, vielleicht analog zu denen, die bei Ratten beobachtet werden.

VI Abschließende Bemerkungen

Dieser Beitrag hat zu zeigen versucht, dass Umwelt und genetische Einflüsse *absolut untrennbar* sind. Der Genotyp (das Design, nach dem Sie gebaut sind) kann auf mannigfaltige Weise manipuliert werden, da er sich in einem bestimmten Umweltkontext ausdrückt, der wiederum den Phänotyp („Sie“ selbst) prägt. Die meisten Menschen sind der Meinung, dass Sexualität und Geschlecht – und alles, was damit zusammenhängt – vom Augenblick der Empfängnis an durch unsere genetische Ausstattung vorgegeben seien. Es ist meine Hoffnung, die Leserinnen und Leser mit diesem Beitrag davon überzeugt zu haben, dass die sexuelle Entwicklung in Wirklichkeit nicht derart einfach ist. Und wenn es mir gelungen ist, dies am Beispiel der sexuellen und geschlechtlichen Unterschiede zu demonstrieren, sind die Leserinnen und Leser vielleicht auch bereit, die

Grundsätze auf andere Gegebenheiten der inneren, mentalen Welt anzuwenden, in denen Umwelteinflüsse nicht weniger entscheidend sein können.

Dick F. Swaab, Laura Castellanos-Cruz & Ai-Min Bao

Gehirn und Geschlecht

Zur Geschlechtsdifferenzierung des menschlichen Gehirns

Abstract: Geschlechtsunterschiede in der Kognition, der Geschlechtsidentität (d. h. der Wahrnehmung eines Individuums, männlich oder weiblich zu sein) und der sexuellen Orientierung (Heterosexualität, Homosexualität oder Bisexualität) sind in der Frühphase der Entwicklung in unser Gehirn einprogrammiert. Während der intrauterinen Phase der zweiten Schwangerschaftshälfte vermännlicht ein Testosteronschub das fetale Gehirn. Bleibt ein solcher Testosteronschub aus, führt dies zu einem weiblichen Gehirn. Nachdem die geschlechtliche Differenzierung des Gehirns in einem wesentlich späteren Entwicklungsstadium stattfindet als die geschlechtliche Differenzierung der Genitalien, können diese beiden Prozesse unabhängig voneinander beeinflusst werden. Die Natur erzeugt eine hohe Variabilität aller Aspekte unserer geschlechtlichen Entwicklung. Sämtliche genetischen Scans, postmortal oder in vivo durchgeführt, unterstützen die neurobiologische Theorie über den Ursprung von Transsexualität, die besagt, dass Größe, Neuronenzahl, Funktion und Konnektivität von Gehirnstrukturen die Geschlechtsidentität und sexuelle Orientierung determinieren. Hingegen gibt es bislang keine Belege dafür, dass das postnatale soziale Umfeld eines Menschen eine entscheidende Rolle bei der Geschlechtsidentität oder sexuellen Orientierung spielt.

I Einführung: Programmierung des Gehirns

Nichts scheint einfacher zu sein, als bei der Geburt eines neugeborenen Babys festzustellen, ob es ein Junge oder ein Mädchen ist. Schließlich wird in der Regel vom Zeitpunkt der Befruchtung an das Geschlecht bestimmt: Bei zwei X-Chromosomen entsteht ein Mädchen, bei einem X- und einem Y-Chromosom ein Junge. Das Y-Chromosom des Jungen setzt einen Prozess in Gang, der zur Produktion des männlichen Hormons Testosteron führt. Je nachdem, ob Testosteron an- oder abwesend ist, entwickelt das Kind zwischen der 6. und 12. Schwangerschaftswoche männliche oder weibliche Geschlechtsorgane. In der zweiten Schwangerschaftshälfte differenziert sich das Gehirn in eine männliche oder weibliche Richtung, weil Jungen im Unterschied zu Mädchen eine hohe Konzentration von Testosteron produzieren. In dieser Phase werden das Gefühl, männlich oder weiblich zu sein – d.h. unsere Geschlechtsidentität – sowie unsere sexuelle

https://doi.org/10.1515/9783110614626-002

Orientierung – d. h. heterosexuell, homosexuell oder bisexuell zu sein – für den Rest unseres Lebens in der Hardware unseres Gehirns einprogrammiert.[1]

Dass unsere Geschlechtsidentität bereits im Mutterleib determiniert wird, ist eine relativ neue Entdeckung. Noch bis in die 1980er Jahre dachte man, ein Kind käme als unbeschriebenes Blatt zur Welt und sein Verhalten werde dann durch soziale Einflüsse in eine männliche oder weibliche Richtung gelenkt. In den 1960er und 1970er Jahren hatte dies schwerwiegende Folgen für den Umgang mit Neugeborenen mit uneindeutigen Geschlechtsorganen: Man ging davon aus, dass die Wahl des Geschlechts für das Kind noch nicht prägend sei, solange die geschlechtsvereindeutigende Operation möglichst zeitnah nach der Geburt vorgenommen würde. Sein soziales Umfeld würde schon für die Anpassung der Geschlechtsidentität an die Geschlechtsorgane sorgen. Seither aber haben Fallberichte und Patientenvertretungen aufgezeigt, wie viele Leben durch eine frühe operative Geschlechtszuweisung aufgrund der Anatomie der Geschlechtsorgane zerstört worden sind.

Ein deutliches Beispiel für das Konzept der 1960er und 1970er Jahre ist die Aussage von J. Money (1975), „dass die Geschlechtsidentität bei der Geburt so wenig ausdifferenziert ist, dass ein genetischer Junge noch erfolgreich zu einem Mädchen gemacht werden kann. Die Geschlechtsidentität differenziert sich dann im Einklang mit den Erziehungserfahrungen."[2] Dieser Sexualforscher aus Philadelphia meinte auch, dass die geschlechtliche Prägung erst im Alter von einem Jahr beginne und dass ihre Entwicklung im Alter von drei bis vier Jahren weit fortgeschritten sei.[3] Seine Ansicht hatte verheerende Folgen im Falle David Reimers, d. h. dem John-Joan-John-Fall, bei dem – gestützt auf Moneys Annahmen – ein acht Monate alter Junge (John), der durch einen Kunstfehler während eines kleinen operativen Eingriffs (Korrektur einer Phimose) seinen Penis verloren hatte, zu einem Mädchen (Joan) gemacht wurde. Um den Prozess der Verweiblichung zu unterstützen, entfernte man seine Hoden, noch bevor er 17 Monate alt

1 Für einen Überblick vgl. Ai-Min Bao und Dick F. Swaab, „Sexual differentiation of the human brain: Relation to gender identity, sexual orientation and neuropsychiatric disorders," *Frontiers in Neuroendocrinology*, Bd. 32, 2011, 214–226.

2 John Money, „Ablatio penis: Normal male infant sex-reassigned as a girl," *Archives of Sexual Behavior*, Bd. 4, 1975, 65–71, 66.

3 Vgl. Money, „Ablatio penis;" John Money und Anke A. Ehrhardt, *Man and Woman, Boy and Girl. The Differentiation and Dimorphism of Gender Identity from Conception to Maturity*, Baltimore: Johns Hopkins University Press 1972.

war. Das Kind wurde wie ein Mädchen gekleidet, es erhielt psychologische Betreuung und während der Pubertät verabreichte man ihm Östrogene.[4]

Money beschrieb diesen Fall als großen Erfolg: Das Kind entwickele sich wie ein normales Mädchen. Als ich (DFS) 1995 in einem Seminar in den USA dazu bemerkte, es handle sich dabei um das einzige mir bekannte Beispiel als Beleg für die These, dass das soziale Umfeld die Geschlechtsidentität eines Kindes nach der Geburt verändern könne, ergriff der bekannte Sexualforscher Milton Diamond[5] das Wort und widerlegte Moneys Behauptungen als völlig unbegründet. Diamond kannte Reimer nämlich persönlich und wusste demzufolge, dass dieser seine Geschlechtsänderung als Erwachsener rückgängig gemacht, eine Frau geheiratet und Kinder adoptiert hatte. Diamond machte diese Ergebnisse öffentlich. Es stellte sich heraus, dass Reimer sich nie als Frau identifizierte, und dass er tatsächlich mit 14 Jahren sein Leben als Mann wiederaufnahm.[6] Jahrelange schwere Depressionen, finanzielle Instabilität und eine geschiedene Ehe führten 2004 auf tragische Weise zu Reimers Suizid. Diese Geschichte verdeutlicht den starken, irreversiblen Einfluss der Programmierung der Geschlechtsidentität während der intrauterinen Phase. Die operative Entfernung von Penis und Hoden dieses Kindes, die psychologische Betreuung, das Mädchenspielzeug und die Verabreichung von Östrogenen während der Pubertät konnten seine Geschlechtsidentität nicht verändern.

Auch andere Fallbeispiele, in denen die Folgen enzymatischer Störungen oder von Kloakenekstrophie dokumentiert sind, lassen sich zur Unterstützung der These einer frühen dauerhaften Programmierung der Geschlechtsidentität im Gehirn durch biologische Faktoren – wie etwa pränatale Androgenexposition – anführen und widersprechen damit einem wirksamen Einfluss durch das soziale Umfeld und das soziale Lernen.[7] Tatsächlich zeigen alle aktuellen Daten, dass Geschlechtsidentität und sexuelle Orientierung bereits im Mutterleib entstehen.

---

4 Vgl. John Colapinto, *As Nature Made Him. The Boy Who Was Raised as a Girl*, New York: Harper Collins 2000.

5 Siehe den Beitrag von Milton Diamond im vorliegenden Band.

6 Vgl. Milton Diamond und H. Keith Sigmundson, „Sex Reassignment at Birth. Long-term Review and Clinical Implications," *Archives of Pediatrics and Adolescent Medicine*, Bd. 151, 1997, 298–304.

7 Für Belege vgl. Dick F. Swaab, *Handbook of Clinical Neurology. The Human Hypothalamus. Basic and Clinical Aspects*, Teil II, *Neuropathology of the Human Hypothalamus and Adjacent Brain Structures*, Amsterdam et al.: Elsevier 2004; Dick F. Swaab und Alicia Garcia-Falgueras, „Sexual Differentiation of the human brain in relation to gender identity and sexual orientation," *Functional Neurology*, Bd. 24, 2009, 17–28.

II Geschlechtsspezifische Verhaltensunterschiede

Geschlechtsspezifische Unterschiede im Gehirn und im Verhalten treten auch in Bereichen ohne direkten Zusammenhang mit der Fortpflanzung auf. Ein stereotyper Unterschied zwischen Jungen und Mädchen, der häufig als sozial bedingt betrachtet wird, zeigt sich im Spielverhalten. Kleine Jungen sind wilder, aktiver, bevorzugen im Alter von drei bis acht Monaten Spielzeugautos und spielen Soldaten, während Mädchen lieber mit Puppen spielen.[8] Da ich (DFS) aufgrund meiner Beobachtungen bei Tieren erhebliche Zweifel an der Theorie der sozialen Konditionierung hegte, boten wir unseren eigenen Kindern, einem Mädchen und einem Jungen, vor mehr als vierzig Jahren gezielt beiderlei Spielzeug an – doch sie trafen ihre Wahl ganz konsequent nach stereotypen Mustern. Unsere Tochter spielte nur mit Puppen, während sich unser Sohn nur für Spielzeugautos interessierte. Zwei Kinder sind freilich keine ausreichend große Stichprobe für seriöse Forschung.

Dass dieser Unterschied zwischen den Geschlechtern eine biologische Basis hat, wiesen später Alexander und Hines nach,[9] die in ihren Experimenten Grünen Meerkatzen Puppen, Autos und Bälle anboten. Die weiblichen Affen bevorzugten die Puppen, die sie in einer typisch mütterlichen Verhaltensweise anogenital beschnupperten, während die männlichen Affen viel mehr am Spielen mit Spielzeugautos und Bällen interessiert waren. Die Spielzeugpräferenz wird uns also nicht von unserem sozialen Umfeld aufgezwungen, sondern ist in unserem Gehirn bereits im Mutterleib einprogrammiert, um uns auf unsere Rolle im späteren Leben vorzubereiten, nämlich die Mutterschaft bei Mädchen und eher technische Aufgaben bei Jungen. Die geschlechtsspezifische Spielzeugwahl bei den Affen zeigt, dass der hier zugrundeliegende Mechanismus Dutzende von Millionen Jahren in unsere evolutionäre Entwicklung zurückreicht und noch vor den Hominiden entstand.

Ein von Jungen im Mutterleib produzierter Testosteronschub scheint für diesen Unterschied verantwortlich zu sein. Mädchen, die aufgrund einer kongenitalen Nebennierenhyperplasie (CAH) erhöhter Testosteroneinwirkung im Mutterleib ausgesetzt waren, spielen lieber mit Jungen (und mit Jungenspielzeug), sind

---

8 Vgl. Gerianne M. Alexander, Teresa Wilcox und Rebecca Woods, „Sex Differences in Infants' Visual Interest in Toys," *Archives of Sexual Behavior*, Bd. 38, 2009, 427–433.

9 Gerianne M. Alexander und Melissa Hines, „Sex differences in response to children's toys in nonhuman primates (*Cercopithecus aethiops sabaeus*)," *Evolution and Human Behavior*, Bd. 23, 2002, 467–479.

ungewöhnlich wild, und werden oft als ‚burschikos' bezeichnet.[10] Dies ist ein starkes Indiz für die entscheidende Rolle des Testosteronspiegels während der Schwangerschaft in Bezug auf die Entwicklung derartiger geschlechtsspezifischer Verhaltensunterschiede.

Auch spontan angefertigte Kinderzeichnungen weisen geschlechtsspezifische Unterschiede auf. Sowohl hinsichtlich der Motivwahl als auch bei der Verwendung bestimmter Farben und in der Komposition lassen sich Unterschiede zwischen den Bildern von Jungen und Mädchen erkennen, die von den Hormonen im Mutterleib beeinflusst werden. Mädchen zeichnen lieber menschliche Figuren, vor allem Mädchen und Frauen, sowie Blumen und Schmetterlinge. Sie verwenden helle Farben wie Rot, Orange und Gelb. Ihre Kompositionen sind friedlicher, und die Figuren stehen oft in einer Linie. Jungen zeichnen dagegen lieber technische Objekte, Waffen, Kämpfe und Transportmittel wie Autos, Züge und Flugzeuge. Sie nehmen dabei oft eine Vogelperspektive ein und bevorzugen dunkle und kühle Farben wie Blau. Zeichnungen von fünf- und sechsjährigen Mädchen mit CAH ähneln dabei denen kleiner Jungen, obwohl sie unmittelbar nach der Geburt wegen ihres Zustandes behandelt wurden.[11] Offensichtlich hat die fetale Exposition gegenüber höheren Dosen männlicher Hormone nachhaltige Auswirkung auf das Spielverhalten und den künstlerischen Ausdruck. Eine atypische Spielzeugpräferenz prognostiziert allerdings nicht zwangsläufig eine Geschlechtsdysphorie im Erwachsenenalter. Vielmehr hat sie eine gewisse Vorhersagekraft für Homosexualität.[12] Einige geschlechtsspezifische Verhaltensunterschiede lassen sich schon so früh wahrnehmen, dass sie nur im Mutterleib entstanden sein können. Bereits am ersten Tag nach der Geburt schauen Mädchen lieber in Gesichter, während Jungen ihren Blick lieber auf sich bewegende technische Spielsachen richten. Im Alter von einem Jahr nehmen Mädchen bereits mehr Blickkontakt auf als Jungen, während Mädchen, die im Mutterleib zu viel Testosteron ausgesetzt

---

10 Vgl. Anna Nordenström et al., „Sex-Typed Toy Play Behavior Correlates with the Degree of Prenatal Androgen Exposure Assessed by CYP21 Genotype in Girls with Congenital Adrenal Hyperplasia," *Journal of Clinical and Endocrinology & Metabolism*, Bd. 87, 2002, 5119–5124; Greta A. Mathews et al., „Personality and Congenital Adrenal Hyperplasia: Possible effects of prenatal androgen exposure," *Hormones & Behavior*, Bd. 55, 2009, 285–291.

11 Vgl. Megumi Iijima, Osamu Arisaka, Fumie Minamoto und Yasumasa Arai, „Sex Differences in Children's Free Drawings: A Study on Girls with Congenital Adrenal Hyperplasia," *Hormones and Behavior*, Bd. 40, 2001, 99–104.

12 Vgl. Madeleine S. C. Wallien und Peggy T. Cohen-Kettenis, „Psychosexual Outcome of Gender-Dysphoric Children," *Journal of the American Academy of Child and Adolescent Psychiatry*, Bd. 47, 2008, 1413–1423.

waren, später in der Kindheit weniger Blickkontakt aufnehmen. Auch hier kommt dem Testosteron im Mutterleib eine Schlüsselrolle zu.[13]

III Mechanismen bei der sexuellen Differenzierung des Gehirns

Die Entwicklung des Gehirns im Allgemeinen und die sexuelle Differenzierung des Gehirns im Besonderen werden von vielen Faktoren beeinflusst, welche die Variabilität unter den Menschen auch in Bezug auf die Geschlechtsidentität und die sexuelle Orientierung erhöhen. Man hat eine Reihe von Faktoren gefunden, welche die Chance erhöhen, transsexuell zu werden (siehe Tabelle 1).

Tabelle 1: Pränatale Faktoren, welche die Geschlechtsidentität beeinflussen und zu Transsexualität führen können (Nachweise siehe Text)

Hormone
– Einnahme von Phenobarbital/Phenytoin in der Schwangerschaft – Kloakenekstrophie – 5-α-Reduktase-2- oder 17-β-Hydroxysteroid-Dehydrogenase-3-Mangel – Mädchen mit CAH – ein komplettes Androgeninsensitivitätssyndrom führt zu heterosexuellen XY-Frauen mit weiblicher Geschlechtsidentität – DES?
Genetische Faktoren
– Zwillingsstudien – seltene chromosomale Aberrationen – Polymorphismen von ERβ, Androgenrezeptor- und Aromatase-Genen
Immunologischer Mechanismus?
– Effekt der brüderlichen Geburtenfolge
Soziale Faktoren?
– postnatal ohne Evidenz
Abkürzungen: CAH = kongenitale Nebennierenhyperplasie; DES = Diethylstilbestrol

13 Vgl. Simon Baron-Cohen, Rebecca C. Knickmeyer und Matthew K. Belmonte, „Sex differences in the brain: implications for explaining autism," *Science*, Bd. 310, 2005, 819–823.

1 Hormone

Die fetalen Gonaden entwickeln sich unter dem Einfluss einer Genkaskade, die bei Jungen mit dem SRY-Gen (Geschlechtsbestimmende Region auf dem Y-Chromosom) beginnt.[14] Die Produktion von Testosteron und die anschließende periphere Umwandlung von Testosteron in Dihydrotestosteron zwischen der 6. und 12. Schwangerschaftswoche ist von wesentlicher Bedeutung für die Ausbildung des Penis, der Prostata und des Skrotums eines Jungen. Dagegen beruht die Entwicklung der weiblichen Geschlechtsorgane im Mutterleib in erster Linie auf der Abwesenheit von Androgenen. Sobald die Differenzierung dieser Geschlechtsorgane vollzogen ist, erfolgt die geschlechtliche Differenzierung des Gehirns durch permanente *organisierende Wirkung* von Testosteron auf das sich entwickelnde Gehirn. Die Entwicklung des Gehirns in die weibliche Richtung beruht wiederum auf der Abwesenheit von Androgenen in der zweiten Schwangerschaftshälfte. Während der Pubertät werden die im Mutterleib organisierten Schaltkreise des Gehirns durch Geschlechtshormone *aktiviert.*[15]

Die beiden kritischen Phasen der menschlichen Entwicklung, in denen der Testosteronspiegel bei Jungen bekanntlich höher ist als bei Mädchen, liegen im zweiten Schwangerschaftsdrittel und in den ersten drei Monaten nach der Geburt.[16] Man nimmt an, dass diese fetalen und neonatalen Testosteronschübe – zusammen mit funktionellen Veränderungen der Steroidrezeptoren – die Entwicklung der Gehirnstrukturen eines Jungen für den Rest seines Lebens maßgeblich programmieren. Nachdem die geschlechtliche Differenzierung der Genitalien in einem viel früheren Entwicklungsstadium (d. h. in den ersten Monaten der Schwangerschaft) erfolgt als die geschlechtliche Differenzierung des Gehirns (während der zweiten Schwangerschaftshälfte), können diese beiden Prozesse unabhängig voneinander beeinflusst werden und zu einer Geschlechtsdysphorie

---

14 Vgl. Tuck C. Ngun et al., „The genetics of sex differences in brain and behavior," *Frontiers in Neuroendocrinology*, Bd. 32, 2011, 227–246.

15 Vgl. Swaab, *Neuropathology of the Human Hypothalamus.*

16 Vgl. Georg S. Kranz, Dick F. Swaab et al., „White Matter Microstructure in Transsexuals and Controls Investigated by Diffusion Tensor Imaging," *Journal of Neuroscience*, Bd. 34, 2014, 15466–15475; Francis De Zegher, Hugo Devlieger und Johannes D. Veldhuis, „Pulsatile and Sexually Dimorphic Secretion of Luteinizing Hormone in the Human Infant on the Day of Birth," *Pediatric Research*, Bd. 32, 1992, 605–607; Cornelieke van de Beek et al., „Prenatal Sex Hormones (Maternal and Amniotic Fluid) and Gender-related Play Behavior in 13-month-old Infants," *Archives of Sexual Behavior*, Bd. 38, 2009, 6–15; Melissa Hines et al., „Testosterone during Pregnancy and Gender Role Behavior of Preschool Children: A Longitudinal, Population Study," *Child Development*, Bd. 73, 2002, 1678–1687; Melody V. Wu et al., „Estrogen Masculinizes Neural Pathways and Sex-Specific Behaviors," *Cell*, Bd. 139, 2009, 61–72.

(GD) führen, d. h. zu Menschen mit männlichen Geschlechtsorganen, die dennoch eine weibliche Identität haben, und umgekehrt.

GD kann durch ungewöhnliche fetale Hormonspiegel induziert werden. An erster Stelle steht die erhöhte Chance bei kongenitaler Nebennierenhyperplasie (CAH). Dabei ist zu beachten, dass die Chance für Transsexualität bei CAH, obwohl die Wahrscheinlichkeit in diesem Fall etwa 100 bis 300 Mal höher ist als in der Gesamtbevölkerung (1:25.000), immer noch unter 1% liegt, während die Wahrscheinlichkeit schwerwiegender Geschlechtsprobleme in dieser Gruppe 5,2% beträgt. Einigkeit besteht daher darin, dass Mädchen mit CAH als Mädchen erzogen werden sollten, auch wenn ihre Genitalien vermännlicht sind.[17]

Der für die Geschlechtsidentität und die sexuelle Orientierung verantwortliche Hauptmechanismus beinhaltet eine direkte Wirkung von Testosteron auf das sich entwickelnde menschliche Gehirn, wie aus dem als komplettes Androgeninsensitivitätssyndrom (CAIS) bekannten Zustand hervorgeht. Bei diesem Zustand produzieren Menschen zwar Testosteron, aber ihr Körper ist aufgrund von Mutationen im Gen für den Androgenrezeptor dafür unempfindlich, was zu einer Feminisierung der äußeren Geschlechtsorgane und des Gehirns führt. Obwohl die Betroffenen genetisch männlich (XY) sind, entwickeln sie sich zu heterosexuellen Frauen mit heterosexuellen Phantasien ohne Geschlechtsprobleme.[18] Der Testosteronspiegel und die Empfindlichkeit der Androgenrezeptoren können Faktoren sein, die an der Variabilität der geschlechtlichen Differenzierung des Gehirns beteiligt sind.

Zirkulierendes Testosteron wird im Gehirn durch das Enzym Aromatase in Östrogen umgewandelt. Es wurde ein beträchtlicher Geschlechtsdimorphismus in Bezug auf Anzahl und Projektionen von Aromatase-exprimierenden Neuronen nachgewiesen, und die Maskulinisierung dieser Zellen wurde bei Nagetieren unabhängig von Androgenrezeptoren beobachtet. Es war möglich, die Maskulinisierung bei weiblichen Nagetieren durch entweder Testosteron oder Östrogen zu induzieren, was auf den Einfluss von Aromatase auf die geschlechtliche Differenzierung hinweist.[19] Die Aromatisierung spielt allerdings keine Rolle bei der geschlechtlichen Differenzierung des menschlichen Gehirns, wie der Phänotyp

17 Vgl. Ieuan A. Hughes et al., „Consensus statement on management of intersex disorders," *Journal of Pediatric Urology*, Bd. 2, 2006, 148 – 162.

18 Vgl. Amy B. Wisniewski et al., „Complete Androgen Insensitivity Syndrome: Long-Term Medical, Surgical, and Psychosexual Outcome," *Journal of Clinical Endocrinology & Metabolism*, Bd. 85, 2000, 2664 – 2669.

19 Vgl. Klaus D. Döhler, „Participation of Estrogens in Female Sexual Differentiation of the Brain: Neuroanatomical, Neuroendocrine and Behavioral Evidence," *Progress in Brain Research*, Bd. 61, 1984, 99 – 117.

von CAIS-Patienten zeigt. Betroffene XY-Männer entwickeln sich als phänotypische Frauen mit heterosexueller Orientierung ohne Geschlechtsprobleme.[20] Nachdem CAIS durch Mutationen im Gen für den Androgenrezeptor verursacht wird, während Aromatase und Östrogenrezeptoren intakt und der Östrogenspiegel relativ hoch sind, werden die männliche Geschlechtsidentität und die männliche Heterosexualität offenbar nicht durch Östrogene nach der Aromatisierung induziert, sondern verdanken sich einer direkten Wirkung von Testosteron auf die sich entwickelnden Gehirnzellen. Im Unterschied zu Nagetieren spielt die Aromatisierung von Testosteron bei diesen Prozessen beim Menschen keine Rolle.

Wenn ein männlicher Fetus einen 5-α-Reduktase-2- oder 17-β-Hydroxysteroid-Dehydrogenase-3-Mangel aufweist, der die Umwandlung von peripherem Testosteron in *Dihydrotestosteron* verhindert, wird ein „Mädchen“ mit einer großen Klitoris geboren. Diese XY-Kinder werden üblicherweise zunächst als Mädchen erzogen. Während der Pubertät nimmt jedoch ihre Testosteronproduktion zu, ihre „Klitoris“ wächst bis zur Größe eines Penis heran, ihre Hoden steigen abwärts und ihr Körperbau beginnt zu maskulinisieren. Ungeachtet der Tatsache, dass diese Kinder zunächst als Mädchen erzogen wurden, entscheidet sich die Mehrheit von ihnen (60%) schließlich für ein Leben als heterosexuelle Männer, offenbar aufgrund der *organisierenden* Wirkung von Testosteron auf die frühe Gehirnentwicklung sowie des *aktivierenden* Effekts von Testosteron während der Pubertät.[21]

Jungen, die mit einer Kloakenekstrophie geboren werden, d.h. mit einer Blasenekstrophie und einem teilweise oder vollständig fehlenden Penis, werden gewöhnlich unmittelbar nach der Geburt zu Mädchen umoperiert. Einer Umfrage zufolge haben lediglich 65% dieser Kinder auch im Erwachsenenalter noch als Mädchen gelebt. Wenn man Personen mit Geschlechtsdysphorie ausnimmt, sinkt diese Zahl auf 47%.[22] Diese Beispiele zeigen erneut, dass eine direkte Wirkung von Testosteron auf das Gehirn eines sich entwickelnden Jungen und das Fehlen eines solchen Effekts auf das Gehirn eines sich entwickelnden Mädchens von entscheidender Bedeutung für die Entwicklung der Geschlechtsidentität und der sexuellen Orientierung sind.

---

20 Vgl. Wisniewski et al., „Complete Androgen Insensitivity Syndrome.“

21 Für Belege vgl. Swaab, *Neuropathology* sowie Swaab/Garcia-Falgueras, „Sexual Differentiation.“

22 Vgl. William G. Reiner und John P. Gearhart, „Discordant Sexual Identity in Some Genetic Males with Cloacal Exstrophy Assigned to Female Sex at Birth,“ *New England Journal of Medicine*, Bd. 350, 2004, 333–341; Heino F. Meyer-Bahlburg, „Gender Identity Outcome in Female-Raised 46,XY Persons with Penile Agenesis, Cloacal Exstrophy of the Bladder, or Penile Ablation,“ *Archives of Sexual Behavior*, Bd. 34, 2005, 423–438.

2 Genetik und Epigenetik

Es gibt eine starke genetische Komponente von GD: Eine signifikante additive genetische Komponente, die 62% der Varianz ausmacht, wurde in einer Zwillingsstudie gefunden.[23] Der genetische Hintergrund von Transsexualität wird durch einen Fallbericht einer Mutter und Tochter, die Vater und Sohn wurden, gestützt.[24] Darüber hinaus wurden in einigen Studien Chromosomenaberrationen, Polymorphismen der Gene für den Östrogenrezeptor (ER)α, ERβ, Androgenrezeptor, Aromatase und Cytochrom-P450-17 (CYP17) genannt.[25]

Allerdings ist darauf hinzuweisen, dass, obwohl Sexualhormone für die Geschlechtsidentität und sexuelle Orientierung von großer Wichtigkeit sind, die geschlechtliche Differenzierung des Gehirns nicht allein durch Hormone verursacht wird. *Gene* spielen über die Regulation von Sexualhormonen hinaus eine Schlüsselrolle. *SRY* und *ZRY* sind mögliche Kandidaten für eine direkte Wirkung auf das Gehirn, da sie im menschlichen Gehirn bis zu einem sehr hohen Alter exprimiert werden, obwohl diese Gene bei der geschlechtlichen Differenzierung während der Entwicklung – streng genommen – keine Rolle mehr spielen.[26] Überdies beeinflussen *epigenetische Veränderungen* wie Acetylierung und Methylierung gleichermaßen die Entwicklung geschlechtsspezifischer Unterschiede im Gehirn und im Verhalten von Nagetieren[27] und sie sind an der Regulierung des sozialen, mütterlichen und sexuellen Verhaltens beteiligt.[28] Es wird vermutet, dass der Prozess, durch den die frühe Exposition gegenüber Gonadenhormonen das Gehirn organisiert und das „zelluläre Gedächtnis" erzeugt, welches im Erwachsenenalter eine geschlechtsdimorphe Reaktion hervorruft, aufgrund epige-

---

23 Vgl. Frederick L. Coolidge, Linda L. Thede und Susan E. Young, „The Heritability of Gender Identity Disorder in a Child and Adolescent Twin Sample," *Behavior Genetics*, Bd. 32, 2002, 251–257.

24 Vgl. Tatjana Sajevets et al., „Mother and daughter became father and son: A case report," *Asian Journal of Andrology*, Bd. 17, 2015, 855–856.

25 Für Belege vgl. Ngun, „The genetics of sex differences in brain and behavior."

26 Vgl. Dick F. Swaab, *Handbook of Clinical Neurology. The Human Hypothalamus. Basic and Clinical Aspects*, Part I, *Nuclei of the Hypothalamus*, Amsterdam et al.: Elsevier 2003; Sven Bocklandt und Eric Vilain, „Sex Differences in Brain and Behavior: Hormones Versus Genes," *Advances in Genetics*, Bd. 59, 2007, 245–266; Anette Mayer et al., „The Y-chromosomal genes SRY and ZFY are transcribed in adult human brain," *Neurogenetics*, Bd. 1, 1998, 281–288.

27 Vgl. Margaret M. McCarthy et al., „The Epigenetics of Sex Differences in the Brain," *Journal of Neuroscience*, Bd. 29, 2009, 12815–12823.

28 Vgl. Margaret M. McCarthy und Bridget M. Nugent, „At the frontier of epigenetics of brain sex differences," *Frontiers in Behavioral Neuroscience*, Bd. 9, 2015, Art. 221; Nancy G. Forger, J. Alex Strahan und Alexandra Castillo-Ruiz, „Cellular and Molecular Mechanisms of Sexual Differentiation in the Mammalian Nervous System," *Frontiers in Neuroendocrinology*, Bd. 40, 2016, 67–86.

netischer Modifikationen erfolgt.[29] Die Genexpression wird durch Veränderungen im Chromatin moduliert, was zu neuen zellulären Phänotypen mit demselben Genotyp führt. Epigenetische Veränderungen in der Keimbahn werden vererbt, während solche in somatischen Zellen im Allgemeinen nur eine Lebenszeit bestehen bleiben und weitgehend kontextabhängig sind,[30] d.h. abhängig von verschiedenen Aktivitäten im Genom, der Umgebung, der Medikamentenexposition oder der Erfahrung.[31] Im Nervensystem regulieren diese Modifikationen die Bildung von Neuronen und Apoptose,[32] und sie steuern die synaptische Plastizität und können daher an Gedächtnis und Lernen beteiligt sein.[33] Jüngste Untersuchungen belegen, dass Androgen- (ARs) und Östrogenrezeptoren (ERs) bei Nagetieren mit Histon-modifizierenden Enzymen interagieren, die mit neuronaler geschlechtlicher Differenzierung verbunden sind.[34] Der zentrale Teil des Bettkerns (Bed Nucleus) der Stria terminalis (BSTc) ist geschlechtsdimorph, mit einem größeren Volumen und einer größeren Anzahl von Zellen bei Männern im Vergleich zu Frauen.[35] Die Inhibierung von Histon-Deacetylasen (HDACs) mit Valproinsäure verhinderte den erhöhten Acetylierungsgrad von Histon-3 (H3) während der kritischen Phase für die geschlechtliche Differenzierung des Gehirns und die Maskulinisierung des BSTc. Die intraventrikuläre Injektion von HDACs-Inhibitoren hemmte auch das männliche Sexualverhalten.[36]

Shen et al. (2015) identifizierten 248 Gene und Loci im BSTc und in der präoptischen Region (POA) mit Geschlechtsunterschieden bei der Trimethylierung

---

29 Vgl. McCarthy, „The Epigenetics;“ Nancy G. Forger, „Epigenetic mechanisms in sexual differentiation of the brain and behaviour,“ *Philosophical Transactions of The Royal Society B: Biological Sciences*, Bd. 371, 2016 (http://dx.doi.org/10.1098/rstb.2015.0114).

30 Vgl. David Crews, „Epigenetics and its implications for behavioral neuroendocrinology,“ *Frontiers in Neuroendocrinology*, Bd. 29, 2008, 344–357.

31 Vgl. Margaret M. McCarthy und Bridget M. Nugent, „Epigenetic Contributions to Hormonally-Mediated Sexual Differentiation of the Brain,“ *Journal of Neuroendocrinology*, Bd. 25, 2013, 1133–1140.

32 Vgl. Jingwen Lv et al., „The Epigenetic Switches for Neural Development and Psychiatric Disorders,“ *Journal of Genetics and Genomics*, Bd. 40, 2013, 339–346.

33 Vgl. Ji-Song Guan, Hong Xie und XinLu Ding, „The role of epigenetic regulation in learning and memory,“ *Experimental Neurology*, Bd. 268, 2015, 30–36.

34 Vgl. Houng-Wei Tsai, Patrick A. Grant und Emilie F. Rissman, „Sex differences in histone modifications in the neonatal mouse brain,“ *Epigenetics*, Bd. 4, 2009, 47–53.

35 Vgl. Jiang-Ning Zhou, Michel A. Hofman, Louis J.G. Gooren und Dick F. Swaab, „A Sex Difference in the Human Brain and Its Relation to Transsexuality,“ *Nature*, Bd. 378, 1995, 68–70; Frank P.M. Kruijver, Dick F. Swaab et al., „Male-to-Female Transsexuals Have Female Neuron Numbers in a Limbic Nucleus,“ *Journal of Clinical and Endocrinological Metabolism*, Bd. 85, 2000, 2034–2041.

36 Vgl. McCarthy/Nugent, „Epigenetic Contributions.“

des Lysins an Position 4 des Histons 3 (H3K4me3), und diejenigen H3K4me3s, die bei Weibchen erhöht waren, waren mit der synaptischen Funktion verbunden.[37] Der DNS-Methylierung kommt eine entscheidende Rolle bei der Zelldifferenzierung, der Unterdrückung repetitiver Elemente sowie der Prägung und Inaktivierung des X-Chromosoms zu.[38] Die Verringerung der Expression von Proteinen, die von methyliertem Cytosin, das mit HDACs in der Amygdala neonataler Ratten interagiert, angezogen werden, verringerte das soziale Spielverhalten bei Männchen und eliminierte den üblichen Geschlechtsunterschied bei diesem Verhalten.[39] Weibliche Ratten haben größere DNS-Methyltransferase-Aktivität und mehr Methylierungsstellen im POA als männliche. Diese Geschlechtsunterschiede wurden eliminiert, als diese weiblichen Ratten mit Östradiol behandelt wurden, woraufhin sich ihr Sexualverhalten vermännlichte. Dies deutet darauf hin, dass die Feminisierung des Gehirns durch Suppression der Maskulinisierung mittels DNS-Methylierung aufrechterhalten wurde.[40]

3 Endokrine Disruptoren

Ein verhältnismäßig neues Forschungsgebiet stellen endokrine Disruptoren dar, d. h. in der Umwelt vorhandene Verbindungen, die die Plazenta passieren und in die Interaktion zwischen endogenen Sexualhormonen und dem sich entwickelnden Gehirn eingreifen. Dies betrifft z. B. einige Pestizide, Herbizide, Kunststoff-Kontaminanten (wie Phthalate), Pharmazeutika (wie Diethylstilbestrol, DES) und diätetische Komponenten (wie Phytoöstrogene). Neuere Daten lassen erhebliche Bedenken hinsichtlich solcher Effekte in kritischen Phasen der menschlichen Entwicklung aufkommen. Die pränatale Exposition gegenüber Phthalaten, dem antiandrogenen Weichmacher in Kunststoffen, wird mit einem weniger typisch männlichen Verhalten bei Jungen in Verbindung gebracht.[41] Intrauterine Exposition gegenüber milden Analgetika, wie antiandrogene Prosta-

37 Vgl. Erica Y. Shen et al., „Epigenetics and Sex Differences in the Brain: A Genome-Wide Comparison of Histone-3 Lysine-4 Trimethylation (H3K4me3) in Male and Female Mice," *Experimental Neurology*, Bd. 268, 2015, 21–29.

38 Vgl. Vincent Vialou et al., „Epigenetic Mechanisms of Depression and Antidepressant Action," *Annual Review of Pharmacology and Toxicology*, Bd. 53, 2013, 59–87.

39 Vgl. Joseph R. Kurian et al., „Mecp2 Organizes Juvenile Social Behavior in a Sex-Specific Manner," *Journal of Neuroscience*, Bd. 28, 2008, 7137–7142.

40 Vgl. Bridget M. Nugent et al., „Brain feminization requires active repression of masculinization via DNA methylation," *Nature Neuroscience*, Bd. 18, 2015, 690–697.

41 Vgl. Shanna H. Swan et al., „Prenatal phthalate exposure and reduced masculine play in boys," *International Journal of Andrology*, Bd. 33, 2010, 259–269.

glandinhemmer, ist ein Risikofaktor für die Entstehung von Fortpflanzungsstörungen bei Männern.[42] Überdies hatten Jungen, deren Mutter während der Schwangerschaft Pestiziden ausgesetzt war, im Alter von 6 bis 11 Jahren ein geringeres Hodenvolumen und eine geringere Penislänge, während Mädchen eine frühere Brustentwicklung zeigten.[43] Was diese Beobachtungen für die spätere Geschlechtsidentität und sexuelle Orientierung solcher Kinder bedeuten könnten, sollte noch untersucht werden.

Zwischen 1939 und 1960 verabreichte man in den USA und in Europa etwa zwei Millionen werdenden Müttern das synthetische Östrogen Diethylstilbestrol (DES) zur Verhinderung von Fehlgeburten. (Diese erhoffte Wirkung hatte DES de facto nicht, aber Ärzte verschreiben gern etwas, und Patienten wollen gern behandelt werden.) Es stellte sich heraus, dass DES die Wahrscheinlichkeit von Bisexualität und Homosexualität bei den Töchtern von Frauen, denen dieses Medikament verabreicht wurde, erhöht hat.[44] Darüber hinaus wurde bei DES-Söhnen eine hohe Prävalenz von Geschlechtsidentitätsproblemen festgestellt.[45] Eine offizielle Untersuchung dieser alarmierenden Daten wäre sicherlich angebracht. Überdies wurde bei einer relativ kleinen Patientengruppe, der während der Schwangerschaft ein Medikament zur Hemmung des Abbaus von Sexualhormonen verschrieben wurde, d. h. „alte" Antiepileptika wie Phenytoin oder Phenobarbital, eine hohe Verbreitung von GD bei ihren Kindern beobachtet.[46]

Pränatale Exposition gegenüber Nikotin erhöht auch die Wahrscheinlichkeit lesbischer Töchter. Stress während der Schwangerschaft erhöht überdies die Wahrscheinlichkeit einer Homosexualität des Kindes, da sich der erhöhte Pegel

---

42 Vgl. David Møbjerg Kristensen et al., „Intrauterine exposure to mild analgesics is a risk factor for development of male reproductive disorders in human and rat," *Human Reproduction*, Bd. 26, 2011, 235–244.

43 Vgl. Christine Wohlfahrt-Veje et al., „Smaller genitals at school age in boys whose mothers were exposed to non-persistent pesticides in early pregnancy," *International Journal of Andrology*, Bd. 35, 2012, 265–272; Christine Wohlfahrt-Veje et al., „Early breast development in girls after prenatal exposure to non-persistent pesticides," *International Journal of Andrology*, Bd. 35, 2012, 273–282.

44 Vgl. Anke A. Ehrhardt et al., „Sexual orientation after prenatal exposure to exogenous estrogen," *Archives of Sexual Behavior*, Bd. 14, 1985, 57–77.

45 Vgl. Scott P. Kerlin. „Prenatal Exposure to Diethylstilbestrol (DES) in Males and Gender-Related Disorders: Results from a 5-Year Study," Vortragspapier, International Behavioral Development Symposium 2005, Minot, North Dakota, 2005.

46 Vgl. Arianne B. Dessens et al., „Prenatal Exposure to Anticonvulsants and Psychosexual Development," *Archives of Sexual Behavior*, Bd. 28, 1999, 31–44.

des mütterlichen Stresshormons Cortisol auf die Produktion der Geschlechtshormone des Kindes im Mutterleib auswirkt.[47]

4 Immunreaktion

Zudem hat man herausgefunden, dass, je mehr ältere Brüder ein Junge hat, desto größer die Chance ist, dass er transsexuell ist.[48] Jeder ältere Bruder erhöht auch die Wahrscheinlichkeit männlicher Homosexualität um ungefähr 33 %. Man nimmt an, dass dieser „Effekt der brüderlichen Geburtenfolge“ auf einer mütterlichen Immunreaktion auf männliche Stoffe beruht, die ihr Sohn aufgrund des Vorhandenseins seines Y-Chromosoms im Mutterleib abgibt, eine Reaktion, die nach jeder Schwangerschaft mit einem männlichen Fetus stärker wird.[49]

5 Selbstorganisation

Schließlich ist der Prozess der *Selbstorganisation* anzuführen, welche jedes Gehirn und jedes neuronale System einzigartig macht, selbst wenn, wie bei eineiigen Zwillingen der Fall, der genetische Hintergrund derselbe sein sollte.

Selbstorganisation findet in komplexen Systemen statt und ihre Prinzipien spiegeln sich überall wider – sei es in Ameisenhaufen, sei es in der Geschäftswelt oder sei es im Universum. Selbstorganisation kann sogar dazu führen, dass eine Bevölkerung als Einheit, als Superorganismus, funktioniert. Ein gutes Beispiel für Selbstorganisation sind die Schwärme von Staren oder Fischen.

Unser Gehirn ist zu komplex, um sich allein auf der Grundlage genetischer Informationen zu entwickeln oder um auf der Grundlage der Steuerung durch eine einzelne Gehirnregion zu arbeiten. Die Hauptbestandteile für die Selbstorganisation sind in der Tat im Gehirn vorhanden: (i) das Netzwerk der Gehirnzellen ist äußerst komplex und (ii) eine schnelle Kommunikation zwischen den Hirnkomponenten ist möglich, (iii) basierend auf Erfahrung, findet in den lokalen Netzwerken auch Lernen statt, (iv) so viele Prozesse wie möglich werden an eine niedrigere Ebene delegiert, so dass lokal – automatisch und unbewusst – Pro-

47 Vgl. Lee Ellis und Shirley Cole-Harding, „The effects of prenatal stress, and of prenatal alcohol and nicotine exposure, on human sexual orientation,“ *Physiology & Behavior*, Bd. 74, 2001, 213 – 226.

48 Vgl. Esther Gómez-Gil, „Birth Order and Ratio of Brothers to Sisters in Spanish Transsexuals,“ *Archives of Sexual Behavior*, Bd. 40, 2011, 505 – 510.

49 Vgl. Ngun et al., „The genetics.“

zesse gesteuert und Entscheidungen getroffen werden, und (v) gibt es keine Gehirnregion, die lokale Prozesse ständig verfolgt und kontrolliert. Das Gehirn entwickelt sich als komplexes, sich selbst organisierendes System und funktioniert auf diese Weise auch während unseres ganzen Lebens.[50] Das bedeutet, dass das System während der Entwicklung lokal nach den besten Kontakten sucht. Wenn Zellen einen intensiven funktionellen Kontakt miteinander haben, wird dieser Kontakt verstärkt. Zellen, die gemeinsam feuern (d. h. elektrisch aktiv sind), verstärken ihre gegenseitigen Verbindungen. „Cells that fire together wire together"[51], fasste Hebb (1949) diesen Mechanismus prägnant zusammen: *Zellen, die gemeinsam feuern, verdrahten sich miteinander.* Wenn der Kontakt schwach ist, löst er sich mit der Zeit auf, und in der Folge lösen sich auch die beteiligten Gehirnzellen auf. Deshalb ist Zellsterben in der Hirnentwicklung ein völlig normaler Prozess. Wir produzieren fünfmal so viele Gehirnzellen wie wir letztlich übrigbehalten, mithin ein Überlebensmechanismus des Bestangepassten. Dieser Prozess, der jedes Gehirn einzigartig macht, wird deshalb auch „neuronaler Darwinismus" genannt.

6 Soziale Faktoren?

Obwohl häufig angenommen wird, dass auch die nachgeburtliche Entwicklung einen bedeutsamen Einfluss auf die Geschlechtsidentität oder die sexuelle Orientierung habe, gibt es dafür keinerlei Beweis. Sämtliche Daten zeigen vielmehr, dass sowohl die Geschlechtsidentität als auch die sexuelle Orientierung eines Menschen im Mutterleib entstehen. Es gibt keinen Beweis für die falsche Auffassung, Homosexualität sei ein „selbstgewählter Lebensstil" oder auf soziales Lernen zurückzuführen. Kinder lesbischer Mütter und schwuler Väter sind nicht häufiger homosexuell und unterscheiden sich von Kindern heterosexueller Eltern weder in Bezug auf ihre Persönlichkeitsentwicklung noch auf ihre psychologische Entwicklung und Geschlechtsidentität.[52]

---

50 Vgl. Wolf Singer, „The brain as a self-organizing system," *European Archives of Psychiatry and Neurological Sciences*, Bd. 236, 1986, 4–9.

51 Richard G. Morris, „D.O. Hebb: The Organization of Behavior, Wiley: New York; 1949," *Brain Research Bulletin*, Bd. 50, 1999, 437.

52 Vgl. Dorothy A. Greenfeld, „Reproduction in same sex couples: Quality of parenting and child development," *Current Opinion in Obstetrics and Gynecology*, Bd. 17, 2005, 309–312.

7 Ergebnis

Das Ergebnis aller Faktoren, die an der Entwicklung des Gehirns im Allgemeinen und an der sexuellen Differenzierung des Gehirns im Besonderen beteiligt sind, zeigt eine große Variabilität in allen Aspekten der Geschlechtsidentität und der sexuellen Orientierung. Variation ist der Motor der Evolution gewesen und bleibt stets präsent. Das Problem ist jedoch, wie Milton Diamond sagte: *Die Natur liebt Vielfalt. Die Gesellschaft hasst Vielfalt, leider.*

IV Unterschiede im Gehirn in Zusammenhang mit der Geschlechtsidentität

Permanente strukturelle und funktionale Unterschiede im Gehirn, die sich aus der Interaktion der sich entwickelnden Gehirnzellen mit Genen, Geschlechtshormonen und anderen chemischen Verbindungen ergeben, sind die Grundlage geschlechtsspezifischer Unterschiede bei der Fortpflanzung, Geschlechterrolle (dem Verhalten als Mann oder Frau in der Gesellschaft), Geschlechtsidentität und sexuellen Orientierung.

Unsere Forschungsgruppe war die erste, die einen strukturellen Geschlechtsunterschied im menschlichen Hypothalamus entdeckte, genauer gesagt: im geschlechtsdimorphen Kern der präoptischen Region (SDN-POA),[53] später auch interstitieller Kern des anterioren Hypothalamus-1 (INAH-1)[54] oder Zwischenkern (InM) genannt.[55] Seither wurden im Gehirn eines erwachsenen Menschen zahlreiche strukturelle und funktionale Geschlechtsunterschiede beschrieben. Dabei ist zu beachten, dass, obwohl es für die *Gruppe* Männer und die *Gruppe* Frauen Geschlechtsunterschiede gibt, das *individuelle Gehirn* nicht in allen Aspekten zu einer bestimmten Kategorie gehört. In jedem Gehirn gibt es eine große Vielfalt hinsichtlich des Maskulinisierungs- oder Feminisierungsgrades verschiedener Gehirnregionen. Vielmehr ist jedes Gehirn ein einzigartiges Mosaik aus männlichen und weiblichen Merkmalen.[56]

---

53 Vgl. Dick F. Swaab und Eric Fliers, „A sexually dimorphic nucleus in the human brain," *Science*, Bd. 228, 1985, 1112–1115.

54 Vgl. Laura S. Allen et al., „Two sexually dimorphic cell groups in the human brain," *Journal of Neuroscience*, Bd. 9, 1989, 497–506.

55 Vgl. Yuri Koutcherov, George Paxinos und Jürgen K. Mai, „Organization of the human medial preoptic nucleus," *Journal of Comparative Neurology*, Bd. 503, 2007, 392–406.

56 Vgl. Daphna Joel et al., „Sex beyond the genitalia: The human brain mosaic," *Proceedings of the National Academy of Sciences*, Bd. 112, 2015, 15468–15473.

1 Strukturelle Unterschiede im Hypothalamus in Zusammenhang mit der Geschlechtsidentität

Einige Hirnunterschiede scheinen mit der Geschlechtsidentität zusammenzuhängen. In Post-mortem-Untersuchungen an menschlichen Spenderhirnen fanden wir 1995 einen umgekehrten Geschlechtsunterschied im zentralen Teil des menschlichen Bettkerns der Stria terminalis (BSTc), einer Struktur, die – wie man aus Tierversuchen weiß – am sexuellen Verhalten beteiligt ist. Bei Männern war das BSTc-Volumen doppelt so groß und enthielt doppelt so viele Somatostatin-Neuronen wie bei Frauen[57] (s. Abbildung 2). Gleiches galt für den INAH-3-Bereich, der bei Männern ebenfalls doppelt so groß war und doppelt so viele Neuronen enthielt wie bei Frauen.[58] Bei Mann-zu-Frau-Transsexuellen (MzF) hatten sowohl INAH-3 als auch BSTc ein weibliches Volumen und eine weibliche Zellanzahl. Der einzige Frau-zu-Mann-Transsexuelle (FzM), der uns für diese Studie zur Verfügung stand, hatte einen BSTc und einen INAH-3 mit eindeutig männlichen Merkmalen (s. Abbildung 1). Diese Geschlechtsumkehrungen wurden nicht durch zirkulierende Hormonspiegel im Erwachsenenalter beeinflusst und scheinen somit während der Entwicklung entstanden zu sein. Umfang und Zellanzahl des BSTc schienen bei hetero- und homosexuellen Männern ähnlich zu sein. Dagegen wies der INAH-3 bei homosexuellen Männern einen weiblichen Umfang auf,[59] und dieser Gehirnbereich hängt somit auch mit der sexuellen Orientierung zusammen. Folglich scheint nur die Umkehrung der Geschlechtsunterschiede im BSTc speziell mit der Geschlechtsidentität und nicht mit der sexuellen Orientierung übereinzustimmen. Ein weiterer Hypothalamuskern mit einer geschlechtsspezifischen Umkehrung, der Infundibularkern (INF), erwies sich im Erwachsenenalter bei Frauen größer und enthielt bei Frauen mehr Neurokinin-B-Neuronen als bei Männern. Diese Neuronen regulieren die Freisetzung des Gonadotropin-freisetzenden Hormons. Bei MzF-Transsexuellen wurde ein für Frauen typischer INF entsprechend ihrer Geschlechtsidentität gefunden.[60]

---

57 Vgl. Zhou et al., „A Sex Difference;" Kruijver et al., „Male-to-Female Transsexuals."

58 Vgl. Alicia Garcia-Falgueras und Dick F. Swaab, „A sex difference in the hypothalamic uncinate nucleus: relationship to gender identity," *Brain*, Bd. 131, 2008, 3132–3146.

59 Vgl. Simon LeVay, „A Difference in Hypothalamic Structure Between Heterosexual and Homosexual Men," *Science*, Bd. 253, 1991, 1034–1037.

60 Vgl. Melanie Taziaux, Dick F. Swaab und Julie Bakker, „Sex Differences in the Neurokinin B System in the Human Infundibular Nucleus," *Journal of Clinical Endocrinology & Metabolism*, Bd. 97, 2012, E2210–2220.

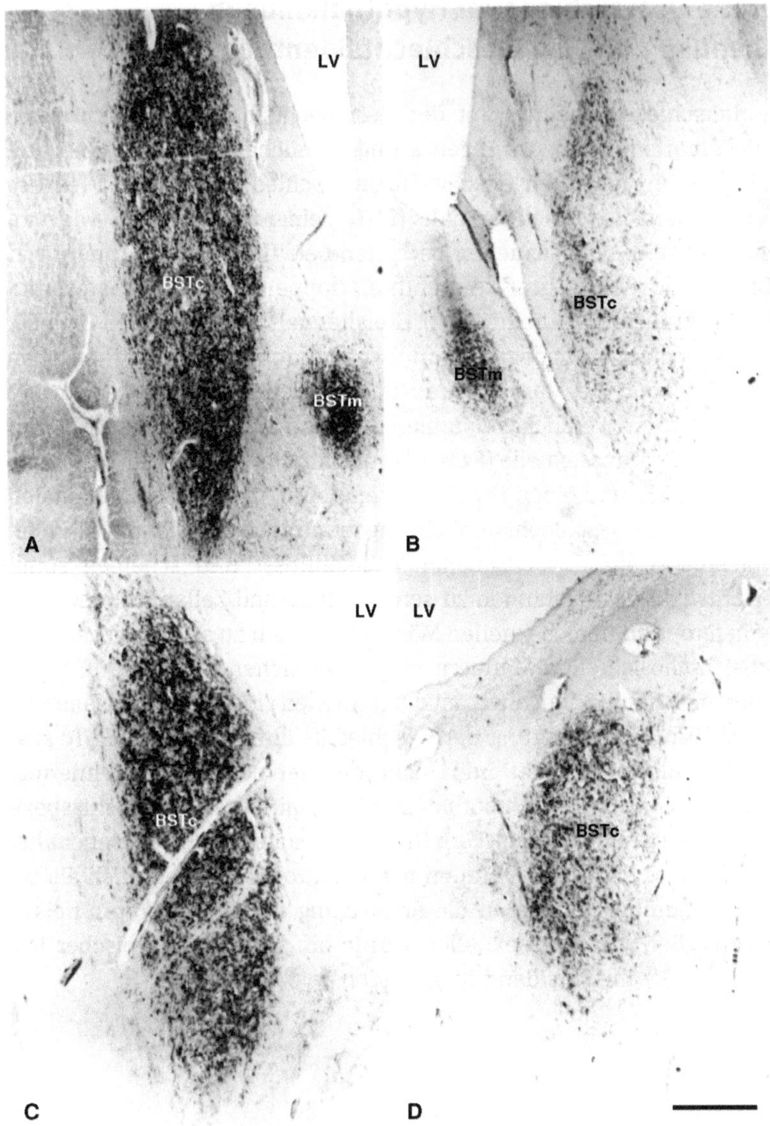

Abbildung 1: Repräsentative Ausschnitte aus dem zentralen Teil des Bettkerns der Stria terminalis (BSTc), stimuliert durch vasoaktives intestinales Polypeptid (VIP). *A.* heterosexueller Mann; *B.* heterosexuelle Frau; *C.* homosexueller Mann; *D.* Mann-zu-Frau-Transsexuelle (MzF). Maßstabsbalken = 0,5 mm. LV = lateraler Ventrikel. Beachten Sie, dass es bei *A* und *B* zwei Teile des BST gibt: die kleinere mediale Unterteilung (BSTm) und die größere ovalförmige zentrale Unterteilung (BSTc). Beachten Sie ferner den Geschlechtsunterschied (*A* vs. *B*) und die Tatsache, dass die Mann-zu-Frau-Transsexuelle (D) einen weiblichen BSTc nach Größe und Form der Innervation hat (aus: Zhou et al., „A Sex Difference"; Abb. 2, mit Erlaubnis).

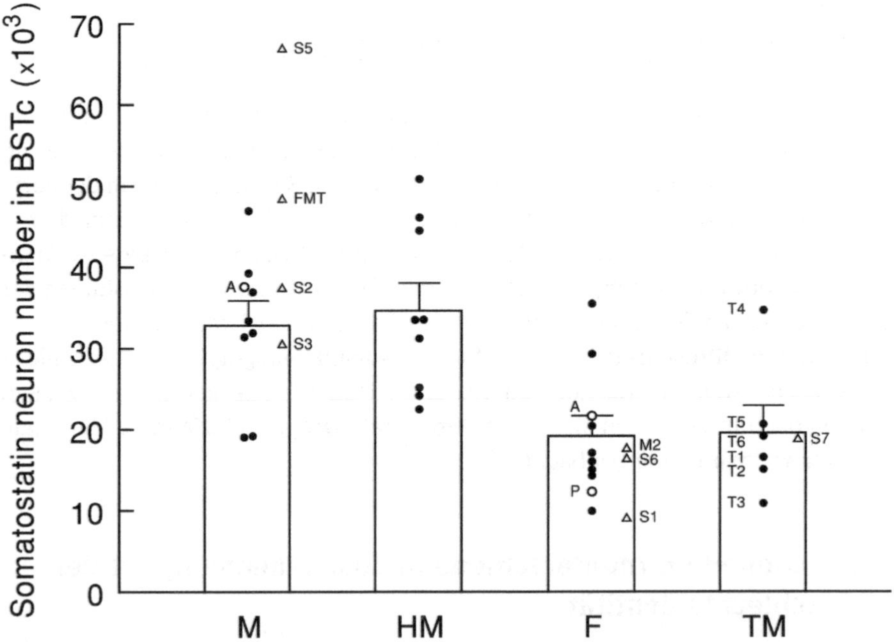

Abbildung 2: Verteilung der BSTc-Neuronenanzahlen unter den verschiedenen Gruppen nach Geschlecht, sexueller Orientierung und Geschlechtsidentität. *M* = männlich-heterosexuelle Referenzgruppe; *HM* = männlich-homosexuelle Gruppe; *F* = weibliche Gruppe; *TM* = Mann-zu-Frau-Transsexuelle. Die Patienten mit Geschlechtshormonstörung S1–6 und M2 deuten darauf hin, dass Änderungen der Geschlechtshormonspiegel im Erwachsenenalter die BSTc-Neuronenanzahl nicht verändern. Der Unterschied zwischen der M- und der TM-Gruppe ($p < 0.04$) wird nach dem sequentiellen Bonferroni-Verfahren auch statistisch signifikant, falls S2, S3 und S5 in der M-Gruppe enthalten sind oder falls S7 in der TM-Gruppe enthalten ist ($p \leq 0{,}01$). Beachten Sie, dass die Neuronenanzahl des Frau-zu-Mann-Transsexuellen (FMT) vollständig im männlichen Bereich liegt. Ob die Transsexuellen androphil (T1, T6), gynäphil (T2, T3, T5) oder gynandrophil (T4) waren, stand in keinem Zusammenhang mit der BSTc-Neuronenanzahl. Gleiches gilt für hetero- und homosexuelle Männer. Dies zeigt, dass die Anzahl von Somatostatin-Neuronen im BSTc nicht mit der sexuellen Orientierung zusammenhängt. A = AIDS-Patient. Die BSTc-Neuronenanzahl bei heterosexuellen Männern und Frauen mit AIDS befand sich im Bereich der entsprechenden Referenzgruppe, sodass die Anzahl der Somatostatin-Neuronen im BSTc anscheinend nicht von AIDS beeinflusst wurde. P = Frau nach der Menopause. S1 (♀ 46 Jahre): Nebennierenrinden-Tumor seit mehr als 1 Jahr, was einen hohen Cortisol-, Androstendion- und Testosteronspiegel verursachte. S2 (♀ 31 Jahre): Feminisierender Nebennierentumor, der hohe Östrogenwerte im Blut induzierte. S3 (♂ 67 Jahre): Prostatakarzinom; Orchiektomie 3 Monate vor dem Tod. S5 (♂ 86 Jahre): Prostatakarzinom; Prostatektomie; Orchiektomie und Antiandrogen-Behandlung während der letzten 2 Jahre. S6 (♀ 25 Jahre): Turner-Syndrom (45, X0; Ovarialhypoplasie). M2 (♀ 73 Jahre): postmenopausaler Status (aus: Kruijver et al., „Male-to-Female Transsexuals"; Abb. 1, mit Erlaubnis).

2 Strukturelle Unterschiede in anderen Gehirnbereichen in Zusammenhang mit der Geschlechtsidentität

Strukturelle Unterschiede im Gehirn transsexueller Menschen, die ihrer Geschlechtsidentität entsprachen, wurden im Putamen, in der Kortikalisdicke, im Bereich der weißen Substanz, im Volumen der grauen Substanz sowie in der Form des Corpus callosum beobachtet. Strukturelle Unterschiede im intermediären Bereich zwischen Männern und Frauen wurden im Gehirn transsexueller Menschen im Corpus callosum, im Bereich der weißen Substanz und im Volumen der grauen Substanz festgestellt.[61] Vor Kurzem haben wir bei transsexuellen Menschen durch diffusionsgewichtete Magnetresonanztomographie in der Mikrostruktur der weißen Substanz intermediäre Unterschiede gefunden.[62] Zudem wurden bei transsexuellen Menschen durch Traktographie einzigartige Merkmale der Netzwerkparameter beobachtet.[63]

3 Funktionelle Hirnunterschiede in Zusammenhang mit der Geschlechtsidentität

Eine funktionelle Bildgebungsstudie ergab, dass Pheromone bei MzF-Transsexuellen eine geschlechtsatypische hypothalamische Aktivierung auslösten. Die von Ivanka Savic in Stockholm geleitete Gruppe veröffentlichte eine Studie, bei der funktionale Hirnscans von lebenden MzF-Transsexuellen durchgeführt wurden.[64] Sie waren noch nicht operiert oder mit Hormonen behandelt worden. Als Stimulus erhielten sie männliche und weibliche Pheromone, Gerüche, die nicht bewusst wahrgenommen werden. In Kontrollgruppen zeigten diese Pheromone bei Männern und Frauen unterschiedliche Stimulationsmuster im Hypothalamus und anderen Gehirnbereichen. Das Stimulationsmuster für MzF-Transsexuelle lag zwischen dem von Männern und Frauen.

Funktionelle Hirnunterschiede, entweder in Übereinstimmung mit ihrer Geschlechtsidentität oder im intermediären Bereich zwischen Männern und Frauen,

---

61 Ein Überblick findet sich bei Elke Stefanie Smith et al., „The transsexual brain – A review of findings on the neural basis of transsexualism," *Neuroscience & Biobehavioral Reviews*, Bd. 59, 2015, 251–266.

62 Vgl. Kranz et al., „White Matter Microstructure."

63 Vgl. Andreas Hahn et al., „Structural Connectivity Networks of Transgender People," *Cerebral Cortex*, Bd. 25, 2015, 3527–3534.

64 Hans Berglund et al., „Male-to-Female Transsexuals Show Sex-Atypical Hypothalamus Activation When Smelling Odorous Steroids," *Cerebral Cortex*, Bd. 18, 2008, 1900–1908.

wurden auch im Gehirn transsexueller Menschen durch EEG, PET, SPECT, funktionelles Neuroimaging und Konnektivität beobachtet.[65]

2007 veröffentlichte V. S. Ramachandran[66] eine interessante Hypothese und vorläufige Forschungsergebnisse über Transsexualität. Er ist der Meinung, dass in der neuronalen Körperkarte von MzF-Transsexuellen ein Penis fehlt, während in der von FzM-Transsexuellen Brüste fehlen, da diese während der Entwicklung nicht in die Karte einprogrammiert sind. Daher erkennen sie diese Organe nicht als ihre eigenen an und möchten sie loswerden.

V Schlussfolgerungen

Bis in die 1980er Jahre ging man davon aus, dass das Verhalten eines Kindes durch postnatale soziale Einflüsse männlich oder weiblich geformt werde. In den 1960er und 1970er Jahren führte diese falsche Auffassung zu sofortigen Operationen von Neugeborenen mit uneindeutigen Geschlechtsorganen; dies hat viele Menschenleben ruiniert, weil die Möglichkeit einer intrauterinen geschlechtlichen Differenzierung des Gehirns nicht in Betracht gezogen wurde.

Die An- oder Abwesenheit von Testosteron führt dazu, dass das Kind zwischen der 6. und 12. Schwangerschaftswoche männliche oder weibliche Geschlechtsorgane entwickelt. In der zweiten Schwangerschaftshälfte differenziert sich das Gehirn in eine männliche oder weibliche Richtung. In dieser Phase werden das Gefühl, männlich oder weiblich zu sein – d. h. unsere Geschlechtsidentität – sowie unsere sexuelle Orientierung – d. h. heterosexuell, homosexuell oder bisexuell – für den Rest unseres Lebens in der Hardware unseres Gehirns einprogrammiert. Dieser Prozess der geschlechtlichen Differenzierung des Gehirns wird großenteils durch einen Testosteronschub bei Jungen in der zweiten Schwangerschaftshälfte bzw. durch das Fehlen eines solchen Hormonschubs bei Mädchen verursacht. Zudem wird die geschlechtliche Differenzierung des Gehirns durch genetische Polymorphismen ebenso wie durch epigenetische Faktoren beeinflusst sowie durch Medikamente und Chemikalien in der Umwelt gestört. Des Weiteren macht der Prozess der Selbstorganisation jedes Gehirn einzigartig. Das Ergebnis all dieser Faktoren, die an der Entwicklung des Gehirns im Allgemeinen und seiner sexuellen Differenzierung im Besonderen beteiligt sind, zeigt eine große Variabilität in allen Aspekten der Geschlechtsidentität und der sexu-

65 Ein Überblick findet sich bei Smith et al., „The transsexual brain."

66 Vilayanur S. Ramachandran und Paul D. McGeoch, „Occurrence of phantom genitalia after gender reassignment surgery," *Medical Hypotheses*, Bd. 69, 2007, 1001–1003.

ellen Orientierung. Es gibt keine Belege dafür, dass postnatale soziale Faktoren eine wesentliche Rolle bei der Entwicklung der Geschlechtsidentität oder der sexuellen Orientierung spielen.

Seitdem wir bei transsexuellen Menschen eine Umkehrung des Geschlechtsunterschieds im Bettkern der Stria terminalis (BSTc) hinsichtlich Volumen und Zellzahl festgestellt hatten,[67] wurde eine große Anzahl struktureller und funktioneller Gehirnveränderungen beschrieben. Dies hat bisher jedoch noch nicht zu einem spezifischen und hochempfindlichen biologischen Marker für die Geschlechtsidentität im Gehirn in der frühen Entwicklung geführt. Vielmehr bedarf dies einer weiteren Bestätigung sowie einer besseren Unterscheidung zwischen Veränderungen in Bezug auf die Geschlechtsidentität und solchen in Bezug auf die sexuelle Orientierung.

67 Zhou et al., „A Sex Difference."

Seth Watt & Gillian Einstein

Jenseits des Binären

Das körperliche Leben von Trans-Menschen

Abstract: Transgenderismus wurde als entwicklungsbedingte Diskrepanz zwischen dem geschlechtlich bestimmten Gehirn (*sexed brain*) und dem geschlechtlich bestimmten Körper (*sexed body*) einer Person verstanden. Die Manifestation dieser Körper/Gehirn-Spannung wurde „Geschlechtsdysphorie" genannt. Nach kritischer Sichtung von Forschungsarbeiten, die für eine biologische Grundlage von Geschlechterbinaritäten argumentieren, kommen wir zu dem Schluss, dass dieses Geschlechtermodell einer nachhaltigen Stützung durch (weiterführende) wissenschaftliche Literatur entbehrt. Demgegenüber können feministische Wissenschaftsansätze (z. B. *situierte Neurowissenschaft*) zu einem wesentlich umfassenderen Bild von der Biologie von Trans-Menschen führen. Wir sind der Überzeugung, dass die ganzheitliche Betrachtung des Körpers im Kontext der kulturell geprägten Lebenserfahrung biologische Ansätze und Lebensgeschichten zum Vorschein bringt, die über klassische Binaritäten wie sozial/biologisch, weiblich/männlich, cis/trans hinausgehen.

I Einleitung

Wie wir uns in der Welt zurechtfinden, wie wir uns in ihr positionieren und wie sich uns diese Welt dabei widersetzt, macht das menschliche Leben kompliziert.[1] All dies beeinflusst durch unterschiedliche reaktive Abläufe unsere Biologie, einschließlich der Plastizität des Gehirns und der Epigenetik,[2] sodass wir im Erwachsenenalter unendlich verschiedene Geister/Körper aufweisen, die sich möglicherweise nicht durch biologische Binaritäten, sondern durch die jeweilige Lebenswelt voneinander unterscheiden, in der wir uns befinden und die von

1 Vgl. Donna Haraway, „Situated Knowledges. The Science Question in Feminism and the Privilege of Partial Perspective," *Feminist Studies*, Bd. 14, 1988, 575-599; Karen Barad, „Agential Realism: Feminist Interventions in Understanding Scientific Practices," in *The Science Studies Reader*, hg. von Mario Biagioli, New York und London: Routledge 1999, 1-11.

2 Vgl. Gillian Einstein und Margrit Shildrick, „The postconventional body: Retheorising women's health," *Social Science & Medicine*, Bd. 69, 2009, 293-300.

https://doi.org/10.1515/9783110614626-003

Kultur und Geschichte, Geographie und Klima geprägt ist.[3] Gerade wenn diese Verschiedenheiten nicht anerkannt werden, wird das Bild vom geschlechtlichen (also biologisch betrachteten) und vom geschlechtlich definierten (also sozial betrachteten) Körper (*sexed/gendered body*) immer wieder zum Opfer dieser biologisch-sozialen Kluft.[4]

Wir stellen als These zur Diskussion: Im Kontext von Binaritäten kann kein biologischer Körper hinreichend erfasst – und auch durch die Hirnforschung nicht verstanden werden, solange lediglich binär argumentiert und eine Gruppe von Neuronen entsprechend der Binärgruppen cis/trans, homo/hetero, XX/XY unterschieden wird. Allenfalls handelt es sich bei den binär argumentierenden wissenschaftlichen Erkenntnissen um signifikante Unterschiede zwischen statistischen Mittelwerten, die eine Spannbreite großer Vielfalt verdecken. Wir behaupten, dass die feministische Theorie – trotz der Meinungsverschiedenheiten zwischen Feminist*innen und Trans-Aktivist*innen – Ressourcen für die biologische Forschung bereitstellen kann, die uns diese Vielfalt zu erfassen ermöglichen und uns über klassische Binaritäten hinaus zu einem Verständnis der Komplexität des Gehirns, auch bei Trans-Personen, führen.[5]

II Das Problem

Traditionelle Geschlechterrollen, Darstellungen und Selbstbezeichnungen gründen in der westlichen Kultur auf einem Zwei-Geschlechter-Modell, welches wiederum auf dem chromosomalen Geschlecht – einer Binarität von männlich/weiblich – basiert. Transgenderismus,[6] d. h. das Gefühl, im falschen Körper zu stecken, stützt sich auf diese Binarität, indem eine Inkongruenz zwischen chromosomalem Geschlecht, Phänotyp und Geschlechtsidentität behauptet wird. All

3 Vgl. Anne Fausto-Sterling, „The Bare Bones of Sex: Part 1 – Sex and Gender," *Signs. Journal of Women in Culture and Society*, Bd. 30, 2005, 1491-1527.

4 Vgl. Susan Oyama, *Evolution's Eye. A System's View of the Biology-Culture Divide*, Durham, NC: Duke University Press 2000.

5 In diesem Artikel werden wir „trans" zur Beschreibung von Personen verwenden, die unter den Oberbegriff „Transgender" fallen, einschließlich derer, die sich als Transgender, transsexuell, Two-Spirit, genderqueer, agender, nicht-binär bezeichnen oder sich mit irgendeiner anderen Geschlechtsidentität identifizieren, die das traditionelle Verständnis einer Binarität von männlich-weiblich in Frage stellt (vgl. Arlene Istar Lev, *Transgender emergence. Therapeutic Guidelines for Working with Gender-Variant People and Their Families*, Binghamton, NY: Haworth Clinical Practice Press 2004). Ferner dienen die Akronyme MzF und FzM zur Beschreibung von Trans-Personen, die sich im Spektrum von Mann-zu-Frau (Transfrauen) bzw. Frau-zu-Mann (Transmänner) befinden.

dies geschieht jedoch unter dem starken Druck unseres kulturellen Kontextes, auf der Unterscheidung zwischen weiblich und männlich und damit auf einer Intoleranz gegenüber Abweichungen vom Zwei-Geschlechter-Modell – nämlich einer Binarität von männlich/weiblich – zu beharren. Der Drang, sich in Übereinstimmung mit einem Phänotyp zu kleiden und aufzutreten, der den gesellschaftlich erwarteten binären Rollen entspricht, führt zu Selbstdarstellungen als das „andere" Geschlecht und zu geschlechtsangleichenden Operationen.

Doch selbst bei der Transition in das empfundene Geschlecht besteht für Trans-Personen ein erhöhtes Suizid-,[6] Obdachlosigkeits-,[7] Arbeitslosigkeits- und Depressionsrisiko.[8] Zahlreiche Forschungsarbeiten weisen darauf hin, dass Mitglieder der Trans-Community einer beunruhigend anwachsenden Diskriminierung, Stigmatisierung, Feindseligkeit bis hin zu offener Aggression ausgesetzt sind. Darauf ist möglicherweise die erhöhte Inzidenz von psychischen und physischen Gesundheitsproblemen in der Trans- und der weiteren LGBT-Community im Vergleich zur Gesamtbevölkerung zurückzuführen.[9] Dies könnte aber auch auf ein Unvermögen des Zwei-Geschlechter-Modells hindeuten, ein grundlegendes Verständnis des Wesens von biologischem (*sex*) und sozialem Geschlecht (*gender*) zu vermitteln – und dies sowohl aufseiten von Trans-Personen als auch aufseiten der größeren Gemeinschaft, mit der sie interagieren. Eine rein biologische Erklärung reißt das einzelne Individuum aus seinen sozialen und ökologischen Kontexten heraus, welche letztlich biologische Folgen haben.

Abgesehen von der verminderten Lebensqualität einiger Trans-Personen gibt es Hinweise darauf, dass mit der Geschlechterbinarität niemandem gedient sein dürfte – einschließlich der Mehrheit der Menschen, die sich als Cisgender identifizieren. Joel et al.[10] fanden heraus, dass über 35 % der von ihnen befragten Cisgender-Personen in ihrem geschlechtlichen Selbstverständnis ein gewisses Maß an geschlechtsübergreifender Identität, Vielfalt oder Fluidität besaßen.

---

6 Vgl. Ann P. Haas et al., „Suicide and suicide risk in lesbian, gay, bisexual, and transgender populations: review and recommendations," *Journal of Homosexuality*, Bd. 58, 2010, 10-51.

7 Vgl. Jaime M. Grant et al., *Injustice at Every Turn. A Report of the National Transgender Discrimination Survey*, Washington, DC: National Center for Transgender Equality and National Gay and Lesbian Task Force 2011.

8 Vgl. Nooshin Khobzi Rotondi et al., „Depression in Male-to-Female Transgender Ontarians: Results from the Trans PULSE Project," *Canadian Journal of Community Mental Health*, Bd. 30, 2012, 113-133.

9 Vgl. Michael L. Hendricks und Rylan J. Testa, „A Conceptual Framework for Clinical Work With Transgender and Gender Nonconforming Clients: An Adaptation of the Minority Stress Model," *Professional Psychology: Research and Practice*, Bd. 43, 2012, 460-467.

10 Daphna Joel et al., „Queering Gender: Studying Gender Identity in 'Normative' Individuals," *Psychology & Sexuality*, Bd. 5, 2014, 291-321.

Ausgehend von eben jener Annahme, dass die Geschlechterbinarität allen Menschen schadet, untersuchten wir (Watt und Einstein) Geschlechtsdysphorie anhand einer Cisgender-Stichprobe. Wir befragten Cisgender-Studierende unter Verwendung der Utrecht Gender Dysphoria Scale (UGDS), einem gängigen Fragebogen zur Erfassung von Geschlechtsdysphorie, und stellten fest, dass 72% der Befragten Symptome der Unzufriedenheit mit ihren geschlechtlichen Identitäten, Rollen und Körpern zeigten.[11] Obwohl noch weitere Untersuchungen erforderlich sind, deuten die Ergebnisse dieser Studie darauf hin, dass eine Binarität von männlich-weiblich auch für Cisgender-Personen unbefriedigend ist, woraus deutlich wird, dass die Annahme der menschlichen Geschlechterbinarität revidiert und ein Rahmenmodell entwickelt werden muss, das in der Lage ist, die vielen Schattierungen und Ausdrucksformen von (sozial definiertem) Geschlecht (*gender*) zu verifizieren und anzuerkennen.

Aus diesen Gründen stellen wir ein neues, auf feministischer Theorie basierendes Modell zur Diskussion, welches Soziales und Biologisches miteinander verbindet: eine *„situationsbezogene" oder „situierte Neurowissenschaft"*.[12] Vielleicht werden wir damit in der Lage sein, kategoriale Binaritäten – weiblich/männlich, trans/cis, sozial/biologisch – zu überwinden, die uns für alle Menschen als problematisch erscheinen.

III Kritische Betrachtung des Ursprungs von Geschlechter-/Gender-Binaritäten – Zur Geschichte der Erforschung geschlechtlicher Unterschiede

Ungeachtet der landläufigen Meinung, dass „Männer vom Mars und Frauen von der Venus stammen" (C. Evatt), ist zu fragen, wie sich jene geschlechtliche Binarität in der wissenschaftlichen Literatur etablieren konnte. Um dies zu verstehen, es ist hilfreich, die Entwicklung der Forschung zum Thema Hormone und Verhalten zu betrachten.

Die Untersuchung von Geschlechtsunterschieden im Gehirn begann mit den von Frank Beach in den 1940er Jahren durchgeführten Forschungen. Beach un-

---

11 Seth Watt und Gillian Einstein, unpublizierte Daten.

12 Vgl. Gillian Einstein, „Situated Neuroscience. Exploring Biologies of Diversity," in *Neurofeminism. Issues at the Intersection of Feminist Theory and Cognitive Science*, hg. von Robyn Bluhm et al., Basingstoke: Palgrave Macmillan 2012, 145-174.

tersuchte die Muster des Paarungsverhaltens bei Ratten, die geschlechtstypisches stereotypes Kopulationsverhalten wie Hüpfen und Ohrenwackeln bei den Weibchen und Aufreiten bei den Männchen an den Tag legten. Beach wies nach, dass Modifikationen des Reizes und des hormonellen Milieus das Kopulationsverhalten bei männlichen und weiblichen Ratten dahingehend änderten, dass die Weibchen das männliche Muster und die Männchen das weibliche zeigten.[13] Dies legt den Schluss nahe, dass die neuronalen Schaltkreise, die dem jeweiligen geschlechtsstereotypischen Paarungsverhalten zugrunde liegen, bei beiden Geschlechtern vorhanden sind und sozusagen nur darauf warten, durch entsprechende Reize ausgelöst zu werden. Beachs Arbeit hinterfragt die Binarität der neuronalen Schaltkreise, die das Fortpflanzungsverhalten vermitteln, und schlägt vor, Unterschiede im Sexualverhalten und in neuronalen Schaltkreisen in Bezug auf den jeweiligen situationsbezogenen Kontext des betreffenden Menschen oder Tieres zu diskutieren.

Beach selbst erörterte zwar diese Nuancen, doch sollte sich das Forschungsfeld nicht in diese Richtung bewegen. In nachfolgenden Experimenten wurden Tiere, die vor oder während des Experiments geschlechtsuntypische Verhaltensweisen zeigten, von der Analyse ausgeschlossen, um die stärksten Wirkungen zu erzielen. Somit schien ein binäres Verhalten nachgewiesen, doch wurden die Nuancen zwischen den beiden Extremen übersehen.[14] Ausgehend von diesem binären Verhalten machten sich die Forscher*innen daran zu bestimmen, wie es zu dem Verhalten kam.

Charles Phoenix[15] führte Experimente mit Meerschweinchen durch, um zu bestimmen, ob diese Binarität während der Entwicklung durch Hormone festgelegt wurde. Er verabreichte trächtigen Muttertieren unterschiedlich hohe Dosen von Androgen und untersuchte ihre Nachkommen auf androgyne Verhaltens- und Fortpflanzungsmerkmale. Er fand heraus, dass die von den mit Testosteron behandelten Muttertieren geborenen Weibchen mehr typisch männliches Paarungsverhalten (d. h. Aufreiten) zeigten als die von Muttertieren ohne Testosteron-Injektion, und dass diese Wirkungen permanent und irreversibel bis ins Erwachsenenalter nachzuweisen waren. Solche stabilen Wirkungen der pränatalen

13 Frank A. Beach, „Female mating behavior shown by male rats after administration of testosterone propionate," *Endocrinology*, Bd. 29, 1941, 409-412; Frank Beach und Priscilla Rasquin, „Masculine copulatory behavior in intact and castrated female rats," *Endocrinology*, Bd. 31, 1942, 393-409.

14 Vgl. Gillian Einstein (Hg.), *Sex and the Brain*, Cambridge, MA: MIT Press 2007.

15 Vgl. Charles Phoenix et al., „Organizing action of prenatally administered testosterone propionate on the tissues mediating mating behavior in the female guinea pig," *Endocrinology*, Bd. 65, 1959, 369-382.

Hormonexposition bezeichnete man als „organisatorisch", d.h. sie „organisieren" neuronale Schaltkreise in verschiedene Muster, die einen Einfluss darauf haben, wie diese Schaltkreise später im Erwachsenenalter auf Hormone ansprechen. Letztere Wirkungen zirkulierender Hormone im Erwachsenenalter bezeichnete man als „aktivierende", d.h. transitorische und reversible Wirkungen auf die bereits „organisierten" Schaltkreise.[16] Phoenix machte die Beobachtung, dass die androgynen Merkmale nur dann zum Vorschein kamen, wenn die Hormone den Muttertieren (und nicht den erwachsenen Tieren selbst) verabreicht wurden, was ihn zu dem Schluss führte, dass geschlechtlich dimorphe Verhaltensweisen unter dem Einfluss von Hormonen während der pränatalen Entwicklung organisiert werden.

So entstand die Organisations-/Aktivierungs-Hypothese, wonach Hormone (bei XY-Nagetieren in erster Linie Östradiol; bei XY-Menschen kann Testosteron stärker involviert sein) während einer kritischen Entwicklungsphase zur Bildung von typisch männlichen bzw. typisch weiblichen Schaltkreisen im Gehirn führen, welche die Entwicklung von typisch männlichen bzw. typisch weiblichen Genitalien widerspiegeln. Andere Veränderungen können auftreten oder ruhende Schaltkreise können während der Pubertät reaktiviert werden, wenn es zu einer weiteren Ausschüttung von Hormonen, „Aktivierung" genannt, kommt. Bis heute ist dies das Rahmenmodell für das vorherrschende Verständnis der Entwicklung geschlechtlicher Unterschiede.[17]

Die biologische Identifizierung einer männlich-weiblich-Binarität bei Verhaltensäußerungen – und damit im Nervensystem – wurde zur Grundlage, auf der das Modell zur Untersuchung von Geschlechtsunterschieden beim Menschen aufbaute, und bildet den Prüfstein für die Organisations-/Aktivierungs-Hypothese bezüglich der Entwicklung von Geschlechtsunterschieden, auf denen die Erklärungen der Gehirnentwicklung von XX/XY, homosexuell/heterosexuell, cis/trans basieren. Dieses Rahmenmodell hat sich als ein dauerhaftes Paradigma für das Verständnis der Ursprünge geschlechtlicher Unterschiede beim Menschen erwiesen, dem man sich nur schwer entziehen kann. Wie bereits erwähnt, ist diese Herangehensweise jedoch nicht zuletzt deshalb problematisch, weil die Binarität für die meisten Systeme geschaffen wurde, indem man diejenigen Tiere aussortierte, die dem binären Sexualverhalten *nicht* entsprachen. Auf diese Weise

---

16 Vgl. Arthur P. Arnold, „The Organizational-Activational Hypothesis as the Foundation for a Unified Theory of Sexual Differentiation of All Mammalian Tissues," *Hormones and Behavior*, Bd. 55, 2009, 570-578.

17 Vgl. Phoenix et al., „Organizing action of prenatally administered testosterone."

wurden geschlechtliche Binaritäten dort ins Leben gerufen und kontinuierlich bestätigt, wo binäre Gegensätze möglicherweise nicht wirklich existierten.[18]

IV Von Mäusen zu Menschen: Das neurobiologische Modell der menschlichen Geschlechtsidentitätsentwicklung

Obwohl noch immer unklar ist, welche Hormone tatsächlich auf das sich entwickelnde menschliche Gehirn einwirken, setzt das von Nagetieren auf Menschen übertragene Modell voraus, dass sich im Mutterleib neuronale Schaltkreise im Gehirn entsprechend den vom Embryo abgesonderten Hormonen nach einem „männlichen" oder „weiblichen" Muster entwickeln.[19] Auf der Grundlage dieses Modells des Entwicklungsablaufs argumentieren einige Forscher*innen, dass die geschlechtliche Differenzierung des Gehirns und die geschlechtliche Differenzierung der Genitalien in verschiedenen Schwangerschaftsphasen stattfinden und deshalb das geschlechtlich bestimmte Gehirn (*sexed brain*) und der geschlechtlich bestimmte Körper (*sexed body*) nicht übereinstimmen müssen.[20] Demnach könnten sich männliche Schaltkreise in einem weiblichen Körper, oder umgekehrt, entwickeln, was zum Phänomen des Transgenderismus führt. Ausgehend von dieser Annahme versuchen Neurowissenschaftler*innen, die Existenz männlicher neurologischer Muster bei XX-Personen im Fall von Transgender-Männern und weiblicher neurologischer Muster bei XY-Personen im Fall von Transgender-Frauen nachzuweisen.[21] Dieses Modell beruht dann also auf der Schaffung binärer Geschlechtsunterschiede, was wiederum postuliert, dass ein geschlechtlich dimorphes Gehirn geschlechtsspezifischem Verhalten und geschlechtsspezifischer Identität zu Grunde liegt. Wir haben jedoch bereits gezeigt,

---

18 Vgl. Einstein (Hg.), *Sex and the Brain.*

19 Man beachte, dass die Hormone, die von einem gegebenen Embryo abgesondert werden, auch von der intrauterinen Umweltrückkopplung sowie von unabhängigen Entwicklungsunterschieden in anderen Organsystemen beeinflusst werden. Beispiele für eine intrauterine Umweltrückmeldung wären hormonelle Sekretionen von einem benachbarten Fötus wie bei Zwillingen oder Medikamente, die von der Mutter eingenommen werden. Ein Beispiel für einen unabhängigen Entwicklungsunterschied wäre die problematische Entwicklung der Nebennierenorgane, die zu CAH führt.

20 Vgl. Dick F. Swaab und Alicia Garcia-Falgueras, „Sexual Differentiation of the human brain in relation to gender identity and sexual orientation," *Functional Neurology*, Bd. 24, 2009, 17-28.

21 Vgl. Rebecca M. Jordan-Young, „Hormones, context, and ‚Brain Gender'. A review of evidence from congenital adrenal hyperplasia," *Social Science & Medicine*, Bd. 74, 2012, 1738-1744.

dass die Binarität auch im Nagetiermodell auf die Versuchsanordnung zurückzuführen ist.

Beim Menschen stammen einige der am häufigsten angeführten Belege für geschlechtsatypische neurale Muster aus Post-mortem-Untersuchungen von sich als trans identifizierenden Personen. Zhou et al. berichteten über einen postmortalen Bettkern der stria terminalis (BSTc) von weiblicher Größe bei sechs MzF-Personen. Abgesehen von der sehr kleinen Stichprobengröße (sechs Personen) ist diese Studie bislang noch von keiner anderen Forschungsgruppe repliziert worden und sie kann durch den Sexualhormonhaushalt im Erwachsenenalter verzerrt worden sein. Die Autor*innen reflektierten dieses Problem, indem sie den BSTc von Cisgender-Personen untersuchten, die aus verschiedenen Gründen atypische Hormonspiegel aufwiesen, und keinen Zusammenhang fanden, wobei anzumerken ist, dass diese Kontrollversuche nur an einem oder zwei Individuen stattfanden.[22] Eine ähnliche Studie derselben Forschungsgruppe zeigte, dass MzF-Personen dieselbe Neuronenanzahl in einem limbischen Nukleus wie XX-Frauen aufwiesen.[23]

Neuroimaging-Studien haben ebenfalls nach Anzeichen einer geschlechtsatypischen neuralen Musterbildung bei Trans-Personen gesucht. Mehrere Forschungsteams haben festgestellt, dass die von ihnen untersuchten Trans-Personen Muster eines geschlechtlichen Dimorphismus im Einklang mit ihrem erlebten Geschlecht aufwiesen, und nicht mit ihrem Geburtsgeschlecht, wie es durch die Organisations-/Aktivierungs-Hypothese vorausgesagt wurde.[24] Obwohl diese Studien vielfach zitiert werden, unterliegen sie mehreren wichtigen Einschränkungen. Erstens rekrutierten alle drei Studien nur Transgender-Personen, die sich erotisch zu Personen des eigenen biologischen Geschlechts hingezogen fühlten – somit waren alle FzM-Teilnehmer gynäphil und alle MzF-Teilnehmerinnen androphil. Nachdem es eine verwandte Forschungsrichtung gibt, die bei homosexuellen Teilnehmer*innen ein ähnliches geschlechtsatypisches neurales Muster

---

22 Jiang-Ning Zhou, Michel A. Hofman, Louis J. G. Gooren und Dick F. Swaab, „A Sex Difference in the Human Brain and Its Relation to Transsexuality," *Nature*, Bd. 378, 1995, 68-70.

23 Frank P. M. Kruijver et al., „Male-to-Female Transsexuals Have Female Neuron Numbers in a Limbic Nucleus," *Journal of Clinical and Endocrinological Metabolism*, Bd. 85, 2000, 2034-2041.

24 Vgl. Elseline Hoekzema et al., „Regional volumes and spatial volumetric distribution of gray matter in the gender dysphoric brain," *Psychoneuroendocrinology*, Bd. 55, 2015, 59-71; Giuseppina Rametti et al., „White matter microstructure in female to male transsexuals before cross-sex hormonal treatment. A diffusion tensor imaging study," *Journal of Psychiatric Research*, Bd. 45, 2011, 199-204; Giuseppina Rametti et al., „The microstructure of white matter in male to female transsexuals before cross-sex hormonal treatment. A DTI study," *Journal of psychiatric research*, Bd. 45, 2011, 949-954.

im Vergleich zu heterosexuellen Personen zeigt,[25] ist es schwierig festzustellen, ob diese geschlechtsatypischen Muster mit einer Transgender-Identität in Verbindung stehen oder ob sie mit einer erotischen Präferenz zusammenhängen. Sie hängen auch von Mutmaßungen über das hormonelle Milieu während der Entwicklung ab, die für den Menschen noch nicht wirklich restlos erforscht sind.

Menschen mit intersexueller Veranlagung bieten Forscher*innen eine Population, von der bekannt ist, dass sie während der Entwicklung Unterschiede im hormonellen Milieu aufweisen und so ein Paradigma für die Untersuchung der organisatorischen Wirkungen pränataler Sexualhormone beim Menschen bieten. Die kongenitale Nebennierenhyperplasie (CAH), die für diesen Zweck am häufigsten untersuchte Form der Intersexualität, ist ein genetisch bedingter Zustand, der dazu führen kann, dass das Gehirn im Mutterleib erhöhten Androgendosen ausgesetzt ist.[26] In einigen Studien wurde gezeigt, dass genetisch weibliche Individuen mit CAH größeres sexuelles Interesse an Frauen[27] und mehr maskuline Interessen[28] zeigen, was die Organisationshypothese von geschlechtsspezifischen Verhaltensweisen beim Menschen scheinbar bestätigt. Andere Studien zeigen jedoch, dass maskuline Interessen, die sich durch höhere Energie, Aggression und „Burschikosität" auszeichnen, eher auf eine chronische Erkrankung als auf die Wirkung von Hormonen während der kritischen Phase der geschlechtlichen Entwicklung zurückzuführen sind.[29] Es gibt deshalb viele soziale Faktoren, die die Theorie, wonach die Geschlechtsidentität durch das hormonelle Milieu im Mutterleib organisiert ist, verzerren.

Als Stellvertreter für die Gehirnstruktur während der Entwicklung wurden in einige Studien neurokognitive Aufgaben mit geschlechtstypischen Vorurteilen durchgeführt. In einer Studie verhielten sich Trans-Personen vor der Hormontherapie eher wie Mitglieder ihres erlebten Geschlechts als die ihres Geburtsge-

25 Vgl. Qazi Rahman, „The Neurodevelopment of Human Sexual Orientation," *Neuroscience & Biobehavioral Reviews*, Bd. 29, 2005, 1057-1066.

26 Vgl. Phyllis W. Speiser und Perrin C. White, „Congenital Adrenal Hyperplasia," *New England Journal of Medicine*, Bd. 349, 2003, 776-788.

27 Vgl. Ralf W. Dittmann, Marianne E. Kappes und Michael H. Kappes, „Sexual behavior in adolescent and adult females with congenital adrenal hyperplasia," *Psychoneuroendocrinology*, Bd. 17, 1992, 153-170.

28 Vgl. Celina Cohen-Bendahan, Cornelieke van de Beek und Sheri A. Berenbaum, „Prenatal sex hormone effects on child and adult sex-typed behavior: methods and findings," *Neuroscience & Biobehavioral Reviews*, Bd. 29, 2005, 353-384.

29 Vgl. Froukje Slijper, „Androgens and gender role behaviour in girls with congenital adrenal hyperplasia (CAH)," *Progress in Brain Research*, Bd. 61, 1984, 417-422; Jordan-Young, „Hormones, context, and ‚Brain Gender'."

schlechts, was auf geschlechtsatypische neurale Muster hindeutet.[30] Diese Studie rekrutierte jedoch nur Trans-Teilnehmer*innen, die sich erotisch zu Personen des eigenen biologischen Geschlechts hingezogen fühlten. Nach dem Organisations-/Aktivierungsmodell kann daher nicht ausgeschlossen werden, dass die berichteten Unterschiede allein auf erotische Präferenzen zurückzuführen sind.

Jede Interpretation neurobiologischer Studien wird zudem durch die Tatsache erschwert, dass das Nervensystem hochgradig plastisch ist und sich mit der Erfahrung verändert. Selbst bei der Untersuchung neuronaler Geschlechtsunterschiede können sich bestimmte Strukturen, die in vielen Studien wegen ihrer angeblich robusten, angeborenen Muster geschlechtlicher Differenzierung hervorgehoben wurden, im Laufe der Zeit verändern. Die Gruppe von Axonen, die sich von der Großhirnrinde bis zum Rückenmark erstrecken (Corticospinaltrakt), ist eine solche Struktur, die Anzeichen von Geschlechtsunterschieden aufweist.[31] Es wird auch angenommen, dass sie teilweise für die Unterschiede zwischen den Geschlechtern bei der mentalen Rotation verantwortlich ist.[32] Es ist jedoch bekannt, dass sich die Corticospinaltrakt-Morphologie nach sportlichem Training oder dem Einsatz von großer motorischer Geschicklichkeit sowie nach langfristigem Konsum von Videospielen verändert.[33] Diese beiden in hohem Maße geschlechtsspezifischen Aktivitäten liefern also Kanäle, durch die unsere eigenen kulturellen Gender-Darstellungen Muster des Geschlechtsdimorphismus im Gehirn instanziieren können.

Subkortikale Strukturen haben sich ebenfalls als plastisch erwiesen und verändern sich nach Abschluss der Entwicklung. Cooke et al.[34] wiesen einen geschlechtlichen Dimorphismus in der medialen Amygdala nach, der erst nach der kritischen Entwicklungsphase vollständig durch zirkulierende Androgene ge-

---

30 Stephanie H.M. van Goozen et al., „Organizing and activating effects of sex hormones in homosexual transsexuals," *Behavioral Neuroscience*, Bd. 116, 2002, 982-988.

31 Vgl. Rametti, „The microstructure of white matter in male to female transsexuals."

32 Vgl. Giorgio Ganis et al., „Transcranial magnetic stimulation of primary motor cortex affects mental rotation," *Cerebral Cortex*, Bd. 10, 2000, 175-180; Christoph Eisenegger, Uwe Herwig und Lutz Jäncke, „The involvement of primary motor cortex in mental rotation revealed by transcranial magnetic stimulation," *European Journal of Neuroscience*, Bd. 25, 2007, 1240-1244.

33 Vgl. Jens Bo Nielsen und Leonardo G. Cohen, „The Olympic brain. Does corticospinal plasticity play a role in acquisition of skills required for high-performance sports?," *The Journal of Physiology*, Bd. 586, 2008, 65-70; Yang Zhang et al., „Higher integrity of the motor and visual pathways in long-term video game players," *Frontiers in Human Neuroscience*, Bd. 9, 2015, in [http://dx.doi.org/10.3389/fnhum.2015.00098] (Zugriff: 12.12.2018).

34 Bradley M. Cooke, Golnaz Tabibnia und S. Marc Breedlove, „A brain sexual dimorphism controlled by adult circulating androgens," *Proceedings of the National Academy of Sciences*, Bd. 96, 1999, 7538-7540.

steuert wurde. Andere Forscher haben auch die Beständigkeit subkortikaler Geschlechtsunterschiede in Frage gestellt.[35] Diese Befunde werfen die wichtige Frage auf: Führen strukturelle Unterschiede zu unterschiedlichem Verhalten oder führt das Verhalten zu Veränderungen in den Strukturen?

Insgesamt zeigt eine Überprüfung der Humanstudien, in denen die Rolle von Hormonen bei der Organisation der Gehirne von Trans-Personen während der Entwicklung untersucht wurde, dass die meisten Studien entweder gar nicht oder nur von denselben Autor*innen oder demselben Forschungsteam repliziert wurden. Es liegen nur ganz vereinzelt Studien vor, und daher existiert auch keine konsistente Forschungsliteratur mit einer einheitlichen Methodik und einer konsistenten Gruppe von Teilnehmenden, die dasselbe Phänomen betrachtet. Alle überprüften Studien rekrutierten die Teilnehmenden erst bei fortgeschrittener Entwicklung, sodass nicht auseinandergehalten werden kann, was sich als Teil der Entwicklung in Gang gesetzt hat und was durch die Lebenserfahrung begründet worden ist. Wird geschlechtsspezifisches Verhalten bei Personen untersucht, von denen bekannt war, dass sie während der Entwicklung geschlechtsatypischen Hormonspiegeln ausgesetzt waren (d.h. CAH), dann liefern die Ergebnisse keinen sehr überzeugenden Beweis für das binäre Modell der Entwicklung. Überdies basieren die Rahmenbedingungen aller dieser Studien auf einem an Nagetieren entwickelten Modell einer Binarität von männlich/weiblich, welches auf dem Ausschluss von Tieren beruht, die kein geschlechtstypisches Paarungsverhalten an den Tag legten. Man könnte außerdem in Frage stellen, wie konvergent die geschlechtliche Entwicklung von Nagetieren und Menschen ist.[36]

Kurz gesagt: Obwohl es einige verhaltensbezogene, anatomische und bildgebende Daten gibt, die für die Hypothese sprechen, dass Transgenderismus mit einer entwicklungsbedingten Diskrepanz zwischen einem geschlechtlich bestimmten Körper und einem geschlechtlich bestimmten Gehirn zusammenhängt, stützen sich die Belege auf Befunde bei Nagetieren, sind bei Menschen kaum nachgewiesen und auch insofern problematisch, als sie aufgrund der Plastizität des Nervensystems Veränderungen unterliegen können.

35 Vgl. Bruce S. McEwen, „Permanence of brain sex differences and structural plasticity of the adult brain," *Proceedings of the National Academy of Sciences*, Bd. 96, 1999, 7128-7130.
36 Vgl. Einstein, *Sex and the Brain*.

V Wie wurde die Frage der Geschlechtsidentität zur Domäne der Biologie?

Das Studium der menschlichen Geschlechtsidentität gehörte historisch gesehen nicht zum Kompetenzbereich der Biologie. Bis in die 1990er Jahre wurde behauptet, die Entwicklung der Geschlechtsidentität sei voll und ganz gesellschaftlich bedingt. Unter Verweis auf intersexuelle Personen, die in einem Geschlecht erzogen wurden (und damit zufrieden waren), welches nicht immer mit ihrem genetischen Geschlecht übereinstimmte, vertraten einige Forscher*innen die These, die Geschlechtsorientierung sei durch die Geschlechtsrollensozialisation und nicht durch das chromosomale oder gonadale Geschlecht bestimmt.[37] Diese Idee hatte allerdings schlimme Konsequenzen, als sie im Falle von John Moneys Patienten David Reimer, einem mit den Geschlechtschromosomen XY geborenen eineiigen Zwilling, instanziiert wurde.[38]

Bei einer Beschneidung im Säuglingsalter wurde Reimers Penis irreparabel beschädigt. Dem Ratschlag Moneys folgend, und von der Annahme ausgehend, dass eine gesunde Entwicklung der Geschlechtsidentität vom Aussehen der Genitalien abhänge, erzog man den Jungen weiblich.[39] Im Unterschied zu Moneys intersexuellen Patient*innen lehnte Reimer sein anerzogenes Geschlecht jedoch ab und lebte ab der Pubertät als Mann.[40] Dies wurde als Widerlegung von Moneys Theorie und als Beweis dafür betrachtet, dass die Geschlechtsidentität angeboren und biologisch determiniert sei.

Unterstützung für diese Abwendung von der sozialen und Hinwendung zur biologischen Erklärung boten auch Studien an Personen, die geschlechtsatypischen pränatalen Hormonspiegeln ausgesetzt waren und intersexuelle Zustände erkennen ließen, wie etwa LeVays Studie über die Gehirne homosexueller Männer[41] und Zhous Studie über die Gehirne von Trans-Personen.[42] Diese frühen Untersuchungen führten zu der Hypothese, dass sexuelle und geschlechtsspezi-

37 Vgl. John Money, Joan G. Hampson und John L. Hampson, „Imprinting and the establishment of gender role," *Archives of Neurology and Psychiatry*, Bd. 77, 1957, 333-336.

38 Vgl. Milton Diamond und H. Keith Sigmundson, „Sex Reassignment at Birth. Long-term Review and Clinical Implications," *Archives of Pediatrics and Adolescent Medicine*, Bd. 151, 1997, 298-304.

39 Vgl. Patricia K. Donahoe und W. Hardy Hendren, „Evaluation of the newborn with ambiguous genitalia," *Pediatric Clinics of North America*, Bd. 23, 1976, 361-370.

40 Vgl. Diamond/Sigmundson, „Sex Reassignment at Birth."

41 Simon LeVay, „A Difference in Hypothalamic Structure Between Heterosexual and Homosexual Men," *Science*, Bd. 253, 1991, 1034-1037.

42 Zhou et al., „A Sex Difference."

fische Orientierung aus geschlechtlich differenzierten neuronalen Schaltkreisen und Strukturen erwachse, die von Androgenen und Östrogenen in der frühen Entwicklung abhängig seien. Als Reaktion darauf begannen Forscher*innen, sich auf neurobiologische Hypothesen zur menschlichen Geschlechtsidentität zu konzentrieren.

Die Begründung dafür, dass Moneys Naturexperiment seine Hypothese nicht unterstützte, könnte jedoch irgendwo zwischen dem Biologischen und dem Sozialen liegen. Zu einem differenzierten Verständnis von Reimers familiärer Situation und seinem frühen Leben reicht es freilich nicht aus, lediglich zu erfassen, dass er als Mädchen erzogen wurde. Er wurde als Junge geboren, und andere Menschen wussten das. Die Familie musste ein großes Geheimnis für sich behalten, und in ihren frühen Interviews war seine Mutter trotz ihrer Überzeugung, im besten Interesse ihres Kindes zu handeln, augenscheinlich verzweifelt über diese Situation. Auch die jährlichen Kontrolluntersuchen, denen David und sein Bruder sich im Johns Hopkins Hospital unterziehen mussten, gaben Anlass zu großem Kummer. Um nur ein Beispiel zu nennen: David und sein Bruder wurden gezwungen, nackt dazustehen, ihre Genitalien von Ärzten untersuchen zu lassen und sich gegenseitig zu inspizieren.[43] Zudem wurde Reimer in der Schule gnadenlos gehänselt, weil er als anscheinend weibliche Person, die ein typisch männliches Verhalten an den Tag legte, einen auffälligen Mangel an Geschlechtskonformität erkennen ließ. Kein Wunder also, dass Reimer das erlebte, was heutzutage als Geschlechtsdysphorie diagnostiziert werden würde. Anstatt als Stütze für eine biologische Theorie der Geschlechtsidentität zu dienen, könnte Reimers Geschichte vielmehr als tragische Warnung gesehen werden vor dem, was eine intolerante Kultur denjenigen Menschen antun kann, die nicht in eine der beiden ordentlichen binären Kategorien passen.

VI Die Notwendigkeit eines neuen Paradigmas

Somit unterstützen weder die biologischen noch die sozialen Erklärungen in vollem Umfang die Lebenswelt von Trans-Menschen. Das Nagetiermodell, von welchem wir den biologischen Mechanismus zur Erzeugung geschlechtlich binärer Gehirne ableiten, ist an sich schon problematisch, und die Übertragung dieses Modells auf den Menschen ebenso. Die wenigen Studien am Menschen sind nicht repliziert und basieren auf dem Nagetiermodell. Das wichtigste menschliche Beispiel, das die Erklärungen der Geschlechtsidentität vom Sozialen

43 Vgl. Diamond/Sigmundson, „Sex Reassignment at Birth."

hin zum Biologischen wendete, wobei es auf das Biologische hinweist, ist ebenfalls mit sozialen Faktoren behaftet, welche die Gehirnentwicklung und damit auch das letztendliche Ergebnis beeinflusst haben könnten. Es gibt noch immer offene Fragen, die durch das Verständnis von Transgenderismus allein als Unterbrechung des organisatorischen Weges zwischen Geschlecht, Körper und geschlechtlich bestimmtem Gehirn nicht erklärt werden können. Mit anderen Worten: Weder das biologische noch das soziale Modell allein genügt.

VII Feministische Erkenntnistheorien und situierte Neurowissenschaft

Um ein ausgewogenes und kontextualisiertes Verständnis biologischer Unterschiede und ihrer Beziehung zur Geschlechtsidentität zu erlangen, muss die Binarität von sozial/biologisch aufgegeben werden. Ein solches Verständnis erfordert einen theoretischen Rahmen, der die soziale, historische und kulturelle Prägung des gesamten Organismus – Leibkörpers (*corporeal body*) (einschließlich des Gehirns) des Individuums – sowie die Auswirkungen dieser Kräfte auf den/die Beobachter*in berücksichtigt. Feministische Erkenntnistheorien und Wissenschaftsphilosophien können das Studium von Geschlechtsidentität und sexueller Differenz tatsächlich voranbringen, indem sie auch das Individuum in seinem sozialen und kulturellen Umfeld berücksichtigen.[44]

Die feministische Wissenschaft versucht, auf den Einfluss aufmerksam zu machen, den Macht, Politik, Geschichte und gesellschaftlicher Kontext auf eine scheinbar objektive, wissenschaftliche Frage ausüben. Longino zufolge sind dies die feministischen erkenntnistheoretischen Anforderungen an eine starke Forschung: *empirische Angemessenheit, Neuheit, ontologische Heterogenität, Gegenseitigkeit der Interaktion, Anwendbarkeit auf aktuelle menschliche Bedürfnisse und Machtdiffusion.*[45] Das heißt, die Forscher*innen und ihre Fragen sowie die Forschungsteilnehmer*innen müssen alle in ihren jeweiligen Kontexten situiert werden, um epistemologisch starke Forschung betreiben zu können. Barad weist darauf hin, dass sogar in der Physik anerkannt wird, dass das Experiment durch die Anwesenheit des Experimentators verändert wird, wie bei Bohrs Beschreibung

44 Vgl. Einstein, „Situated Neuroscience."

45 Vgl. Helen E. Longino, „Cognitive and Non-Cognitive Values in Science: Rethinking the Dichotomy," in *Feminism, Science, and the Philosophy of Science*, hg. von Lynn Hankinson Nelson und Jack Nelson, Dordrecht: Kluwer 1996 (*Synthese Library*, Bd. 256), 39-58.

der durch menschliche Beobachtung veränderten Elektronenbahn.[46] Wie können wir dann in unseren Studien mit Menschen davon ausgehen, dass die Wahl der Frage, der Ansatz und die Machtdifferenz zwischen dem Beobachter und dem Beobachteten das untersuchte Phänomen nicht verändert? Grosz führt aus, dass der gesamte Körper (einschließlich des Gehirns) des Teilnehmenden, oder was sie den Leibkörper (*corporeal body*) nennt, mit anderen Körpern und mit der Welt wie ein Möbiusband verbunden ist, das durch den betreffenden Körper in die Welt und zurück in den Körper geht.[47]

Besonders in den Neurowissenschaften können feministische Prinzipien fruchtbringend angewandt werden. Die Kontextualisierung der Forschung erkennt die Rolle der Erfahrung sowie die Plastizität des Nervensystems an und schließt beides ein. Die Reduzierung von Hierarchien kann Versuchsleiter-induzierte Stressreaktionen beseitigen.[48] Die Autorin Gillian Einstein verfolgte einen feministischen Ansatz in einer Studie über somalisch-kanadische Frauen, um zu ermitteln, ob sie eine neuronale Neuverdrahtung infolge weiblicher Genitalbeschneidung/Genitalverstümmelung (FGC) erfahren hatten.[49] Sie verwendete eine Mischung aus qualitativen, quantitativen und physiologischen Methoden, um zu

---

46 Vgl. Barad, „Agential Realism."

47 Elizabeth Grosz, *Volatile Bodies. Toward a Corporeal Feminism*, Bloomington und Indianapolis: Indiana University Press 1994.

48 Die Einbeziehung soziokultureller Überlegungen speziell in Bezug auf die neuronale Plastizität wurde kürzlich in den Kognitionswissenschaften wiederbelebt. In der Tat haben einige Neurobiolog*innen die wissenschaftliche Gemeinschaft dazu aufgefordert, das Konzept einer „kulturellen Prägung" des Gehirns zu berücksichtigen, doch erst in jüngster Zeit wurden solche Dringlichkeiten ernst genommen und in die Praxis umgesetzt. Li erkennt die Koevolution der menschlichen Gesellschaft und des Gehirns an und weist darauf hin: „Die biologische Evolution der Enzephalisierung des Gehirns wurde teilweise durch die Zunahme der sozialen Gruppengröße und das Aufkommen der Sprache als ein effizienteres Mittel für den Umgang mit komplexen sozialen Interaktionen vorangetrieben" (Shu-Chen Li, „Biocultural Orchestration of Developmental Plasticity Across Levels: The Interplay of Biology and Culture in Shaping the Mind and Behavior Across the Life Span," *Psychological Bulletin*, Bd. 129, 2003, 171-194, 176; R. I. M Dunbar, „Co-evolution of neocortical size, group size, and language in humans," *Behavioral and Brain Sciences*, Bd. 16, 1993, 681-735). Im wahrsten Sinne des Wortes ist das Gehirn, das manche isoliert vom soziokulturellen Kontext zu studieren versuchen, tatsächlich ein Produkt sozialer Interaktion. In der anderen Richtung diskutiert Li, wie die Kultur wiederum durch das Gehirn und seine kognitiven Fähigkeiten moduliert wird – unsere Lern-, Schreib- und Lesefähigkeit bahnte den Weg für kulturelle und technologische Innovationen, die selbst auch mit dem Gehirn rückkoppeln und im Gehirn einen Eindruck hinterlassen, als Teil einer vielschichtigen, dynamischen Rückkopplung. Eben dies ist das Möbiusband des Leibkörpers, der mit der Welt und anderen Körpern interagiert (Grosz, *Volatile Bodies*).

49 Gillian Einstein, „From Body to Brain: Considering the Neurobiological Effects of Female Genital Cutting," *Perspectives in Biology and Medicine*, Bd. 51, 2008, 84-97.

verstehen, ob chronische neuropathische Schmerzen an irgendeiner Körperstelle mit FGC korrelierten. In dieser Studie waren die Forscherinnen, ihre Fragestellung und die Teilnehmerinnen insofern ‚situiert', als die Frage nach dem jeweiligen Kontext für alle von Bedeutung war. Wir nannten diesen Ansatz „situierte Neurowissenschaft" (*situated neuroscience*) nach Donna Haraways Begriff des „situierten Wissens" (*situated knowledge*[50]) – einem Begriff, der Wirklichkeit wurde, als Haraway sagte: „Es besteht Bedarf an [...] einer Lehre der verkörperten Objektivität, die [...] ganz einfach ‚*situiertes Wissen*' bedeutet."[51]

Aus neurowissenschaftlicher Sicht verändert die Entfernung von Nerven, Muskeln und Fleisch der Genitalien (wie beim FGC) den materiellen Körper in einer direkt beobachtbaren Weise, und vermutlich auch die Strukturierung der neuronalen Schaltkreise, die das betroffene Gebiet innervieren. Diese Veränderungen werden durch retrograde Degeneration und den Versuch der Nervenfasern, sich zu regenerieren, auf das zentrale Nervensystem übertragen, wodurch sich die Kultur in das Gehirn selbst einschreiben kann.[52] Aus sozialer Sicht handelt es sich um eine Praxis, durch die kontextuell bestimmte Geschlechternormen in den physischen Körper eingeschrieben werden. Tatsächlich wird in praktizierenden Kulturen FGC vollzogen, um Frauen das wegzunehmen, was männlich ist (der äußere Teil der Klitoris), und die Beschneidung, um Männern das wegzunehmen, was weiblich ist (die Vorhaut). Bestimmte Formen der Beschneidung, insbesondere die pharaonische, werden zum Teil ausgeführt, um die Genitalien einer Frau von denen eines Mannes zu unterscheiden. Wie Saadia im Alter von zweiundsechzig Jahren in einem Interview sagte: „Die Beschneidung macht eine Frau zur Frau, weil ihre Genitalien durch das Entfernen der Klitoris keinesfalls wie die eines Mannes aussehen können [...]. Deshalb sagen wir, dass die pharaonische Beschneidung gut ist, denn wenn sie vollzogen ist, wird der Genitalbereich des Mädchens sehr schön und glatt"[53]. Daher wird FGC verwendet, um Geschlecht zu *machen*.

In Einsteins Studie wurden die sehr realen physiologischen Auswirkungen von FGC untersucht, und zwar so, wie sie sich in ihrem sozialen und historischen Kontext befindet – d. h. im Kontext ihrer Bedeutung für die Teilnehmerinnen und ihre Kultur. So *verkörpert* diese bestimmte kulturelle Praxis buchstäblich kulturelle Geschlechtervorstellungen – das Verständnis des weiblichen Geschlechts wird in den Körper und aufgrund der neuralen Plastizität schließlich in das Ge-

---

50 Haraway, „Situated Knowledges," 581.

51 Ebd.

52 Vgl. Einstein, „From body to brain."

53 Rogaia Mustafa Abusharaf, „Virtuous Cuts: Female Genital Circumcision in an African Ontology," *Differences. A Journal of Feminist Cultural Studies*, Bd. 12(1), 2001, 112-140, 123.

hirn instanziiert. Dieser Ansatz verdeutlichte, dass diese Gruppe zwar chronische Schmerzen hatte, ihre Erfahrungen jedoch als „normal" empfand. Während sich einige somalisch-kanadische Frauen von ihren Eltern betrogen fühlten, waren sie auch stolz darauf, sich diesem Ritus für ihre Kultur unterzogen zu haben und sie fühlten, dass diese Prozedur sie zu normalen Frauen gemacht hatte.[54] Auf diese Weise wurde ihr neurobiologischer Zustand im Kontext kultureller Erwartungen und Normen interpretiert.

Ein situierter Ansatz zum Studium von FGC bringt wichtige Erkenntnisse für alle Forscher*innen, die neuronale Signaturen des Geschlechts im Gehirn sichtbar machen wollen, weil es bei Geschlecht in feministischer Hinsicht nicht nur um Selbstwahrnehmung, sondern auch um relationale und institutionelle Interaktionen geht.[55] Neuronale Schaltkreise wurden nicht nur durch die genitale Beschneidung verändert, sondern auch durch die gesellschaftliche Annahme, dass FGC das ist, was eine Frau ausmacht. Obwohl nicht alle Kulturen das Geschlecht auf die gleiche Weise physisch instanziieren, hinterlassen unsere geschlechtsspezifischen Erwartungen dennoch Spuren in neuralen Bahnen und neuronalen Schaltkreisen. Situierte Neurowissenschaft könnte daher eine besonders effektive Perspektive für das Verständnis des Transgenderismus sein.

VIII Situierte Neurowissenschaft und Transgenderismus

In Studien zu Trans* würde *die Situierung der Forscher*innen und der Forschungsfrage* damit beginnen, dass sich die Forscher*innen Gedanken über mögliche Voreingenommenheiten oder Einseitigkeiten machen, die der Wahl der Fragestellung und der Versuchsanordnung zugrunde liegen. Elizabeth Grosz betont: „die konventionelle Annahme, dass der Forscher ein körperloses, rationales, geschlechtlich indifferentes Subjekt ist – ein Geist, der weder räumlich, zeitlich noch konstitutiv mit anderen in Beziehung steht, ist ein Status, der gewöhnlich nur Engeln zugeschrieben wird."[56] Feministische Wissenschaft fordert deshalb die Berücksichtigung des Einflusses dieser Kräfte auf die Fragestellung sowie des Abdrucks, den diese Kräfte *auf den Phänomenen selbst* hinterlassen.

---

54 Vgl. Einstein, „From body to brain."

55 Vgl. Joy L. Johnson, Lorraine Greaves und Robin Repta, *Better Science with Sex and Gender. A Primer for Health Research*, Vancouver: Women's Health Research Network 2007.

56 Grosz, *Volatile Bodies*, 199.

Die meisten Forscher*innen, einschließlich derjenigen, die Trans-Menschen studieren, schauen sich die Forschungsliteratur an und stellen die nächstliegende logische Frage. Dies wird „normale Wissenschaft“[57] genannt. Diese normale Wissenschaft legt die Paradigmen, Fragen und Erwartungen für die meisten Experimente fest. So gelangen (wissenschaftliche und soziokulturelle) Vorurteile in alle Forschungen. Aus feministischer Sicht sind normale wissenschaftliche Erwartungen zu hinterfragen.

Ein unerforschtes Paradigma der „normalen Wissenschaft“ in der Transgender-Forschung ist die zugrundeliegende Assoziation von Geschlecht und Fortpflanzungsfunktion – die Vorstellung, dass die reproduktive Sexualfunktion das Geschlecht definiert (wie aus der Literatur zu Hormonen und Verhalten hervorgeht). Diese Assoziation bringt Forscher*innen dazu, den Hypothalamus zu untersuchen, um Signaturen der Geschlechtsidentität in Kernen aufzudecken, die für die Sexualfunktion verantwortlich sind, und auch die Anwendung ebendieser Vorhersage einer ‚geschlechtsatypischen Differenzierung geschlechtlich dimorpher neuraler Strukturen‘ sowohl bei homosexuellen Menschen als auch bei Transgender-Menschen zu rechtfertigen. Wir sind der Meinung, dass diese Assoziation auf die Vorrangstellung der cis-geschlechtlichen Heterosexualität als normativem Standardzustand zurückzuführen ist, welcher Männlichkeit und Weiblichkeit mit der sexuellen Neigung zum jeweils anderen (biologischen) Geschlecht (*sex*) und damit das (sozial definierte) Geschlecht (*gender*) untrennbar mit Sexualität und sexuellen Normen verbindet. Das Festhalten an der „normalen Wissenschaft“ schränkt jedoch das erworbene Wissen ein. Möglicherweise wäre es für die Untersuchung des Transgenderismus angemessener, anstatt reproduktive vielmehr kognitive oder motorische Hirnregionen verstehen zu wollen.

Darüber hinaus haben die Experimente Geschlechtsidentitäten außerhalb der Binarität von männlich-weiblich noch nicht berücksichtigt. Beispiele hierfür existieren; in außereuropäischen und nordamerikanischen Kulturen gibt es Geschlechter (*genders*) außerhalb der Binarität von männlich-weiblich, doch wurden sie neurobiologisch noch nicht untersucht. In Samoa gibt es Personen, die zu einer Gruppe von üblicherweise androphilen biologischen Männern gehören, welche sich als Geschlecht außerhalb der männlich-weiblich-Binarität – als *Fa'afafine* – identifizieren.[58] Fa'afafine sind häufig weiblich in ihrer Ge-

---

57 Vgl. Thomas S. Kuhn, *The Structure of Scientific Revolutions*, 3. Aufl., Chicago, IL: University of Chicago Press 1996 [1962].

58 Vgl. Paul L. Vasey und Nancy H. Bartlett, „What can the Samoan ‚Fa'afafine‘ teach us about the Western concept of gender identity disorder in childhood?,“ *Perspectives in Biology and Medicine*, Bd. 50, 2007, 481-490.

schlechtspräsentation, obgleich verschiedene Geschlechtsausdrücke dokumentiert wurden.[59] Auch die *hijras* Südasiens betrachten sich *weder* als männlich *noch* als weiblich, während sich die Two-Spirit-Menschen vieler indigener nordamerikanischer Kulturen als männlich *und* weiblich *zugleich* ansehen. Nach unserer Kenntnis gibt es keine bildgebenden Studien zu diesen Gruppen, die Aufschluss darüber geben, wie das Gehirn von Menschen, die sich weder als weiblich noch als männlich – oder aber als beides zugleich – identifizieren, aussehen könnte. Überdies bleibt theoretisch unklar, wie Geschlechter außerhalb der männlich-weiblich-Binarität in ein biomedizinisches Verständnis von Geschlechtsidentität als einem Produkt der geschlechtlichen Differenzierung des Gehirns überhaupt integriert werden könnten.

Auch könnte noch von Bedeutung sein, den ausschließlichen Fokus auf die geschlechtliche Nichtübereinstimmung infrage zu stellen, wenn wir neurobiologische Ausdrücke von Geschlecht zu erfassen versuchen. Nach unserer Kenntnis werden nur wenige wissenschaftliche Bemühungen unternommen, um die entwicklungsbedingten oder neurologischen Ursprünge des Verlangens nach einer Brustvergrößerung bei Frauen oder nach Bodybuilding bei Männern zu verstehen. Es gibt keine Überprüfung der Hypothese, dass es hyperfeminisierte hypothalamische Kerne bei Frauen gibt, die eine Brustvergrößerung anstreben, oder hypermaskulinisierte Strukturen bei Männern, die ihre Körper mit Muskelmasse bepacken. Beides sind wohl Fälle von verkörperter Weiblichkeit und Männlichkeit, die der Operation und Hormonbehandlung von Transgendern entsprechen; der einzige Unterschied zwischen beiden ist die Kongruenz bzw. das Fehlen derselben mit dem biologischen Geschlecht. Wenn man diese anderen Möglichkeiten der geschlechtlichen Nicht- oder Hyperkonformität außer Acht lässt, um die Forscher*innen und ihre Fragen zu situieren, wird uns ein besseres Verständnis der neurobiologischen Grundlagen des Geschlechts verwehrt.

*Die Teilnehmer*innen* an Trans-Studien *zu situieren* würde bedeuten, die untersuchte Person zu kontextualisieren, d. h. die Trans-Person in ihrer gelebten Wirklichkeit als Trans-Person und die möglichen Auswirkungen des von ihr geführten Lebens (Stigma, Arbeitslosigkeit, geringer sozioökonomischer Status und Selbstwertgefühl) auf den Forschungsprozess und die Forschungsergebnisse zu untersuchen. In der FGC-Studie wurde beispielsweise sehr deutlich, dass der Kontext einen erheblichen Einfluss auf die Ansichten der somalisch-kanadischen Frauen über ihre beschnittenen Körper hatte. Als sie in Somalia waren, war die Beschneidung ‚normal' – jede Frau war schließlich beschnitten. Als sie jedoch in

59 Vgl. Johanna Schmidt, *Migrating Genders. Westernisation, Migration, and Samoan Fa'afafine*, Farnham: Ashgate 2010.

Kanada ankamen, wurden sie mit Ärzt*innen konfrontiert, die zuvor noch nie eine beschnittene Vulva gesehen hatten, und den Eindruck vermittelten, dass diese Frauen ‚nicht normal' seien. Die Frauen fühlten sich in einigen Arztpraxen stigmatisiert, in denen Assistenzärzt*innen und Medizinstudent*innen mit in den Untersuchungsraum genommen wurden, um sich FGC anzusehen; gewiss stellen westliche Gesetze gegen FGC auch eine Stigmatisierung dar. Die chronischen Schmerzen der Frauen im Zusammenhang mit diesem Stigma nicht mit in Betracht zu ziehen, hieße die Wichtigkeit der Bedeutungsgebung bei der Erfahrung von Schmerz zu vernachlässigen, wie sie in der Schmerzliteratur weithin akzeptiert wird.[60] Man könnte sogar fragen: Wenn diese Frauen in einer Kultur lebten, die FGC validiert hat, würden sie dann chronische Schmerzen haben?

In diesem Sinne könnte man auch fragen: Was sind die Lebenserfahrungen an dem spezifischen Ort einer jeden Trans-Person, die deren Wahrnehmungen und neuronale Schaltkreise beeinflussen könnten? Wie fühlt es sich für eine Trans-Person an, zum Arzt zu gehen? Wenn sie in einem akzeptierenden Umfeld lebt, ist sie dann zufriedener mit ihrer Operation? Wird sie weniger Schmerzen bei der körperlichen Transition erfahren? Wenn sie in einem stigmatisierenden Umfeld lebt, wie wird sich der daraus resultierende Stress auf ihre neuralen Schaltkreise auswirken?

Neuere Forschungen haben mehrere Mechanismen identifiziert, durch die periphere Effekte – sowohl sozialer Art als auch von anderen Körperregionen – geschlechtliche Unterschiede des zentralen Nervensystems (ZNS) bewirken. Zum Beispiel wurden Varianten des mütterlichen Leckverhaltens bei Nagetieren mit Veränderungen der Östrogenrezeptorverteilung in Bereichen des Gehirns, die als geschlechtlich dimorph beschrieben werden,[61] in Verbindung gebracht, was die Fähigkeit dieser Regionen erhöht, sich früh im Leben durch Steroidhormone auszudifferenzieren. Bei Nagetieren gibt es wiederum periphere Einflüsse auf die geschlechtliche Differenzierung dimorpher Regionen des ZNS. Beispielsweise können periphere Gewebe wie Muskeln die Entwicklung von Geschlechtsdimorphismen im spinalen Nucleus des Bulbocavernosus (SNB) beeinflussen. Es wird in Betracht gezogen, dass diese nicht-neuralen Einflüsse in ähnlicher Weise andere Strukturen veranlassen können, geschlechtlich dimorph zu werden.[62] Wie bereits

---

60 Vgl. Einstein, „Situated Neuroscience."

61 Frances A. Champagne et al., „Natural Variations in Maternal Care Are Associated with Estrogen Receptor α Expression and Estrogen Sensitivity in the Medial Preoptic Area," *Endocrinology*, Bd. 144, 2003, 4720-4724.

62 Ashlyn Swift-Gallant, Lee Niel und D. Ashley Monks, „Turning sex inside-out: Peripheral contributions to sexual differentiation of the central nervous system," *Biology of Sex Differences*, 2012, 3:12.

erwähnt, kann das Verhalten von CAH-Frauen nicht nur durch häufige Krankenhausbesuche, sondern auch durch die Art und Weise beeinflusst werden, in der sie vonseiten der Welt aufgrund ihrer maskulinisierten Merkmale behandelt werden:

> Erstens, indem sich körperliche Merkmale zeigen, die bei Männern häufiger auftreten (z. B. Glatzenbildung, aber stärkere Körper- und Gesichtsbehaarung bei Männern); und zweitens, indem Eigenschaften dargestellt werden, die den herkömmlichen Normen weiblicher Attraktivität widersprechen – unabhängig davon, ob diese Merkmale mehr oder weniger häufig bei Männern vorkommen (z. B. größere Körpermasse im Verhältnis zur Körpergröße, extrem kleine Statur). Darüber hinaus beeinträchtigen sogar Merkmale, die bei Männern als „unattraktiv" empfunden werden (z. B. Akne), die Männlichkeit nicht, obwohl das Versäumnis, sich an konventionelle Ideale weiblicher Schönheit anzupassen, als unweiblich empfunden wird, weil Attraktivität für die normative Weiblichkeit von zentraler Bedeutung ist.[63]

Wir könnten dann fragen, wie das gesellschaftliche Konzept einer Geschlechterbinarität Transgender-Personen in ihrer Selbstwahrnehmung beeinflusst. Für diejenigen, die Hormone nehmen: Wie fühlen sie sich dabei, und welche langfristigen Auswirkungen können solche Langzeit-Hormontherapien auf das Nervensystem haben? Wir könnten auch erfahren, wie sie nach der Geschlechtsangleichung von der Gesellschaft behandelt werden und wie sich dies in ihrem bevorzugten Geschlecht auf ihr Selbstverständnis auswirkt. Der nächste wichtige Schritt scheint also zu sein, verschiedene Ansätze in Betracht zu ziehen, die die Bedeutung des Geschlechts sowie die Art und Weise berücksichtigen, wie Praktiken zur Instanziierung des Geschlechts am Körper zusammenwirken, um das Nervensystem zu beeinflussen und möglicherweise die verschiedenen beobachteten Schaltkreise zu erzeugen (oder auch nicht).

Wohlgemerkt: Wir möchten nicht, dass unser Vorschlag als der Versuch interpretiert wird, die subjektive Erfahrung vieler (wenn auch nicht aller) Trans-Personen, die sich selbst als „im falschen Körper geboren" beschreiben, in Abrede zu stellen. Vielmehr schlagen wir vor, dass die Lebensgeschichten in den biologischen Untersuchungen mitberücksichtigt werden müssen. Wir sind der Auffassung, dass der Ansatz der situierten Neurowissenschaft die unzähligen Geschichten von Trans-Personen, die derzeit keine Stimme haben, bestätigen wird. Wir sind der Überzeugung, dass dies sowohl für Trans-Personen als auch für alle anderen Personen wesentlich interessantere Biologien zum Vorschein bringen wird, und zugleich ihrem gelebten Leben gerecht wird. Feministische Wissenschaftsepistemologien und situierte Neurowissenschaft integrieren, bestätigen und präsentieren die unzähligen Kräfte und Erfahrungen, die die Identität einer

63 Jordan-Young, „Hormones, context, and ‚Brain Gender',“ 1740.

Person beeinflussen, anstatt sie auf biologisch vorherbestimmte Phänomene zu reduzieren. Wir sind der Meinung, dass der Ansatz der situierten Neurowissenschaft zum Verständnis der Geschlechtsidentität der Komplexität der gelebten Realität von Trans-Personen gerecht werden kann.

IX Epilog

In diesem Beitrag haben wir postuliert, dass der binäre Rahmen, der zur Interpretation der biologischen Ursprünge des Transgenderismus verwendet wird, gerade die Problemlage darstellt, aus der sich Trans-Personen selbst befreien möchten – die Zuordnung zu einer Kategorie, die ihnen nicht einleuchtet. Wir haben das Problem multipler Binaritäten diskutiert, die in die neurobiologischen Studien des Transgenderismus eingebettet sind – männlich/weiblich, sex/gender und sozial/biologisch. Wir haben einige Probleme in der neurobiologischen und psychosozialen Literatur aufgezeigt, in denen diese Binaritäten sowohl Grundlage als auch Paradigma der Untersuchungen bildeten. Wir haben vorgeschlagen, feministische Erkenntnistheorien der Wissenschaft in Betracht zu ziehen, um diese Binaritäten aufzulösen, und wir schlagen einen *situierte Neurowissenschaft* genannten Ansatz vor, der durch das Studium des Biologischen im Kontext des Sozialen die Binaritäten überwinden soll. All dies dient dazu, den Nutzen neurobiologischer Studien alsbald anzuerkennen, gleichzeitig aber die Binaritäten als robuste Darstellung der menschlichen Biologie zu hinterfragen.

Neben der Hervorhebung von Problemen in der wissenschaftlichen Literatur, die Geschlechter-/Genderbinaritäten behauptet, ist es auch sinnvoll, darüber nachzudenken, was der neurowissenschaftliche binäre Rahmen für jemanden bedeuten könnte, der sich außerhalb einer der beiden Kategorien „männlich" und „weiblich" befindet, insbesondere für Trans-Personen.

Wir halten fest, dass der binäre Rahmen selbst Transgenderismus mit einer psychischen Störung in Verbindung bringt und dafür den Begriff „Geschlechtsdysphorie" benutzt, wie er neuerdings auch im Diagnostischen und Statistischen Handbuch der Psychischen Störungen (DSM) verwendet wird.[64] Der noch immer umstrittene Begriff „Geschlechtsdysphorie"[65] ist im Grunde ein Versuch, alternative Geschlechtsidentitäten zu entstigmatisieren und stattdessen die klinischen Leidenssymptome zu diagnostizieren, die von vielen Transgender-Personen er-

64 Vgl. Jun Koh, [The history of the concept of gender identity disorder], *Psychiatria et neurologia Japonica*, Bd. 114, 2012, 647-653.

65 Vgl. Anne A. Lawrence, „Gender Assignment Dysphoria in the DSM-5," *Archives of Sexual Behavior*, Bd. 43, 2014, 1263-1266.

fahren werden. Dem Begriff liegt jedoch immer noch die Voraussetzung zugrunde, dass das ‚richtige' Geschlecht das zugewiesene biologische Geschlecht ist, d. h. dasjenige, mit dem die Trans-Person unzufrieden ist.

Die neue Diagnose hatte überdies den unbeabsichtigten Effekt, mit Transgenderismus verbunden zu werden. Ein kürzlich veröffentlichter Aufsatz beginnt mit folgendem Satz: „Geschlechtsdysphorie (auch bekannt als ‚Transsexualismus') wird als eine Diskrepanz zwischen dem anatomischen Geschlecht und der Geschlechtsidentität charakterisiert."[66] Diese semantische Verschmelzung von „Transgenderismus" und „Geschlechtsdysphorie" in wissenschaftlichen und medizinischen Diskursen ist der erste Schritt, das Trans-Sein als Störung zu kategorisieren. Die Betonung eines binären Gehirns führt dazu, dass Trans-Personen als Abweichung von der Norm betrachtet werden und bei ihnen daher eine psychische Störung diagnostiziert wird – eine Bürde, die jede Trans-Person, die eine medizinische Geschlechtsangleichung wünscht, zu tragen hat.

Warum sollten nichtkonforme Geschlechtsidentitäten eine Dysphorie voraussetzen? Man könnte ebenso behaupten, dass es der soziale/historische Kontext ist, der keine alternativen Geschlechtsidentitäten jenseits der normativen Binarität zulässt und die Dysphorie bestimmt. Die *Fa'afafine* von Samoa stoßen in der samoanischen Kultur auf große Akzeptanz und leiden unter keinem großen sozialen Stigma, sich außerhalb einer typischen Geschlechterdarstellung und Geschlechtsidentität zu befinden. Es gibt keine Hinweise darauf, dass die *Fa'afafine* so etwas wie das, was wir im Westen als Geschlechtsdysphorie bezeichnen, oder irgendeine Art von Bedrängnis bezüglich ihrer Geschlechtsidentität oder ihres Geschlechtsausdrucks erfahren.[67]

Geschlechtsdysphorie kann also eher als Symptom einer intoleranten Kultur und unflexibler Erwartungen hinsichtlich der Genderperformance betrachtet werden denn als ein biologisches Faktum, welches sich in der Trans-Person niederschlägt. Wenn man „Transgender" (eine Geschlechtsidentität) mit „Genderdysphorie" (einem Symptom) verschmelzt und so studiert, als wären sie von gleicher Herkunft, ignoriert man die Rolle der Gesellschaft beim psychosozialen Leiden von Trans-Personen in unserer Kultur.

Wir hegen die Hoffnung, dass die Überwindung des binären Paradigmas und das Studium der Neurobiologie im Kontext des Sozialen uns zu einem besseren Verständnis der Ursprünge aller Ausdrucksformen von Geschlecht führen wird.

---

66 Jessica Junger et al., „More than Just Two Sexes: The Neural Correlates of Voice Gender Perception in Gender Dysphoria," *PloS one*, Bd. 9, 2014, e111672.

67 Vgl. Vasey/Bartlett, „What can the Samoan ‚Fa'afafine' teach us."

Milton Diamond

Transsexualismus als intersexueller Zustand*

Abstract: Dieser Beitrag versucht zu zeigen, dass es signifikante natürliche, angeborene Geschlechtsunterschiede zwischen den Gehirnen sogenannter transsexueller und nicht-transsexueller Menschen gibt. Es soll dargelegt werden, dass diese Unterschiede von normalen genetischen, hormonellen und umgebungsbedingten Faktoren herrühren, die dann schließlich zu Unterschieden im Gehirn eines transsexuellen Menschen führen. Diese Entwicklung wird begleitet von Gefühlen des Unbehagens bezüglich der eigenen Geschlechtsidentität. Diese Gefühle sind es, die zum Verlangen nach einer Geschlechtsänderung führen. Die angesprochenen Gehirnunterschiede berechtigen zur Folgerung, dass Personen mit einer transsexuellen Veranlagung intersexuell sind. Gleichzeitig wird anerkannt, dass einige intersexuelle Personen ihr jeweils zugewiesenes Geschlecht ändern, viele jedoch nicht.

Transsexuelle Menschen[1] werden heutzutage gewöhnlich auch als *Transpersonen* oder *Transgender-Personen* bezeichnet. Nicht-Transgender-Personen werden ge-

* Komponenten und Aspekte des hier präsentierten Materials wurden bereits in einem viel breiteren Rahmen vorgestellt (vgl. Cynthia Kraus, „Am I My Brain or My Genitals? A Nature-Culture Controversy in the Hermaphrodite Debate from the mid-1960s to the late 1990s," *Gesnerus*, Bd. 68, 2011, 80 – 106). Besonderer Dank und große Anerkennung gebührt den Kolleginnen und Kollegen, die mich beim Schreiben und Überprüfen dieses Beitrags unterstützt haben. Die Verantwortung für mögliche Fehler trage ich jedoch allein. Alle Fehler sind meine eigenen.

1 *Transsexuelle Menschen* und *Transfrauen* oder *Transmänner* und andere Bezeichnungen wie diese sind die von WPATH, Weltberufsverband für Transgender-Gesundheit, vorgeschlagenen und bevorzugten. Sie sind umstritten und werden in verschiedenen Kulturen unterschiedlich betrachtet. Manche halten es für falsch, Menschen als oder mittels Diagnose zu bezeichnen. Manche unterscheiden sich bei der Verwendung dieser Begriffe als Adjektive oder Substantive. Nicht wenige halten es für das Beste, jede Person so zu bezeichnen, wie sie es wünscht; schlicht als *Mann* oder *Frau* mit den Personalpronomen *er* oder *sie*. Wieder andere behaupten, es sei am besten, sich als „jemand mit Geschlechtsdysphorie" zu bezeichnen. Wahrscheinlich werden die verwendeten Termini in vielen Kulturen und für viele Jahre im Fluss bleiben. *Transvestiten* sind eine deutlich andere Gruppe. Darunter werden Personen verstanden, die sehr gerne die Kleidung des anderen Geschlechts tragen und dabei Entspannung und verminderte Angst empfinden. Es ist nicht klar, wie viele Crossdresser nach einer operativen Änderung ihres Geschlechts oder einer Veränderung ihres Lebens auf sonstige Weise streben. Etwa 0,5 % der niederländischen Bevöl-

https://doi.org/10.1515/9783110614626-004

wöhnlich als *Cisgender-Personen* bezeichnet. Beim Versuch, anderen ihre Geschlechtsidentität zu erklären, sagen Transpersonen oft, sie seien davon überzeugt, „im falschen Körper geboren" worden zu sein. Sie glauben, die Anatomie des einen Geschlechts, aber die Identität und das emotionale Bewusstsein des entgegengesetzten Geschlechts zu haben. Transsexuelle Personen sind von diesem Gefühl so überzeugt, dass sie auf jegliche Vorteile verzichten wollen, die sie mit ihrem Geburtsgeschlecht assoziieren, und den Übergang in das entgegengesetzte Geschlecht suchen. Und viele sind sogar bereit, das Ziel der Transition zu einem hohen finanziellen, emotionalen und gesellschaftlichen Preis zu erreichen, wie an Scheidungen, Trennungen von Freunden und Familie sowie anderen derartigen Verlusten ersichtlich ist.[2] Es stellt sich natürlich die Frage: Wie entsteht dieses Gefühl, was verursacht es?

Der Ausgangsfaktor für die Entwicklung des Transsexualismus hat mit Genetik zu tun. Coolidge, Thede und Young konstatierten 2002 eine starke erbliche Komponente für den von ihnen als Geschlechtsidentitätsstörung (*Gender Identity Disorder*, GID) bezeichneten symptomatischen Zustand.[3] Damit implizierten sie, dass Geschlechtsidentität (*gender identity*) weit weniger eine Frage der Wahl als eine natürliche biologische Angelegenheit sei. 2013 fand eine großangelegte Studie mit Transpersonen heraus, dass ein Drittel aller monozygotischen (eineiigen) männlichen Zwillinge und ungefähr ein Viertel aller weiblichen monozygotischen Zwillinge sich beide für eine Geschlechtsangleichung entschieden; so gut wie keine dizygotischen (familiären) Zwillinge stimmten bezüglich einer Geschlechtsangleichung überein.[4] Und 2014 wurde sogar berichtet, dass Trans-Zwillinge, die getrennt erzogen worden waren und getrennt gelebt hatten, beide ihr Geschlecht anglichen.[5] Zusammenfassend stützen diese Ergebnisse die Annahme einer biologischen Grundlage des Trans-Zustandes.

---

kerung gab in einer großangelegten repräsentativen Studie der Rutgers NISSO Groep (RNG) der Niederlande an, dass sie sich mehr mit dem anderen Geschlecht als mit dem bei der Geburt zugewiesenen Geschlecht identifizieren. Beinahe 3 % der männlichen Bevölkerung der Niederlande bezeichnen sich als Crossdresser, vgl. *Seksuele gezondheid in Nederland 2006*, hg. von Floor Bakker und Ine Vanwesenbeeck, Delft: Eburon 2006 (*RNG-studies*, Bd. 9).

2 Siehe „Gender Dysphoria," in [www.quora.com/topic/Gender-Dysphoria] und „Transsexuality," in [www.quora.com/topic/Transsexuality-1] (Zugriff: 30.09.2018).

3 Frederick L. Coolidge, Linda L. Thede und Susan E. Young, „The Heritability of Gender Identity Disorder in a Child and Adolescent Twin Sample," *Behavior Genetics*, Bd. 32, 2002, 251–257.

4 Milton Diamond, „Transsexuality Among Twins: Identity Concordance, Transition, Rearing, and Orientation," *International Journal of Transgenderism*, Bd. 14, 2013, 1–14.

5 Nancy L. Segal und Milton Diamond, „Identical Reared Apart Twins Concordant for Transsexuality," *Journal of Experimental and Clinical Medicine*, Bd. 6, 2014, 74.

Ein weiteres Merkmal der transsexuellen Entwicklung muss noch verstanden werden, welches ebenfalls auf ihren natürlichen, biologischen Ursprung hinweist. Es ist bekannt, dass sich die Genitalien und das Gehirn zu unterschiedlichen Zeiten entwickeln. Die Genitalien entwickeln sich schon früh pränatal zwischen der 6. und 12. Schwangerschaftswoche und können eine männliche oder weibliche Form annehmen. Entwickeln sich die Genitalien unter dem Einfluss des Androgens Testosteron, so vermännlichen sie. Andernfalls entwickeln sich weibliche Genitalien. Im Vergleich dazu entwickelt sich das Gehirn, wie man annimmt, in der späteren Phase der Schwangerschaft und unterliegt ebenfalls dem Einfluss von Androgen. Wenn zu dieser Zeit eine signifikante Menge Androgen präsent ist, findet eine Vermännlichung des Gehirns statt, sonst eine Verweiblichung. Es wird somit deutlich, dass sich Gehirn und Genitalien unabhängig voneinander und unter verschiedenen Einflüssen entwickeln können.[6] So sagt Reiner: „Die Ätiologie der Geschlechtsidentität mag weder offensichtlich noch leicht zu verstehen sein. Offensichtlich ist jedoch die Präsenz von Androgen ausschlaggebend. Dies ist der bestimmende Faktor für die Entwicklung des [...] verhaltensbedingten Geschlechtsdimorphismus beim Menschen – der Genitalstruktur, [...] typisch männlicher Verhaltensmuster, Maskulinisierung des Gehirns [...].“[7]

So könnte sich Transsexualität entwickeln, wobei die Genitalien auf das eine Geschlecht hindeuten, während das Gehirn auf das andere hinweist. In Fällen uneindeutiger Genitalien kann der Grad der Maskulinisierung des Gehirns von dem der Genitalien abweichen. Eine strikte Dichotomie zwischen männlich und weiblich tritt möglicherweise nicht auf; die Verschiebung zwischen den Geschlechtern kann partiell sein, so dass die betreffende Person den Eindruck hat, gewissermaßen ein bisschen männlich und auch ein bisschen weiblich zu sein. Dieselbe Person könnte sich auch unter verschiedenen Umständen oder zu verschiedenen Zeiten als weiblich oder männlich empfinden.

Es ist zweckmäßig, einige allgemein anerkannte Definitionen anzuführen. Im Allgemeinen behalten *männlich* und *weiblich* ihre üblichen Bedeutungen. Eine

---

6 Vgl. Ai-Min Bao und Dick F. Swaab, „Sexual Differentiation of the Human Brain: Relation to Gender Identity, Sexual Orientation and Neuropsychiatric Disorders,“ *Frontiers in Neuroendocrinology*, Bd. 32, 2011, 214–226; Ivanka Savic, Alicia Garcia-Falgueras und Dick F. Swaab, „Sexual Differentiation of the Human Brain in Relation to Gender Identity and Sexual Orientation,“ *Progress in Brain Research*, Bd. 186, 2010, 41–62.

7 William G. Reiner, „Gender Identity and Sex Assignment: A Reappraisal for the 21st Century,“ in *Pediatric Gender Assignment: A Critical Reappraisal*, hg. von Stephen A. Zderic et al., New York: Kluwer Academic/Plenum 2002 (*Advances in Experimental Medicine and Biology*, Bd. 511), 175–197, 180.

männliche Person hat im Kern jeder Zelle 22 Paare fadenartiger Strukturen, Chromosomen genannt. Aufgrund ihres gleichartigen Erscheinungsbildes heißen Chromosomen dieser Art *Autosomen.* Eine männliche Person besitzt zudem ein 23. Chromosomenpaar, *Geschlechts*chromosomen oder *Gonosomen* genannt. Diese bestehen aus einem verhältnismäßig einheitlichen X-artigen Chromosom und einem viel kleineren Y-Chromosom. Ein typisch männliches Individuum hat auch zwei Hoden, einen Penis, eine Prostata und andere gewöhnliche Merkmale der männlichen Fortpflanzungsanatomie. Eine *weibliche Person* hingegen hat in ihren Zellen je 22 Autosomenpaare und das 23. Chromosomenpaar, die Geschlechtschromosomen, sind zwei X-Chromosomen. Ein typisch weibliches Individuum hat auch eine Scheide, zwei Eierstöcke, eine Klitoris, eine Gebärmutter, Eileiter und andere Merkmale der weiblichen Fortpflanzungsanatomie. *Intersexuelle* Personen haben in ein und demselben Körper sowohl männliche als auch weibliche biologische Charakteristika, die typischerweise nur in jedem Geschlecht getrennt vorkommen. Oft wird das Geschlecht einer Person unter Bezug auf ihren Chromosomenstatus bestimmt, wobei XY männlich und XX weiblich anzeigt, doch können intersexuelle Merkmale mit ihren vielen Erscheinungsformen dies verwirren.

Menschen mit transsexuellen Merkmalen werden auf verschiedene Weise bestimmt und eingeteilt. Grundsätzlich handelt es sich um Personen, die eine Änderung ihres Geschlechts von männlich zu weiblich oder von weiblich zu männlich anstreben, und alle möchten in dem von ihnen gewählten Geschlecht so akzeptiert werden, ob nun vom Mann zur Frau oder von der Frau zum Mann geworden. Gewöhnlich werden solche Personen in Bezug auf ihr Geschlecht als dysphorisch bezeichnet; ein Zustand, der früher als Geschlechtsidentitätsstörung (*Gender Identity Disorder*, GID) bekannt war, heute aber Geschlechtsdysphorie (*Gender Dysphoria*) genannt wird.[8] Geschlechtsdysphorie bezieht sich auf das beunruhigende und unbehagliche Gefühl von Transpersonen, „im falschen Körper zu leben". Obwohl bei Geburt aufgrund ihrer männlichen Genitalien dem männlichen Geschlecht zugewiesen, glauben sie, weiblich zu sein und in der Gesellschaft als Mädchen bzw. Frau leben zu müssen. Werden sie bei Geburt aufgrund ihrer weiblichen Genitalien dem weiblichen Geschlecht zugewiesen, glauben sie, männlich zu sein und in der Gesellschaft als Junge bzw. Mann leben zu müssen. Grundsätzlich glauben Transpersonen, der einfachste Weg zur Lösung ihres Dilemmas bestehe in der Änderung ihrer Geschlechtsmerkmale. Obwohl es offensichtlich ist, dass Männer im Allgemeinen als Mädchen bzw. Frauen und

8 *Diagnostic and Statistical Manual of Mental Disorders. DSM-V,* 5. Aufl., Washington, D.C.: American Psychiatric Association 2013.

Frauen als Jungen bzw. Männer in der Gesellschaft leben können, geht damit ein hoher Preis einher. Viele halten es für einfacher und angemessener, sich einer sogenannten geschlechtsumwandelnden Operation (*sex-reassignment surgery*, SRS) zu unterziehen, welche sie lieber als geschlechtsbestätigende oder geschlechtsangleichende Operation betrachten. Eine derartige Operation war in der Vergangenheit in vielen Ländern eine Voraussetzung für die gesetzliche Anerkennung einer Geschlechtsänderung. Solche Beschränkungen sind in vielen Rechtsordnungen jedoch zunehmend aufgehoben worden.

Personen, die von männlich zu weiblich bzw. von weiblich zu männlich wechselten, bezeichnete man gewöhnlich als „MzF" (Mann-zu-Frau) bzw. „FzM" (Frau-zu-Mann). Als Gruppe wurde ihnen in der Vergangenheit ein *Harry Benjamin Syndrome* (HBS) attestiert, benannt nach dem Arzt, der diesem Zustand als Erster Popularität verschaffte.[9] Damalige Bezeichnungen wie *Women Born Transsexual* (WBT) und *Men Born Transsexual* (MBT) sind mittlerweile vereinfacht worden; die heute gebräuchlichen Begriffe sind *Transfrauen* und *Transmänner.*[10]

2006 traf sich ein Ärztekonsortium, um über die Bewertung und Behandlung der zahlreichen Intersex-Varianten und der verschiedenen, damit verbundenen Nomenklaturen wie Hermaphroditen und Pseudohermaphroditen zu beratschlagen. Sie stimmten überein, intersexuelle Zustände als *Disorders of Sex Development* (DSD[11]), also „Störungen der geschlechtlichen Entwicklung", zu bezeichnen.[12] Obwohl es zahlreiche Varianten intersexueller Zustände gibt, unterscheidet man zwei Grundtypen. Der erste Typ, der gewöhnlich bereits bei der Geburt als *uneindeutig* erkannt wird, ist darauf zurückzuführen, dass der Säugling keine klare Unterscheidung zwischen männlich und weiblich bzw. Junge und Mädchen

9 Harry Benjamin, *The Transsexual Phenomenon*, New York: The Julian Press 1966.

10 Siehe oben Anm. 1.

11 Die Begriff DSD steht nach übereinstimmender Meinung vieler Ärztinnen und Ärzte für *Disorders of Sex Development*, also „Störungen der Geschlechtsentwicklung", vgl. Peter A. Lee et al., „Consensus Statement on Management of Intersex Disorders," *Pediatrics*, Bd. 118, 2006, 753–757. Die Bezeichnung dieser Zustände als *Störungen* ist allerdings stigmatisierend. Wie andere ziehe ich es vor, unter diesem Begriff *Unterschiede* (*Differences*) oder *Varianten* (*Variations*) der Geschlechtsentwicklung anstelle von „Störungen" zu verstehen, vgl. Hazel Glenn Beh und Milton Diamond, „Variations of Sex Development Instead of Disorders of Sex Development," *Archives of Diseases of Children*, 26. Juli 2006 (Elektronischer Brief); Anne Tamar-Mattis und Milton Diamond, „Managing Variations in Sex Development," *Journal of Pediatric Endocrinology & Metabolism*, Bd. 20, 2007, 552–553; Milton Diamond und Hazel Glenn Beh, „Changes in the Management of Children with Intersex Conditions," *Nature Clinical Practice, Endocrinology & Metabolism*, Bd. 4, 2008, 4–5.

12 Ieuan A. Hughes et al., „Consensus Statement on Management of Intersex Disorders," Archives *of Disease in Childhood*, Bd. 91, 2006, 554–563.

aufweist. Ein zweiter Typ von Individuen hat äußerlich unauffällige Genitalien, jedoch im Körperinneren gelegene intersexuelle Merkmale, die nicht offensichtlich sind. Dies sind *okkulte* Intersexformen. Eine solche Person könnte z. B. mit sowohl einem Eierstock wie auch einem Hoden oder aber mit einer Gonade mit kombinierten Merkmalen von Eierstöcken und Hoden geboren worden sein.

Ein verbreiteter genetischer intersexueller Zustand, der bei der Geburt als solcher noch nicht erkannt wird, ist das sogenannte Klinefelter-Syndrom (KS). Personen mit KS besitzen 22 typische Autosomenpaare sowie einen Satz von Geschlechtschromosomen (Gonosomen), der aus zwei oder mehreren X-Chromosomen *und* einem oder mehreren Y-Chromosomen besteht. Das Ungewöhnliche sind die zusätzlichen geschlechtsbestimmenden Chromosomen wie z. B. XXY, XXXYY, XXYY etc. Die häufigste Form lautet 47,XXY. Diese Veranlagung fällt bei der Geburt nur selten auf, da die Genitalien zu dieser Zeit hinreichend männlich aussehen und das Kind üblicherweise entsprechend erzogen wird. Dies kann jedoch zu Problemen führen, weil Personen mit KS zuweilen als Mädchen behandelt werden möchten. Und typischerweise entwickeln Personen mit 47,XXY-Karyotyp, oder einer seiner Varianten, in der Pubertät weibliche Brüste und leben als Frauen.

Ein anderer verbreiteter intersexueller Zustand tritt auf, wenn eine Person sowohl deutlich sichtbare Brüste wie auch männliche XY-Geschlechtschromosomen, im Körperinneren gelegene Hoden und eine (blind endende) Vagina hat. Dies wird als komplette Androgenresistenz (*Complete androgen insensitivity syndrome*, CAIS) bezeichnet. Auch diese Veranlagung wird bei der Geburt gewöhnlich nicht erkannt, da die betreffende Person wie ein typisch weiblicher Säugling aussieht und als Mädchen erzogen wird. Die am häufigsten auftretende Intersex-Variante ist das sogenannte *Adrenogenitale Syndrom* (AGS) bzw. *kongenitale Nebennierenhyperplasie* (CAH). Diese Personen haben XX-Geschlechtschromosomen, Eierstöcke und eine hypertrophierte Klitoris, die einem kleinen Penis ähnelt. Dieser Zustand ist natürliche Folge einer Überstimulation der Nebennierenrinde, die zu einer übermäßigen Androgenproduktion mit anschließender Maskulinisierung sowohl des Körpers als auch des Verhaltens führt.

Seltener sind intersexuelle Zustände, bei denen Personen bei der Geburt weiblich erscheinen und als Mädchen erzogen werden, sich nach der Pubertät jedoch männlich entwickeln. Bei solchen Zuständen hat eine Person, erblich bedingt, nicht die entscheidenden, Testosteron umwandelnden Enzyme, sondern produziert sie erst in der Pubertät. Und sobald diese Enzyme verfügbar werden, verwandeln sie Testosteron in das zur Maskulinisierung der Genitalien erforderliche Androgen Dihydrotestosteron. Die Bezeichnung dieser Zustände richtet sich nach dem jeweils fehlenden Enzym, entweder 5-α-Reduktase (5-Alpha) oder 17-β-Hydroxysteroid-Dehydrogenase (17-Beta).

Der 5-Alpha-Zustand ist bekanntlich in der Dominikanischen Republik vorherrschend, und der 17-Beta-Zustand kommt verhältnismäßig häufig unter der arabischen Bevölkerung im Nahen Osten vor. Als genetisch bedingte Zustände bestehen sie tendenziell in Gruppen fort, die unter sich heiraten.

Noch seltener sind mosaikartige Zustände, bei denen ein und dieselbe Person sowohl XX- als auch XY-Zellen besitzt. Eine solche Person kann z.B. einen Arm haben, der als männlich gelten kann, weil alle Zellen in diesem Arm eine XY-Konstellation zeigen, während ein Bein dieser Person als weiblich betrachtet werden kann, weil alle Zellen dieses Beins eine XX-Konstellation aufweisen.

Die intersexuelle Veranlagung kann sich in Unterschieden in mehreren dieser Organe oder Funktionen gleichzeitig niederschlagen, z.B. in Unterschieden in der Beschaffenheit der Chromosomen, Gonaden, Genitalien oder anderswo. Da die meisten intersexuellen Phänomene okkult sind, ist sich die Mehrheit der davon Betroffenen dessen oft nicht bewusst. Bei Trans-Personen ist es das Gehirn, das auf nicht sichtbare Weise intersexuell ist.

Wie wurde die Intersexualität des transsexuellen Gehirns ans Licht gebracht? Frühe Erkenntnisse über Geschlechtsunterschiede im Rattengehirn wurden 1978 von Gorski et al. berichtet.[13] Den Bereich mit dem geschlechtsbezogenen Unterschied nannten sie den medialen präoptischen Nukleus (MPNc). Dem folgte einige Jahre später ein analoger Bericht über das menschliche Gehirn, wonach die Commissura anterior und Massa intermedia je nach Geschlecht unterschiedlich seien. Die Suche nach Geschlechtsunterschieden im Gehirn entwickelte sich zu einem aktiven Forschungsthema.

Neuroanatomische Geschlechtsunterschiede wurden beim Menschen im mediosagittalen Bereich sowohl der vorderen Kommissur als auch der Massa intermedia beobachtet. Diese Analyse wurde an postmortalem Gewebe von 100 altersangepassten erwachsenen Männern und Frauen durchgeführt. Obwohl nicht bei allen Individuen vorhanden, war die vordere Kommissur, wenn vorhanden, bei Frauen durchschnittlich 12% größer als bei Männern, und die Massa intermedia war bei Frauen durchschnittlich 53% größer als bei Männern. Diese Geschlechtsunterschiede wurden gefunden, obgleich die Gehirne von Männern größer waren als die von Frauen. Zuvor hatten diese Forscher auch Unterschiede in der Form des Spleniums (bulboider) des Corpus callosum gefunden, aber nicht im abgedeckten Bereich.[14]

---

13 Roger Gorski et al., „Evidence for a Morphological Sex Difference within the Medial Preoptic Area of the Rat Brain," *Brain Research*, Bd. 148, 1978, 333–346.

14 Vgl. Laura S. Allen und Roger A. Gorski, „Sexual Dimorphism of the Anterior Commissure and Massa Intermedia of the Human Brain," *Journal of Comparative Neurology*, Bd. 312, 1991, 97–104.

Dasselbe Laborteam identifizierte weitere geschlechtsdimorphe Zellgruppen in der präoptischen Region des menschlichen Hypothalamus (PO-AHA) und bezeichnete sie kollektiv als den interstitiellen Kern des anterioren Hypothalamus mit vier Subregionen namens INAH 1, 2, 3 und 4.[15] Man fand heraus, dass von diesen das Volumen des INAH-3 bei Männern fast dreimal (2,8x) so groß wie bei Frauen war und mehr als doppelt so viele Zellen enthielt. Im Alter von 10 bis 93 Jahren nimmt der Zellkern stark ab, sowohl in Größe als auch in der Anzahl der Zellen. Es wurde vermutet, dass diese Region mit der sexuellen Orientierung zusammenhängt.[16] Sie befindet sich in einem Bereich, der für die Freisetzung von Gonadotropin und das Sexualverhalten von Säugetieren essentiell ist. Eine andere Zellgruppe (INAH-2) war im männlichen Gehirn doppelt so groß, schien aber auch bei Frauen einen Bezug zu zirkulierenden Steroidhormonspiegeln zu haben. Da die präoptisch-anteriore Hypothalamusregion die Gonadotropinsekretion, das mütterliche Verhalten und das Sexualverhalten bei verschiedenen Säugetierspezies beeinflusst, legen diese Ergebnisse nahe, dass funktionelle Geschlechtsunterschiede im Hypothalamus mit signifikanten geschlechtsspezifischen Unterschieden in der neuralen Struktur zusammenhängen.[17]

Wie Allen et al. 1989 erforschten auch Hofman und Swaab den vergleichbaren Bereich im Menschen. Sie berichteten, dass der Kern der präoptischen Region des anterioren Hypothalamus (SDN-POA) beim Menschen in Größe, Anzahl der enthaltenen Zellen und in seiner strukturellen Organisation ausgesprochen geschlechtsdimorph war. Ihren Forschungsergebnissen zufolge zeigte sich das Volumen eines vermuteten Homologs derjenigen Region, die ursprünglich von Gorski et al. im Rattenhirn als geschlechtsdimorph vorgefunden wurde, auch im Hypothalamus eines erwachsenen Menschen als geschlechtsdimorph. Sie war bei Männern mehr als doppelt so groß wie bei Frauen und enthielt ungefähr doppelt so viele Zellen.[18] Zu den bedeutendsten Unterschieden im Gehirn gehören die von Zhou et al. entdeckten.[19] Sie berichteten, dass bei Männern der zentrale Teil des

15 Vgl. Laura S. Allen et al., „Two Sexually Dimorphic Cell Groups in the Human Brain," *Journal of Neuroscience*, Bd. 9, 1989, 497–506.

16 Vgl. Simon LeVay, „A Difference in Hypothalamic Structure Between Heterosexual and Homosexual Men," *Science*, Bd. 253, 1991, 1034–1037.

17 Vgl. Allen et al., „Two Sexually Dimorphic Cell Groups."

18 Michel A. Hofman und Dick F. Swaab, „The Sexually Dimorphic Nucleus of the Preoptic Area in the Human Brain: a Comparative Morphometric Study," *Journal of Anatomy*, Bd. 164, 1989, 55–72.

19 Jiang-Ning Zhou, Michel A. Hofman, Louis J. G. Gooren und Dick F. Swaab, „A Sex Difference in the Human Brain and its Relation to Transsexuality," *Nature*, Bd. 378, 1995, 68–70.

Bettkerns (Bed Nucleus) der Stria terminalis (BSTc) erheblich größer war als bei Frauen.

Betrachten wir nun neuroanatomische Merkmale, die in den Gehirnen transsexueller Personen gefunden wurden. Als erste berichteten Zhou et al. 1995 vom Fund einer weiblichen Gehirnstruktur bei genetisch männlichen Transpersonen. Ihrer Hypothese nach unterstützen diese Ergebnisse die Theorie, dass sich die Geschlechtsidentität als Ergebnis einer normalen Interaktion zwischen dem sich entwickelnden Gehirn und den Sexualhormonen herausbildet.[20] Die betroffene Region war der Bettkern der Stria terminalis (BSTc) des Hypothalamus, der in Größe und Anzahl der enthaltenen Zellen geschlechtsdimorph ist. Kruijver et al. haben diesen Befund schließlich erweitert, als sie entdeckten, dass die Neuronenzahl im BSTc von Transfrauen der von Cis-Frauen ähnlich war. Im Unterschied dazu lag die Neuronenzahl eines FzM-Transsexuellen im männlichen Bereich.[21] Diese Forschungsarbeit unterstützt die Annahme, dass bei transsexuellen Personen die geschlechtliche Differenzierung von Gehirn und Genitalien in entgegengesetzte Richtungen verlaufen kann, und weist auf eine neurobiologische Grundlage von Transsexualität und der damit einhergehenden Geschlechtsdysphorie hin.

Nachfolgende Studien untermauerten diese Ergebnisse. Garcia-Falgueras und Swaab berichteten im Jahr 2008 mithilfe dreier verschiedener Färbetechniken, dass das INAH-3-Volumen und die Neuronenzahl in den Gehirnen von MzF-Transsexuellen (Transfrauen) denen von Frauen der Kontrollgruppe ähnelten.[22] Sie schlugen vor, dass die Geschlechtsumkehrung des INAH-3 bei Transpersonen zumindest teilweise ein Marker für eine frühe, atypische Geschlechtsdifferenzierung des Gehirns sei und die Veränderungen von INAH-3 und BSTc zu einem komplexen Netzwerk gehören könnten, welches strukturell und funktional mit der Geschlechtsidentität verbunden sein könnte.

Andere setzten diese Forschungslinie fort. Bao und Swaab überprüften diverse mögliche Einflüsse auf das Sexualverhalten des sich entwickelnden Kindes und fanden wenige Anhaltspunkte dafür, dass die beobachteten Geschlechtsunterschiede auf die Erziehung zurückzuführen waren.[23] Weitere Forschungsarbei-

---

20 Ebd.

21 Frank P. M. Kruijver et al., „Male-to-Female Transsexuals Have Female Neuron Numbers in a Limbic Nucleus," *Journal of Clinical and Endocrinological Metabolism*, Bd. 85, 2000, 2034–2041.

22 Alicia Garcia-Falgueras und Dick F. Swaab, „A Sex Difference in the Hypothalamic Uncinate Nucleus: Relationship to Gender Identity," *Brain*, Bd. 131, 2008, 3132–3146.

23 Ai-Min Bao und Dick F. Swaab, „Sexual Differentiation of the Human Brain: Relation to Gender Identity, Sexual Orientation and Neuropsychiatric Disorders," *Frontiers in Neuroendocrinology*, Bd. 32, 2011, 214–226.

ten stellten in Bezug auf Spielverhalten und Persönlichkeitseigenschaften einen starken pränatalen Einfluss von Androgenen fest.[24] Wiederum andere Arbeiten konstatierten ebenfalls signifikante Geschlechtsunterschiede im Vergleich zu Trans-Personen, die für die These sprechen, dass ein Testosteronschub das fetale Gehirn maskulinisiert und das Fehlen eines solchen Anstiegs zu einem weiblichen Gehirn führt. Gizewski et al. testeten mithilfe der funktionellen Magnetresonanztomographie (fMRT) die zerebralen Aktivierungsmuster von Transfrauen bei der Betrachtung erotischer Filmclips. Die Reaktionen dieser Transpersonen ähnelten eher denen von Cis-Frauen- als denen von Cis-Männer-Kontrollpersonen.[25] Simon et al. maßen mithilfe einer neuronalen Bildgebungstechnik namens Voxelbasierte Morphometrie (VBM) Gehirnkomponenten sowohl von Transfrauen als auch von Transmännern. Die VBM ist eine Prozedur, die anhand statistischer Analysemethoden einen Bereich im Gehirn mit einem anderen vergleichen lässt. Sie fanden zahlreiche Gehirnbereiche, in denen sich die Struktur der grauen Substanz von der der Kontrollgruppe unterschied, z. B. das Kleinhirn, der linke Gyrus angularis und der linke untere Parietallappen. Sie folgerten daraus, dass strukturelle Unterschiede zwischen den Gehirnen von Transpersonen und denen von Kontrollpersonen bestehen, je nachdem, welches Geschlecht die Transperson zum Ausdruck bringt.[26] Der Vergleichswert stimmte eher mit dem gegenwärtig ausgedrückten Geschlecht überein als mit den bei der Geburt vorhandenen Genitalien.

Transsexuelle Menschen wiesen Geschlechtsunterschiede im Corpus callosum auf, dem größten Fasertrakt der weißen Hirnsubstanz. Während Messungen dieser Struktur im Laufe der Jahre kontrovers diskutiert wurden, berichten gegenwärtige Autoren, die Fourier-Deskriptoren zur Beschreibung von callosalen Konturen verwenden, dass der Messwert bei Menschen mit Geschlechtsdysphorie stärker ihr psychisches als ihr genitales Geschlecht widerspiegle. Yokota et al.

24 Vgl. Greta A. Mathews et al., „Personality and Congenital Adrenal Hyperplasia: Possible Effects of Prenatal Androgen Exposure," *Hormones & Behavior*, Bd. 55, 2009, 285–291; Anna Nordenström et al., „Sex-Typed Toy Play Behavior Correlates with the Degree of Prenatal Androgen Exposure Assessed by CYP21 Genotype in Girls with Congenital Adrenal Hyperplasia," *Journal of Clinical and Endocrinology & Metabolism*, Bd. 87, 2002, 5119–5124.

25 Elke R. Gizewski et al., „Specific Cerebral Activation due to Visual Erotic Stimuli in Male-to-Female Transsexuals Compared with Male and Female Controls: An fMRI Study," *Journal of Sexual Medicine*, Bd. 6, 2009, 440–448.

26 Lajos Simon et al., „Regional Grey Matter Structure Differences between Transsexuals and Healthy Controls—A Voxel Based Morphometry Study," *PLoS ONE*, Bd. 8, 2013, e83947.

behaupten, die Unterschiede seien groß genug, um als objektive Maßstäbe für die klinische Diagnose zu dienen.[27]

Giuseppina Rametti et al. untersuchten mithilfe der Diffusions-Tensor-Bildgebung (DTI) auch die Struktur der weißen Substanz in den Gehirnen von Transpersonen. Sie folgerten, dass die mikrostrukturellen Muster der weißen Hirnsubstanz bei Transmännern ohne Hormonbehandlung eher den Mustern von Personen ähneln, die ihre Geschlechtsidentität (Männer) teilen, als von denen, die ihr biologisches Geschlecht (Frauen) teilen.[28]

Erhebliche Unterschiede in der Dicke des Cortex des Gehirns von Transpersonen wurden ebenfalls gefunden. Zubiarre-Elorza et al. erbrachten den Nachweis, dass sich bei Transmännern eine subkortikale Maskulinisierung des Gehirns zeigte, während die Gehirne von Transfrauen eine Feminisierung insbesondere in Regionen der rechten Hemisphäre aufwiesen.[29] 2012 identifizierten auch Luders et al. Regionen, in denen sich die kortikale Dicke der Gehirne von transsexuellen Personen unterschied. Ihre Ergebnisse zeigten dickere Kortizes in den Gehirnen von Transfrauen, sowohl innerhalb der Regionen der linken Hemisphäre (d. h. des frontalen und orbitofrontalen Kortex, des zentralen Sulcus, der perisylvischen Region und des Gyrus paracentralis) als auch der rechten Hemisphäre (d. h. des Gyrus prae/postcentralis, des parietalen und temporalen Kortex, des Precuneus, des Gyrus fusiformi sowie des lingualen und orbitofrontalen Gyrus). Diese Ergebnisse liefern weitere Indizien dafür, dass die Anatomie des Gehirns mit der Geschlechtsidentität in Verbindung steht, wobei Messungen bei Transfrauen eine Verschiebung fort von geschlechtskongruenten Männern zu ergeben scheinen.[30]

Eine letzte Bemerkung ist hier angebracht. Jüngste Forschungen haben ergeben, dass Kisspeptin, ein Peptidhormon, das für die Fortpflanzung durch Stimulierung des Gonadotropin-Freisetzungshormons (GnRH) entscheidend ist, bei Personen, die eine Transition von männlich zu weiblich vollzogen haben, eine Geschlechtsumkehr anzeigt. Es wurde davon ausgegangen, dass dies möglicher-

27 Yasunari Yokota et al., „Callosal Shapes at the Midsagittal Plane: MRI Differences of Normal Males, Normal Females, and GID," Vortrag, IEEE Engineering in Medicine and Biology 27th Annual Conference (1.–4. September 2005), Shanghai, 3055–3058.

28 Giuseppina Rametti et al., „White Matter Microstructure in Female to Male Transsexuals Before Cross-Sex Hormonal Treatment. A Diffusion Tensor Imaging Study," *Journal of Psychiatric Research*, Bd. 45, 2011, 199–204.

29 Leire Zubiaurre-Elorza et al., „Cortical Thickness in Untreated Transsexuals," *Cerebral Cortex*, Bd. 23, 2012, 2855–2862.

30 Eileen Luders et al., „Increased Cortical Thickness in Male-to-Female Transsexualism," *Journal of Behavioral and Brain Science*, Bd. 2, 2012, 357–362.

weise zumindest zum Teil eine atypische Geschlechtsdifferenzierung des Gehirns in Verbindung mit Transsexualität widerspiegelt.[31]

Diese Befunde werden durch viele andere Berichte untermauert, in denen Geschlechtsunterschiede zwischen männlichen und weiblichen Menschen dokumentiert werden und die zeigen, dass die Gehirne von Transpersonen mehr mit ihrem kulturellen Geschlecht (*gender*) als mit ihrem biologischen Geschlecht (*sex*) übereinstimmen. Es wurde beispielsweise herausgefunden, dass MzF-Personen eine geschlechtsatypische Aktivierung des Hypothalamus zeigen, wenn sie Steroide durch den Geruchssinn wahrnehmen. Ihr Geruchssinn entspricht mehr ihrem Geschlechtsausdruck als dem ihnen zugeordneten Geburtsgeschlecht.[32] Hörtests zeigten gleichermaßen signifikante Unterschiede. Tests des dichotischen Hörens, die Fähigkeit, ähnliche, aber unterschiedliche Töne zu unterscheiden, z. B. Tick und Tack, wenn sie gleichzeitig beiden Ohren präsentiert werden, haben ebenfalls tatsächliche „festverdrahtete“ Unterschiede in den Gehirnen von Transfrauen im Vergleich zu „typischen Männern“ erkennen lassen. Was das Hören betrifft, liegt die dichotische Leistung bei Transfrauen mehr im Einklang mit ihrem weiblichen Geschlecht (*gender*) als mit ihrem männlichen Geschlecht (*sex*).[33] Zudem haben Burke et al. über Unterschiede in der Reaktion auf durch einen Klickreiz hervorgerufene otoakustische Emissionen (CEOAEs) berichtet. Dabei handelt es sich um akustische Wahrnehmungen, die im Innenohr nach einer anfänglichen Stimulation durch einen Klickreiz empfunden werden. Transmädchen („Jungen mit Genderdysphorie“) wiesen mehr typisch weibliche als typisch männliche Reaktionen auf – Unterschiede, die sogar bei Neugeborenen gefunden wurden.[34]

Bevor wir das Thema der Gehirnunterschiede verlassen, ist die Bemerkung angebracht, dass ein Unterschied zwischen der Gehirnfunktion von Erwachsenen und der von kleinen Kindern beobachtet wurde. Reiner, der sowohl mit transsexuellen als auch mit intersexuellen Kindern viele Erfahrungen sammeln konnte, war etwa der Meinung, dass „meine eigene klinische Erfahrung die Schlussfolgerung nahelegt, dass die Gehirnzustände der Kinder (bzw. der Heranwachsen-

---

31 Vgl. Melanie Taziaux et al., „Kisspeptin Expression in the Human Infundibular Nucleus in Relation to Sex, Gender Identity and Sexual Orientation,“ *Journal of Clinical Endocrinology and Metabolism*, 05.04.2016, jc20154175.

32 Vgl. Hans Berglund et al., „Male-to-Female Transsexuals Show Sex-Atypical Hypothalamus Activation When Smelling Odorous Steroids,“ *Cerebral Cortex*, Bd. 18, 2008, 1900 – 1908.

33 Vgl. Ernest Govier, Milton Diamond et al., „Dichotic Listening, Handedness, Brain Organization and Transsexuality,“ *International Journal of Transgenderism*, Bd. 12, 2010, 144 – 154.

34 Sarah M. Burke et al., „Click-Evoked Otoacoustic Emissions in Children and Adolescents with Gender Identity Disorder,“ *Archives of Sexual Behavior*, Bd. 43, 2014, 1515 – 1523.

den) sich deutlich von den Gehirnzuständen der Erwachsenen unterscheiden."[35] Neben den genannten Gehirnunterschieden wurden bei Transpersonen auch signifikante dentale Unterschiede gefunden. So fanden Antoszewski et al. heraus, dass die metrischen Merkmale der Zähne von Transmännern eine Art Zwischenstufe zwischen denen von Cis-Männern und Cis-Frauen bilden.[36]

Während aussagekräftigere experimentelle Daten zur Unterstützung der vorgestellten These wünschenswert sind, gibt es zwei neuerliche Publikationen, die einen Großteil des oben diskutierten Materials vertiefen und besprechen. Zum einen den Aufsatz von Aruna Sarawat et al. mit dem Titel „Evidence Supporting the Biological Nature of Gender Identity" [Belege für die biologische Natur der Geschlechtsidentität], zum anderen das Buch von Thomas E. Bevans *The Psychobiology of Transsexualism and Transgenderism* [Die Psychobiologie von Transsexualität und Transgenderismus].[37] Als Forscher und Autor dieser Seiten sehe ich genügend Beweise dafür gegeben, Transpersonen als Menschen zu betrachten, die in ihren Gehirnen intersexuell sind und ihre geschlechtliche Transition nicht aufgrund „einfacher" oder „ungerechtfertigter" sozialer Entscheidungen betreiben.

---

35 William G. Reiner (persönliche Mitteilung, 2016).

36 Bogusław Antoszewski, Elzbieta Zadzińska und Jerzy Foczpański, „The Metric Features of Teeth in Female-to-Male Transsexuals," *Archives of Sexual Behavior*, Bd. 38, 2009, 351–358.

37 Aruna Saraswat, Megan Weinand und Joshua D. Safer, „Evidence Supporting the Biologic Nature of Gender Identity," *Endocrine Practice*, Bd. 21, 2015, 199–204; Thomas E. Bevan, *The Psychobiology of Transsexualism and Transgenderism*, Santa Barbara, CA: Praeger 2015.

Claudia Cornelia Haupt

Neuronale Varianten geschlechtlicher Entwicklung (NVSD)

Zur Neurophänomenologie geschlechtlicher Leibkörperdiskrepanzen und der Kongruenzdynamik leibkörperlichen Erlebens*

Abstract: In diesem Beitrag wird das wissenschaftliche Paradigma der Neurophänomenologie zum besseren Verständnis von Menschen mit Transsexualität vorgestellt. Zunächst werden aktuelle, bahnbrechende neurowissenschaftliche Studien und dahinterstehende innovative Methoden/Konzepte beschrieben, die neue Erkenntnisse zur Körperwahrnehmung von Menschen mit Transsexualität erbracht haben. Vor diesem Hintergrund wird – unter Bezugnahme auf die entsprechende US-amerikanische sexualbiologische Fachterminologie – der Terminus „Neuronale Varianten geschlechtlicher Entwicklung" (NVSD) statt der bisherigen, umstrittenen und veralteten Nomenklatur „Transsexualität"/„Intersexualität" verwendet. In Synergie mit diesen Forschungsergebnissen werden das leibkörperliche Erleben von Menschen mit Transsexualität phänomenologisch analysiert und neue Begrifflichkeiten wie „geschlechtliche Leibkörperdiskrepanz" und „geschlechtliche, leibkörperliche Kongruenzdynamik" vorgestellt. Die Entwicklung der letzten Jahre hat gezeigt, dass NVSD-Hirnforschung und geschlechtskörper- bzw. geschlechtsleibbezogene Phänomenologie konvergente Entwicklungen aufweisen: Die objektivierende, messende und die subjektbezogene, „qualitative" Forschungsperspektive weisen zahlreiche Synergien auf, deren Nutzung für die künftige Erforschung der NVSD wegweisend sein können.

> „Um Lebendes zu erforschen,
> muß man sich am Leben beteiligen."[1]
>
> Viktor von Weizsäcker

---

* Ich bedanke mich für die vielen wertvollen Anregungen, Verbesserungsvorschläge und kritischen Kommentare meiner Mitstreiterinnen in der trans-evidence-Working-Group, insbesondere bei Sandra Baldinger, Miriam Henke, Alexia Kutschmar und Sarah Raffaela Saenz. Die trans-evidence-Working-Group ist ein internationales Netzwerk, das sich wissenschaftlich für die Erforschung des Phänomens ‚Transsexualität' engagiert.

1 Viktor von Weizsäcker, *Der Gestaltkreis. Theorie der Einheit von Wahrnehmen und Bewegen*, bearbeitet von Dieter Janz et al., in *Gesammelte Schriften*, hg. von Peter Achilles et al., Bd. 4, Frankfurt am Main: Suhrkamp 1997, 83.

https://doi.org/10.1515/9783110614626-005

I Warum Neurophänomenologie?

Die Kombination von Hirnforschung und Phänomenologie ist wissenschaftlich notwendig, birgt die Vereinigung beider Konzepte in der Neurophänomenologie doch enorme Synergieeffekte für die Forschung. Die meisten Hirnforschungsstudien zu „Menschen mit Transsexualität" verwenden als Auswahlkriterium ihrer Studienpopulation Begriffe/Diagnosen wie *Gender Identity Disorder* (GID), *Gender Dysphoria* (GD) oder neuerdings auch *Gender Incongruence* (GI). Der Nachteil dieser Begriffe liegt auf der Hand: Sie beruhen auf klinischen Kompromissen und sind explizit darauf ausgerichtet, als Dachbegriff möglichst die gesamte Bandbreite an Varianten zu umfassen.[2] Für die klinische Diagnostik mag es durchaus von Vorteil sein, derart umfassende und daher wenig trennscharfe Begrifflichkeiten zu verwenden. Für Studienvorhaben mit einer möglichst hochwertigen Evidenz sind derartige undifferenzierte Konstrukte allerdings nur eingeschränkt brauchbar, da die darunter gefassten Studienpopulationen zu inhomogen sind. Darunter leidet dann die Aussagekraft der jeweiligen Studie, weil unklar bleibt, wen man da eigentlich genau beforscht hat. Dies kann zur Inkonsistenz und mangelnden Reproduzierbarkeit von Studienergebnissen beitragen.

Dieses Problem lässt sich mit den Mitteln phänomenologischer Begriffsbildung bewältigen. Denn die Methoden der Phänomenologie schaffen gerade bei der Erforschung persönlicher Erlebnis- und Erfahrungswelten Klarheit und Eindeutigkeit. Der Begriff „geschlechtliche Körperdiskrepanz" zur Fassung und Fassbarmachung eines Phänomens mittels des neurophänomenologischen Ansatzes verweist auf das Wesentliche, denn er fasst direkt, klar und konsistent das von den Betroffenen unmittelbar Erlebte und Erfahrene. Die Studienpopulationen können auf diese Weise homogener, die Studienergebnisse fundierter werden. Überdies entwickelt sich auch die Hirnforschung selbst in eine mehr ‚qualitative', ‚verstehende' Forschung. Neue, bahnbrechende Methoden wie neuronale Netzwerksimulationen, Pattern-Analyse, die Entwicklung neuronaler Fuzzy-Systeme, Konnektivitätsanalysen usw. ermöglichen es der experimentell-messenden Hirnforschung, verstärkt explorativ vorzugehen. Explorative Forschung bedarf jedoch klarer basaler theoretischer Grundlagen und ebenso praxisnaher wie theoretisch fundierter Begriffe, um Licht in das zu explorierende Terrain bringen zu können. An dieser Stelle kommt die Phänomenologie mit ihren Ansprüchen an strenge wissenschaftliche Klärung der wesentlichen Erlebnis- und Erfahrungsgehalte ins Spiel. Die bisherige Rollenverteilung – hier die experimentell-messende, exakte,

2 Hierzu ausführlich: Catharina Schneider, *Erlebte Genderdysphorie und psychisches Wohlbefinden bei transsexuellen Personen*, Diplomarbeit, Universität Wien, 2012.

objektive Naturwissenschaft der Hirnforschung, dort die eher qualitative, ‚weiche', subjektbezogene Erlebnisforschung – beginnt sich aufzulösen.

Der folgende Text zum Phänomen der Transsexualität versteht sich als Beitrag zur Entwicklung eines fächerübergreifenden, Synergieeffekte nutzenden Bündnisses von Neuroforschung und Phänomenologie, ganz im Sinne Francisco Varelas.[3]

II Neurowissenschaftliche Konzepte zur Annäherung an das ‚transsexuelle Phänomen'

Zahlreiche neurowissenschaftliche Forschungsarbeiten der letzten beiden Jahrzehnte haben den Nachweis erbracht: Eine primär *psychische* Verursachung der Transsexualität ist auszuschließen.[4] Es ist deutlich geworden, dass Transsexualität eine besondere Form von Intersexualität darstellt.[5] Als intersexuell bezeichnet man Menschen, die mit sowohl männlichen als auch weiblichen Geschlechtsmerkmalen zur Welt gekommen sind. Beim Phänomen ‚Transsexualität' scheint dies in besonderer Weise zuzutreffen.

In den letzten Jahren wurde von neurowissenschaftlicher Seite das Gehirn als Geschlechtsorgan begriffen.[6] Denn auch das Gehirn ist – zumindest partiell – weiblich und/oder männlich ausgerichtet. Diese Tatsache wird vor allem dann wichtig, wenn man der Frage nachgeht, wie ein Mensch *sich selbst* geschlechtlich bestimmen oder zuordnen kann.[7] Bei transsexuellen Menschen, so der aktuelle Stand der neurowissenschaftlichen Forschung, ist das Gehirn *zumindest teilweise* geschlechtlich *anders* ausgerichtet als z. B. die Genitalien oder Chromosomen vermuten lassen. Wie der hawaiianische Sexualwissenschaftler Milton Diamond[8] spricht auch der in den USA arbeitende Neurowissenschaftler Vilayanur Ra-

3 Francisco Varela, „Neurophenomenology. A Methodological Remedy for the Hard Problem," *Journal of Consciousness Studies*, Bd. 3, 1996, 330 – 349.

4 GIRES et al., „Atypical Gender Development – A Review," *International Journal of Transgenderism*, Bd. 9, Nr. 1, 2006, 29 – 44.

5 Vgl. hierzu den Beitrag von Milton Diamond im vorliegenden Band.

6 Vgl. Milton Diamond und Hertha Richter-Appelt, „Das wichtigste Sexualorgan sitzt zwischen den Ohren," *Zeitschrift für Sexualforschung*, Bd. 21, 2008, 369 – 376.

7 Vgl. Milton Diamond, „Biased-Interaction Theory of Psychosexual Development: ‚How Does One Know if One is Male or Female?'," *Sex Roles*, Bd. 55, 2006, 589 – 600, 592 f.

8 Vgl. a. a. O., 597.

machandran[9] in diesem Zusammenhang von *brain sex*, zu Deutsch: *Hirngeschlecht.*

Warum bestimmte neuronale Netzwerke des Gehirns (s.u.) von Geburt an geschlechtlich ‚anders ausgerichtet' sind, wird derzeit noch intensiv erforscht. Diskutiert werden genetische Ursachen.[10] Am bekanntesten ist die Hormon-Hypothese von Bao und Swaab.[11] Dieser zufolge entwickeln sich während der Schwangerschaft bestimmte anatomische Strukturen des Gehirns unter dem Einfluss von Testosteron in männliche Richtung bzw. bei Abwesenheit dieses Hormons persistieren weibliche Aspekte. Dabei ist wichtig zu wissen: Die geschlechtliche Entwicklung des Gehirns findet wesentlich später statt (2. Hälfte der Schwangerschaft) als die der Genitalien (zwischen der 6. und 12. Schwangerschaftswoche). Beide Prozesse können unabhängig voneinander beeinflusst werden. Die Hypothese von Bao und Swaab besagt nun, dass Transsexualität entsteht, wenn beide Prozesse sich in entgegengesetzten Richtungen (Gehirn und Genitalien) entwickeln.

III Neuronale Netzwerke der Geschlechtskörperdiskrepanz

1 Neuronale Netzwerke – Kohonen-Netze

Das menschliche Gehirn besteht aus ca. 86 Milliarden Nervenzellen, die miteinander über spezielle Verbindungen vernetzt sind. Jede einzelne Zelle ist mit bis zu 10.000 anderen Nervenzellen vorübergehend oder dauerhaft ‚in Verbindung'.[12] Um dieses Gewirr zu erforschen, ist es erforderlich, sich zunächst einen Überblick zu verschaffen und wichtige von weniger wichtigen Verbindungen zu unterscheiden.

Neuronale Netzwerke sind computergenerierte Nachbildungen von Hirnfunktionen zur Modellierung künstlicher neuronaler Netzwerktypen. Bekannte Programme zur Simulation sind Elman-Netze, Hopfield-Netze oder Kohonen-

---

9 Vgl. Laura K. Case und Vilayanur S. Ramachandran, „Alternating Gender Incongruity: A New Neuropsychiatric Syndrome Providing Insight into the Dynamic Plasticity of Brain-Sex," *Medical Hypotheses*, Bd. 78, 2012, 626–631.

10 Lauren Hare et al., „Androgen Receptor Repeat Length Polymorphism Associated with Male-to-Female Transsexualism," *Biological Psychiatry*, Bd. 65, 2009, 93–96.

11 Vgl. hierzu den Beitrag von Dick F. Swaab et al. im vorliegenden Band.

12 Vgl. Bente Pakkenberg et al., „Aging and the human neocortex," *Experimental Gerontology*, Bd. 38, 2003, 95–99.

Netze. Kohonen-Netze stellen besonders wichtige Computerprogramme dar, um das *autonome* Funktionieren des Gehirns vereinfacht nachzubilden. Das Gehirn ist ja das einzige Organ des menschlichen Körpers, das auf die Umwelt aktiv zuzugreifen und diese zu verändern versucht (es passt sich also nicht nur an, wie z. B. Herz, Lunge oder Leber). Dazu benötigt es auch autonome, aktive Nervenzellnetzwerke im Gehirn, sog. *selbstorganisierende Netzwerke*.

Hierzu ein Beispiel. In bestimmten neuronalen Netzwerken des Gehirns einer Frau mit Transsexualität ist von Geburt an das leibliche, lebendige Fühlen-*Können* weiblicher Brüste fix verankert, was sich eventuell auch in gelegentlichen Brustphantomwahrnehmungen und Missbefindlichkeiten bezogen auf die männlich ausgeprägten Brüste äußert (‚geschlechtsleibliche Körperdiskrepanz', s. u.). Im Gehirnnetzwerk existiert hierzu eine Art Landkarte des Körpers, in der das ‚Leibgefühl-haben-Können' bezüglich weiblicher Brüste bereits pränatal angelegt ist.

Nimmt eine Frau mit Transsexualität im Rahmen einer Hormontherapie längere Zeit das weibliche Geschlechtshormon Östrogen ein, beginnt das Brustwachstum. Durch die Veränderungen im Brustbereich werden Empfindungen von weiblichen Brüsten geweckt, das leibliche Fühlenkönnen weiblicher Brüste wird in leibliche Brustempfindungen übergeführt. Dies kann man sich folgendermaßen vorstellen: Die Brust-Landkarte im Gehirn wird flexibel angepasst, indem die aus der Brustregion gesendeten Reize die Landkarte aktivieren. Die Reize aus der Brustregion (‚Leibinsel' s. u.) wirken wie ein Muster-Schlüssel (passend zum Zellen-Schloss) auf die entsprechenden Netzwerkzellen der Landkarte, aktivieren sie und die betreffenden Nervenzellen beginnen wild zu ‚feuern'.

Nach der Hebbschen Regel[13] führt die dauerhafte Aktivierung zu einer funktionellen Dominanz dieser Zellen (‚gewinnendes Neuron', Kohonen). Im Kohonen-Modell bleibt dies nicht folgenlos: Die dominierenden, aktivierten Zellen haben Nachbarzellen, zu denen sie ohnehin in Verbindung stehen. Gemäß der Hebbschen Regel werden diese Nachbarzellen mitaktiviert und sie beginnen zunehmend *auch* zu dominieren. In der Folge weitet sich das Areal dominierender Zellen immer weiter aus, die leiblichen Brustempfindungen werden immer deutlicher und es entsteht eine lawinenartige Zunahme an entsprechenden Brust-Empfindungen (‚Leibinsel', ‚Kongruenzdynamik', s. u.).

---

13 „Wenn ein Axon der Zelle A [...] Zelle B erregt und wiederholt und dauerhaft zur Erzeugung von Aktionspotentialen in Zelle B beiträgt, so resultiert dies in Wachstumsprozessen oder metabolischen Veränderungen in einer oder in beiden Zellen, die bewirken, dass die Effizienz von Zelle A in Bezug auf die Erzeugung eines Aktionspotentials in B größer wird" (Eric Kandel et al., *Neurowissenschaften. Eine Einführung*, Heidelberg: Spektrum 1995, 700).

Die komplizierten Geflechte neuronaler Netze können sich auf diese Art selbstständig äußerst schnell und sehr flexibel biologisch anpassen. Die Stärke dieser neuronalen Netzwerke besteht darin, dass sie in ihrer Flexibilität Computern überlegen sind.[14] Durch die Fähigkeit des Gehirns, Zehntausende von Aufgaben parallel zu bearbeiten, können wesentlich komplexere Projekte umgesetzt werden. Das Gehirn arbeitet dabei vor allem mit sog. *Mustern* (bestimmte Zellen eines Netzwerks sind das Schloss für die Reizkonstellation, das Muster ist quasi der Inputschlüssel). Die neuronalen Netzwerke können komplexe Muster lernen. Dies schaffen sie durch allmähliches *Learning by Doing*, was weitreichende Konsequenzen hat. Die vielen Tausenden von Netzwerksystemen befinden sich permanent auf Mustersuche und verrechnen die einzelnen Muster in Sekundenbruchteilen komplex zu Obermustern, zu Grundmustern usw. Das Gehirn muss über ‚kognitives Mustern'[15] seine Arbeit erledigen, als Basis für die subjektive leibliche Auseinandersetzung mit der Welt und in der Welt. Psyche, Subjektives, objektivierende Erkenntnis – alles ist ein Strom aus Mustererkennung und Musterlernen.

2 Funktionelles MRI (fMRI, fMRT)

Ein weiteres wichtiges Verfahren, um der Arbeitsweise neuronaler Netzwerke im Gehirn auf die Spur zu kommen, ist die funktionelle Magnetresonanztomographie (auch funktionelles MRT), eine besondere Variante der Kernspintomographie. Dieses Verfahren ermöglicht es, die aktiven Gehirnareale zu erfassen und ein Aktivitätsbild des Gehirns anzufertigen (fMRT-Bild). Das Prinzip ist relativ einfach. Es basiert darauf, dass ein aktives Netzwerk im Gehirn mehr Energie (Glucose) und Sauerstoff verbraucht als im inaktiven Zustand. Durch den erhöhten Bedarf im aktivierten Netzwerk steigt der Blutfluss in den aktivierten Gehirnregionen an, um die Nervenzellen ausreichend mit Nährstoffen zu versorgen.

Das fMRT-Bild ist abhängig vom sogenannten BOLD-Kontrast (von engl. *blood oxygenation level dependent*, also ‚abhängig vom Sauerstoffgehalt des Blutes'). Gemessen wird aber nicht der Sauerstoffgehalt im Gehirn, sondern die magnetischen Eigenschaften des roten Blutfarbstoffs, der in den roten Blutkörperchen den Sauerstoff transportiert. Sauerstoff wird im Hämoglobin an Eisen gebunden.

14 Bildlich formuliert: Das Gehirn arbeitet zwar nicht so schnell wie ein Computer, dafür aber ungleich raffinierter. Im Gegensatz zum Computer kann das Gehirn zugleich zigtausende von Verarbeitungsschritten der Mustererkennung leisten, während dem Computer diesbezüglich eher noch verschiedenste Grenzen gesetzt sind.

15 Substantivierung von ‚mustern' i. S. von ‚Muster machen', ‚mit einem Muster versehen'.

Dadurch wird das sauerstoffunbeladene *Hämoglobin* zum sauerstoffbeladenen *Oxyhämoglobin*. Oxyhämoglobin weist unter dem Einfluss des MRT-Magnetfelds andere magnetische Eigenschaften auf als Hämoglobin. Steigt die Aktivität eines neuronalen Netzwerks an, dann wird (über einen Reflex) auch mehr Oxyhämoglobin herangeschafft, das dann verbraucht wird. Es resultiert nach Abgabe des Sauerstoffs im Nervengewebe wieder (‚nacktes') Hämoglobin. Dadurch verändert sich die magnetische Eigenschaft des roten Blutfarbstoffs und genau dies wird durch das fMRT gemessen und abgebildet. Sauerstoffarmes Blut verhält sich unter dem Einfluss eines MRT-Magnetfeldes anders als sauerstoffreiches Blut.

Diese fMRT-Forschungsmethoden standen in der Vergangenheit (mit Recht) in der Kritik wegen zahlreicher Probleme wie z. B. der Tendenz zur Überinterpretation von Forschungsergebnissen oder der mangelhaften Reproduzierbarkeit von Studienergebnissen.[16] Allerdings sind in den letzten Jahren neue Forschungsverfahren wie das *Resting-State-fMRT-Bildgebungsverfahren*[17] und die darauf basierenden Konnektivitätsanalysen[18] eingeführt worden. Diese erlauben ein zunehmend tieferes Verstehen der Funktionen neuronaler Netzwerke und eine bessere Reproduzierbarkeit der einschlägigen Studienergebnisse (seit 2001).

Zunächst aber muss die neurobiologische Basis des Resting-State-fMRT, nämlich das *Default-Mode-Netzwerk*, erklärt werden.

3 Konnektivität

3.1 Default-Mode-Netzwerk des Gehirns

Vor nicht einmal 20 Jahren machte die Hirnforschung eine aufsehenerregende Entdeckung: Man identifizierte das Ruhenetzwerk im Gehirn (*default mode network*, DMN).[19] Die klassische Vorstellung, wonach im Zustand der geistigen Beschaulichkeit, des Phantasierens, des Gedankenumherschweifens und der Innenschau das Gehirn funktionell an Aktivität nachlässt, konnte in das Reich der

---

16 Vgl. Felix Hasler, *Neuromythologie. Eine Streitschrift gegen die Deutungsmacht der Hirnforschung*, Bielefeld: transcript 2012.

17 Vgl. Megan H. Lee et al., „Resting-State fMRI: A Review of Methods and Clinical Applications," *American Journal of Neuroradiology*, Bd. 34, 2013, 1866 – 1872.

18 Vgl. Yuhui Du, Zening Fu und Vince D. Calhoun, „Classification and Prediction of Brain Disorders Using Functional Connectivity: Promising but Challenging," *Frontiers in Neuroscience*, Bd. 12, 2018, 525 (doi: 10.3389/fnins.2018.00525).

19 Vgl. Marcus E. Raichle et al., „Default mode of brain function," *PNAS*, Bd. 98, 2001, 676 – 682.

Legenden verwiesen werden.[20] Im beruhigten Zustand (Tagtraummodus) leistet das Gehirn vielmehr Schwerstarbeit und verbraucht dabei viel Energie. Diese Schwerstarbeit wird von einem speziellen Netzwerk geleistet, das just dann aktiviert wird, wenn keine Aufgaben bewusst zu bewältigen sind.[21] Raichle[22] spricht diesbezüglich auch von ‚Hintergrundaktivität'.

Eng verknüpft ist das DMN-Netzwerk mit Netzwerken, die bei psychischen Ego-Funktionen (*self referential processing*[23]) wichtig sind: Selbstreflexion, Selbsterleben, Insichgehen, Introspektion. Das DMN-Netzwerk erleichtert derartige mental-leibliche Aktivitäten.[24] Insbesondere die Netzwerke des leibkörperlichen Sicherlebens (Körpergefühl, Körperempfinden) sind aufs Engste mit dem DMN strukturell und funktionell assoziiert. „Das Gefühl, einen Körper zu besitzen, hat eine psychophysiologische Basis zur Voraussetzung, die mit der Aktivierung des Default-Mode-Netzwerks des Gehirns verbunden ist."[25]

Dieser Zusammenhang ist leicht verständlich, wenn man bedenkt, dass Körperwahrnehmung im Sinne des den-eigenen-Leib-spüren-Könnens in der Regel einen ruhigen, beruhigten psychischen Modus voraussetzt. Dies gilt allerdings nur, wenn das leibliche Sichspüren auf keinerlei Hindernisse stößt, also in sich kongruent ist. Treten irgendwelche leiblichen Inkongruenzen oder Diskrepanzen auf, dann zeigt in der Regel auch das DMN Auffälligkeiten. Davon später mehr.

3.2 Konnektivitätsanalysen

Default-Mode-Netzwerke werden mittels fMRT (Resting-State-fMRT) untersucht. Dabei werden die ‚organisatorischen' Beziehungen (Verbundenheit, Konnektivität) zwischen einzelnen Bereichen, Abteilungen und Unterabteilungen des Gehirns mit mathematischen Methoden (Graphentheorie) untersucht: Man geht

20 Vgl. Marcus E. Raichle, „Im Kopf herrscht niemals Ruhe," *Spektrum der Wissenschaft*, Juni 2010, 60 – 66.

21 Vgl. Michael D. Greicius et al., „Functional connectivity in the resting brain: A network analysis of the default mode hypothesis," *PNAS*, Bd. 100, 2003, 253 – 258.

22 Raichle, „Im Kopf herrscht niemals Ruhe," 60.

23 Vgl. Georg Northoff et al., „Self-Referential Processing in Our Brain: A MetaAnalysis of Imaging Studies on the Self," *NeuroImage*, Bd. 31, 2006, 440 – 457.

24 Vgl. R. Nathan Spreng et al., „The Common Neural Basis of Autobiographical Memory, Prospection, Navigation, Theory of Mind and the Default Mode A Quantitative Meta-Analysis," *Journal of Cognitive Neuroscience*, Bd. 21, 2009, 489 – 510.

25 Manos Tsakiris et al., „Having a Body Versus Moving Your Body: Neural Signatures of Agency and Body-Ownership," *Neuropsychologia*, Bd. 48, 2010, 2740 – 2749, 2740 (meine Übersetzung).

dabei (wie bei vielen Organisations- und Netzwerkanalysen) Fragen nach wie z. B.: (1) Welcher Bereich, welche Abteilung usw. im DMN des Gehirns hat die meisten direkten, unmittelbaren Beziehungen zu anderen. Oder in der Sprache der Graphentheorie: Bei welchem Bereich usw. zeigt sich der höchste Wert bezüglich *Degree-Zentralität?* (2) Welcher Bereich im DMN hat zu allen anderen Bereichen die schnellsten Verbindungen (Verbindungen über Dritte miteinbezogen)? Welcher Bereich im DMN ist allen anderen Bereichen am nächsten? Graphentheoretisch: Welcher Bereich erzielt den höchsten Wert an *Closeness-Zentralität?* (3) Über welchen Bereich des DMN läuft die meiste Kommunikation im Netzwerk? Graphentheoretisch: Welcher Bereich weist den höchsten Wert an *Betweenness-Zentralität* auf?

Im fMRT erkennt man die ‚Verbundenheit' von zwei auseinanderliegenden Bereichen daran, dass die BOLD-Aktivitätsmuster große Ähnlichkeit aufweisen, m. a.W. ausgeprägt miteinander korrelieren. Welcher der beiden Bereiche dabei Schrittmacher ist, kann mittels dieser Art von Konnektivitätsanalyse nicht bestimmt werden. Dies hat allerdings auch einen Vorteil: Die Konnektivität kann relativ unaufwändig bestimmt werden, durch geringere Komplexität erzielt man robustere Ergebnisse und kann gleichzeitig viele Bereiche, Abteilungen des DMN ‚durchforsten' (explorieren). Zudem sind auch die Ergebnisse der Resting-State-fMRT-Studien genauer, stabiler und besser reproduzierbar, da die Motivation der Untersuchten keine so große Rolle spielt wie bei den task-bezogenen MRT-Studien.

3.3 Konnektivitätsstudien mittels Resting-State-fMRT bei Transsexualität – neuronale Korrelate der Geschlechtskörperdiskrepanz

Es gibt inzwischen eine Reihe von Studien, die mittels Resting-State-fMRT Besonderheiten der Konnektivität des Netzwerks der geschlechtlichen Körperwahrnehmung belegen. Im Folgenden werden drei bahnbrechende Studien vorgestellt.

(a) Ku-Studie (2013)

Die von Ku et al. durchgeführte Studie[26] von 2013 zählt zu einer der ersten Resting-State-fMRT-Studien und verglich transsexuelle (Frauen und Männer) mit nicht-transsexuellen Probanden. Man untersuchte die Verbindungen (Konnektivität) zwischen zwei Bereichen des Gehirns: (1) dem ventralen Tegmentum (VTA), von

26 Hsiao-Lun Ku et al., „Brain Signature Characterizing the Body-Brain-Mind Axis of Transsexuals," *PLoS ONE*, Bd. 8, 2013, e70808.

dem man weiß, dass es bei Sexualfunktionen, sprich Orgasmus, eine große Rolle spielt[27] (generell ist dieser Zellhaufen im Mittelhirn zusammen mit dem im Vorderhirn gelegenen Nucleus Accumbens als „Lustmotor des Gehirns“ anzusehen) und (2) bestimmten Abschnitten des anterioren cingulären Kortex (dACC und pgACC), die eine Rolle bei der Selbstbeobachtung, emotionalen Konfliktbewältigung in zwischenmenschlichen Beziehungen, Verarbeitung sozialer Ausgrenzung und selbstfeindlichem/selbstbestrafendem Verhalten spielen.[28]

Es zeigte sich bei der Gruppe der transsexuellen Menschen eine sehr starke Konnektivität zwischen beiden Arealen, die beiden Kontrollen fehlte. Ku et al. folgerten daraus, dass „die von fMRI offenbarte funktionelle Assoziation von VTA, dACC und pACC eine zentrale Repräsentation der psychosozialen Belastung im Zusammenhang mit der Geschlechter-Sex-Inkongruenz von ... [Menschen mit Transsexualität] darstellen.“[29]

(b) Lin-Studie (2014)

Das gleiche taiwanesische Team um Lin und Ku legte ein Jahr später die erste umfassende Studie[30] zu neuronalen Netzwerken des Geschlechtskörperschemas bzw. Geschlechtskörperbildes und damit auch der Geschlechtskörperdiskrepanz vor. Ebenfalls nutzte man das Verfahren der Konnektivitätsanalyse mittels Resting-State-fMRT. Untersucht wurden (neben zahlreichen anderen Netzwerkaspekten) alle drei Aspekte[31] geschlechtskörperlichen Erlebens, nämlich Somatosensation, -perzeption und -rezeption.

– *Somatosensation:* diese Funktion bezieht sich auf das basale Empfinden, als entscheidende neuronale Struktur wird die postzentrale Hirnwindung (PostC) angesehen.[32] Im Fokus stand die gesamte postzentrale Hirnwindung: das Team um Lin und Ku ging davon aus, dass der Geschlechtskörper sehr viele Facetten aufweist und ganzheitlich, umfassend betrachtet werden müsse.

---

27 Vgl. Gert Holstege, „Brain activation during human male ejaculation,“ *Journal of Neuroscience*, Bd. 23, 2003, 9185–9193.

28 A. M. Clare Kelly et al., „Development of Anterior Cingulate Functional Connectivity from Late Childhood to Early Adulthood,“ *Cerebral Cortex*, Bd. 19, 2009, 640–657.

29 Hsiao-Lun Ku, „Brain Signature“, 6 (meine Übersetzung).

30 Chia-Shu Lin, Hsiao-Lun Ku et al., „Neural Network of Body Representation Differs between Transsexuals and Cissexuals,“ *PLoS ONE*, Bd. 9, 2014, e85914.

31 Vgl. Matthew R. Longo, Elena Aza und Patrick Haggard, „More than Skin Deep. Body Representation Beyond Primary Somatosensory Cortex,“ *Neuropsychologia*, Bd. 48, 2010, 655–668.

32 Ranulfo Romo und Emilio Salinas, „Decision-Making Mechanisms in Somatosensation,“ *Annual Review of Neuroscience*, Bd. 24, 2001, 107–137.

- *Somatoperzeption:* Im Fokus stand das obere Scheitelläppchen (SPL) als anatomisches Pendant der geschlechtskörperlichen Wahrnehmungen und Erfahrungen.
- *Somatorepräsentation:* Im Fokus standen die Korrelate der Repräsentanzen von geschlechtskörperlichen Gewissheiten, nämlich linker Stirn- und Scheitellappen.

Als Marker der Netzwerkkonnektivität diente die bereits erwähnte Degree-Zentralität. Aus anderen Studien wusste man, dass nachhaltiges, einprägsames Erleben mit einer langfristigen regionalen Zunahme der Degree-Zentralität der relevanten Hirnregionen verbunden ist. Aufgrund der Geschlechtskörperdiskrepanz von Menschen mit Transsexualität war zu erwarten, dass sich im Bereich PostC und SPL eine Zunahme der Degree-Zentralität zeigen würde. Genau dies konnte in der Studie auch verifiziert werden: PostC und SPL zeigten diese Auffälligkeiten exklusiv bei den Probanden mit Transsexualität. Die langjährige Erfahrung von Geschlechtskörperdiskrepanz hinterlässt also nachhaltige funktionelle Spuren. Es sind die basalen körperdiskrepanten Empfindungen und Wahrnehmungen, die mit den Netzwerkbesonderheiten verknüpft sind.

Man fand aber noch andere auffällige Degree-Zentralitätswerte, beispielsweise im Hinterhauptslappen (LOC), einem Bereich, der mit der visuellen Wahrnehmung korreliert, oder im anatomischen Bereich, dem man die Gesichtserkennung zuordnet, nämlich im Fusiformen Cortex des Schläfenlappens. Auch die auditorische Verarbeitung (Hörfunktion, Region of Interest: Planum temporale) weist diese Besonderheiten auf; die Stimme ist ein wesentliches, sehr eindrückliches geschlechtskörperliches Merkmal, das geschlechtliche Körperschema bezieht sich also keineswegs nur auf ein visuelles Bild.

(c) Manzouri-Studie (2015)

Manzouri et al. publizierten 2015 eine Forschungsarbeit[33] mittels Resting-State-fMRI, in der die Ergebnisse einer Studie über funktionelle Verbindungen vom insulären Cortex (IC) zum anterioren cingulären Cortex (pACC) publiziert wurden. Untersucht wurden Männer mit Transsexualität. Die IC ist eine ganz wesentliche Struktur des Körpererlebens, werden ihr doch wesentliche Funktionen wie (1) Präsent-Halten im Körperbewusstsein, (2) Integration verschiedener sensorischer

33 Amir Manzouri, Kyriaki Kosidou und Ivanka Savic, „Anatomical and Functional Findings in Female-to-Male Transsexuals: Testing a New Hypothesis," *Cerebral Cortex*, Bd. 27, 2017, 998–1010, https://doi.org/10.1093/cercor/bhv278 (Zugriff: 20.11.2018).

Qualitäten in das Körpergefühl und -bewusstsein zu einer Art ‚Gewissheit' um den Körper und einem ‚Bauchgefühl' sowie (3) Integration und Regulation von ‚inneren' Konflikten zugeschrieben. Dagegen ist der pACC zur Integration der Wahrnehmung des eigenen Körpers in den Kontext des Selbst wichtig. Es geht dabei auch um spezielle ‚selbstreferentielle' Funktionen, nämlich die Spezifität des Selbst (z. B. das Hören des eigenen Namens, das Sehen des eigenen Gesichts im Vergleich zu Gesichtern bekannter Personen und anderer). Insbesondere gibt es essentielle Verbindungen des pACC zum Default-Mode-Netzwerk.

Manzouri et al. fanden heraus, dass die männlichen Probanden mit Transsexualität schwächere funktionelle Verbindungen vom pACC zum IC aufweisen. Sie interpretierten ihre Ergebnisse dahingehend, dass bei Probanden mit Transsexualität ein schwacher, defizitärer Zusammenhang zwischen den neuronalen Netzwerken, die die Körperwahrnehmung vermitteln, und dem Körper-Haben im Kontext des Selbst bestehe. Es entspreche der berichteten emotionalen Entfremdung vom und des Ekels am eigenen Körper und könne einen Bewältigungsmechanismus widerspiegeln, der die körperliche Emotion vom Körperbild trenne und ein neurobiologisches Korrelat zu diesem Phänomen darstelle.

3.4 Neuronale Varianten geschlechtlicher Entwicklung (NVSD)

Die neurowissenschaftliche Forschung über Transsexualität befindet sich in einer Umbruchsituation. Smith et al. fassen in ihrem Review zusammen: „Die verfügbaren Daten aus strukturellen und funktionellen Neuroimaging-Studien unterstützen die Sichtweise des Transsexualismus als einen Zustand, der biologische Grundlagen hat."[34] In einer neueren Arbeit kommt Smith zu dem Schluss:

> Die Untersuchung der neurobiologischen Korrelate der Geschlechterinkongruenz ermöglicht einen einzigartigen Einblick in geschlechtsspezifische Hirnprozesse. In den letzten Jahren hat sich eine wachsende Zahl von Studien mit strukturellen und funktionellen Korrelaten der Geschlechterinkongruenz befasst, die die *Unterschiede in der geschlechtlichen Entwicklung* aufzeigen und die Sichtweise des Gehirns als rein geschlechter-binär hinterfragen. Obwohl nicht alle Studien Unterschiede zu cisgender (nicht-transgender) Kontrollgruppen erklären, finden viele heraus, dass die Gehirnstrukturen oder Aktivierungsmuster von transgender

34 Elke Stefanie Smith et al., „The transsexual brain – a review of findings on the neural basis of transsexualism," *Neuroscience & Biobehavioral Reviews*, Bd. 59, 2015, 251–266 (meine Übersetzung).

> Menschen näher an den Kontrollgruppen liegen, die ihre geschlechtsspezifische Identität teilen, oder dass sie auf halbem Weg zwischen denen von Männern und Frauen liegen.[35]

Es spricht also vieles dafür, dass die neurowissenschaftliche Sicht von Transsexualität als einer angeborenen geschlechtlichen Diskrepanz zwischen Nervensystem und Genitalien/Keimdrüsen an Boden gewinnt und die bisherigen, primär psychologischen Erklärungsmodelle ablöst. Die von Diamond vertretene Sicht von Transsexualität als neuronaler Intersexualität konnte durch die neurowissenschaftliche Forschung bestätigt werden, was freilich die Frage nach der Sinnhaftigkeit der traditionellen begrifflichen Differenzierung und phänomenologischen Trennung von Transsexualität und Intersexualität aufwirft. Bereits vor mehr als 10 Jahren hatte Diamond zur terminologischen Vereinfachung eine Art begriffliches Dach eingeführt, das ‚Intersexualität' und ‚Transsexualität' umfasst. Er bezeichnete beides als Varianten geschlechtlicher Entwicklung und schrieb: „Varianten der Geschlechtsentwicklung beinhalten untrennbar sexuelle und geschlechtsspezifische Identität, Sexualität und das angeborene Selbstbewusstsein."[36]

In Anlehnung an diese US-amerikanische wissenschaftliche Begriffstradition ist Transsexualität als eine besondere neuronale Variante geschlechtlicher Entwicklung (*Variety of Sexual Development*, VSD) zu verstehen, und damit als Teil eines Spektrums neuronaler[37] und nicht-neuronaler VSD-Varianten (auch Intersexualität ist ja keineswegs ein einheitliches Phänomen). Die Bandbreite an Varianten neuronaler geschlechtlicher Entwicklung ist in der künftigen neurophänomenologischen Forschung auszudifferenzieren, wie im Folgenden näher erläutert wird. Sowohl die moderne Neurowissenschaft mit ihren bildgebenden Verfahren als auch die Phänomenologie mit ihrer Betrachtungsart erlauben in diesem Zusammenhang Erkenntnisfortschritte, wenn es gelingt, beide Herangehensweisen konstruktiv miteinander zu *einer* neurophänomenologischen Methodik zu vermitteln und damit voneinander profitieren zu lassen.

---

35 Elke Smith et al., „Gender incongruence and the brain – Behavioral and neural correlates of voice gender perception in transgender people," *Hormones and Behavior*, Bd. 105, September 2018, 11–21, 12 (meine Übersetzung und Hervorhebung).

36 Hazel Glenn Beh und Milton Diamond, „Variations of Sex Development Instead of Disorders of Sex Development," *Archives of Diseases of Children*, 26. Juli 2006 (Elektronischer Brief).

37 Dies klingt auch im oben abgedruckten Zitat von Smith an: „...die Sichtweise des Gehirns als rein geschlechter-binär hinterfragen."

IV Neurophänomenologische Annäherungen an das ‚transsexuelle Phänomen'

1 Neurophänomenologie

Die vom Philosophen Edmund Husserl begründete Denkrichtung der Phänomenologie hat auch auf die Medizin/Psychologie gewaltigen Einfluss ausgeübt. Die Phänomenologie setzt bei den ‚mir' *unmittelbar* gegebenen ‚Erscheinungen' (z. B. Erlebnissen) an, eben den ‚Phänomenen'. Es geht ihr um die Sache selbst, ohne Vorurteile und Vorannahmen, sie nähert sich dem Gegenstand intuitiv-anschauend. Das subjektive Erfassen der Zusammenhänge von innen (Verstehen) steht im Fokus, nicht das Erklären äußerlicher Zusammenhänge wie z. B. Ursache und Wirkung. Hierzu arbeitet sich die phänomenologische Methode mühsam, in kleinen Schritten und an ausgesuchten Fällen, in die Tiefendimensionen des zunächst fremden Gegenstands hinein. Das Verfahren der *phänomenologischen Reduktion* beschreibt minutiös und ‚erklärt' wenig. Phänomenologie stellt einen merklichen, ja *spürbaren* Zusammenhang her zwischen dem subjektiven Erleben und dem Erkenntnisgewinn. Damit ist sie eine besondere *qualitative* Forschungsmethode.[38]

Zur beispielhaften Erläuterung des Verfahrens[39] der phänomenologischen Reduktion wählen wir einen roten Lampenschirm. Üblicherweise würde man die ‚Röte' des Lampenschirms als Ausdruck von elektromagnetischen Schwingungen einer bestimmten Frequenz analysieren. Nun ist das Erlebnis ‚Rotsehen' etwas anderes als eine elektromagnetische Schwingung. Die Phänomenologie wendet zu Recht ein, dass die Schwingungstheorie zwar erklärt, was die Physik dazu sagt, aber bei der Klärung des puren, spürbaren Erlebnisgehalts führt die Physik nicht weiter. Weiter kommt man mit der *Epoché*, die die phänomenologische Methode im eigentlichen Sinn ausmacht: Ganz bewusst wird alles, was man über Röte weiß, an die Seite gestellt, also sämtliche Theorien und Meinungen des Alltags, der Wissenschaft, des religiösen Glaubens zur Röte (‚Innehalten'). Phänomeno-

38 *Qualitative* Forschungsmethoden werden immer dann eingesetzt, wenn folgende Fragestellungen bei Studien eine wesentliche Rolle spielen: Man möchte z. B. wissen, wie oder warum etwas entstanden ist, worum es sich bei einem Phänomen genau handelt oder in welchen Varianten oder typischen Mustern das Phänomen in Erscheinung tritt. Man will wissen, was ist, und nicht, wie viel ist. Es geht um Klassifikation und Mustererkennung, nicht um Quantifizierung.
39 Ich stütze mich bei diesem Beispiel auf Christine Emig, „Phänomenologische Reduktion: Epoché und eidetische Reduktion," (2004). URL: http://susy.germlit.rwth-aachen.de/philo/husserl/epochee/index.html (10.10.2018).

logisch Forschende sollen dem zu erforschenden Gegenstand unbefangen entgegentreten.

Sodann kommt die Methode der *eidetischen Reduktion* zum Einsatz. Durch ein schrittweises Verfahren vom Phänomen zum Wesen eines Sachverhaltes gelangt man zum Wesentlichen,

> z. B. von ‚diesem individuellen Rot' auf das ‚Wesen Rot'. Ein mögliches Verfahren dabei ist die ‚eidetische Variation': Anhand eines Beispiels lässt sich durchspielen, was sich durch verschiedene Variationen hindurch als gleichbleibend bzw. als allgemeine Struktur durchhält. Diese Wesensallgemeinheiten werden erschaut, indem der phänomenologisch Wahrnehmende von den individuellen Besonderheiten abstrahiert. Denn die wahrgenommenen individuellen Gegenstände sind mit Zufälligkeiten behaftet (es kann auch anders sein); dem Wesen dagegen ist die Notwendigkeit eigentümlich (es kann nicht anders sein).[40]

Das Konzept, neurobiologische, neurophysiologische oder neurologische Ansätze mit phänomenologischen Sichtweisen zu verbinden, wurde bereits seit den 1930er Jahren entwickelt, zunächst noch unter Bezeichnungen[41] wie z. B. anthropologische Physiologie (Buytendijk) oder phänomenologische Biologie (Tellenbach). Erst in den 1990er Jahren wurde das Konzept von Varela[42] als *neurophänomenologischer* Ansatz bezeichnet. Ein weiterer wichtiger Vertreter der zeitgenössischen Neurophänomenologie ist Shaun Gallagher,[43] der das neurophänomenologische Konzept für die aktuelle Embodiment-Forschung[44] nutzbar gemacht hat. Der Vorteil der phänomenologischen Herangehensweise besteht darin, dass man die Berichte von transsexuellen Menschen ‚vorurteilslos' ernst nimmt. Phänomenologisch Forschende blenden bei ihren Analysen ganz gezielt überkommene Vorurteile und Lehrmeinungen aus, wie z. B. die Überzeugung, Transsexualität sei eine psychische Krankheit oder Störung. Im Folgenden sei dies an einem Beispiel erläutert.

---

40 Ebd.

41 Näheres dazu in: Martin Sack, *Von der Neuropathologie zur Phänomenologie. Alfred Prinz Auersperg und die Geschichte der Heidelberger Schule*, Würzburg: Königshausen und Neumann 2005 (zugl. Dissertation, Humboldt-Universität Berlin 1996), 92ff.

42 Francisco Varela, „Neurophenomenology. A Methodological Remedy for the Hard Problem," *Journal of Consciousness Studies*, Bd. 3, 1996, 330 – 350.

43 Shaun Gallagher, *How the Body Shapes the Mind*, Oxford: Clarendon Press 2005.

44 Eine verständliche Einführung in die Embodiment-Thematik bieten Maja Storch et al., *Embodiment. Die Wechselwirkung von Körper und Psyche verstehen und nutzen*, 2. Aufl., Bern: Huber 2010 [2006].

Ramachandran[45] beschrieb in seinen Fallanalysen über Menschen mit Transsexualität, dass transsexuelle Männer bei sich eventuell gelegentlich einen sog. Phantompenis wahrnehmen, transsexuelle Frauen hingegen z. B. Phantombrüste. Eine Frau beschrieb im Interview ihre Phantombrüste wie folgt: „Die Empfindung ist sehr vage und weist eigentlich nur auf die Anwesenheit dieser Strukturen hin, obwohl sich die Größe meiner Phantombrüste überraschend genau anfühlt."[46] In der Vergangenheit wurden vor allem von psychiatrischer Seite derlei besondere Erlebnisse mit dem Geschlechtskörper immer wieder als wahnhaft[47] abgetan oder als krankhafte Vorstellungen über den eigenen Körper, also als Ausdruck einer Perversion, fehlgedeutet und pathologisiert. Ramachandran konnte herausarbeiten, dass den Phantomerlebnissen (‚Phantomphänomenen') offensichtlich bereits vor der Geburt im Gehirn fest verdrahtete („‚hard-wired' into our brains"[48]) Körperschemata bezüglich des Geschlechtskörpers zugrunde liegen, die bei transsexuellen Menschen nicht dem bei Geburt zugewiesenen Geschlecht entsprechen. Offensichtlich stehen Gehirn und peripherer Geschlechtskörper (z. B. Genitalien) in einer Diskrepanz zueinander. Die subjektiven Phantomerlebnisse sind also eine physiologische Reaktion des Gehirns auf diese Diskrepanz.[49]

Diese Phänomene können also sowohl neurophysiologisch als auch subjektiv-phänomenologisch betrachtet werden. Ramachandran ging zunächst von der Phänomenologie aus und gelangte zur neurophysiologischen Ebene. Das Persönliche-Subjektive bleibt bei phänomenologischen Analysen also keineswegs ‚außen vor'. Das Subjektive ist in das Biologische untrennbar eingeschrieben (‚Embodiment'). Unter *Embodiment* (deutsch etwa ‚Verkörperung') verstehen wir, dass der Geist (also Verstand, Denken, das kognitive System, die Psyche) mitsamt seinem Organ, dem Gehirn, immer in Bezug zum gesamten Körper steht. Geist/Gehirn und Körper wiederum sind in die restliche Umwelt eingebettet. Das Kon-

---

45 Vilayanur S. Ramachandran und Paul D. McGeoch, „Occurrence of phantom genitalia after gender reassignment surgery," *Medical Hypotheses*, Bd. 69, 2007, 1001–1003; Laura Case und Vilayanur S. Ramachandran, „Alternating Gender Incongruity: A New Neuropsychiatric Syndrome Providing Insight into the Dynamic Plasticity of Brain-Sex," *Medical Hypotheses*, Bd. 78, 2012, 626–631.

46 Case/Ramachandran, „Alternating Gender Incongruity," 628 (meine Übersetzung).

47 Vgl. Udo Rauchfleisch, *Transsexualität – Transidentität. Begutachtung, Begleitung, Therapie*, 5. Aufl., Göttingen: Vandenhoeck & Ruprecht 2016 [2006], 48.

48 Ramachandran/McGeoch, „Occurrence of phantom genitalia," 1003.

49 Bildlich gesprochen: eine Art kompensierender, aufflackernder Schein.

zept Embodiment behauptet, dass ohne diese zweifache Einbettung der Geist/das Gehirn nicht intelligent arbeiten kann.[50]

2 Geschlechtliche Leib-Körperwelten aus phänomenologischer Sicht

2.1 Geschlechtliches Diskrepanzempfinden

Die im Falle der Transsexualität angeborene Geschlechtskörperdiskrepanz ‚schlummert' zunächst Jahre, Jahrzehnte, bis ein deutliches Missbefinden[51] spürbar wird. Ein spezielles Empfinden beginnt ‚urplötzlich aufzutauchen' – eine transsexuelle Frau schildert:

> Eines Morgens, anfangs meiner Pubertät, wachte ich auf mit einem Ziehen bzw. leichten Schmerzen in meiner Brust. Ich sprach sofort meine Mutter an, ob dies normal sei. Sie meinte humorvoll, jetzt bekommst du Brüste und verwies mich an meinen älteren Bruder, um ihn zu fragen, ob er das auch erlebt hatte. Er hingegen meinte nur sehr trocken: ‚Nein. Geh doch Papa fragen, der weiß das sicher besser.' Was ich dann auch gleich machte. Doch auch er konnte sich nicht daran erinnern. In mir stieg ein kleiner Hoffnungsschimmer auf, vielleicht werde ich doch noch so halb zu einem Mädchen. Ich tastete meine Brustwarzen ab und bekam wirklich das Gefühl, da wächst jetzt was. Aber so nach einer Woche war der Traum vorbei, die Brust blieb flach und bald darauf bekam ich den Stimmbruch.[52]

Neben diesem Missbefinden durch ‚Abwesenheit' (‚es fehlt etwas') gibt es noch andere verschiedene individuelle Muster solcher geschlechtlichen Inkongruenzen. Dies kommt z. B. zum Ausdruck, wenn Männer mit NVSD-Hintergrund schildern, ihre (‚weiblichen') Körperformen seien sehr *befremdend*, die typisch weiblichen Rundungen, Brust, Hintern und Hüften würden sie als *abstoßend* verstören. Es kann auch eine Veränderung des inneren Raums verstören, das Organ oder der Körperaspekt wird *innerlich Platz und Raum beanspruchend* erlebt. Typische Schilderungen in diesem Zusammenhang: Ein Mann schildert das gra-

---

50 Vgl. Wolfgang Tschacher, „Wie Embodiment zum Thema wurde," in: Storch et al., *Embodiment*, op. cit., 11–34, 15 sowie Renate Schwarz, „Applied Embodiment und das Konzept der Leiblichkeit in Beratung, Supervision und Coaching," *resonanzen*, Bd. 3, 2015, Nr. 1, 52–64, 57.

51 Diese geschlechtlichen Missbefindenweisen werden auch von manchen (vor allem US-amerikanischen AutorInnen) als ‚Gender Dysphoria' bezeichnet.

52 Autograph HX2 – unveröffentlichtes Manuskript. Die hier und im Folgenden zitierten Autographen werden demnächst im Rahmen eines qualitativen Forschungsprojekts online zugänglich gemacht. Die Autographen werden, einschließlich aller Fehler, originalgetreu wiedergegeben.

vierende Missbefinden, seine Gebärmutter nehme er als quälend-überflüssig, Raum ‚verdrängend' wahr.

Man hatte lange gerätselt, wie derartige geschlechtliche Diskrepanz-Empfindungen zustande kommen. Eine Antwort auf dieses Rätsel fand Ramachandran in der bereits angesprochenen Studie zu Phantomglied-Wahrnehmungen und -Erlebnissen (s.o.). Eine transsexuelle Frau, Sandra, schildert: „Meine Phantombrüste sind irgendwie geisterhaft. Sie tauchen auf und weg sind sie wieder. Auf meiner Brust empfinde ich dann eine schleierhafte, teils hellgrau ‚rauchige', nicht fassbare, weiche Struktur. Ich kann die nicht vorhandene Brust mit meinem inneren Auge sehen und wenn ich meinen Oberkörper langsam bewege, kann ich sogar die ungefähre Größe der Brüste einschätzen."[53]

2.2 Körper und Leib

Man hat in der Medizin des 20. Jahrhunderts zwei verschiedene, grundsätzliche Blickrichtungen auf den Körper entwickelt. Man kann das ‚Körperliche' *leiblich*, als leibhaftig und lebendig-beseelt betrachten oder eben klassisch naturwissenschaftlich als ‚rein' *körperlich.* Es handelt sich um ein und dasselbe Phänomen (Körper-Leib-Einheit), nur unter verschiedenen Blickwinkeln (‚Aspekten') betrachtet. Den Körper kann man objektivieren, abgrenzen, genau unter die Lupe nehmen, einteilen. Körper ist etwas Festes, Umrissenes. Leibhaftiges und Leibliches hingegen sind eher subjektiv spürbar, nicht scharf abgrenzbar; es ist schwierig, den Leib genau einzuteilen. Einen Körper *hat* man, hingegen *bin* ich leiblich-lebendig (‚leibhaftig'). Den Körper kann man mit jedem einzelnen der Sinne betrachten, tasten, hören (Stimme!), den Leib empfindet man eher ganzheitlich mit mehreren Sinnen gemeinsam. Die Teile des Körpers kann man vermessen, beim Leib gibt es eher diffuse, nicht ermessbare Inseln (z. B. ‚Unterleib').

Dieser Sichtweise zufolge können geschlechtliche Körperdiskrepanzaspekte *erkannt/wahrgenommen* und geschlechtliche Leibdiskrepanzaspekte *empfunden* werden. Körperdiskrepanzen sind etwas, was man objektivierend bei sich feststellen kann. Man beobachtet z. B. als Betroffene ständig und gezielt, ob die Hormontherapie schon ‚greift' und die Barthaare, wie ersehnt, dünner geworden sind. Im Schwimmbad beobachtet man ständig, dass alle auf die Ausbuchtung in der Badehose zwischen die Beine starren. Das Halstuch soll den ‚peinlichen' Adamsapfel verstecken. *Körper*diskrepanzen nimmt man also ganz konkret und plastisch wahr. Man trägt/hat sie ‚am Körper'.

53 Autograph HX5.

Ganz anders die geschlechts*leiblichen* Diskrepanzaspekte: Diese *hat* man nicht, sondern sie *sind* quasi ‚mit mir', also Bestandteil und Merkmal meines persönlichen Selbst. Das bin ICH. Sie gehören zu mir dazu, sind mein persönliches ‚Markenzeichen'. Hier nehme ich nichts *distanziert* wahr, sondern empfinde mich geschlechtlich unstimmig. Ich fühle mich *mit der* Gebärmutter ‚wie mit etwas Fremdartigem überfüllt', der fehlende Busen stimmt mich traurig und niedergeschlagen (‚Warum ICH nicht?'). Das Leiden an derartigen geschlechtsleiblichen Diskrepanzphänomenen kann tiefgreifend sein, die gesamte Existenz zersetzen, unterminieren, gar auszehren, emotional betäuben oder tiefgreifend verstören. Es ‚stimmt' einfach etwas nicht ‚mit mir'.

Beim diskrepanten Geschlechts*körperaspekt* lassen sich Teile unterscheiden, klare Einteilungen vornehmen. Der Bart kann ganz klar von den sonstigen ‚affenartig-fellhaften' Körperhaaren, dem ‚Haarpanzer', beispielsweise dem Fell auf der Brust (Brusthaare), unterschieden werden. Die geschlechts*leibliche* Unstimmigkeit hingegen wird ‚ganzheitlich' erlebt, ‚in sich'. Ich kann die unscharf lokalisierten ‚Leibesinseln' spüren/empfinden. Zum Vergleich: der Körperdiskrepanzaspekt manifestiert sich in Sätzen wie z. B. ‚Der Penis stört mich *an* mir' – Leibdiskrepanzaspekte zeigen sich hingegen bei Äußerungen wie ‚Ich fühle *mich* unglücklich *mit den* Genitalien' (Leibinselaspekt).

Biographisch kommen anfänglich meist Missempfindungen zum Ausdruck, die dann eventuell später durch Wahrnehmungen von Körperdiskrepanzaspekten ergänzt werden und zur Gewissheit ‚über den falschen Körper' führen. Das Diskrepanzempfinden bleibt bestehen, es wird nicht durch die Körperdiskrepanz-Wahrnehmungen ersetzt. Wobei Körperdiskrepanz-Wahrnehmungen vorwiegend in einer Sinnesmodalität (Sehen oder Hören oder Tasten usw.) wahrgenommen werden, also über einen Sinneskanal, Leibdiskrepanzen hingegen meist ganzheitlich, über eine Reihe von Sinneskanälen, die quasi im Empfindungs*gesamteindruck* (stimmig, nicht-stimmig) aufgehoben werden und eine ununterscheidbare Einheit bilden.

Körper und Leib sind keine Gegensätze, sondern in Einheit, zusammengehörig. Menschen, die bezüglich ihres Geschlechtskörpers keinerlei Diskrepanzen wahrnehmen und geschlechtlich in sich stimmig sind, spüren den Leib nur, wenn sie z. B. Schmerzen erleben, dann nehmen sie auch die schmerzende Leibinsel ‚als solche' wahr. Ganz anders bei Menschen mit NVSD-Hintergrund: Hier sind Geschlechtskörper und Geschlechtsleib klar präsent. Wie schon ausgeführt: Im Verlauf beginnt dieses Lebensthema meist in Form empfundener *leiblicher* Diskrepanzen hervorzutreten und mir ‚aufzufallen', später kann es zum Phänomen der Wahrnehmung massiver *Körper*diskrepanz kommen, die Körperdiskrepanz entfaltet sich dann zusätzlich.

Wichtig ist zudem: Zum lebendigen Geschlechtsleib gehören immer auch gesellschaftlich-psychische Aspekte, Seelisches, Geschlechterrolle, Rollenbilder von Mann und Frau (Gender). Das geschlechtliche Leibkörperschema kann also auch durch ‚Accessoires' ergänzt werden (z. B. geschlechtsspezifische Kleidungstücke), die in den Geschlechtsleib integriert, also ‚angedockt' werden. Fatal ist, wenn sich die Missbefindensweisen zu massiven existentiellen Krisen auswachsen und schwere soziale und psychische Einschränkungen (z. B. schwere Depression als Komplikation) bewirken können. Viele Betroffene werden früher oder später suizidal.

2.3 Geschlechtliche, leibkörperliche Kongruenz und Kongruenzdynamik

Relativ früh in den Biographien der Betroffenen zeigen sich eigentümliche, positiv erlebte leibliche Phänomene. Diese treten beispielsweise in Erscheinung, wenn scheinbare ‚Jungs' erstmalig noch als Kind oder Jugendliche die Kleider der Mutter oder Schwester spontan ‚ausprobieren' und dabei erstaunliche, nie gekannte Leiberlebnisse haben bzw. Glücksgefühle erleben. Diese Probehandlungen geschehen ohne jede Vorüberlegung, ad hoc, automatisch, ‚aus dem Bauch' heraus. Derartige Erlebnisse prägen sich tief ein und sind der Schrittmacher für weitere ‚ausprobierende' Spontanhandlungen. Verallgemeinert ausgedrückt: geschlechtliche Körperkongruenz als in sich stimmiges, intuitives Getragen-Sein vom Geschlechtsleib entfaltet sich in Spontanhandlungen, in denen die Stimmigkeit erlebt wird, verbunden mit positiven Empfindungen bis hin zu Flow[54]-Erlebnissen. Durch diese positiven Gefühle beim spontanen Handeln wird eine Art Sog, ‚*Dynamik*' erzeugt, aus dem sich der Fluss weiterer spontaner Handlungen ‚einfach so' ergibt. Die Flow- und Glückserlebnisse werden prägend, ‚graben' sich ‚tief in das Gehirn' ein und können so als Schrittmacher für den weiteren Verlauf dienen. Die im Rahmen der Handlungen erlebten Glücksgefühle ‚triggern' die weitere Entwicklung, denn sie bleiben in unauslöschlicher Erinnerung.

V Fazit

Die neurowissenschaftliche Erforschung der NVSD steht an einem Wendepunkt. Die neuen, auf Netzwerkanalysen aufbauenden Forschungsmethoden erlauben es,

54 Vgl. Mihaly Csikszentmihalyi, *Flow. Das Geheimnis des Glücks*, 15. Aufl., Stuttgart: Klett-Cotta 2010 [1992], 131 ff.

Aspekte in den Blick zu nehmen, die der herkömmlichen Hirnforschung mit ihren task-bezogenen fMRT-Studien verschlossen waren. Aspekte des Körpererlebens von Menschen mit NVSD können erst durch das Resting-State-fMRT aufgeschlüsselt werden. Allerdings stößt diese sehr differenzierte neurowissenschaftliche Forschung noch an Grenzen. Zum einen ist die geringe Evidenzqualität von Ursachenstudien ein generelles Problem der evidenzbasierten Medizin im Allgemeinen[55] und der Hirnforschung im Besonderen.[56] Zweitens sind die Phänomene der NVSD, insbesondere geschlechtsleibliche Erlebnisse und Erfahrungen, bisher noch selten als Forschungsthema differenziert angegangen worden, nach wie vor dominieren psychologische und psychiatrische (psychopathologisierende) Phänomenbeschreibungen; Geschlechtskörper und Geschlechtsleib sind bisher selten[57] untersucht worden. Einer ambitionierten NVSD-Hirnforschung fehlt gewissermaßen das ausdifferenzierte ‚phänomenale Korrelat'.

Hier besteht also dringender Nachholbedarf, um geschlechtsleibliche Erlebnis- und Erfahrungswelten forschend zu erkunden. Erste Schritte in diese Richtung zeichnen sich ab, beispielsweise ist hier das geplante TransDok-Projekt[58] anzuführen. Doch auch die phänomenologische, ‚qualitativ' ausgerichtete Forschung kann von der Hirnforschung profitieren:

> Die Phänomenologie muss nicht auf private Erfahrung beschränkt bleiben, sondern kann indirekt auch statistische, empirische bzw. klinische Daten berücksichtigen, welche die beschränkte freie Imagination erweitern. In Ansätzen wie der ‚*front-loaded phenomenology*' (Gallagher) oder ‚*neurophenomenology*' (Varela) werden Phänomenologen auch selber zu Experimentatoren, indem sie experimentelle Daten unter phänomenologischen Gesichtspunkten interpretieren bzw. eigens dafür geeignete Experimente entwerfen.[59]

55 Erste Schritte zu einer evidenzbasierten Ursachenforschung wurden seitens des Joanna-Briggs-Institute der Universität Adelaide unternommen; zur Entwicklung spezieller Guidelines vgl. https://reviewersmanual.joannabriggs.org/ (Zugriff: 14.10.2018).

56 Vgl. Sandra Verena Müller, „EbM und Wirksamkeit in der klinischen Neuropsychologie," *Zeitschrift für Neuropsychologie*, Bd. 18, 2007, 161–168.

57 Z. B. Gesa Lindemann, *Das paradoxe Geschlecht. Transsexualität im Spannungsfeld von Körper, Leib und Gefühl*, 2. Aufl., Wiesbaden: VS Verlag 2011 [1993].

58 TransDok ist ein Dokumenten- und Publikationsserver der *Deutschen Gesellschaft für Health Consumer Ethics* (DGHCE) zum Thema Transsexualität. TransDok wurde eingerichtet, damit Menschen mit Transsexualität endlich ihre Stimme erheben und ungeschminkt über ihr Leben und ihre Erfahrungen berichten können. Das Ziel ist die Erstellung eines Archivs mit Selbstzeugnissen, welches authentische Geschichten von Menschen mit Transsexualität beinhaltet – Geschichten über Erlebnisse und Erfahrungen im Alltag, abseits der Klischees und Legenden, die von Medien und Psychiatrie/Psychologie über angeblich psychisch gestörte Menschen kolportiert werden, die sich „als" Frau/Mann fühlen.

59 Milan Scheidegger, „Neurophänomenologie. Vom Versuch unser Erleben greifbarer zu machen" (Oktober 2012), [1]-[12], hier [5], in [http://t1p.de/vv6o] (Zugriff: 14.10.2018).

Eine derartige, auf Synergien beruhende neurophänomenologische NVSD-Forschung könnte modellhaft zeigen, dass eine ‚Erste-Person-Neurowissenschaft' im Sinne Northoffs nicht nur Vision bleiben muss: „Eine Erste-Person-Neurowissenschaft in diesem Sinne kann eine Brücke zwischen subjektivem Erleben in der Erste-Person-Perspektive und der Beobachtung von neuronalen Prozessen in der Dritte-Person-Perspektive schlagen."[60]

Wir stehen also am Anfang.

60 Georg Northoff et al., „Subjektives Erleben und neuronale Integration im Gehirn: Benötigen wir eine Erste-Person-Neurowissenschaft?," *Fortschritte der Neurologie und Psychiatrie*, Bd. 74, 2006, 627–633.

2 Lebensweltlich

Erik Schneider & Karoline Haufe

trans*Kinder in familiären und institutionellen Bezügen

Abstract: Dieser Beitrag gibt einen Überblick über die Herausforderungen, denen trans*Kinder[1] und ihre Familien gegenüberstehen. Nach der Erörterung und Klärung zentraler Begrifflichkeiten und Konzepte, die Trans*[2] in der Kindheit betreffen, diskutieren wir, inwiefern Familien aufgrund der Kämpfe und Risiken, denen diese Kinder in sozialen Interaktionen ausgesetzt sind, überaus wichtigen Veränderungen unterworfen sein können. Zudem erörtern wir, wie Eltern – und Psycholog_innen als primäres Element der Gesundheitsfürsorge – ihre Kinder dazu anleiten können, entsprechend ihrem Geschlechtsausdruck zu leben. Richtlinien für Kinderfürsorge und Bildung sowie Orientierungshilfen bei Erziehungsfragen beginnen gleichermaßen, ein akzeptierendes Umfeld zu schaffen.

„Mama, irgendjemand da oben
hat es so entschieden
und es geht auch nicht mehr weg,
ich weiß es ganz genau.“[3]

I Vorbemerkung

Nachdem Trans* lange Zeit ein überwiegend von Personen aus dem Gesundheitssektor debattiertes Themenfeld war, findet es zunehmend Eingang in sozialwissenschaftliche Disziplinen[4] und in die öffentliche Debatte, was nicht zuletzt

---

Anmerkung: Unser Dank gilt allen Eltern von Trans-Kinder-Netz e.V., die ihr Wissen und ihre Erfahrungen in diesen Artikel eingebracht haben.

1 In diesem Artikel geht es um Kinder, deren *Zuweisungsgeschlecht* von ihrem *geschlechtlichen Selbsterleben* und/oder *Geschlechtsausduck* bzw. ihrer *Geschlechtsidentität* abweicht. Gerade in der (frühen) Kindheit sind Kindern Konzepte wie Transsexualität, Transidentität, Transgender usw. fremd. Die meisten betrachten sich als Mädchen bzw. Jungen, manchmal „mit einer Besonderheit“, oder sie verwenden keine geschlechtsspezifische Bezeichnung für sich.

2 Hier verwendet als begriffliches Konstrukt, das Transsexualität, Transidentität, Transgender, Geschlechtsidentitätsstörung und verwandte Begriffe umfasst.

3 Aussage eines 7-jährigen trans*Kindes. Mit „es“ ist das Sich-als-Mädchen-Erleben gemeint, wobei das Kind verstanden hat, dass es als Junge zugewiesen wurde.

4 Vgl. Annette Güldenring, „A critical view of transgender health care in Germany: Psychopathologizing gender identity – Symptom of ‚disordered‘ psychiatric/psychological diagnostics?,“

https://doi.org/10.1515/9783110614626-006

auf das Engagement und Empowerment von zivilgesellschaftlichen Organisationen zurückzuführen ist. Die Medienberichterstattung zeigt, dass vor allem die Sichtbarkeit von trans*Kindern[5] jenseits der wissenschaftlichen Auseinandersetzungen über sie in den letzten Jahren zugenommen[6] und sich damit – nicht zuletzt durch den Schritt der Eltern an die Öffentlichkeit – ein Wandel in der Wahrnehmung ihrer Belange vollzogen hat. Auffällig ist insgesamt, dass in Debatten und Diskursen Erwachsene, Kinder wie Jugendliche zumeist unabhängig voneinander betrachtet werden, so als ob es sich um verschiedene Phänomene handele.

Dieser Beitrag verfolgt das Anliegen, das Verständnis von Geschlechterdiversität zu erweitern. Es sei angemerkt, dass die Autor_innen[7] keinen Oberbegriff verwenden, da die Kinder sich selbst zumeist als *Mädchen, Jungen* oder diesbezüglich nicht speziell bezeichnen. Sie wollen dem Selbstbestimmungsrecht der Kinder Rechnung tragen. Die Verwendung von Oberbegriffen entbindet nicht davon, ein Kind selbst zu fragen, wie es bezeichnet werden möchte, weil nur das Kind selbst eine verlässliche Auskunft darüber geben kann, ob und – wenn ja – mit welchem Begriff es sich am ehesten beschrieben sieht.

Eltern von Trans-Kinder-Netz e.V. (TRAKINE), einem internationalen Verein von Eltern und Angehörigen mit einem minderjährigen trans*Kind für den deutschsprachigen Raum, berichten, dass Kinder oftmals von einer „Besonderheit" in Verbindung mit ihrem Sein sprechen. Preuss führt dazu aus, dass

---

International Review of Psychiatry, Bd. 27, 2015, 427–434; Josch Hoenes, *Nicht Frosch – nicht Laborratte: Transmännlichkeiten im Bild. Eine kunst- und kulturwissenschaftliche Analyse visueller Politiken*, Bielefeld: Transcript 2014.

5 Trans-Kinder-Netz e.V. (2016): „trans* vor dem Kind, Mädchen, Junge usw. schreiben wir klein, weil es Kinder, Mädchen, Jungen, Töchter usw. sind, wie alle anderen Kinder auch, mit Ausnahme einer kleinen Besonderheit, welche wir mit dem Adjektiv beschreiben, aber nur, wenn diese zum besseren Verständnis, worum es geht, genannt werden muss. Das ‚*' soll offenhalten, wie sich das Kind einmal entwickelt und welche Begriffswahl es für sich in Anspruch nimmt," in [http://www.trans-kinder-netz.de/] (Zugriff: 22.10.2018).

6 Z.B. Sarah Hinney, „Ich bin ein Mädchen, was denkt ihr denn? Transgender. Wenn der Körper nicht zur Seele passt," *StadtLandKind*, Nr. 4, 2015, 20–26; Simone Gaul, „Nie wieder Paul sein," *ZEIT online*, 08.05.2016, in [http://t1p.de/tmyv] (Zugriff: 22.10.2018); Susanna Ellner, „Kinder im falschen Körper. Die Auseinandersetzung mit minderjährigen Transmenschen steht im Kanton Zürich erst am Anfang," *Neue Zürcher Zeitung*, 22. Dezember 2015, 21; Elisabeth Enders, „Trans*Kinder. Weil ich ein Mädchen bin," *DRadio Wissen*, in [http://t1p.de/vpf5] (Zugriff: 22.10.2018).

7 Die Verwendung des Unterstriches soll die Existenz von Menschen reflektieren, die nicht durch die Geschlechtskategorien weiblich/männlich erfasst werden und ihrem Unsichtbarsein entgegenwirken.

> [e]s nur konsequent [ist], dass Vertreter von Selbsthilfegruppen öffentlich fordern, dass Therapeuten keine „Gender-Deutungen“ mehr machen sollten; werden diese doch von den Patienten leicht als „manipulativ“ und entwürdigend empfunden. Wie die Würde des Menschen so soll auch das Geschlechtsidentitätsempfinden oder eine selbst gewählte Geschlechtsidentität, sei sie binär oder non-binär, unantastbar sein.[8]

Kein Begriff ist bisher allgemein akzeptiert. Dies gilt u. a. für *Transgender* und *Transsexuelle* ebenso wie für die Abkürzung *Trans**. Um etwas über die Lebenssituation der heutigen, insbesondere präpubertären Kinder zu erfahren, hilft die Rückfrage bei ihren Eltern, von denen einige bereit sind, sich öffentlich, z. B. auf Websites von Vereinen wie Trans-Kinder-Netz e.V., zu äußern. Auf dieser Website sind viele Erfahrungsberichte[9] zu finden, die teils sehr persönliche Einblicke in das Familienleben erlauben, welches der Öffentlichkeit zumeist verschlossen bleibt. Auch sind Eltern nicht selten bereit, ihre oftmals schmerzlichen Erfahrungen zu teilen. Zudem werden Aussagen von Kindern und Jugendlichen aus Gesprächen mit den Eltern zitiert, die Letztere notiert haben. Dabei wird die Komplexität individueller und die Verschiedenheit unterschiedlicher familiärer Situationen schnell sichtbar.

II Begriffe, Definitionen, Konzepte

Zunächst erfolgen Erörterung und Klärung von Begrifflichkeiten und Konzepten, die für das Verständnis von Kindern, deren *Zuweisungsgeschlecht* von ihrer *geschlechtlichen Selbstwahrnehmung* bzw. *geschlechtlichen Selbstzuordnung* abweicht, und ihrer realen Lebensbezüge grundlegend sind.

Der Begriff *Kinder* wird in diesem Beitrag im Sinne des Übereinkommens über die Rechte des Kindes verwendet,[10] d. h. zur Bezeichnung von Menschen, die das 18. Lebensjahr noch nicht vollendet haben. Sie sind, wie alle Menschen, in ihren Interessen und Bedürfnissen einzigartige Individuen, die nicht erst mit der Volljährigkeit die Fähigkeit für das Fällen von Entscheidungen erlangen, sondern jederzeit an der Gesellschaft teilhabende Individuen sind: „Um Träger_in der Menschenrechte zu sein, muss keine bestimmte ‚Reife‘ erlangt sein oder ‚verdient‘

---

8 Wilhelm F. Preuss, *Geschlechtsdysphorie, Transidentität und Transsexualität im Kindes- und Jugendalter. Diagnostik, Psychotherapie und Indikationsstellungen für die hormonelle Behandlung*, München: Ernst Reinhardt 2016 (*Bausteine der Kinder- und Jugendlichenpsychotherapie*, Bd. 5), 71–72.

9 www.trans-kinder-netz.de/erfahrungsberichte.html (Zugriff: 22.10.2018).

10 Bundesministerium für Familie, Senioren, Frauen und Jugend (BMFSFJ), *Übereinkommen über die Rechte des Kindes*, 2010, 12, in [http://t1p.de/5uhe] (Zugriff: 22.10.2018).

werden. Sie sind an die schlichte Tatsache des Menschseins gebunden. Das gilt auch für Kinder. Sie sind Rechtsträger_innen von Anfang an!“[11] Hinsichtlich essentieller Entscheidungen für das eigene Leben wie z. B. einer sozialen Transition, d. h. eines Geschlechtsrollenwechsels von der des Zuweisungsgeschlechts in ein anderes, binär oder nicht-binär gefasstes Geschlecht, wird dennoch häufig argumentiert, dass Kinder diese nicht treffen könnten, da sie die Konsequenzen nicht abzuschätzen vermögen. Konsequenzen aus der persönlichen Entscheidung eines Menschen, sich auf eine Geschlechterrolle festzulegen oder auch nicht, kann jedoch kein Mensch voraussehen, weder ein Kind für sich selbst – unabhängig davon, ob sein Zuweisungsgeschlecht abweicht oder nicht – noch Erwachsene für ein Kind. Die Entscheidungsfähigkeit eines Kindes ist immer an der konkreten Fragestellung sowie im individuellen Fall zu prüfen. Zum Beispiel kann ein 7-jähriges Kind nicht reif genug sein, die Folgen eines Hauskaufes abzuschätzen, wohl aber die Folgen, als Mädchen bzw. als Junge zu leben. So berichtete eine Mutter dem Autor von folgendem Gespräch mit ihrem Kind:

> Ich begann das Gespräch damit, dass es im Kindergarten anders als in der Schule sei, dass Schule ein weniger beschützter und rauerer Raum sei mit weniger Erwachsenen. Zudem gibt es Menschen, die Befürchtungen vor Hänseleien haben, da es viele Kinder gibt, die Edgar nicht kennen. Ich betonte ausdrücklich, dass es möglich sein kann, dass Edgar nicht nur gehänselt, sondern auch eins auf die Nase bekommen kann, wenn er in Mädchensachen in die Schule geht. Dann habe ich ihm erklärt, dass es verschiedene Möglichkeiten gibt, wie man damit umgehen kann, und machte zwei Vorschläge: erstens, in Hosen und unauffälligen Sachen in die Schule zu gehen oder zweitens, es wie bisher [in Mädchensachen, d. h. Kleid] zu handhaben und zu schauen, wie es wird und ggf. dann zu gucken, welchen Weg man geht. Auf die Frage, was er meint, sagte Edgar: „Mama, das zweite, das du gesagt hast“.[12]

Nicht selten erkennen Eltern das unzutreffende Zuweisungsgeschlecht spätestens mit dem Spracherwerb ihres Kindes, also im Alter von zwei bis drei Jahren.[13] Das entspricht dem Alter, in dem ein Großteil der Kinder das Zuweisungsgeschlecht für sich annimmt und beginnt, sich damit zu identifizieren. Häufig wird in diesem

11 „Kinderrechte und Geschlechtervielfalt – Ein Gespräch mit Claudia Kittel, Leiterin der Monitoring-Stelle UN-Kinderrechtskonvention beim Deutschen Institut für Menschenrechte,“ in SFBB Queerformat (Hg.), *Murat spielt Prinzessin, Alex hat zwei Mütter und Sophie heißt jetzt Ben. Sexuelle und geschlechtliche Vielfalt als Themen frühkindlicher Inklusionspädagogik*, 2. Aufl., Berlin: SFBB 2018, 28 – 30, 29.

12 Austausch vom 25. Mai 2016.

13 Vgl. Philipp Laage, „Wenn sich das Kind in seinem Körper falsch fühlt,“ *Die Welt*, 19. Juni 2013, in [https://t1p.de/3w30] (Zugriff: 22.10.2018).

Zusammenhang auch der Begriff *Geschlechtsidentität* verwendet. Richter-Appelt führt hierzu aus:

> Die *Geschlechtsidentität* bezeichnet die Kontinuität des Selbsterlebens eines Menschen bezogen auf sein Geschlecht. Die Geschlechtsidentität kann als männlich, weiblich oder dazwischen erlebt werden. Geschlechtsidentität ist nur ein Aspekt des Geschlechtserlebens [...]. Körperlich-biologische Faktoren scheinen ebenso einen Einfluss auf die Entwicklung der Geschlechtsidentität zu haben wie psychische und soziale Bedingungen. Vor und kurz nach der Geburt wirksame und in der Entwicklung bedeutsame Hormone als Folge von genetischen und epigenetischen Prädispositionen können das Erleben der Geschlechtsidentität beeinflussen, sowie Erziehungsmaßnahmen der Eltern und Identifizierungen und Selbstkategorisierungen des Kindes. Hinzu kommen kulturelle Normen und Geschlechtsrollenerwartungen. Lange Zeit wurde angenommen, dass die Entwicklung der Geschlechtsidentität mit dem dritten Lebensjahr weitgehend abgeschlossen sei und sich im Laufe des Lebens nicht mehr ändern würde.[14]

Beide Annahmen werden heute kritisch hinterfragt.[15] Die sog. Geschlechtsmerkmale von trans*Kindern sind nach medizinischer Auffassung „eindeutig" dem weiblichen oder männlichen Geschlecht zuzuordnen. Abzugrenzen sind die Formen des geschlechtlichen Seins von der sexuellen Orientierung, einem Aspekt der Sexualität, mit dem Ersteres wiederholt verwechselt bzw. vermischt wird.

In der Vergangenheit sind insbesondere Angehörige medizinischer Berufe von der Zweigeschlechtlichkeit des Menschen ausgegangen, wobei bei der Geburt die strikte Regel galt, dass Neugeborene mit einer Vagina den Geschlechtseintrag „weiblich" erhalten und solche mit einem Penis „männlich". Entsprechend dem jeweiligen Zuweisungsgeschlecht sollten sie dann in die jeweils vorgegebene Rolle als sog. Mädchen bzw. Jungen erzogen werden, damit sie eine weibliche oder männliche Geschlechtsidentität entwickeln, obwohl es seit jeher Menschen gab, die sich diesen kulturell verankerten Vorstellungen entzogen haben. Abweichungen von dieser „Regel" wurden und werden teilweise noch heute als krankhaft betrachtet. Von „Störungen der Geschlechtsentwicklung" oder auch Intersexualität wird dagegen bei Neugeborenen gesprochen, deren körperliche oder physiologische Geschlechtsmerkmale nicht eindeutig einem der beiden „Normgeschlechter" weiblich oder männlich zugewiesen werden können.[16] Bei

14 Hertha Richter-Appelt, „Geschlechtsidentität und -dysphorie," *Aus Politik und Zeitgeschichte*, Bd. 62, 2012, Heft 20/21, 22–28, 24.

15 Vgl. ebd.

16 Vgl. Birgit Köhler, „Junge oder Mädchen? Störungen der Geschlechtsentwicklung," *korasion. Fachzeitung für Kinder- und Jugendgynäkologie*, 2010, Nr. 1, in [http://t1p.de/gm8s] (Zugriff: 22.10. 2018).

ihnen ist bisher oftmals ein medizinischer Behandlungsbedarf gesehen worden,[17] auch wenn dieser zunehmend hinterfragt[18] bzw. kritisiert wird.[19] Auch der Europäische Gerichtshof für Menschenrechte hat in der Sache Goodwin erklärt, er sei „nicht davon überzeugt, dass zum heutigen Zeitpunkt noch davon ausgegangen werden kann, dass diese Begriffe [Mann und Frau] eine Bestimmung des Geschlechts nach rein biologischen Kriterien verlangen."[20]

Bei Menschen, deren Zuweisungsgeschlecht von ihrer geschlechtlichen Selbstwahrnehmung abweicht, wurden und werden in Abhängigkeit von den jeweils zugrunde gelegten Konzepten verschiedene Begriffe verwendet, wie z. B. *Transsexualismus, Geschlechtsidentitätsstörung, Geschlechtsdysphorie* oder *Geschlechtsinkongruenz*. Aus Platzgründen wird auf eine eingehendere Diskussion von Termini und Definitionen verzichtet. Festzuhalten bleibt jedenfalls, dass eine Krankhaftigkeit jeglicher Abweichung des Zuweisungsgeschlechtes vom Geschlechtserleben bzw. von dem als geschlechtlich konnotierten Verhalten wissenschaftlich nicht nachgewiesen wurde.[21] Die Erkenntnis der Variabilität geschlechtlichen Seins findet inzwischen vermehrt Eingang in medizinische Fachdiskurse.[22] Auf der Suche nach wissenschaftlich fundierten Kriterien zur Unterscheidung von sog. normaler und sog. pathologischer Geschlechtsidentität

---

17 Vgl. Arbeitsgemeinschaft der Wissenschaftlichen Medizinischen Fachgesellschaften, DGKJ-Leitlinie 027/022 „Störungen der Geschlechtsentwicklung," 2011, in [http://t1p.de/fkym] (Zugriff: 12.05.2016). Die Leitlinien werden gegenwärtig unter Beteiligung von Vertreter_innen der Behandlungssuchenden überarbeitet, dabei wird dem „Paradigmenwechsel im Sinne der Entstigmatisierung" Rechnung getragen. Vgl. dazu AWMF, Angemeldetes Leitlinienvorhaben Geschlechtsdysphorie im Kindes- und Jugendalter, Diagnostik und Behandlung, unter [http://t1p.de/lswk] (Zugriff: 22.10.2018).

18 Vgl. Nationale Ethikkommission im Bereich Humanmedizin, Schweiz, Stellungnahme Nr. 20/2012, „Zum Umgang mit Varianten der Geschlechtsentwicklung. Ethische Fragen zur ‚Intersexualität'," in [http://t1p.de/2vzd] (Zugriff: 12.05.2016).

19 Vgl. Janik Bastien Charlebois und Vincent Guillot, „Medizinische Widerstände gegenüber der Kritik von intergeschlechtlichen Aktivist_innen: Operationen an der Front der Glaubwürdigkeit," in *Normierte Kinder*, op. cit., 277–291.

20 ECtHR, *Case of Christine Goodwin v. The United Kingdom*, Application No. 28957/95, Judgment of 11 July 2002, 100: „The Court is not persuaded that at the date of this case it can still be assumed that these terms must refer to a determination of gender by purely biological criteria," in [http://t1p.de/uj5h] (Zugriff: 22.10.2018) (Übers. K. H.).

21 Vgl. Jack Drescher, Peggy Cohen-Kettenis und Sam Winter, „Minding the body: Situating gender identity diagnoses in the ICD-11," *International Review of Psychiatry*, Bd. 24, 2012, 568–577.

22 Vgl. Timo O. Nieder, Peer Briken und Hertha Richter-Appelt, „Transgender, Transsexualität und Geschlechtsdysphorie: Aktuelle Entwicklungen in Diagnostik und Therapie," *PSYCH up2date*, Bd. 7, 2013, 373–388; Preuss, *Geschlechtsdysphorie*, 69–88.

bzw. Geschlechtsrollenverhalten kommen Langer und Martin[23] zu dem Schluss, dass diese nicht existieren; eine Einschätzung, die von anderen Autor_innen geteilt wird.[24] Gleiches gilt für die sog. *Geschlechtsinkongruenz.*[25] Gleichermaßen als problematisch zu erachten ist, dass viele Angehörige medizinischer Berufe noch immer von einer *Stabilität, Konstanz* bzw. *Irreversibilität* der geschlechtlichen Selbstwahrnehmung bzw. Geschlechtsidentität ausgehen, wiewohl es z. B. Menschen mit wechselnder Geschlechtsidentität gibt.[26] Dem Autor sind Familien mit Kindern bekannt, die dieses Phänomen aufweisen, ohne dass es einen Hinweis auf einen pathologischen Prozess gibt. Die Eltern wenden sich nicht an sog. Fachpersonen, da die Kinder nicht leiden, und sie zudem Angst haben, dass ihre elterliche Beobachtung nicht ernst genommen, ihnen vielmehr unterstellt wird, dass sie selbst ein „Problem" hätten. Auch kann es vorkommen, dass dieses Phänomen als *Phase* des Kindes relativiert wird, die keine Prognose zulasse, oder ihre Kinder insbesondere von Mediziner_innen oder Psy*[27] für psychisch krank erklärt werden. Preuss spricht z. B. von einer „Konstanz des Geschlechtsidentitätsgefühls"[28]. Diese Annahme ist wissenschaftlich bisher nicht belegt und entspricht eher kulturellen bzw. medizinischen Vorstellungen über die menschliche Wesenhaftigkeit. Besonders kritisch ist dabei, dass die *Stabilität* oder *Konstanz* als Kriterium für verschiedene juristische wie medizinische Prozeduren zugrunde gelegt wird.

Bezüglich juristischer Prozeduren sei auf die Voraussetzungen für die Änderung von Vornamen und Geschlechtseintrag im Personenstandsregister im Rahmen des Transsexuellengesetzes (TSG) hingewiesen. So heißt es in § 1 Abs. 1 TSG: „Die Vornamen einer Person sind auf ihren Antrag vom Gericht zu ändern, wenn [...] mit hoher Wahrscheinlichkeit anzunehmen ist, dass sich ihr Zugehörigkeitsempfinden zum anderen Geschlecht nicht mehr ändern wird", sowie in § 8 Abs. 1 TSG: „Auf Antrag einer Person, die sich auf Grund ihrer transsexuellen Prägung nicht mehr dem in ihrem Geburtseintrag angegebenen, sondern dem

23 Susan J. Langer und James I. Martin, „How Dresses Can Make You Mentally Ill: Examining Gender Identity Disorder in Children," *Child and Adolescent Social Work Journal*, Bd. 21, 2004, 5 – 23.

24 Drescher et al., „Minding the body," 573.

25 David C. Rettew, „Apples to Committee Consensus: The Challenge of Gender Identity Classification," *Journal of Homosexuality*, Bd. 59, 2012, 450 – 459.

26 Vgl. Stephanie Brill und Rachel Pepper, *Wenn Kinder anders fühlen. Identität im anderen Geschlecht. Ein Ratgeber für Eltern*, 2. Aufl., München: Ernst Reinhardt Verlag 2016 [2008], 37 – 41.

27 Abkürzung für Psycholog_innen, Psychotherapeut_innen, Psychiater_innen usw.

28 Preuss, *Geschlechtsdysphorie*, 184.

anderen Geschlecht als zugehörig empfindet und die seit mindestens drei Jahren unter dem Zwang steht, ihren Vorstellungen entsprechend zu leben"[29].

Im Rahmen medizinischer Prozeduren, um z. B. die Genehmigung für eine Hormonbehandlung oder operative Maßnahmen zu erhalten, wird oft der sog. Alltagstest[30] gefordert,[31] bei dem eine Person eine bestimmte Zeit in der anvisierten Geschlechtsrolle leben muss. Diese Forderung steht im Gegensatz zu bestimmten Empfehlungen zum Vorgehen bei Kindern, denen zufolge ein Kind möglichst nicht vor der Pubertät eine soziale Transition durchführen soll (Näheres s.u.). Daraus resultiert die ethisch problematische Situation, dass Jugendlichen eine Behandlung mit pubertätsaufschiebenden Hormonen vorenthalten wird, die sie mitunter dringend benötigen. Laut Giordano[32] kann es sich hierbei um eine Frage von Leben und Tod handeln – eine Einschätzung, die angesichts des teils deutlich erhöhten Suizidrisikos von Jugendlichen[33] nicht von der Hand zu weisen ist. Es stellt sich sogar die Frage, ob es sich nicht bei fehlender Genehmigung einer Hormonbehandlung wie der oben genannten Therapie im Individualfall um *unterlassene Hilfeleistung* nach § 323c StGB handelt. Ferner verstößt ein derartiges Vorgehen gegen die Kinderrechtskonvention,[34] Artikel 3 (Wohl des Kindes), Artikel 12 (Berücksichtigung des Kindeswillens) und Artikel 24 (Gesundheitsvorsorge).

---

29 „Gesetz über die Änderung der Vornamen und die Feststellung der Geschlechtszugehörigkeit in besonderen Fällen (Transsexuellengesetz – TSG)" (10. September 1980), *Bundesgesetzblatt*, 1980, Teil 1, 1654–1658, in [http://t1p.de/yh34] (Zugriff: 22.10.2018).

30 Erprobung des Lebens in der als passend empfundenen Geschlechtsrolle.

31 Vgl. Hans-Günter Pichlo, „Leistungsrechtliche und sozialmedizinische Kriterien für somatische Behandlungsmaßnahmen bei Transsexualismus: Neue MDK-Begutachtungsanleitung," *der mann. Wissenschaftliches Journal für Männergesundheit*, Bd. 8, 2010, 21–28, 22 [online: www.kup.at/kup/pdf/8643.pdf] (Zugriff: 22.10.2018); Intersex & Transgender Luxembourg a. s. b. l., *Analyse des dispositions de la Caisse nationale de santé relatives au „syndrome de dysphorie de genre": Propositions pour une réforme*, 2014, in [http://t1p.de/aytu] (Zugriff: 22.10.2018).

32 Simona Giordano, „Ethics of Management of Gender Atypical Organisation in Children and Adolescents," in *International Public Health Policy and Ethics*, hg. von Michael Boylan, Dordrecht: Springer 2008, 249–272.

33 Vgl. RADELUX-Gruppe, *Rapport supplémentaire au 3e et 4e rapport national (2001–2012) sur les droits de l'enfant à Luxembourg*, 2012, 7, 15, in [http://t1p.de/h2s4] (Zugriff: 22.10.2018); Anna Lüthi und Olivia Fuchs, „Transgenre: de plus en plus de consultations," *20 minutes*, 25.01.2013, in [www.20min.ch/ro/news/suisse/story/27482941] (Zugriff: 22.10.2018); Homosexualités & Socialisme (HES) et le Mouvement d'Affirmation des jeunes Gais, Lesbiennes, Bi et Trans (le MAG-Jeunes LGBT), *Enquête sur le vécu des jeunes populations trans en France*, 2009, in [http://t1p.de/8cwe] (Zugriff: 18.11.2014); Arnold H. Grossman und Anthony R. D'Augelli, „Transgender Youth and Life-Threatening Behaviours," *Suicide and Life-Threatening Behavior*, Bd. 37, 2007, 527–537.

34 Vgl. BMFSFJ, *Übereinkommen über die Rechte des Kindes*, 12, 15, 20–21.

Personen, die das Stabilitätskriterium nicht erfüllen bzw. dieses nicht nachweisen können, wird die Inanspruchnahme der gewünschten juristischen oder medizinischen Prozeduren verwehrt. Dies kann zu ungerechtfertigten Ausschlüssen führen, weil sie diese auf Geschlechternormen westlicher Gesellschaften beruhenden Kriterien nicht erfüllen, aber auch ohne „stabile oder unveränderliche Geschlechtsidentität" eine soziale Transition durchführen oder somatische Behandlungen in Anspruch nehmen wollen. Die fehlende Diskussion in Recht und Medizin über diese Mechanismen erweist sich als ethisch problematisch.

Zusammenfassend lässt sich festhalten, dass es sich bei dem Phänomen *Trans** weder um eine Mode, Phantasie oder Phase[35] noch um eine Krankheit[36] oder Störung[37] handelt. Trans*Sein unterliegt zudem keiner Entscheidung oder Wahl – weder des Kindes noch der Eltern. Daher können weder Eltern noch Professionelle, z. B. Psy*, das Verschwinden des Phänomens erwirken, allenfalls seine Unterdrückung, was bei den meisten kurzfristig zu einer erheblichen psychosozialen Belastung, langfristig zu gravierenden psychischen Schädigungen führen kann. Ferner kann dies auch soziale Benachteiligungen nach sich ziehen, die sich u. a. beim Schulabschluss, bei Aus- und Weiterbildung sowie in Beziehungsgestaltungen widerspiegeln. Über die *Stabilität* bzw. *Konstanz* lässt sich derzeit weder bei Kindern noch bei Erwachsenen eine wissenschaftlich fundierte Aussage treffen. Dies als Kriterium juristischer oder medizinischer Prozeduren heranzuziehen, muss gleichermaßen für ethisch bedenklich gehalten werden.

III Trans* in der eigenen Familie? Erste Anzeichen und erste Fragen

Zunächst stellt sich für Erwachsene – unabhängig davon, ob als Elternteil, Bezugs- oder als sog. Fachperson – die Frage nach den Anzeichen dafür, dass ein Kind das Zuweisungsgeschlecht für sich nur teilweise oder nicht annimmt bzw. es ablehnt und sich – gemäß binärer Geschlechtervorstellungen – dem sog. *anderen* Geschlecht zugehörig fühlt.

---

35 Vgl. Peter Keins, *Trans*Kinder. Eine kleine Fibel*, Leipzig: CreateSpace Independent Publishing Platform 2015, 10; „Ein Transkind spielt nicht, es lebt das, was es fühlt," *Berliner Morgenpost*, 31.01.2015.

36 Vgl. Drescher et al., „Minding the body," 577.

37 Vgl. *Diagnostic and Statistical Manual of Mental Disorders. DSM-V*, Washington, D.C.: American Psychiatric Association 2013.

In diesem Zusammenhang sollte betont werden, dass es zwischen den Kindern eine breite Vielfalt an Ausdrucksformen in der verbalen und nonverbalen Kommunikation gibt, wie zahlreiche unterschiedliche Beispiele zeigen. Bezüglich der Spielzeug- oder Kleidungswahl gibt Keins[38] zu bedenken, dass diese allein kein zwingendes Kriterium für das Vorliegen – jedoch auch nicht für die Abwesenheit – von *Trans** darstellt.

Wie bereits erwähnt, äußern einige Kinder mit Beginn des Spracherwerbs, dass sie sich nicht so empfinden, wie es soziokulturell aufgrund ihrer Geschlechtsmerkmale von ihnen erwartet wird. Andere versuchen, sich den Eltern auf nonverbale Weise mitzuteilen. Eltern, die ihren Kindern aufmerksam zugewandt sind, realisieren die Tragweite und Ernsthaftigkeit der Aussagen und Handlungen – spätestens, wenn Leid zum Ausdruck kommt. Dazu Dagmar Pauli, Chefärztin der Psychiatrischen Universitätsklinik Zürich: „Eltern, die hinhören, spüren den Unterschied."[39] Zwischen den Kindern lassen sich in Äußerungen und im Verhalten durchaus Ähnlichkeiten feststellen; die gemeinsame Komponente scheint darin zu bestehen, dass sie dabei vielfach auf stereotype Vorstellungen zurückgreifen, was ein *Mädchen* bzw. was ein *Junge* sei, wenn sie sich nicht sogar direkt einer der beiden Kategorien selbst zuordnen.[40]

Die Vermittlung binärer Geschlechtervorstellungen und -normen widerspricht der menschlichen Vielfalt, die sich auf körperlicher Ebene durch Chromosomen, Hormone, Keimdrüsen und Genitalien widerspiegelt, auf der psychischen Ebene durch die individuelle Wahrnehmung, wobei sich nicht jeder Mensch mit weiblichem Zuweisungsgeschlecht als Mädchen bzw. Frau wahrnimmt und nicht jede Person mit männlichem Zuweisungsgeschlecht als Junge bzw. Mann. Schließlich zeigt sich die Vielfalt auf der sozialen Ebene, wovon die zunehmende Sichtbarkeit von Diversität in den Geschlechterrepräsentationen westlicher Gesellschaften zeugt. Inzwischen wird auch zunehmend von Mediziner_innen und Psycholog_innen entsprechend dem fehlenden Nachweis der Krankhaftigkeit des Phänomens eines unzutreffenden Zuweisungsgeschlechtes der Standpunkt vertreten, dass erzieherisches (oder gar therapeutisches) Einwirken auf das Empfinden der Geschlechtszugehörigkeit unethisch sei.[41] Derartiges Handeln ist entwürdigend und verursacht seelische Verletzungen.

---

38 Vgl. Keins, *Trans*Kinder*, 12.

39 Patricia Banzer (Red.), Stefan Siegenthaler (Mod.), „Transkinder: Wenn die Phase keine Phase ist," in *Doppelpunkt*, Radio SRF 1, in [http://t1p.de/fbu9] (Zugriff: 22.10.2018).

40 Vgl. die Erfahrungsberichte von Familien, in [www.trans-kinder-netz.de/erfahrungsberichte.html] (Zugriff: 22.10.2018).

41 Vgl. Eli Coleman et al. „Standards of Care for the Health of Transsexual, Transgender, and Gender-Nonconforming People, Version 7," *International Journal of Transgenderism*, Bd. 13, 2011,

Kinder unterliegen einem hohen Druck und emotionalen Belastungen, wenn sie gezwungen werden, im für sie „falschen" Geschlecht bzw. nicht in ihrem „richtigen" Geschlecht zu leben, was als „nicht unerhebliche Kindeswohlgefährdung"[42] betrachtet werden kann. Vielmehr müssen Kinder in ihrer Selbstwahrnehmung und -beschreibung ernst genommen werden; ebenso muss ihnen im Falle von Belastungen unterschiedlichen Ausmaßes die Möglichkeit einer Begleitung zuteilwerden, deren Ziel es ist, Belastungen zu minimieren und für umfassendes Wohlbefinden zu sorgen.[43] Dies trifft auch für Eltern zu, wobei ein breites Spektrum von Beratungssettings bis hin zur psychologischen Begleitung denkbar ist. Vor dem Hintergrund tradierter Geschlechternormen stellen sowohl Machthierarchien in Verbindung mit Unwissenheit über Kinder, deren Zuweisungsgeschlecht von der geschlechtlichen Selbstzuschreibung abweicht, und den Umgang mit ihnen als auch die Angst der Erwachsenen vor der „Fehlentscheidung", einem Kind die Transition zu ermöglichen,[44] nicht nur – wie bereits angesprochen – eine große Hürde in institutionellen Strukturen des Medizin-, sondern auch des Bildungs- und Rechtssystems dar. Es ist bemerkenswert, dass innerhalb der Medizin kaum bzw. unzureichend die Angst der Therapeut_innen vor der Fehlentscheidung diskutiert wird, einem Menschen die Genehmigung zur medikamentösen oder administrativen (Änderung von Personenstand und/oder Vorname) Transition vorzuenthalten, obwohl dies mit einem deutlich erhöhten Risiko der Aufrechterhaltung oder Zunahme psychosozialer Einschränkungen, psychischer Beschwerden und Suizidalität einhergehen kann.

Damit Kinder Gehör und Anerkennung finden, gilt es vor allem, sie in ihrer Selbstwahrnehmung und -beschreibung ernst zu nehmen und ihre Rechte zu achten. Zudem haben „Kinder [...] ein Recht auf gewaltfreie Erziehung. Körperliche Bestrafungen, seelische Verletzungen und andere entwürdigende Maßnahmen sind unzulässig."[45] Das Bundesverfassungsgericht (BVerfG) hat 2011 formuliert: „Es ist wissenschaftlich gesicherte Erkenntnis, dass die Zugehörigkeit eines Menschen zu

165–232, 175; Preuss, *Geschlechtsdysphorie*, 179; Erik Schneider, „Trans'-Kinder zwischen Definitionsmacht und Selbstbestimmung," in *Normierte Kinder*, op. cit., 181–203.

42 Bernhard Breuer, zit. nach: Bernd Meyenburg, „Expertendiskussion der Begutachtung nach dem Transsexuellengesetz," *Zeitschrift für Sexualforschung*, Bd. 29, 2016, 57–61, 59.

43 Vgl. Kristina R. Olson et al., „Mental Health of Transgender Children Who Are Supported in Their Identities," *Pediatrics*, Bd. 137, 2016, Nr. 3, e20153223; Kristina R. Olson, Aidan C. Key, Nicholas R. Eaton, „Gender Cognition in Transgender Children," *Psychological Science*, Bd. 26, 2015, 467–474.

44 Vgl. Erik Schneider, „Gender: What a challenge for psychiatry? Biology and society in classifications and clinical practice," Vortrag, Paris, Dezember 2013.

45 § 1631 BGB (Inhalt und Grenzen der Personensorge) Abs. 2, in [https://dejure.org/gesetze/BGB/1631.html] (Zugriff: 22.10.2018).

einem Geschlecht nicht allein nach den äußerlichen Geschlechtsmerkmalen im Zeitpunkt seiner Geburt bestimmt werden kann, sondern sie wesentlich auch von seiner psychischen Konstitution und selbstempfundenen Geschlechtlichkeit abhängt".[46] Darüber hinaus sprechen alle neueren Menschenrechtsdokumente[47] von einem Selbstbestimmungsrecht, das auch Kindern zuteilwerden muss.

Im Umgang mit Kindern zeichnet sich ein Paradigmenwechsel ab, der sich in vielen gesellschaftlichen Teilbereichen widerspiegelt. Damit werden nicht nur Eltern, sondern auch anderen Personen und Institutionen Handlungsgrundlagen und -empfehlungen angeboten, die ein akzeptierendes Umfeld schaffen können, auch wenn das Erkennen und Realisieren der vermeintlichen Besonderheit eines Kindes Aufgabe zugewandter Eltern ist.

IV Interaktion mit dem sozialen Umfeld

Durch seinen sozialen Kontext ist unser Leben geprägt von Interaktionen mit anderen Individuen, Gruppen und Institutionen. Im Folgenden werden einschneidende Schritte und Entscheidungen, die mit *Coming-out* und *Transition* einhergehen, sowie mögliche Hindernisse und Herausforderungen diskutiert.

1 Coming-out: Und nun?

Zunächst stellt sich die Frage, ob jedes Kind, dessen Zuweisungsgeschlecht von seinem geschlechtlichen Sein abweicht, ein sog. *Coming-out* durchführt, d. h. ein „absichtliche[s], bewusste[s] Öffentlichmachen"[48] seines Soseins. Hiervon abzugrenzen ist das *Outing*, bei dem in Analogie zur Definition des Begriffs *Coming-out* das Sosein eines Menschen „ohne dessen Zustimmung öffentlich bekanntgemacht"[49] wird.

---

46 BVerfG, Beschluss des Ersten Senats vom 11. Januar 2011 (1 BvR 3295/07), Rn. 51, in [www.bverfg.de/e/rs20110111_1bvr329507.html] (Zugriff: 22.10.2018).

47 Hirschfeld-Eddy-Stiftung, „Die Yogyakarta-Prinzipien," in *Schriftenreihe der Hirschfeld-Eddy-Stiftung*, 2008, [http://t1p.de/eqxb] (Zugriff: 22.10.2018); Parlamentarische Versammlung des Europarates, *Resolution 2048 (2015), Discrimination against transgender people in Europe*, in [http://t1p.de/t3ur] (Zugriff: 22.10.2018); Parlamentarische Versammlung des Europarates, *Resolution 1728 (2010), Discrimination on the basis of sexual orientation and gender identity*, in [http://t1p.de/w0ie] (Zugriff: 22.10.2018).

48 *Duden*, Art. „Coming-out," in [http://t1p.de/nh0d] (Zugriff: 22.10.2018).

49 *Das Herkunftswörterbuch*, Art. „outen," in [http://t1p.de/e4zc] (Zugriff: 22.10.2018).

Unabhängig davon, ob Kinder den Weg des *Coming-out* z.B. in der Schule oder einen anderen Weg der Mitteilung wählen, ist es doch immer ein Prozess, in dem das Innere nach außen gekehrt wird, die Wahrheit (über sich selbst) mitgeteilt wird. Dies gilt es wahrzunehmen und wertzuschätzen, unabhängig davon, ob das Zuweisungsgeschlecht vom geschlechtlichen Sein abweicht oder nicht. Nicht alle Kinder wünschen, dass ihre Besonderheit Außenstehenden mitgeteilt wird. Manche ziehen es vor, *stealth* („unerkannt, verdeckt") zu leben, d.h. die Abweichung des Zuweisungsgeschlechtes ist nur (einzelnen) sog. Fachpersonen, z.B. in der Schule, bekannt. Auch dies ist zu respektieren. Manche Kinder führen keine Transition durch, wenn sie bereits in Kindergarten, Vor- und Grundschule in der ihrem Geschlechtsempfinden entsprechenden Geschlechtsrolle leben. Manche führen zu einem späteren Zeitpunkt ihres Lebens ein *Coming-out* durch. Bedeutsam ist hierbei, dass die Entscheidung bei Kind und Familie belassen und dass das Kind nicht (von professioneller Seite) dazu gedrängt wird.

Der wichtigste Aspekt für ein Kind ist die Anerkennung seiner *geschlechtlichen Selbstwahrnehmung* und *Selbstzuordnung*, d.h. sich als *Mädchen*, *Junge*, weder *Mädchen* noch *Junge*, beides gleichzeitig oder noch anders geschlechtlich zu empfinden und selbst zuzuordnen (*geschlechtliche Selbstpositionierung*), sobald es dies sprachlich zum Ausdruck bringt. Diese Anerkennung kann schon im Kindergartenalter mit dem Verwenden eines vom Kind gewählten Vornamens und des entsprechenden Geschlechtspronomens einhergehen. Insbesondere bei zögernden Eltern, die ihr Kind trotz deutlicher Anzeichen für ein Abweichen vom Zuweisungsgeschlecht weiterhin diesem zuordnen, scheinen die Kinder oftmals eine abwartende Haltung einzunehmen, bis ihre Eltern so weit sind, ihr Sosein, ihre Besonderheit vollständig zu akzeptieren. Nach Aussage einiger Eltern scheint der zugewiesene Vorname für sie eine Zeit lang kein Problem darzustellen, wobei hierzu keine wissenschaftlichen Informationen vorliegen.

Dies ändert sich jedoch oftmals noch im Grundschulalter. In diesem Alter fordern mehr Kinder ein, dass sie mit ihrem selbst gewählten Vornamen angesprochen und gemäß dem empfundenen Geschlecht behandelt und bezeichnet werden. Bei Kindern, in denen ein Elternteil erhebliche Widerstände aufweist, erfolgt dies oftmals konsequent nur einem Elternteil gegenüber oder dann „heimlich" im öffentlichen Raum, wo auch der andere Elternteil Einfluss hat, im Speziellen in der Schule, um Ablehnung und Sanktionen des einen Elternteils und Familienstreit zu vermeiden. Andere Kinder äußern sich nonverbal. Wie an obigen Beispielen ausgeführt, fallen sie ihren Eltern, mitunter auch Professionellen in Kindergärten, Schulen oder anderen paraschulischen Einrichtungen durch die Auswahl ihrer Kleidung, ihres Spielzeuges oder durch ihr Spielverhalten auf, weil dies nicht den gängigen Geschlechternormen entspricht, oder aber durch Verhaltensauffälligkeiten, wie z. B. sozialer Rückzug, depressive Tendenzen und Aggressionen.

Innerhalb der Medizin wird das Thema soziale Transition (weit) vor der Pubertät bzw. in der frühen Kindheit[50] kontrovers diskutiert. Dabei wird nicht selten ausgeblendet, dass zunehmend Kinder jüngeren Alters gemäß ihrer geschlechtlichen Selbstzuordnung als *Mädchen* bzw. *Junge* leben. Befürwortende des Hinauszögerns der *sozialen Transition* im präpubertären Alter[51] heben die fehlende Voraussagemöglichkeit hervor, wie sich die Geschlechtsidentität eines Kindes entwickelt, sowie mit Bezugnahme auf Steensma et al.[52] den hohen Stress, den ein Kind haben kann, wenn es zu einem späteren Zeitpunkt (erneut) die Rolle des Zuweisungsgeschlechts einnehmen möchte, wie auch die angeblich geringe Anzahl von jenen, deren sog. Geschlechtsdysphorie über die Kindheit hinaus bestehen bleibt.[53] In Elterngruppen wie u. a. Trans-Kinder-Netz e.V. sowie in deutschen Behandlungszentren können diese Beobachtungen nicht bestätigt werden.[54] Darüber hinaus gibt es Ansätze, wonach es Aufgabe der sog. Fachpersonen ist, im Falle des Wunsches, (wieder) gemäß dem Zuweisungsgeschlecht zu leben, eine barrierearme Re-Transition zu ermöglichen.[55]

Bei der *sozialen Transition* handelt es sich zu keinem Zeitpunkt des Lebens um eine irreversible Situation. Bei einer Transition vor der Pubertät teilen unterstützende Eltern ihren Kindern schon frühzeitig mit, dass sie jederzeit die Geschlechtsrolle (wieder) ändern können. Vorschläge von Coleman et al.[56] zu sog. Kompromissen (z. B. nur während der Ferien) schlagen oftmals genauso fehl wie Versuche mancher Eltern, das Leben in der empfundenen Geschlechtsrolle auf die häusliche Umgebung zu begrenzen. Wie Eltern in den Elterngruppen berichten, lassen immer mehr von ihnen ihr Kind in der für das Kind passenden Geschlechtsrolle leben. Manche nehmen dabei für sich selbst psychologische Betreuung in Anspruch. Eltern sehen insbesondere dann keine Veranlassung für eine Psy*-Begleitung, wenn sie selbst kein Problem sehen, ihr Kind nicht leidet und es mit der Schule keine Probleme bezüglich der Anerkennung der kindlichen Besonderheit gibt. Sollten die Kinder in der Schule Schwierigkeiten bekommen oder aus anderen Gründen Redebedarf haben, den die Eltern nicht abdecken

50 Vgl. Coleman et al., „Standards of Care," 176.

51 Vgl. ebd.

52 Thomas D. Steensma et al., „Desisting and persisting gender dysphoria after childhood: a qualitative follow-up study," *Clinical Child Psychology and Psychiatry*, Bd. 16, 2011, 499 – 516.

53 Vgl. a. a. O.

54 Vgl. Keins, *Trans*Kinder*, 18.

55 Vgl. Hidalgo et al., „The Gender Affirmative Model," 285 – 290.

56 Coleman et al., „Standards of Care."

können, suchen sie sich entsprechende Unterstützung, sei es bei anderen Eltern oder sei es bei sog. Fachpersonen.

Dem steht die Einschätzung mancher Psy* entgegen, dass ein Rollenwechsel in der Schule erst nach sorgfältiger Diagnostik, psychotherapeutischer Bearbeitung und differenzierter Evaluation der Prognose, d. h. einer Konstanz des Geschlechtsidentitätsgefühls, und bei Selbstbehauptungsvermögen in der stimmigen Geschlechtsrolle individuell abgewogen und durchgeführt werden sollte.[57] Diese Einschätzung erstaunt angesichts der Tatsache, dass Mediziner_innen wie Psy* den Krankheitsnachweis bislang schuldig geblieben sind. Es stellt sich daher die Frage, inwiefern ein Umstand menschlicher Diversität der Diagnostik bedürftig erscheint und was genau und mit welchen Instrumenten diagnostiziert werden soll. Verhalten (u. a. Kleidung, Spielzeug) oder Selbstaussagen, die nicht den kulturellen binären Geschlechternormen entsprechen und oftmals auf Stereotypen basieren, zur Grundlage medizinischer Diagnostik zu machen, ist ethisch hoch problematisch.

Wie allgemein bekannt, ändern sich diese kulturellen Vorstellungen über Raum und Zeit und stellen somit keine unveränderliche, verlässliche Komponente dar, die einer seriösen Diagnostik zugrunde gelegt werden kann. Des Weiteren stellt sich die Frage, was genau bei einem Kind, das nicht leidet und seinen Lebensweg geht, psychotherapeutisch bearbeitet werden soll. Inzwischen gibt es immer mehr Schulen, die offen gegenüber Kindern sind, welche nicht den Geschlechternormen entsprechen, und sie im schulischen Alltag unterstützen, wie andere Kinder auch. Bezüglich der Prognose wurde bereits ausgeführt, dass niemand eine solche abzugeben vermag. Auch kein_e Psy* vermag vorauszusehen, ob ein Kind im Einzelfall seine Geschlechtsrolle im weiteren Leben wieder umstellt oder nicht. Dies ist auch nicht notwendig, wenn Eltern und Schule dem Kind den Explorationsraum geben, um die vielfältigen Facetten seines geschlechtlichen Seins herauszufinden, und einen (erneuten) Wechsel der Geschlechtsrolle barrierearm und in entdramatisierender Weise unterstützen.

Ferner greift Preuss das mögliche „Vergessen“ der geschlechtlichen Besonderheit auf, insbesondere wenn es keine Probleme in der Familie oder Umgebung gibt. Dieses Phänomen ist in den Vereinen wie Trans-Kinder-Netz e.V. und der Elterngruppe von Intersex & Transgender Luxembourg bisher nicht begegnet. Dem Argument, die mögliche Scham, eine Re-Transition durchführen zu wollen, könne zu erheblichen Konflikten führen, und die Transition sei daher bis zur Pubertät hinauszuschieben, steht der gegenwärtige Leidensdruck eines Kindes gegenüber, wenn ihm der Weg der Rollenumstellung verwehrt wird. Das Argu-

57 Vgl. Preuss, *Geschlechtsdysphorie*, 184.

ment, es könne später zu vermehrtem Leiden im Vergleich zur Gegenwart kommen – was nicht notwendigerweise der Fall sein muss –, kann nicht als tragfähig erachtet werden. Darüber hinaus erscheint es problematisch, mit Rücksicht auf einige Kinder allen Kindern eine Transition zu dem von ihnen gewählten Zeitpunkt zu verwehren.

2 Risikofaktoren, Hürden und Handlungsempfehlungen

Die Abweichung von den kulturell basierten und tradierten Geschlechternormen kann ein Kind in seiner Gesundheit und Entwicklung teils erheblich beeinträchtigen. Psychische Beschwerden wie Konzentrations- und Aufmerksamkeitsstörungen, Depressivität, Essstörungen und Drogenmissbrauch, Probleme in der Schule mit erhöhter Schulabwesenheit, schlechten Schulleistungen und Schulabbruch sowie sozialer Rückzug können u. a. dazugehören. Das erhöhte Suizidrisiko ist inzwischen vielen Mediziner_innen und Psy* bekannt. Im Folgenden seien einige Beeinträchtigungen herausgegriffen.

(a) Zum einen kann die Gesundheit durch *intrinsische* Faktoren beeinträchtigt sein, d. h. die Kinder selbst können ihre *Besonderheit* aufgrund der Inkongruenz zwischen Körper und geschlechtlicher Selbstwahrnehmung im Vergleich zu anderen Kindern, die sich mit ihrem Zuweisungsgeschlecht identifizieren, als problematisch sehen. Viele Kinder leiden bereits vor der Pubertät unter der Vorstellung der zu erwartenden körperlichen Veränderung. Eine Mutter berichtet, dass ihr 6-jähriges Kind sie fragte: „Mama, ich will keinen Bart und keinen Stimmbruch. Gibt es Tabletten dagegen?" In einer anderen Situation äußerte es, „nicht so viele Muskeln haben zu wollen"[58]. Bereits im Alter von vier Jahren zeigen einige Kinder selbstverletzendes Verhalten oder äußern Vorstellungen darüber: „Als ich vier Jahre alt war, wollte ich mir den Penis abschneiden und habe ihn immer versteckt".[59] Eine andere Mutter berichtete, dass ihr 7-jähriges Kind sagte: „Der [Penis] soll ab. Mama, ich will die Hoden rausquetschen, dann schmeiß ich sie in den Müll."[60] Dies verdeutlicht, dass diese Kinder unter der zu erwartenden natürlichen Entwicklung ihres Körpers leiden wie auch aufgrund bestimmter körperlicher Bedingungen Ekel und andere Formen der Ablehnung empfinden. Zudem leiden sie unter den Erwartungen, die an sie aufgrund (binärer) Vorstellungen von Geschlechterrollen herangetragen werden.

---

58 Austausch vom 25. Mai 2016.

59 Trans-Kinder-Netz e.V., „Lisa, 9 Jahre," 1, in [http://t1p.de/32zr] (Zugriff: 22.10.2018).

60 Austausch vom 25. Mai 2016.

(b) Zum anderen kann die Gesundheit durch *extrinsische* Faktoren aus der Umwelt beeinträchtigt oder gar gefährdet sein. Hierunter sind sehr verschiedene Situationen denkbar, die sich aus einer ablehnenden Haltung unterschiedlicher Personen ergeben und in Abhängigkeit von der Beziehungsebene zu erheblichem Leidensdruck bzw. Einschränkungen führen können. Nicht-Akzeptanz und Zurückweisung durch die eigene Familie wirken sich negativ auf die psychische Gesundheit aus und haben entsprechende psychosoziale Folgen.[61] Damit erhöht sich das Risiko einer Depression oder gar Suizidalität.[62] Wie bereits beschrieben, ist ein akzeptierendes und unterstützendes Verhalten von großer Bedeutung für eine gesunde Entwicklung des Kindes. Darüber hinaus entwickeln sich nicht selten im Umgang mit (staatlichen) Institutionen wie dem Jugendamt, Schulen oder Schulämtern – manchmal sogar erst durch vermeintliche Gefährdungsmeldungen durch Dritte hervorgerufen – aufgrund von Unwissenheit und daher mangelnder Akzeptanz oder gar Feindseligkeit der zuständigen Professionellen zusätzliche Belastungen für die Familien dieser Kinder. Die Bewältigung der Hürden verlangt den Einsatz verschiedenster Ressourcen, die oftmals nur begrenzt zur Verfügung stehen.

Ein großer Risikofaktor für die Gesundheit der Kinder ist die Reaktion des Kindergartens, noch mehr der Schule. Viele Pädagog_innen verfügen über unzureichendes Wissen zu Geschlechterdiversität in Kindheit und Jugend. Toiletten, Umkleiden, aber auch einige Schulmaterialien und Tätigkeiten sind bzw. erfolgen geschlechtssegregiert. Die Anerkennung der geschlechtlichen Selbstzuschreibung, die nicht mit dem Zuweisungsgeschlecht zusammenfällt, ist trotz eines Rechtsgutachtens[63] eine rechtliche Grauzone. Die Schule *kann* ein Kind bei dem gewünschten Namen rufen, Zeugnisse auf den Namen ausstellen, dem Kind den Gang auf die für das Kind „richtige“ Toilette gestatten, *muss* es aber nicht. Sofern die Schule der Thematik offen gegenübersteht, stehen Familien mit Kindern, die gerade erst in die Schule kommen oder nach der *sozialen Transition* die Schule wechseln, vor der gemeinsamen Entscheidung, ob das Kind *stealth* oder offen zur Schule geht. Beide Wege bergen Vor- und Nachteile.

---

61 Vgl. Caitlin Ryan, David Huebner, Rafael M. Diaz, Jorge Sanchez, „Family Rejection as a Predictor of Negative Health Outcomes in White and Latino Lesbian, Gay, and Bisexual Young Adults,“ *Pediatrics*, Bd. 123, 2009, 346–352.

62 Vgl. HES/le MAG-Jeunes LGBT, *Enquête sur le vécu des jeunes populations trans en France*; Erik Schneider, *An insight into respect for the rights of trans and intersex children in Europe*, hg. von Council of Europe 2013, 11, in: [https://rm.coe.int/168047f2a7] (Zugriff: 22.10.2018); Grossman/D'Augelli, „Transgender Youth.“

63 Maria Sabine Augstein, „Zur Situation transsexueller Kinder in der Schule vor der offiziellen (gerichtlichen) Vornamensänderung“ (2013), in [http://t1p.de/9pgy] (Zugriff: 22.10.2018).

Für Kinder, die schlechte Erfahrungen in Kindergarten oder Schule gemacht haben, geht mit der Entscheidung, *stealth* in die Schule zu gehen, uneingeschränkte Akzeptanz durch die anderen Kinder einher. Damit können die Kinder vor Negativerfahrungen durch Exklusion geschützt werden. Allerdings müssen für den Sportunterricht, insbesondere für das Schwimmen, Lösungen wie z. B. für Umkleiden und Duschen gefunden werden. Bei der Option, „offen" bzw. „geoutet" in die Schule zu gehen, müssen Pädagog_innen, Kinder und Eltern informiert werden, um einen diskriminierungsfreien Raum zu schaffen. Viele Eltern schreiben hierzu Elternbriefe oder sprechen an Elternabenden vor den anderen Eltern, um Informationen zu verteilen, aufzuklären und für Verständnis für ihre Kinder zu werben, denn nicht selten erfahren Kinder trans*bezogenes Bullying in der Schule.

Insgesamt bleibt festzuhalten, dass ein unterstützendes und akzeptierendes Vorgehen, welches den Bedürfnissen und Wünschen der Kinder gerecht wird und ihnen ein zufriedenes Leben in allen Kontexten ermöglicht, von grundlegender Bedeutung für eine gesunde Entwicklung ist. Wohlfühlen und Selbstverwirklichung stehen im Mittelpunkt aller Entwicklungsbereiche. Hierbei besteht kein Unterschied darin, ob ein Kind das zugewiesene Geschlecht für sich annimmt oder nicht bzw. ob es ein dem Zuweisungsgeschlecht entsprechendes Rollenverhalten zeigt oder nicht.

V Schlussfolgerungen

Entgegen früherer Vorstellungen des sog. Fachpersonals der Gesundheitsberufe teilen Kinder oftmals bereits in der (frühen) Kindheit ihre geschlechtliche Selbstzuordnung mit und werden von ihren Eltern „gehört", d. h. in ihrem geschlechtlichen Sein wahrgenommen. Ihnen wird eher zugestanden, sich entsprechend auszudrücken, vor allem über selbstgewählte Kleidung. Auch scheinen sie durch Eltern oder andere Bezugspersonen mehr Möglichkeiten zu erhalten, sich auszuprobieren, sei es über die vielfältigen Angebote der Mode-, Bekleidungs- und Spielzeugindustrie oder über Spiel- und Sportaktivitäten in der Freizeit sowie selbstgewählte Freundschaften. Letztlich kann dies auf den Wandel kultureller Normen und Werte hinsichtlich des Geschlechts und der Sexualität zurückgeführt werden, der inzwischen durch wissenschaftliche Beiträge sowie Medienberichte für westliche Gesellschaften als belegt gilt.

Überdies werden zunehmend Kinder sichtbar, die in jüngerem Alter die *soziale Transition* vollziehen und unterstützt werden. Das Phänomen des von der geschlechtlichen Selbstwahrnehmung abweichenden Zuweisungsgeschlechts tritt also nicht erst im Erwachsenenalter auf. Dennoch ist der Umgang mit diesen

Kindern nach wie vor durch fehlendes Wissen über menschliche Vielfalt, Festhalten an binären Geschlechterkonzepten – oftmals verbunden mit der Vorstellung von wissenschaftlich nicht erwiesener Krankhaftigkeit –, Ignoranz, Ablehnung oder sogar Feindseligkeit vieler sog. Fachpersonen in Gesundheit, Erziehungswesen und Recht geprägt. Aus Unwissenheit und aufgrund kaum reflektierter Ängste von Eltern, aber auch sog. Fachpersonen unterschiedlicher Institutionen, in deren Kontexte Kinder selbst handeln oder behandelt bzw. begleitet werden – also (Sozial-)Pädagog_innen, (Schul-)Sozialarbeiter_innen, Jurist_innen, Verfahrensbeistând_innen usw., auch der Psy* selbst –, gehen nicht selten Entscheidungen hervor, denen ein falsches Verständnis von Diskriminierung und Diskriminierungsschutz zugrunde liegt. Diese Entscheidungen können zu hohen psychischen Belastungen führen und die gesunde Entwicklung der Kinder schädigen, sofern diese Kinder keine Förderung der Resilienz durch bestimmte Personen oder Faktoren in ihrer Lebensumwelt erfahren. Insofern ist die Auseinandersetzung mit eigenen Ängsten in Bezug auf diese Kinder, die bis heute in der medizinischen Fachwelt kaum diskutiert werden, von großer Bedeutung. Diesbezüglich kommt den Psy* selbst aufgrund ihrer strukturellen Macht durch die Erstellung von Diagnosen eine bedeutende Rolle bei der innerdisziplinären und der individuellen Auseinandersetzung mit eigenen Ängsten wie auch eigenen Geschlechternormen zu.

Angesichts des nachweisbaren Leidensdrucks der Kinder, wenn ihr geschlechtliches Sein nicht anerkannt und respektiert wird, scheinen diese Reflektionen geradezu geboten. Im Fokus sollten die Bedürfnisse der Kinder stehen. Im Umgang mit den Kindern werden vor allem bedingungslose Anerkennung und Respekt gegenüber der geschlechtlichen Selbstwahrnehmung, d.h. der Selbstzuordnung zu einer binären oder außerbinären Geschlechtskategorie eines Kindes benötigt und gefordert; kurzum: eine nicht-pathologisierende Sichtweise auf Kinder, die nicht den derzeit geltenden Geschlechternormen entsprechen. Für elterliche Anfragen und ggf. jener von Kindern muss ein affirmativ arbeitendes, dezentrales Beratungsnetzwerk geschaffen werden. Ferner bedarf es eines kritischen Blicks auf (medizinische) Konzepte, die Kinder und andere Menschen in Kategorien zu erfassen versuchen und damit Explorationsraum und geschlechtliche Selbstzuordnung von Individuen einschränken. Dies schließt ausdrücklich Konzepte ein, die das geschlechtliche Sein mit Fragen der Sexualität verbinden, auf dass diese Vermischung aufgehoben werden möge.

Bezüglich des Umgangs mit Kindern vermag allein der affirmative Ansatz, wonach ein Kind in seinem geschlechtlichen Sein so angenommen wird, wie es ist, und gemäß seinen aktuell geäußerten Bedürfnissen unterstützt wird, sicherzustellen, dass Eltern, andere Bezugspersonen wie auch sog. Fachpersonen individuell auf die Lebenssituation des Kindes eingehen, ohne es zu verunsichern oder anderweitig zu beeinträchtigen. Seine Anwendung erscheint alternativlos, ist er doch der einzige Weg, ein Kind in jedem Alter durch Familien und alle involvierten sog. Fachpersonen, d. h. möglicherweise schon weit vor der Pubertät – spätestens ab dem Moment, in dem ein Kind sich äußert – schadensfrei zu begleiten.

Karin Kammann

... und danach, was wird?

Geschlechterwandel und Folgen*

Abstract: Basierend auf meinen Erfahrungen seit meiner Geschlechtsangleichung im Jahr 1988 werde ich auf die sensiblen Beziehungspunkte von Trans* in Gesellschaft und Kirche eingehen. Als erste transsexuelle Pastorin in Deutschland habe ich mich auf die Kluft zwischen den gemachten Zusagen der Kirchenleitung bei meiner Ordination 1993 und dem gegenteiligen Verhalten konzentriert, was 14 Jahre später zur Aberkennung meiner Ordinationsrechte führte. Meiner Ansicht nach ist geschlechtliche Vielfalt ein niemals endender Prozess der Findung einer neuen Identität, der uns in ein Jenseits des binären Geschlechtersystems führt. Geschlecht darf daher keine feste Konfession werden. Weder Anpassung noch der Wunsch nach Normalität sollten die Talente von trans* Menschen hemmen, die einer Reise durch ein Leben voller besonderer und einzigartiger Erfahrungen entspringen. Daher gilt: „Wir sind nicht alleine. Zu allen Zeiten existieren wir. Was auch immer die Leute sagen mögen: Wir sind immer da und da gewesen!"

Vorab eine Verständigung: Es ist unmöglich, außerhalb von Geschlecht über Geschlecht zu reden. Man sollte es erst gar nicht versuchen.

Daher ist Mitdenken und -fühlen in diesem Fall beim Thema geboten. Denn Geschlecht ist niemals neutral, zeichnet es sich doch dadurch aus, dass man es zu haben hat. Geschlecht zu haben, das ist eine bürgerliche Bekenntniskategorie, ein notwendiger Zugehörigkeitsausweis und zugleich die erste Zuschreibung eines Menschen. Innerhalb von Bruchteilen von Sekunden ordnen wir Menschen ein in diese Kategorie. Das geschieht automatisch, indem wir ihnen Geschlecht ansehen, imputieren sozusagen.

Menschen aber, die aus ihrem gegebenen Geschlecht wissentlich und willig desertieren, sieht weder Theologie noch Ethik vor. Sie sind und bleiben Ausnahmeerscheinungen, da man sich außerhalb des Allgemeinen stellt mit einer Entscheidung, die inkommensurabel ist und bleibt. Daher ist die Bearbeitung von Trans* meist darauf fixiert, das Phänomen zu erklären, indem man es wieder ins

* Dieser Text basiert auf einem Vortrag auf dem Transgender Forum des CSD in Kassel, den ich am 14. Juli 2007 im Gemeindezentrum der Ev. Kirchengemeinde Kassel-Wehleiden gehalten habe. Zur Veröffentlichung in diesem Band wurde er überarbeitet, in seinem Aufbau und Aussagen aber beibehalten.

https://doi.org/10.1515/9783110614626-007

Allgemeine zu vermitteln versucht, eben als Ausnahme, die die Regel zu bestätigen habe, dass es zwei Geschlechter gebe. Oder als inzwischen erklärbar und daher erlaubte Variante. Was erklärbar ist, muss einen Ursprung haben und wenn es das hat, kann es auch da sein. Dass etwas da ist, was zunächst keine Erklärung hat, ist im westlichen Denken nicht vorgesehen.[1]

Mit all solchen Versuchen wird man uns nicht gerecht. Eher beschreibt man damit den Diskurs der eigenen gesellschaftlichen Selbstvergewisserung, zu dem auch die Theologie dann ihren Beitrag zu leisten hat – ohne jedoch ernsthaft in einen direkten Dialog treten zu wollen.

Von Geschlecht zu reden, ohne die eigene, leibliche Selbstverortung zu leisten, ist *mind-fucking*. Geschlecht blüht nicht im Kopf. In, mit und unter der körperlichen Topographie leisten wir gleichzeitig den Prozess von Abstoßung und Aneignung von Geschlecht, was zugleich eine gesellschaftliche Aufgabe beschreibt. Es reicht daher in keiner Weise, wenn man, wo auch immer, das Vorliegen von Geschlecht attestiert. Es kann sich ändern.

Schon Theologen wie Martin Luther wussten, dass die Akzidenz die Substanz bewahrheitet und nicht umgekehrt.[2] Das gilt auch und im Besonderen beim Thema Geschlecht. Daher muss zu jeder Wahrheit die Erfahrung treten und hinter jeder Erfahrung ihre Bewahrheitung ausstehen.

I Allenfalls im Übergang lässt man uns gelten

Immer mehr Menschen sind aufmerksam geworden auf das Thema Transsexualität. Dieses wird jedoch in den Richtlinien der Exotik, bestenfalls der Betroffenheit ausgetragen. So mehren sich die Berichte von Übergängen von einem zum anderen Geschlecht, die meist demselben Schema folgen: Mann wird Frau, Frau wird Mann. Und dabei ist man interessiert vor allem an dem Interim, dem Dazwischen-Sein, verbunden meist mit der Feststellung der besonderen Schwere

1 Schon bei Origenes verdanken sich alle Dinge einem Ursprung oder einer *prima causa*. Daher ist das Bemühen groß, Ursachen der Transsexualität zu finden und auszuweisen, damit man sich dann im Allgemeinen verständigen kann. M. E. käme es eher darauf an, ohne Erklärung oder Ableitung der kausalen Strukturen Menschen zu begegnen und ihr Dasein als eines anzunehmen, welches erst einmal da ist. Zwei Sätze sind mir über die Jahre zugewachsen, die mir lebensrettend waren: „Ich bin da und das genügt!" war einer davon. Der andere lautete: „Ich bin nicht allein, wir sind viele. Es gab uns schon immer und zu allen Zeiten!"

2 Mitschrift Karin Kammanns zu Professor Lothar Steigers Vorlesung „Die Psalmenkommentare Martin Luthers im Original", Heidelberg, Wintersemester 1983/1984.

eines Schicksals. Die mediale Verwertung kann eben nur sehr schwer auf Lori verzichten, die einmal Lorenzo war. Oder auf Karin oder Klaus.

Der Voyeurismus der Kamera wird bedient und weckt damit erst die Begehrlichkeiten eines Publikums, das auf das Besondere und Exotische, das Fremde angefixt wird. Solidarisierungen, wie sie untereinander dringend nötig wären, werden im Blick der Kamera unmöglich. Das grelle Licht verbrennt zudem die Zwischentöne, immer wieder werden dieselben Stereotypen transportiert. Man sei im falschen Körper gefangen gewesen. Darüber werden die vermeintlich Agierenden zu Objekten medialer Begierde degradiert und verschwinden als Person gerade dann, wenn sie sich in den Mittelpunkt stellen.

Mediale Dialektik.

Der Begehrlichkeit des Auges kann sich niemand entziehen.

Was man im Alltagstest von Betroffenen tagtäglich erlebt, wird nun medial und öffentlich kopiert: Es ist das Erstaunen am Offensichtlichen. „Ey, was ist das denn?" Niemand von uns kommt an diesem Phänomen vorbei, nur ist es fraglich, dieses noch weiterhin öffentlich in den Medien ausführen zu müssen. Denn in der Projektion der Sehenden, im gebannten Auge bleiben auch die Betroffenen als Betroffene gefangen und können sich nicht bewegen oder artikulieren.

Daher ist mein dringender Rat für Menschen im Übergang: sich von der medialen Verwertung fernzuhalten. Oder es doch so behutsam wie möglich zu tun. Man verbrennt sonst nur.

Wichtiger erscheint es mir, der frierenden Seele den Mantel zurückzugeben. Formen der Wertschätzung und Begrüßung zu entwickeln, sozusagen Rituale des Ankommens im eigenen Geschlecht, was immer es auch sein mag. Dabei geht es nicht darum, zu dokumentieren, ob jemand jetzt als Frau/als Mann angekommen ist, sondern den Ausdruck eines jeden Menschen als der Gemeinschaft zugehörig anzuerkennen, ja vielleicht sogar als unabdingbar zugehörig zu kennzeichnen. Denn es hat uns ja immer gegeben. Zu jeder Zeit und überall. Wir sind keine Erfindung der Neuzeit, auch wenn man es gerne so betrachten mag.

II Als Exemplare sind wir interessant, als Menschen eher überflüssig

Solche Übergänge schaffen von sich aus Projektionen. Sie ziehen alle Beteiligten in den Bann, lassen Ängste und Phantasien blühen. Denn noch ist nicht erschienen, was wir sein werden. Im Schauspiel des Werdens oder Herstellens von Geschlecht sind wir sozusagen „eschatologische Stellvertreter in der Jetztzeit". Dieser Status des Übergangs korrespondiert nicht – und das kann nicht oft genug betont werden – mit einem echten Interesse an der Person. Er bezieht sich eher auf eine Tatsache, dass da ein Mensch offensichtlich aus seinem Geschlecht desertiert. Vor allen Augen. Dass da ein Wechsel angestrebt wird, der einem selber im eigenen Leben nicht nachvollziehbar erscheint.

Die Grenze ist überschritten. Die Freakshow beginnt.

Selbst in den Prozessen meines Übergangs bei der Kirche und durch alle kirchlichen Gremien hindurch war eine unausgesprochene Aufmerksamkeit bemerkbar, obwohl man nicht handelte. Es gab eine unendliche Aufmerksamkeit bei gleichzeitiger Lähmung, das zu tun, was mir wirklich hilfreich und nötig gewesen wäre.

Das Gebotene unterblieb. Man redete nicht, fragte mich nicht. Niemand wollte wissen, wie es mir geht. Kurzum: Man unterließ den Kontakt, bis man denn irgendwann – verwandelt wie ein Schmetterling – alles hinter sich hatte.

Hinter dem Rücken wurde natürlich geflüstert. Aber – man sprach nicht mit mir. Es entstand eine erste und auch für spätere Entwicklungen entscheidende Asynchronität: Zu viele wussten viel zu wenig von mir. Wollten es auch gar nicht wissen, um ihren eigenen Phantasien Raum zu lassen. So sollte ich erfüllen, was andere vorgedacht hatten. Ihre Phantasie und ihre Projektionen begleiteten mich sehr zuverlässig, ihr Handeln blieb stets beliebig und fraktal.

Zeitgleich unterblieb Begegnung, Begleitung und Nähe. Das alles wurde im Verfahren der Gutachtenerstellung den Spezialisten überlassen, die ja auch das Vorliegen von Transsexualität attestieren konnten oder eben nicht. Mein Alltag interessierte nicht. Die Verantwortlichen der Kirche saßen derweil in ihren Sesseln und schauten zu – ein Faszinosum vor Augen. Ein Schauspiel. Ich solle mich wieder melden, wenn alles erfolgt sei. Dann hätte ich gewissermaßen die begründete Aussicht, auch mein Vikariat absolvieren zu dürfen. Das alles hieß damals für mich im Jahre 1985: Scheidung, Erstellung von fünf Gutachten, psychotherapeutische Behandlung, Umzug ohne neuen Personalausweis, Regelung der Kostenübernahme durch die Krankenkasse, Epilation, Vornamensänderung sowie operativer Eingriff samt anschließender Personenstandsänderung. Das alles in drei Jahren mit einer vagen Hoffnung auf ein Weitergehen.

Aus all diesen Prozessen hielt sich die Kirche wissentlich fern. Man wollte sich nicht infizieren. Und erwartete eine verwandelte Frau nach eigenen Vorstellungen.

Dankbar. Vor allen Dingen dankbar.

Für das, was das Transsexuellengesetz damals ohnehin geregelt hatte. Dass ich ein Recht in Anspruch nahm, sahen sie nicht – bis heute nicht. Aus dieser Schräglage des Erlebens ist es nur bedingt möglich, wieder herauszutreten und Vertrauen zu fassen. Die eintretende Isolation und vor allen Dingen die Exemplarisierung eines Menschen kann dazu führen, dass er nie wieder Fuß fassen kann. Oder auch, dass alle seine bisherigen Kontinuitäten im Leben ihm unter der Hand zerbrechen. Fraktale Biographien. Deserteure sind nirgends willkommen. Nur wenn ich erfüllte, was sie erwarteten, ging es weiter. Daher ist und bleibt es wichtig, neben dem rechtlich geregelten Zugang zu Hormonen und operativen Maßnahmen ohne Pathologisierung dieses Wunsches das soziale Netzwerk einer Person zu achten. Aber es stimmt auch – es ist ein Weg, der zu gehen ist, dessen Ergebnis offen ist und bleiben muss. Wichtiger als jede wissenschaftliche Herleitung erscheint mir daher, soziale Settings und Strategien echter Solidarisierung zu ermöglichen. Den Raum zwischen den Geschlechtern zu öffnen und Einladungen auszusprechen.

III In Projektionen bleiben wir gefangen im eigenen Experiment

Ein meines Erachtens überzeugendes Modell ist mit dem Begriff „Transgender" umschrieben, der ein erstes Ausprobieren, Testen und Spielen mit binären Geschlechterformen zulässt. Eine spielerische Einübung in Geschlechterkunde, eine selbstbestimmte Grat- und Grenzwanderung, bei welcher die Verantwortung bei jedem selbst verbleibt und nicht in die Hände von Psychologen und Gutachtern delegiert wird. Solche Räume sind woanders längst erschlossen.

Eine meiner schrecklichsten Erfahrungen im Umgang der Kirche mit mir war, dass ich im Augenblick höchster ethischer Entscheidung über mein Leben, eben die Entscheidung, diesen und keinen anderen Weg zu gehen, zugleich als Betroffene entmündigt, als Patientin und Bedürftige dekliniert und von Seiten der Kirche als nicht mehr existent angesehen wurde, bis ich denn – ja was denn?

Bis ich denn das Schauspiel durchlebt hatte?

Bis ich denn den Erwartungen der anderen gerecht wurde?

Bis ich denn den Durchbruch zur Frauentoilette geschafft hatte und unbeschadet aus allem herauskam, verwandelt wie ein Schmetterling?

Natürlich erwarteten sie das. Dass dort ein Menschenkind herauskommt nach ihrer Phantasie. Dass ich für alles dankbar sei, was sie mir erlaubt haben. Dass ich die Frau werde, die ihre Phantasie ihnen immer schon vorgespielt hat, garniert mit einem verständnisvollen, väterlichen Refrain: „Die hat es schwer gehabt." Und begleitet von einem nie enden wollenden Tuscheln: „Schau mal die, die war früher mal ein Mann."

So lebte ich also sieben Jahre in, mit und unter dieser Kirche und diesen Projektionen und versuchte, sie durchaus zu bedienen. Zu dokumentieren, dass meine Entscheidung die einzig wahre und richtige gewesen ist.

Denn es gibt ja auch eine Bringschuld von Seiten der Betroffenen: Zunächst soll man dem Operateur gegenüber nachweisen, dass sein „Werk" zur vollsten Zufriedenheit funktioniert. Diese erschöpfte sich meist darin, als Frau *fuckable* zu sein. Von weiblicher Identität und der Aneignung derselben erfährt man wenig bis nichts. Möglichst früh und erfolgreich sollte man daher Beischlafsvollzugsmeldungen berichten, die nicht nur erfunden sind. Zum anderen sollte man beweisen, dass man glücklich ist. Wirklich glücklich und sonst nichts.

Letzteres fiel mir allerdings erst sehr spät auf. Dass ich auf allen Bildern immer so glücklich aussah und die eigene Erinnerung doch mehr Schattenseiten produzierte, als ich es manchmal aushalten konnte.

Diese überlaufenden Gefühle von Verlust und Trauer, von durchaus auch körperlicher Traumatisierung finden postoperativ kaum mehr Platz. Sie werden verdrängt und nicht nach außen getragen, weil alles dem Willen untergeordnet wird, zu demonstrieren, dass nun wirklich alles richtig ist. Der richtige Mensch im endlich richtigen Körper. Dass man sich nicht geirrt hat. Dass man vor Glück nur so strahlt.

Was für eine Farce.

Aber – ich strahlte nur so.

Bisher ist m.W. nicht analysiert worden, wie dieser Druck zur weiteren inneren Deformation beiträgt. Mir war in dieser Zeit – ich absolvierte nach Jahren das Zweite Theologische Examen – zugleich das Erleben eines „Schwarzen Loches" sinnfällig. Da gab es eine ungeheure, innere Gravitation, die mich nach außen lächeln, nach innen aber oft genug verzweifeln ließ. Exemplar Mensch. Ein Experiment.

Je mehr ich so unter Menschen kam, desto einsamer fühlte ich mich. Desto unaussprechlicher wurde ich mit meinen Erlebnissen. Offensichtlich – und das war verbunden mit einem tiefen inneren Erschrecken – funktionierte ich als Frau nicht.

Zumindest nicht so, wie es andere erwarteten. Zumindest nicht so, dass es nicht Tränen, Trauer über Verluste, ungelebte und unverarbeitete Leben gab. Wie wäre mein Leben ohne diese Wende weitergegangen? Sicherlich ein sicheres Beamtenverhältnis, Frau und Kinder, dazu ein Pfarramt, mindestens das.

Stattdessen Scheidung, Umzug und eine permanente Ungewissheit. Nur Funktionieren-Wollen. Das Schwierige einer postoperativen Situation ist zudem, dass man selber nur zu gerne die Muster der bipolaren Geschlechtergrundordnung bedienen möchte. Eine Probepackung *Always Ultra*-Binden landete in meinem Briefkasten. Irgendein Zufallsgenerator hatte mich als Testperson ausgesucht.

Sicherlich strengt man sich an, all das, was man sich selber unter Frausein phantasiert hat, auch zu erfüllen, um endlich akzeptiert zu sein. Um das Leben irgendwie weiterzuführen, wie es bisher war – mit dem Unterschied, zwischendurch mal eben das Geschlecht gewechselt zu haben.

Allein – das geht nicht.

Es wird auch niemals gehen und zwar aus mindestens zwei Gründen nicht.

Erstens: Der Zeitverzug für einen Geschlechterwechsel lässt sich nicht mehr aufholen. Bei mir dauerte das alles, von der ersten Meldung beim Landeskirchenamt bis zur Ausstellung neuer Papiere nach der Personenstandsänderung, ca. drei Jahre. Das war durchaus schnell und dem Druck geschuldet, erst dann wieder in den kirchlichen Dienst eintreten zu können, „wenn alles vorbei sei“. Diese drei Jahre bedeuteten für mich zugleich Scheidung und Trennung von der Ehefrau, Erstellung von fünf Gutachten in einem Jahr, begleitende Therapie, kein eigenes Einkommen und erst später die Aussicht auf ein Stipendium. Und ganz zum Schluss erst die Einweisung als Frau in ein Vikariat – was ich erstaunlich genug fand.

Dennoch war ich draußen und es fiel mir extrem schwer, dort anzuknüpfen, wo ich aufgehört hatte. Es ging wohl – durchaus machte ich mit Bravour mein zweites Examen, war die Frau, die immer besonders predigte – aber meine Seele war wie ein schwarzes Loch. Ungeheure Gravitation auf kleinstem Raum. Man ist drin und doch draußen mit den Erfahrungen, die man nicht mitteilen konnte. Oder man ist von vornherein draußen und kommt nicht mehr rein.

Übrigens wird solch ein Zeitverzug oft provoziert von Therapeuten und Gutachtern, um die Ernsthaftigkeit des Wechsels auszuweisen. Man verzögert und wartet ab, bis jemand wahnsinnig wird. Dann kann man immer noch sagen: Sehen Sie, so ist das. Ein schlimmes Vorgehen, wird der Preis doch unnötig hochgetrieben.

Zweitens: Die Aneignung weiblicher Identität geschieht – entgegen der Erwartung – eben nicht über die Maßnahmen einer Geschlechtsangleichung, also Operation und Hormonbehandlung. Auch das braucht seine Zeit und seine eigene Begleitung. Ich ging wie Mose in ein Land, das mir zwar verheißen, aber unbekannt war. Und wer die staubigen Landschaften in Israel gesehen hat, wird ahnen, dass auch die Operation eben nicht der Einzug in ein gelobtes Land ist, sondern auch Arbeit und Aneignung von Weiblichkeit bedeutet. Das ist wie mit Paulus, der als Apostel auch unter einem permanenten Legitimationszwang stand, da er „später hinzugekommen ist“.

Da ich ohne meine Mutter Frau geworden war, musste ich mich zwangsläufig woanders bedienen: Freundinnen und Geliebte fanden so ihren Stellenwert in meiner Biographie. Ich war auch nach meiner Operation nicht Frau aus mir selber heraus, sondern meine eigene Weiblichkeit entstand erst in sozialem Austausch mit anderen Frauen. Mich verwundert es daher, dass viele darauf bestehen, schon immer – ob im Kopf oder apriorisch – Frau gewesen zu sein und sich aus Faulheit mit überkommenen Bildern von Weiblichkeit und Frausein begnügen. Nein, das ging bei mir nicht. Meinen Kopf hatte ich nicht verloren und meine Intelligenz suchte nach Verbündeten, *Gender Outlaws* wie feministisch orientierte Theologinnen. Diese konnte ich bei einem Sondervikariat der Ev. Akademie Mülheim finden – ein Privileg, wie es einem nur selten zuteilwurde, allerdings immer unter männlicher Oberaufsicht.

Mit der Behauptung, „schon immer Frau gewesen zu sein" oder gar ein weibliches Kopfgeschlecht zu führen, ist erst mal rein gar nichts ausgesagt, vielmehr zeigt es eine gewisse Faulheit, sich wirklich mit den Bedingungen der Möglichkeit, Frau zu sein, auseinanderzusetzen. Die Aneignung von Weiblichkeit in je spezifischer Weise, sowohl im Widerspruch als auch in Entsprechung zu anderen, wird schlichtweg verweigert und man beharrt trotzig wie ein Kind auf den Bildern, die man vorab als weibliches Ideal identifiziert hat. Man ahmt diese nach und wird noch lange kein eigenständiger Mensch.

„Frau sein" kann für mich weder als gegebene Entität noch als körperliche Eigenschaft definiert werden. Es bedeutet die Aneignung eines Geschlechtes, das nicht eins ist (Luce Irigaray). „Transgender sein" bedeutet dabei, die erste Unmittelbarkeit verloren zu haben, keinen Zugang mehr zu haben zu den Kategorien der Selbstverständlichkeit. Eben zu oszillieren zwischen den Eindeutigkeiten der Geschlechterzuweisung. Damit kann man Abschiede leben, insofern sich der Raum öffnet und Begegnungen ermöglicht. Der Zwischenraum, das Nicht-eins-sein-Können, das Grenzgebiet bietet dabei eine heuristische Dimension, in der Aneignung und Erkenntnis wachsen können. Wichtig erscheint mir, dort auch die Trauer um eigene Verluste zuzulassen. Ja, der Preis ist immer noch unverschämt hoch und eine Flucht ins Allgemeine ausgeschlossen. Niemand wird uns bergen und ein Scheitern ist jederzeit möglich. Und auch das stimmt: Nicht alle haben überlebt.

IV Akzeptanz durch andere kann kein ernsthaftes Ziel sein

Kate Bornstein beschrieb ihre Entwicklung als „MaleToFemaleToMe"-Person.[3] Und weist auf etwas Unabdingbares hin. Nach dem einen muss man einen wei-

3 Es geht um die jeweiligen Entwicklungsschritte bei der Veräußerung von Geschlecht, also zuerst der Wechsel innerhalb des bipolaren Systems und dann geht es noch einmal darum, dieses System selber hinter sich zu lassen, um ein eigener Mensch jenseits der Geschlechterkategorien zu

teren Schritt gehen, um nicht zwischen den Geschlechtern zerrieben zu werden. Jeder sieht Geschlecht an und mit der eigenen Geschichte wird man immer fixiert bleiben im Blicke des Betrachters. Das schlimmste Kompliment ist: „Das habe ich gar nicht bemerkt, dass Du früher mal ein Mann gewesen bist."

Kann sein, es gibt eine Reihe transsexueller Frauen, die den Schritt in die rein weibliche Existenz geschafft haben. Doch *passing* – Durchgehen als Frau – und wirkliche Akzeptanz in Beruf und Beziehungen klaffen oft merkwürdig auseinander. Die Anstrengung, die man für das *passing* oder den Alltagstest aufbringen muss, nimmt oft die Kraft, die man später für die eigene, soziale Reputation braucht. Es gibt tatsächlich eine Art Erschöpfungssyndrom nach langem Weg.

Dennoch will man unbedingt beweisen, dass man angekommen ist. Oft aber macht man nur zu gerne weiter in den Mustern des Alltagstests, um jederzeit zu beweisen, welch tolle Frau man doch geworden ist. Dabei achtet man kaum auf die eigenen Bedürfnisse, die sich auch auf innere Akzeptanz, nachwachsende Seele – ich nenne es mal so – und Bewahrung des eigenen, kaum noch erhaltenen sozialen Netzes bezieht.

Solange man jedoch auf die Akzeptanz als Frau in dieser Gesellschaft fixiert ist, verliert man die eigene Bedürftigkeit zu gerne aus den Augen. Man lebt permanent außer sich, zumeist demonstrativ weiblich, dem Blick der anderen ausgeliefert. Kann ich durchgehen? Ist es okay? Merkt niemand etwas?

Wichtiger erscheint mir, nach den Zeiten der Entfremdung endlich zu sich selber zurückzukehren. Trauer anzunehmen. Verluste auszusprechen. Beziehungen zu wagen. Ein eigenes Netz zu knüpfen. Das Versprechen auf Akzeptanz jedoch vernebelte auch mir den Sinn. Ich meinte tatsächlich, als geschlechtskonvertierte Pastorin genau so weiterleben und arbeiten zu können – neu mit diesem ungeheuren Druck, besser zu sein. Dem Wunsch, greifbar zu haben, dass ich angekommen bin.

Meine Ordination als Pastorin im Jahre 1993 war so ein Ereignis. Es war lange Zeit mein Ziel und mein Wunsch, das zu schaffen: die erste geschlechtskonvertierte und wissentlich von der Kirche ordinierte Pastorin zu sein. Nach sieben langen Jahren war es so weit. Ich strahlte, wie ich nur strahlen konnte. Angekommen, dachte ich, und schwebte in einem Drehtanz aus der Kirche heraus. Endlich angekommen.

Allein – wenn ich das jetzt sage, schwindelt mir schon wieder. Der Wunsch, dieses Ziel zu schaffen, weil ich mich ja immer noch und jetzt erst recht als Theologin begriff, hielt mich aufrecht. In, mit und unter der Theologie hatte ja

---

werden. Sich also nicht zwischen den beiden Mühlsteinen von Männlich-Weiblich zerreiben zu lassen, sondern sich selber als Mensch zu setzen.

auch ich das Tor zum Paradies gefunden, eben gerechtfertigt und geliebt und von Gott angesehen. Reputation, die ich so dringend brauchte. Bevor ich meine Predigt über die Heilung eines Aussätzigen hielt – wie sinnig und vorgegeben zu diesem Sonntag –, legten mir Frauen zwei rote Rosen auf die Kanzel. Eine Einladung, willkommen zu sein.

Meine Ordination war zugleich auch eine öffentliche Initiation als Frau: Seht her, da ist sie. Vorzeigbar. Klug. Intelligent. Öffentlich bestätigt jetzt in einem beiderseitigen Versprechen, das die Ordination ja darstellt. Das tat mir not und dafür war ich auch bereit, manche wachsende Einsamkeit in mir zu ertragen. Da stand ich nun: wie neu geboren. Aus dem Ei gepellt. Eine Strahlefrau mit dem Mut, etwas zu sagen. Zugleich war diese Ordination auch die Entlassung meiner Eltern aus ihren Sorgen. Ich galt hinfort als angekommen. Alles war wieder gut. Das Leben konnte weitergehen. Allein – es ging nicht.

V Jederzeitige Distanzierungen statt wirklicher Begegnung und Austausch

Was ich lernen musste: Solange meine Geschichte geheim blieb, solange man wohl hinter meinem Rücken redete, ich selber aber den Mund hielt, war alles in Ordnung. Meine Geschichte gehörte damit nicht mehr mir, sie war als Geheimnis zugleich veräußert. Man hielt mich aus – so lautete es in meiner Übersetzung. Man gab mir – anders als im Alltagstest, wo ich von der Kirche in die Asylheime geschickt wurde unter der Maßgabe: Da kann sie nichts kaputt machen – nun mit der Ordinationsurkunde als Pfarrerin die Erlaubnis, für diese Kirche arbeiten zu dürfen.[4] Das war nicht wenig und es brauchte von meiner Seite eine ungeheure Anstrengung, das auch erreicht und durchgehalten zu haben.

Dennoch – Verantwortung traute man mir nicht zu. Man ließ mich als besondere Frau in der Ecke. Ich konnte mich nach Ende meines Hilfsdienstes auf die damals vorhandenen Stellen bewerben, aber merkwürdiger Weise kamen alle 32 Bewerbungen zurück. So als wäre ein Buschfunk unterwegs. So als wäre der Igel schon längst da, wenn ich Etappenhase gerade an die Tür klopfte.

Ich kam nicht mehr an. Was ich auch versuchte, endete kläglich. Eine Stelle hätte man mir geben können, in Dialog hätte man mit mir treten können – aber was man damals nicht tat, wollte man nun erst recht nicht tun.

4 Es ist nachgerade ein Treppenwitz der Geschichte, dass ich als Pastorin nach meiner Berufung in den befristeten Sonderdienst als solche nicht habe arbeiten dürfen, um später unter Verweis ausgerechnet auf das Pfarrerdienstgesetz meine Ordinationsrechte zu verlieren.

VI Den Bruch leben oder die Illusion, es gehe weiter wie bisher

Erst langsam merkte ich, was da vor sich ging. Ich war nicht die geworden, die sie erwartet hatten. Ich war nicht dankbar für all das, was das Gesetz mir ohnehin erlaubte, aber die Kirche auf ihr Fürsorgekonto verbuchen wollte. Sie fühlten sich von mir provoziert und nicht mit Dank belohnt. Anders gesagt: ich war keine Tochter der Kirche geworden.

Dazu gab es auch, ehrlich gesagt, wenig Anlass. Wären Menschen wirklich da gewesen, hätten sie etwas davon wahrnehmen können, dass ich während meiner Operation umziehen musste, weil die Zusage eines Superintendenten nicht hielt. Eine durch und durch verrückte Situation. Wären sie wirklich interessiert gewesen, hätten sie wahrgenommen, dass es nicht einfach ist, ohne gültigen Personalausweis eine Wohnung zu mieten – wenn der Auszug aus der ehemals gemeinsamen Ehewohnung vereinbart war. Wären sie wirklich interessiert gewesen, hätten sie auch den Schmerz gespürt, den es bereitet, mehr zu verlieren als wiederzugewinnen. Als examinierte Theologin gerade mal zu den Sinti und Roma gehen zu dürfen, im Ohr noch das Echo des Pfarrers: Da macht sie wenigstens nichts kaputt und ich muss nicht mehr hin.

All diese Geschichten wurden erlebt, aber nie wahrgenommen. All diese Geschichten kann jeder und jede hier erzählen. Und sie summieren sich und machen irgendwann die Anpassung zum Gefängnis, und den Versuch, ins Leben zurückzukrabbeln, unmöglich.

VII Die geglückte Wiederholung nach vorne (Kierkegaard)

Dabei war es immer mein Wunsch, dass man das Leben nach vorne wieder-holen kann. Dass nichts verloren gehen muss und der Preis wohl spürbar ist, aber nicht unbezahlbar. Ein Stelldichein des Lebens, das war meine Metapher. Ein Gott, der ein Menschenkind wieder als geliebt annimmt; der gibt, was andere verweigern; der all das wahrnimmt und annimmt, was auch an innerer Kränkung, an Verlust und Trauer mir auf dem Weg begegnet. Ich habe nicht geglaubt, dass die Operation meine Erlösung ist. Auch nicht, dass ich dann einfach nur Frau sei, auch wenn das verheißungsvoll klang.

Was ich aber innig wünschte, war, dass das Leben weitergeht. Dass es, wie bei Dornröschen im Märchen, nur einen Moment stillsteht und dann ... mit dem

Schlag des Kochs wieder einsetzen kann, als wäre nichts geschehen. Dass eben nachgeholt wurde, was nachgeholt werden musste, für mich.

Diese Metapher war tauglich für die erste Zeit. Sie half mir, die eigene Unzeitgemäßheit, meine Asynchronität zu überbrücken. Denn ich lag ja auch immer daneben. Die drei Jahre ließen sich nicht aufholen. Eine Stelle bekam ich nicht mehr, da war dieses Flüstern in den Gemeinden, eine wirkliche Chance tat sich noch nicht auf – dachte ich.

Sie tat sich gar nicht mehr auf. Wie ein Deserteur wurde ich behandelt, jemand, den man nicht gerne mit am Tisch hatte. Besonders begabt – auf jeden Fall. Aber doch nicht – jetzt kam wieder dieses böse Wort: alltagstauglich.

VIII Anpassung misslang, wo immer wir sie versuchten

So hieß es auf einem Bild im Wartezimmer meines damaligen Therapeuten. Postoperativ machte ich eine Gruppenanalyse. Es war mein Ort, mich zu retten, den Kontakt nicht zu verlieren. Bei mir zu sein und zugleich bei den anderen. Es lag nicht am *passing*, etwas anderes war los mit mir.

Angefangen hatte ich mit der Psychoanalyse direkt nach der Operation. Als nichts mehr zu erlauben, nichts mehr zu bewilligen war. Als die Passierscheine alle ausgestellt waren, die Operation hinter mir und ich langsam merkte, dass es Zeit für mich war. Ich bin Eine-Mann-zu-Frau-zu-Mir – der dritte Schritt sollte mich retten. Denn auch das Frausein – so wie es andere für mich verstanden und erwarteten – war ein Gefängnis. Auch die andere Seite entpuppte sich als das, was mir nicht passte. Ein Fummel, den andere mir überstreiften, eine Platzanweisung im Zoo, jederzeit hervorzuholen: Und dann haben wir hier in der Kirche noch unsere besondere Pastorin, die früher mal ein Mann gewesen ist. Eigentlich haben wir keine Verwendung für sie, aber wir halten sie uns, um mit ihr jederzeit unsere Toleranz und Akzeptanz vorzeigen zu können.

So wäre es vielleicht noch gegangen. Aber so wollte und konnte ich es nicht.

IX Erodierende Kontinuitäten

Rost und Bruchstellen gab es zum normalen Lebenslauf. Nichts hielt mehr und damit hielt mich auch nichts. Ungehalten zu sein – als Zwillingskind für mich eine der schlimmsten Erfahrungen von Kindesbeinen an – provoziert Ungehaltensein.

Die Eltern waren über die Jahre mit sich selber beschäftigt. Mein Vater starb, als mich die Trennung von meiner damaligen Partnerin wie ein Donnerschlag traf. Gerade noch war ich mit Ach und Krach in ein befristetes Beamtenverhältnis gewechselt. Köln-Chorweiler mit dem steten Refrain: Schade, dass Beton nicht brennt. Aber immerhin, sie hatten mich gewählt, wohl eher aus Unwissen heraus. Und es gab neben dieser Hochhaus- und Betonsiedlung für mich endlich die Aussicht, zusammenzuziehen.

Allerdings passierte es nie. Es stellte sich heraus, dass der fromme Vater meiner Partnerin diese in frühen Jahren gerne einlud, das Bett und etwas mehr mit ihm zu teilen. Ein Missbrauch, der sich später an mir austoben sollte. Wie ein Käfer lag ich auf dem Rücken, die bisherige Welt vom Tisch gefegt: Tabula rasa.

Warum ich? Ausgerechnet ich, die sich doch über Jahre hinaus angestrengt hatte, Frau zu sein. Die versuchte, sich alles anzueignen, die da war, die Verständnis entwickelte, die Nächte zelebrieren konnte und nun – nur noch Hass und Wut erntete. Die Welt zerbrach mir unter den Fingern. Übertragungsobjekt. Verletzungen tief unter der Haut. Ich blieb allein zurück.

Es war ihr Abschiedsgruß an mich. Ein Geschenk, das mir sehr deutlich klarmachte, dass mein bisheriges Frausein eine Chimäre war. Nichts gegen das, was sie erlebt hatte. Kein Stein blieb bei mir auf dem anderen. Kein Entkommen möglich. Kann sein, wir eignen uns nur zu gut dazu, solche Erfahrungen anzuziehen, sind doch auch unsere Wechsel mit ähnlich tiefen Einschnitten in den Körper erkauft. Topographische Leibesübungen, der Körper erinnert sich.

Hinzu kam, dass die Gemeinde nicht bereit war, mich zu unterstützen. Nach sechs Wochen, in denen ich krankgeschrieben war, beschloss man, mich aus dem Dienst entfernen zu lassen. Die Gründe hierzu wurden mir nie mitgeteilt. Bei der entsprechenden Sitzung wurde ich weder eingeladen noch angehört.

Heute geht die Mär, es wäre „etwas herausgekommen" von meiner Geschichte und man habe schnell reagieren müssen. Die übergeordnete Kirchenleitung sekundierte mit dem Vorschlag, ich solle auch nicht mehr predigen dürfen. Ordination hin oder her. Niemand sprach aus, was alle dachten: Das Experiment Mensch war für sie gescheitert. Bereit zum Abwickeln bei jeder weiteren Auffälligkeit.

Bis heute tauche ich in der Gemeinde nicht mehr auf. Im Gemeindebrief las man, dass ich „auf eigenen Wunsch in gegenseitigem Einverständnis" gegangen wäre. Nichts davon war wahr. Aber – Spuren sollte man nicht finden.

Meine mühsam aufgebaute weibliche Identität war dahin. Das gegenseitige Versprechen aus der Ordination nur noch Makulatur. Sieben Jahre ernsthafter Anpassung vorüber. Meinen gelernten Beruf konnte ich nicht ausüben, ohne dass es jemals klar ausgesprochen wurde. Mein Rentenanspruch nach 21 Jahren Studium, Geschlechterkampf und Kirche beträgt aktuell 420 Euro pro Monat.

Die einfache Frage: Was ist los mit Dir – wurde nie gestellt. Die Projektionen blieben und ließen sich leichter bestätigen. Ein Entkommen war unmöglich, weil man schon immer draußen war.

So drehte ich mich im Kreis.

X Nachwehen oder Abschiede

Auch andere werden ihre eigenen Geschichten erzählen können. Und es ist wichtig, dass wir sie miteinander teilen. Lernen, den Raum offenzuhalten, damit wir reden können. Damit wir gehört werden können.

Heute lese ich diese Zeilen noch einmal. Vor neun Jahren hatte ich sie schon geschrieben, anlässlich des Transgender-Forums des CSD in Kassel, zu dem man mich eingeladen hatte. Heute bin ich keine Pastorin mehr. Und auch meine Ordinationsrechte wurden mir wohlwollend[5] gerne mit Unterschrift des halben Landeskirchenamtes aberkannt. Man wollte mit mir nichts mehr zu tun haben. Die Androhung, mir die Ordinationsrechte zu entziehen, habe ich wie eine Bannbulle öffentlich vor dem Landeskirchenamt verbrannt. Danach habe ich für immer meinen Talar niedergelegt und der Kirche übergeben.

Nein, mit einer solchen Kirche möchte ich nicht mehr verbunden sein.

Was augenfällig ist und bleibt: kein einziges theologisches Argument zum Thema des Identitätswechsels ist mir in all meinen Kirchenjahren begegnet. Dabei wimmelt die Bibel nur so von Coming-out-Geschichten. Von der Zumutung, Mensch zu werden und in die Bestimmung zu kommen – manchmal auch wider allen Augenschein. Luthers *sub contrario*. Selbst die Peristasenkataloge eines Trans*-Apostels wie Paulus[6] – als die Sterbenden und siehe doch, wir leben –

---

5 Kirchliches Handeln mir gegenüber zeichnete sich meist dadurch aus, dass man für die Gemeinden oder für andere sprach und nie für sich selber. Deshalb war man mir gegenüber immer wohlwollend in der Selbstwahrnehmung, da man sich ja auch um die Kirche zu sorgen hatte. Eine echte Begegnung oder gar ein Austausch konnte nicht stattfinden.

6 Paulus teilt in vielen Dingen Trans*-Erfahrungswissen, auch wenn es erst einmal befremdlich klingen mag. So ist er kein Bio*-Apostel, kein biographisch mit dem Leben Jesu verankerter Apostel, ja er kannte Jesus gar nicht. Somit hat er keinen Rückgriff auf eine ungetrübte erste Unmittelbarkeit, aus der heraus er sein Amt oder seine Identität begründen konnte. Er ist vielmehr erst später hinzugekommen (Gal 1,11 ff.) und hat quasi aufgrund eines existentiellen Ereignisses – nicht allgemein ausweisbar und nachvollziehbar, also inkommensurabel – sich selber zum Apostel gemacht. Dieses Ereignis hat er als so unerschütterlich erlebt, dass er selber überwunden erscheint und nicht anders konnte. Als Trans*-Apostel bezeichnet, nimmt Paulus in seiner Erfahrungsstruktur teil an Anfechtungen und Verfolgungen, ist in seiner Identität nicht ungebrochen und hat zum Schluss selber eine Konversion hinter sich gebracht, die sein gesamtes

finden ein tiefes und vertrautes Echo in uns. Wir, die wir um unsere Identität und Legitimation haben ringen müssen, sind uns vertraut. Wir erkennen einander beim ersten Blick und – wir sind nicht allein.

Überall kann man einander erkennen. An der Narbe, die dieser Weg hinterlassen hat. An der besonderen Gegenwart und Gelassenheit, die einkehrt, wenn alle Kämpfe gekämpft und alle Leben gelebt sind. Es stimmt ja, wir sind mehr als nur diese eine Person. Es gab uns schon immer. Und wir werden immer da sein.

Wie Abraham schweigend und unbeirrt seinen Weg zum Berg Morija geht, ziehen auch wir unseren Weg im Gehorsam gegenüber dem, was wir als unsere Wahrheit erkannt haben und was sich kaum vermitteln lässt. Es ist eine eigene Würde, die uns begleitet. Die Würde, uns so und nicht anders entschieden zu haben.

Immerhin habe ich mich selber als Beute zurück.

Das ist nicht gering zu schätzen.

Denn: Wir sind keine Opfer. Auch keine Opfer unserer Selbst.

Wir sind da.

Mehr braucht es einfach nicht, um glücklich zu sein.

Die erste Selbsthilfeorganisation von Transsexuellen wurde 1995 in New York gegründet. Anlass war die Ermordung von Brandon Teena (1972–1993). Sie heißt *Transsexual Menace*. Transsexuelle Bedrohung. Herausforderung.

Und sie trägt als Untertitel: *Confronting with Love.*

XI Nachklänge

Mein letzter Gottesdienst als Pastorin im kirchlichen Dienst feierte ich verbotenerweise anlässlich des Internationalen Hurentages in Berlin im Jahre 1999. Den Huren wurde aus Angst vor einem rituellen Tanz um eine mitgeführte Pappvagina das Betreten des Kirchenraums verboten. Ich intervenierte und fragte alle anwesenden Frauen, ob sie ihr Vaginchen denn dabeihätten. Keine verneinte und so betraten wir den Kirchenraum, um Gottesdienst zu feiern.

Meine letzte Dienstanweisung lautete nicht von ungefähr, einen Bericht über Transsexualität anzufertigen – 14 Jahre nach meinem Übergang. Und noch im Jahr 2007 behauptete der Pressesprecher der Evangelischen Kirche im Rheinland

---

Leben umgestalten wird. Daher sind die Peristasenkataloge des Paulus alles andere als lästiges Beiwerk, sondern heuristische Hinweise auf eine durchaus widersprüchliche neue Existenz, die sich nicht dem allgemein Ausweisbaren verdanken kann, sondern allein in der Freiheit Gottes gründet oder dem gelungenen, glücklichen Übergriff in eine neue Realität. Als die Sterbenden, und siehe doch – wir leben (2 Kor 6,9).

(EKiR) zur Aberkennung meiner Ordinationsrechte immer noch öffentlich, dass man wenig Erfahrung im Umgang mit Transsexualität und man mich nicht diskriminiert habe.[7]

Bis heute hat sich niemand bei mir entschuldigt. Dabei war ich über 18 Jahre lang mitten unter ihnen.

Ich begrüße daher alle, die daran arbeiten, dass es anders wird. Und es wird anders. Als ich 1999 in New York City Kate Bornstein im Chelsea Grill traf, wusste ich, wo meine Gemeinde ist. Dort, wo Menschen aus dem Gegebenen desertieren, *sub contrario*[8] das Leben feiern, sich riskieren um der eigenen Wahrheit willen und nicht aufhören, das Leben zu feiern.

In einer Reformgemeinde feierte ich etwas später Simchat Thora und tanzte mit der Thora und durfte sein. Am Abend kamen alle zusammen, feierten und aßen und tanzten und zwischendrin erkannte ich sie: Meine Geschwister. Geschlechtskonvertierte Menschen wie ich und ich wie selbstverständlich mitten dabei.

Möge es überall werden.

---

7 Vgl. Corinna Kuhs, „Fall Kammann: ‚Es ist keine Diskriminierung‘," *Rheinische Post* vom 22. Februar 2007. Mit Herrn Iven habe ich tatsächlich nicht einen einzigen Satz gewechselt.

8 *Sub contrario* entstammt der lutherischen Reformationslehre und bezeichnet die frohmachende Erfahrung des Gegenteils, z. B. als vor Gott Sünder und dennoch gerecht gesprochen sein. Es ist eine Erfahrungskategorie des Glaubens und muss ins Leben gezogen werden, wenn immer man dem Glauben eine Identitäts*an*stiftung noch zutrauen will. Die Berührungspunkte reformatorischen Denkens im Prozess der eigenen Identitätsfindung sind oft überraschend und gravierend und sollten eigens ausgeführt werden. Das Ansehen von Geschlecht, die sog. *imputatio*, kann dabei einen Schlüsselmoment theologischen Denkens beschreiben.

Laura Adamietz

Rechtliche Anerkennung von Transgeschlechtlichkeit und Anti-Diskriminierung auf nationaler Ebene

Zur Situation in Deutschland

Abstract: Die Rechtslage von Transgender-Personen in Deutschland wird in erster Linie noch durch das „Transsexuellengesetz" von 1980 geregelt. Um die aktuelle Regelung zu verstehen, muss man die Entscheidungen des Bundesverfassungsgerichts (BVerfG) analysieren: Das Gesetz, und damit die deutsche Transgender-Rechtsprechung, wurde nur durch Menschenrechtsverfahren geschaffen und reformiert. Während das BVerfG 1978 seine erste Entscheidung in der Sache auf dem Begriff der „Transsexualität" im Sinne einer Geisteskrankheit gründete, basiert die heutige Transgender-Rechtsprechung mehr und mehr auf der Idee der Selbstbestimmung.

Die rechtliche Situation von transgeschlechtlichen Menschen in Deutschland ist im Umbruch. Die letzten Jahre haben ganz bedeutende Vereinfachungen gebracht, weitere Reformen stehen an. Im Folgenden soll ein Bogen geschlagen werden von den Anfängen der rechtlichen Anerkennung von Transgeschlechtlichkeit bis zur heutigen Rechtslage. Wenn man diese Entwicklung schlagwortartig beschreiben wollte, hieße sie: Vom Recht auf Krank-Sein zum Recht auf Identität.

I Vom Grundrecht der Geschlechtsidentität

Um welche Rechte geht es eigentlich? Das betroffene Grundrecht ist das Allgemeine Persönlichkeitsrecht, das von Art. 2 Abs. 1 in Verbindung mit Art. 1 Abs. 1 des Grundgesetzes (GG) geschützt wird. Teil dieses Rechts ist die Geschlechtsidentität. Die Geschlechtsidentität bezeichnet das Zugehörigkeitsempfinden zu einem Geschlecht. Dieses kann männlich sein, kann weiblich sein, aber auch beides, keins von beidem, zwischengeschlechtlich, inter, divers. Wenn man das Massenmedium Facebook als Indikator von gesellschaftlichen Verortungen nutzen mag, kommt man auf knapp 60 geschlechtliche Verortungen. Diese Vielfalt haben selbstredend die wenigsten Menschen vor Augen, wenn sie an „Ge-

https://doi.org/10.1515/9783110614626-008

schlechtszugehörigkeit“ denken, und hatte bisher auch der Gesetzgeber nicht vor Augen, wenn er die Geschlechtsidentität zu regulieren versuchte.

In der Gesetzesbegründung zum Allgemeinen Gleichbehandlungsgesetz (AGG), der deutschen Umsetzung der europäischen Antidiskriminierungs-Richtlinien, heißt es:

> Rechtlicher Schutz vor Benachteiligung zielt nicht auf den Schutz besonderer Gruppen, sondern auf den Schutz vor Benachteiligungen, die an die in den Richtlinien genannten Merkmale anknüpfen. Diese Merkmale werden von jedem Menschen in der einen oder anderen Form verwirklicht, denn alle Menschen weisen eine bestimmte ethnische Herkunft auf, haben ein bestimmtes Lebensalter und eine sexuelle Orientierung. Nicht alle Menschen aber sind in gleicher Weise von Benachteiligungen betroffen.[1]

Das ist ein ganz wichtiger Punkt, und diese Formulierung ist durchaus keine Selbstverständlichkeit. Denn typischerweise fallen bestimmte Aspekte von Persönlichkeit und Identität erst dann auf, wenn sie von der gesellschaftlichen Norm abweichen – und durch diese Abweichung sind sie dann auch diskriminierungsbedroht – und so etabliert sich dann ein Sprachgebrauch, der den Persönlichkeitsaspekt mit der auffälligen/diskriminierungsbedrohten Variante gleichsetzt. Wir alle haben eine „ethnische Herkunft“, doch der Begriff wird kaum Assoziationen mit weißen Deutschen ohne Migrationshintergrund hervorrufen. Diese Dynamik kann sogar dazu führen, dass versucht wird, die Worte „farbig“, „schwarz“ oder „dunkelhäutig“ zu umgehen, indem eine Person als „irgendwie ethnisch aussehend“ bezeichnet wird. Die Ethnie wird so zu etwas, das von der Umgebungskultur abweicht. Ganz ähnlich verhält es sich mit den Begriffen „Geschlecht“ oder „Geschlechterfrage“: Letzterer hat in unserem rechtspolitischen Diskurs jahrzehntelang die Benachteiligung von Frauen, also die „Frauenfrage“ bezeichnet. Es zeigt sich: Wer eine unauffällige, der jeweiligen Norm entsprechende Hautfarbe, Herkunft, Geschlechtszugehörigkeit oder sexuelle Orientierung hat, ist selten damit konfrontiert und wird so recht wenig über diese seine Eigenschaften nachdenken, ebenso wenig wie über die Privilegien, die mit ihnen verbunden sind, wenn sie der Norm entsprechen.

Insofern ist es bedeutsam, wenn der Gesetzgeber einmal dazu aufruft, sich zu verinnerlichen, dass alle Menschen eine ethnische Herkunft, ein Lebensalter, eine sexuelle Orientierung haben. Auch der Gesetzgeber selbst wird diesem Anspruch aber nicht immer gerecht. So erläutert er zum Allgemeinen Gleichbehandlungsgesetz weiter: „Der Begriff der ‚sexuellen Identität‘ entspricht der bereits zur Umsetzung der Richtlinie 2000/78/EG in §75 des Betriebsverfassungsgesetzes

1 Bundestags-Drucksache 16/1780 (08.06.2006) (Gesetzesbegründung AGG), 30.

erfolgten Wortwahl. Erfasst werden homosexuelle Männer und Frauen ebenso wie bisexuelle, transsexuelle oder zwischengeschlechtliche Menschen.“[2] (Zur Erklärung: Den Begriff „sexuelle Identität“ gibt es so nur im deutschen Recht, von ihm ist sowohl die sexuelle Orientierung als auch die Geschlechtsidentität erfasst.[3])

In dieser Formulierung erwähnt der Gesetzgeber also reflexartig nur diejenigen Identitätsgruppen, die diskriminierungsbedroht sind. Das ist insofern naheliegend, als es unwahrscheinlich (und auch unerwünscht) ist, dass sich etwa heterosexuell orientierte Menschen oder cis-geschlechtliche Menschen auf den Antidiskriminierungsschutz des AGG berufen werden. Indem diese Personen, die ja auch eine Geschlechtsidentität und eine sexuelle Orientierung haben, unerwähnt bleiben, wird jedoch ein Sprachgebrauch etabliert, der die Abweichung von der geschlechtlichen Norm auch ganz deutlich als Abweichung markiert.

Damit ist benannt, worum es bei der Anerkennung von Transgeschlechtlichkeit geht: Um die Anerkennung von Menschen, die nicht der gesellschaftlichen und auch nicht der rechtlichen Norm entsprechen. Wie diese Anerkennung Stück für Stück erkämpft wurde – und wo sie immer noch fehlt – wird im Folgenden nachgezeichnet.

II Der Weg zur erstmaligen Anerkennung

Die rechtliche Norm ist wie so oft die gesellschaftliche Norm: Ein Mensch wird geboren, man sieht mit einem Blick, welches Geschlecht er hat, dieses Geschlecht wird in die Geburtsurkunde und alle möglichen anderen Dokumente eingetragen, und der Mensch wächst heran, ohne jemals ein Problem mit diesem Eintrag zu haben, ohne vielleicht überhaupt zu wissen, dass das Geschlecht irgendwo vermerkt ist. Denn er fühlt sich dem bei seiner Geburt mit einem Blick erkannten Geschlecht auch tatsächlich zugehörig. So die Norm.

Nun gab und gibt es immer Menschen, die Normen nicht entsprechen, und darauf hatte die deutsche Rechtsordnung zunächst keine Antwort. Gegenstand des ersten Verfahrens vor dem Bundesverfassungsgericht (BVerfG), das sich mit Transgeschlechtlichkeit befasste,[4] war genau dieser Umstand, nämlich die Rechtslage, dass es keinerlei Möglichkeit der Anerkennung einer transge-

---

2 A.a.O., 31.

3 Weitere Erläuterungen und Nachweise bei Laura Adamietz, *Geschlecht als Erwartung. Das Geschlechtsdiskriminierungsverbot als Recht gegen Diskriminierung wegen der sexuellen Orientierung und der Geschlechtsidentität*, Baden-Baden: Nomos 2011, 30 – 33.

4 BVerfG, Beschluss vom 11.10.1978, BVerfGE 49, 286.

schlechtlichen Identität gab, Änderungen des Geschlechtseintrags also nicht vorgesehen waren. Es entsprach der damals gängigen Rechtsauffassung, dass der für Personenstandsberichtigungen als Rechtsgrundlage allein in Frage kommende § 47 des Personenstandsgesetzes (PStG) nur Fälle anfänglicher Unrichtigkeit (d. h. versehentlich fehlerhafte Eintragungen, Schreibfehler) erfasste.[5] Eine versehentlich falsche Eintragung sollte im Falle von Transsexuellen jedoch nicht vorliegen, da sie im Zeitpunkt der Geburt das eingetragene Geschlecht gehabt hätten. Dies bedeutete, dass selbst Personen, die eine Geschlechtsangleichungsoperation hatten vornehmen lassen – was im Deutschland der 1970er eine inzwischen gängige, erlaubte Praxis war –, rechtlich keine Möglichkeit hatten, ihren Personenstand ihrer Geschlechtsidentität anzupassen. Vereinzelt hatte es allerdings Anerkennungen von Personenstandsberichtigungen gegeben.[6]

Die BVerfG-Entscheidung „Transsexualität I" betraf dann erstmals eine Verfassungsbeschwerde gegen die herrschende Rechtsauffassung. Sie wurde von einer transgeschlechtlichen Frau erhoben, der versagt worden war, nach Durchführung einer geschlechtsangleichenden Operation ihren auf „männlich" lautenden Eintrag im Geburtenbuch zu ändern und sie damit personenstandsrechtlich als Frau anzuerkennen. Der zuletzt mit der Sache befasste BGH erklärte, dies sei mangels gesetzlicher Grundlage nicht möglich.[7] Das BVerfG entschied 1978 nach knapp siebenjähriger Verfahrensdauer, dass es das Grundrecht des Allgemeinen Persönlichkeitsrechts geböte, „die Eintragung des männlichen Geschlechts eines Transsexuellen im Geburtenbuch jedenfalls dann zu berichtigen, wenn es sich nach den medizinischen Erkenntnissen um einen irreversiblen Fall von Transsexualismus handelt und eine geschlechtsanpassende Operation durchgeführt worden ist."[8]

Der Sprachgebrauch zeigt bereits, dass die Anerkennung hier auf der Basis ihrer medizinischen Notwendigkeit erfolgt und außerdem an somatische Maßnahmen geknüpft ist. In einer Zeit, in der transgeschlechtliche Menschen keinen rechtlichen Status hatten, das Recht sie also gewissermaßen gar nicht kannte –

---

5 Das berichtet Maria Sabine Augstein, „Berichtigung des Vornamens in Fällen einer Unrichtigkeit des Geschlechtseintrages im Geburtenbuch durch die Zivilgerichte im Verfahren nach §§ 47 ff. PStG?", *Das Standesamt*, Bd. 33, 1980, 52–53, 52, die diese Meinung nicht teilt.

6 Maria Sabine Augstein, „Entscheidungen zur Transsexualität und Intersexualität bis zum 31.12. 1980," *Das Standesamt*, Bd. 35, 1982, 240–241, berichtet von vier Fällen aus den Jahren 1956–1976, Josef Nevinny-Stickel/Jürgen Hammerstein, „Medizinisch-juristische Aspekte der menschlichen Transsexualität," *Neue juristische Wochenschrift*, Bd. 20, 1967, 663–666, 666, von mindestens einem weiteren, der noch vor dem 2. Weltkrieg lag.

7 BGH, Beschluss vom 21.09.1971, BGHZ 57, 63.

8 Leitsatz BVerfG, Beschluss vom 11.10.1978, BVerfGE 49, 286.

man bedenke, dass die ordentliche Gerichtsbarkeit bis in die letzte Instanz eine Anerkennung abgelehnt hatte –, musste sich das Bundesverfassungsgericht auf Erkenntnisse aus einer anderen Disziplin beziehen. Da es sehr schwierig ist, Rechte zu formulieren für Dinge, die bisher unbekannt, oder besser: un-erkannt, waren, Schutz für ein bisher unbekanntes Schutzobjekt zu proklamieren, ist die Einbeziehung von Wissenschaften außerhalb der Rechtswissenschaft ein denknotwendiger Vorgang und damit als solcher nicht per se problematisch. Bedenklich wird es erst, wenn nur einseitige wissenschaftliche Ergebnisse wahrgenommen werden oder keine Aktualisierung vorgenommen wird, das Recht sich also auch nach längerem Zeitablauf auf inzwischen veraltete Erkenntnisse stützt. Diese Entwicklung ist für den Bereich Transgeschlechtlichkeit zu konstatieren.

Das BVerfG setzte sich 1978 mit neuesten medizinischen Erkenntnissen auseinander und kam zu dem damals durchaus dem Stand der Wissenschaft entsprechenden Schluss, dass Transsexualismus eine psychische Erkrankung sei, die ernst zu nehmen sei und die von Homosexualität klar getrennt werden könne und müsse:

> Entstehung und Ursache des Transsexualismus sind noch nicht endgültig geklärt. Insbesondere steht nicht fest, ob und welche pränatalen Determinanten für die Entwicklung zum Transsexuellen bestimmend sind. Als medizinisch gesichert gilt aber, daß Transsexualismus nichts mit Homosexualität oder Fetischismus zu tun hat und von den psychosexuellen Anomalien und Perversionen klar getrennt werden kann. Entscheidend ist für den Transsexuellen nicht die Sexualität, sondern das Problem des personalen Selbstverständnisses, das sich in der Geschlechtsrolle und der Geschlechtsidentität manifestiert. Der männliche Transsexuelle lehnt den homosexuellen Mann ab und sucht ausdrücklich den heterosexuell orientierten Partner.[9]

Diese Sprechweise bedarf der Erläuterung. Das BVerfG stand unter einem gewissen Rechtfertigungsdruck, als es 1978 den verfassungsrechtlichen Schutz der transgeschlechtlichen Identität proklamierte. Die Abgrenzung von Transgeschlechtlichkeit und gleichgeschlechtlicher Orientierung war damals sehr wichtig, denn es gab zu der Zeit noch die Ungleichbehandlung von hetero- und homosexueller Orientierung im Strafrecht, und das BVerfG hatte wenige Jahre zuvor erst entschieden, dass die Strafbewehrung bestimmter einvernehmlicher Handlungen zwischen Männern verfassungsgemäß war.[10] Das BVerfG hatte also durchaus Anlass zu betonen, dass es sich bei „transsexuellen Männern" nicht um homosexuell orientierte Männer handelte, die strafrechtlich unbehelligt mit anderen homosexuellen Männern verkehren wollten.

9 BVerfG, Beschluss vom 11.10.1978, Rn. 3, BVerfGE 49, 286 (287).
10 BVerfG, Beschluss vom 02.10.1973, BVerfGE 36, 41.

Auffällig ist außerdem, dass das BVerfG hier die Beschwerdeführerin ständig in der männlichen Form bezeichnet, man würde heute von „konsequentem Mis-Gendering“ sprechen. Das BVerfG spricht hier von einer transgeschlechtlichen Frau, d.h. einer Person, der bei Geburt das männliche Geschlecht zugewiesen wurde, die also rechtlich männlich war und um das Recht kämpfte, als Frau anerkannt und angesprochen zu werden. Das BVerfG spricht ihr dieses Recht auch zu, es *macht* diese Frau mit seinem Beschluss rechtlich zur Frau, es setzt selbst aber diese Identitätsanerkennung nicht gleich in die Tat um. Mit seiner Entscheidung von 1978 schuf das BVerfG einen Meilenstein. Es forderte den Gesetzgeber auf, eine rechtliche Möglichkeit zu schaffen, im Falle von Transsexualität Vornamen und Personenstand zu ändern. Noch in der Beratungsphase erstellte man im Bundesinnenministerium den Entwurf des Transsexuellengesetzes (TSG) und legte ihn dem BVerfG vor, so dass das BVerfG in seiner Entscheidung diesen Entwurf bereits billigen konnte. Das BVerfG hatte als Rechtsgrundlage für diesen direktiven Eingriff in die Aufgaben des Gesetzgebers die Menschenwürde und das Grundrecht auf freie Persönlichkeitsentfaltung gesehen. Es erkannte, dass die staatliche Weigerung, Personendokumente der Geschlechtsidentität anzupassen, eine Verletzung der Menschenwürde ist, es ging aber nicht soweit, sein eigenes Mis-Gendering als diskriminierende Würdeverletzung zu erkennen.

Widersprüche und Inkonsequenzen dieser Art begegnen in der rechtswissenschaftlichen Behandlung von Transgeschlechtlichkeit immer wieder. Wer hierin keine durchscheinende transfeindliche Einstellung erkennen will, kann eine Erklärung finden in dem Umstand, dass der rechtliche – und damit auch der gerichtliche – Blick auf Geschlechternormen immer geprägt ist von dem, was in einer Gesellschaft gerade vor sich geht, was aktuell als sozialadäquat gilt, was im Umbruch ist. Beim Schutz von Minderheiten muss ein Gericht selbstverständlich über das hinausgehen, was für die Mehrheit Konsens ist. Es muss aber seinerseits erst einen Blick entwickeln, was für Rechte einer Minderheit zustehen, welche Rechtszustände unzumutbar sind und verändert werden müssen. Und diesen Blick entwickelt es nicht im luftleeren Raum, sondern abhängig von der gesellschaftlichen Entwicklung, von Strömungen, vom Geist der Zeit. Insofern ist auch der Blick des Bundesverfassungsgerichts auf Transgeschlechtlichkeit davon abhängig, was zu einer bestimmten Zeit erstmals einforderbar wird, und was – noch – undenkbar bleibt.

Das folgende Zitat kann einen Eindruck vermitteln von dem, was mit Geschlechternormen – zeitabhängigen Geschlechternormen – gemeint ist. Es stammt aus der Entscheidung von 1978.

> Die „Grunderfahrung“, daß das Geschlecht eines Menschen wegen seiner körperlichen Geschlechtsmerkmale bestimmbar, ihm angeboren und *unwandelbar* sei, dürfte durch die

> medizinischen Erkenntnisse über die aus vererbter Anlage und Umwelteinflüssen resultierende Psychosexualität [...] ernsthaft in Frage gestellt sein. Unabhängig von den noch bestehenden Zweifeln über die Entstehung und Ursache des Transsexualismus fehlt bei dem transsexuellen Beschwerdeführer jedenfalls das Gefühl, ein Mann zu sein, und nach den vorliegenden medizinischen Gutachten jeder äußerlich erkennbare Hinweis auf ein männliches Geschlecht. Zudem ist sein soziales Verhalten dem einer Frau angepaßt. Dafür spricht auch seine berufliche Tätigkeit als Krankenschwester.[11]

Es zeigt sich, dass das BVerfG durchaus bereit war, Geschlechternormen in Frage zu stellen, gleichzeitig aber auch von bestehenden Stereotypen geprägt war und diese gleichsam – als wirkmächtiger Diskursteilnehmer – selbst fortführte.

Es ist jedoch nicht zu schmälern, dass das BVerfG wirklich ein Vorreiter war, als es 1978 forderte, dass das Recht Geschlechtswechsel anerkennen, ja ermöglichen muss und dass es eines Gesetzes bedürfte, das das ganze Verfahren des Geschlechtswechsels regelt.

III Das „Transsexuellengesetz“

Und damit war das Transsexuellengesetz, das TSG, auf den Weg gebracht. Das seit 1972 vor dem BVerfG anhängige Verfahren war Anlass für den Gesetzgeber, ebenfalls tätig zu werden. 1976 forderte der Bundestag per einstimmigem Beschluss die Bundesregierung auf,

> den Entwurf eines Gesetzes zur Änderung des Personenstandsgesetzes vorzulegen, durch den bestimmt wird, daß in Fällen von Geschlechtsumwandlungen aufgrund genitalverändernder Operationen oder anderer medizinischer Eingriffe durch einen im Verfahren der freiwilligen Gerichtsbarkeit zu erlassenden gerichtlichen Beschluß festgestellt wird, ob und gegebenenfalls von welchem Zeitpunkt an eine Person auch rechtlich als dem anderen Geschlecht zugehörig anzusehen ist.[12]

Der daraufhin erarbeitete Entwurf lag dann im Laufe der Beratung beim BVerfG auch vor, so dass dieses sich in der Entscheidung von 1978 bereits damit auseinandersetzen konnte. Der TSG-Entwurf sah auch damals schon eine Unterscheidung in eine „kleine“ und eine „große Lösung“ vor, welche das BVerfG ausdrücklich billigte.[13] Eines Gesetzes bedurfte es für das BVerfG jedoch ausschließlich im Interesse der Rechtssicherheit. Das BVerfG wies nämlich die An-

11 BVerfG, Beschluss vom 11.10.1978, Rn. 36, BVerfGE 49, 286 (298/299), Hervorh. i. Orig.
12 Stenographische Berichte, 7. Wahlperiode, 17818.
13 BVerfG, Beschluss vom 11.10.1978, juris-Rn. 26, BVerfGE 49, 286 (293).

sicht zurück, §47 PStG sei einer verfassungskonformen Auslegung nicht zugänglich und könne damit nicht als Rechtsgrundlage für die Personenstandsänderung von Transsexuellen dienen. Aufgrund des betroffenen Grundrechts aus Art. 2 Abs. 1 (Handlungsfreiheit) in Verbindung mit Art. 1 Abs. 1 GG (Menschenwürde) sei diese Auslegung durch die Gerichte nicht nur möglich, sondern sogar geboten.

Im Anschluss an den Beschluss des BVerfG nahm das Gesetzgebungsverfahren seinen Lauf. Ein in der Vorbereitung ausgeführter ausführlicher Rechtsvergleich hatte ergeben, dass es lediglich in Schweden eine gesetzliche Regelung und damit Anerkennung von Transgeschlechtlichkeit gab, einige Länder lösten die Frage administrativ, größtenteils wurde sie ignoriert und/oder tabuisiert.[14] Schweden lieferte also das einzige Vorbild und von dort wurden stellenweise auch negative Erfahrungen in der Rechtsanwendung gemeldet.[15] In der ersten Beratung im Bundestag wurde der TSG-Entwurf denn auch bezeichnet als „das fortschrittlichste Gesetz der Welt"[16] und die „humanste und umfassendste der Lösungen", „die es bisher in Rechtsstaaten gibt".[17]

Die deutsche Rechtslage wird seitdem und auch aktuell – noch – ganz maßgeblich von dem so genannten „Transsexuellengesetz" bestimmt. Das TSG regelt nicht etwa, wer oder was Transsexuelle sind oder wer sich als transsexuell bezeichnen darf, und auch nicht, was medizinisch unter Transsexualität verstanden wird. Es „bietet" lediglich die Möglichkeit, unter bestimmten Voraussetzungen den eigenen Personenstand von männlich zu weiblich oder von weiblich zu männlich ändern zu lassen und/oder einen Vornamen des anderen Geschlechts anzunehmen. Der volle Name lautet daher „Gesetz über die Änderung der Vornamen und die Feststellung der Geschlechtszugehörigkeit in besonderen Fällen (Transsexuellengesetz)". Die Anführungszeichen um das Wort „bietet" sind Ausdruck des Geistes, mit welchem das TSG verabschiedet wurde. Obwohl das BVerfG deutliche Worte hinsichtlich der Notwendigkeit eines solchen Gesetzes gefunden hatte, drängt sich bei Lektüre der Gesetzesmaterialien der Eindruck auf, dass man sich recht großzügig vorkam. Laut Bericht des zuständigen Innenausschusses war das TSG bei seiner Verabschiedung ausschließlich als „Rechtswohltat" gemeint.[18] Der Redebeitrag des Abgeordneten Dr. Meinecke während der den eingebrachten Gesetzentwurf behandelnden Plenumssitzung

14 BT-Drs. 8/2947, 10 ff.
15 BT-Drs. 8/2947, 10.
16 MdB Dr. Meinecke, SPD, 164. Sitzung der 8. Wahlperiode, 28.06.1979, Plenarprotokoll, 13174.
17 MdB Wolfgramm, FDP, 164. Sitzung der 8. Wahlperiode, 28.06.1979, Plenarprotokoll, 13175.
18 Vgl. Beschlussempfehlung vom 23.05.1980, BT-Drs. 8/4120, 14.

schließt mit den Worten: „Freunde, wir sollten diesen Menschen helfen!"[19] Und auch die im Gesetzgebungsverfahren durchgängig verwendeten und inzwischen in Rechtsprechung und -wissenschaft allgemein üblichen Begriffe der „kleinen" und der „großen Lösung" deuten an, dass hier nicht das Recht, sondern die Transsexualität als das Problem wahrgenommen wurde.

Das TSG kennt nämlich zwei Verfahrensarten: Bei der so genannten „großen Lösung" (§8 TSG) wird die Zugehörigkeit zum anderen Geschlecht gerichtlich festgestellt, d.h. Geburtseintrag und -urkunde sowie alle anderen Dokumente werden hinsichtlich des Geschlechtseintrags geändert, ein neuer Vorname kann eingetragen werden. Die „kleine Lösung" ermöglicht die Änderung des Vornamens (§1 TSG), ohne dass das jedoch Auswirkungen auf das „rechtliche" Geschlecht hat. Der neue Vorname kann bei der „kleinen Lösung" in alle Dokumente eingetragen werden; eine Reform des Passgesetzes[20] erlaubt seit 2007 sogar, dass der Geschlechtsvermerk im Pass dem Geschlecht, auf das der neue Vorname verweist, angepasst wird (also im Widerspruch zum „rechtlichen Geschlecht" steht). Dass eine Änderung (nur) des Vornamens nur Sinn ergibt, wenn die betroffene Person gleichzeitig im empfundenen Geschlecht angeredet wird, stellte das BVerfG 1996 fest.[21] Dies bewirkt, dass die Vornamensänderung auch Auswirkungen auf etwaige Titel hat. Die Geburtsurkunde einer adeligen Transfrau, die lediglich die „kleine Lösung" durchlaufen hat, kann sich also so lesen: „L. I. Freifrau [...], männlichen Geschlechts".[22] Warum diese merkwürdige Konstruktion auseinanderfallender Geschlechtsmarker? Die „kleine Lösung" war als Durchgangsstadium konzipiert worden, um eine erhebliche Alltagserleichterung zu bieten, bevor die Voraussetzungen der „großen Lösung" vorlagen. Denn die „große Lösung" hatte ursprünglich sehr viel höhere Voraussetzungen als die „kleine". Beide Varianten setzen eine dauerhafte, wahrscheinlich irreversible „transsexuelle Prägung" voraus. Die weiteren Voraussetzungen des rechtlichen Geschlechtswechsels waren bis zu einer BVerfG-Entscheidung von 2008[23] das Erfordernis, nicht im Ausgangsgeschlecht verheiratet zu sein, und bis zur Entscheidung von 2011[24] die Vornahme (chirurgischer) Angleichungsmaßnahmen inklusive der Beseitigung der Fortpflanzungsfähigkeit. Das Ehelosigkeitserfordernis verhinderte, dass durch Änderung des rechtlichen Geschlechts eines

19 MdB Dr. Meinecke, SPD, 164. Sitzung der 8. Wahlperiode, 28.06.1979, Plenarprotokoll 13174.

20 Gesetz vom 20.07.2007 (BGBl. I, 1566).

21 Kammerbeschluss vom 15.08.1996, NJW 1997, 1632: Anrede im Ausgangsgeschlecht durch Vollzugsbeamte.

22 So bei der Beschwerdeführerin der achten Entscheidung.

23 Beschluss vom 27.05.2008.

24 Beschluss vom 11.01.2011.

Ehepartners dessen bestehende Ehe zur „Homo-Ehe" wurde, was vor und sogar nach Einführung der eingetragenen Lebenspartnerschaft nicht erwünscht war. Das BVerfG befand, dies sei zwar ein legitimes Anliegen des Gesetzgebers, es würde jedoch vom individuellen Recht, nicht zur Scheidung gezwungen zu werden, übertroffen. Die Voraussetzungen der Fortpflanzungsunfähigkeit und der Angleichungs-OP waren Ausdruck der Relevanz, die einer körperlichen Verschiedenheit der Geschlechter(funktionen) gesellschaftlich beigemessen wird. Der von diesen Vorschriften ausgehende „OP-Zwang" war vor der sie aufhebenden Entscheidung Gegenstand rechtspolitischer Diskussion gewesen:[25] Seit Längerem schon war in Medizin und Sexualforschung die Annahme, wer transsexuell sei, brauche eine operative Geschlechtsangleichung, und nur, wer eine operative Geschlechtsangleichung anstrebe, sei transsexuell, als Zirkelschluss entlarvt[26] und waren vielfältigere Formen als ebenso „echte" Transsexualität erkannt worden.[27]

Bereits im Jahr 2005[28] hatte das BVerfG die Notwendigkeit des OP-Zwangs in Frage gestellt, da viele Betroffene dauerhaft in der „kleinen Lösung" verblieben, weil sie die Voraussetzungen für die „große" nicht erfüllen könnten oder wollten. Gegenstand der Entscheidung war allerdings §7 I Nr. 3, wonach im Falle einer Eheschließung im rechtlichen Geschlecht der in der „kleinen Lösung" geänderte Vorname in den alten Vornamen zurück zu ändern war. Hintergrund war zum einen die Annahme, die Eheschließung beweise, dass sich die Person nunmehr erneut in ihrem „Ausgangsgeschlecht" verorte,[29] und zum anderen das gesetzgeberische Anliegen, den Anschein einer „Homo-Ehe" zu verhindern, der durch Eheschließung zweier rechtlich als verschiedengeschlechtlich, aber nach den Vornamen als gleichgeschlechtlich zu beurteilender Personen entstünde. Auch hier hielt das BVerfG die Bemühungen des Gesetzgebers, die Verschiedenge-

---

25 Vgl. die Stellungnahmen zum Fachgespräch des Innenausschusses des Bundestages zur Thematik „Transsexuellenrecht" am 28.02.2007, BT-Innenausschuss-Drs. 16(4)167–167E und Michael Grünberger, „Die Reform des Transsexuellengesetzes: Großer Wurf oder kleine Schritte?," in *Transsexualität und Intersexualität. Medizinische, ethische, soziale und juristische Aspekte*, hg. von Dominik Groß et al., Berlin: Medizinisch-wissenschaftliche Verlagsgesellschaft 2008, 81–110.

26 Vgl. Hans-Günter Pichlo, „Transsexualismus – leistungsrechtliche und gutachterliche Kriterien für geschlechtsangleichende somatische Maßnahmen aus Sicht des MDK Nordrhein," in *Transsexualität und Intersexualität*, a.a.O. (siehe Anm. 25), 119–129, 122.

27 Kurt Seikowski, „Was ist Transsexualität? Definition und begriffliche Abgrenzungen," in *männlich – weiblich – menschlich. Trans- und Intergeschlechtlichkeit*, hg. von der Berliner Senatsverwaltung für Bildung, Jugend und Sport, Berlin: Senatsverwaltung für Bildung, Jugend und Sport 2006 (*Dokumente lesbisch-schwuler Emanzipation*, Nr. 22), 17–28.

28 Beschluss vom 06.12.2005.

29 Gesetzesbegründung zum TSG, BT-Drs. 8/2947, 14.

schlechtlichkeit der Ehe zu schützen, für legitim, ließ dies aber zurücktreten hinter die deutlich überwiegenden Rechte 1. auf einen Vornamen, der Ausdruck der empfundenen Geschlechtsidentität ist, und 2. auf die Möglichkeit, mit der Person seiner Wahl irgendeine Form der rechtlich verbindlichen Partnerschaft eingehen zu können.[30] Die Entscheidungen aus den Jahren 2005, 2008 und 2011 sind Ausdruck der Verquickung von Fragen der Geschlechtsidentität und der sexuellen Orientierung: Auch die Entscheidung von 2011 stand im Zusammenhang mit der Frage, ob einem rechtlich verschiedengeschlechtlichen, aber nach den (der Geschlechtsidentität entsprechenden) Vornamen gleichgeschlechtlichen Paar die Ehe oder die Lebenspartnerschaft offenstehen sollte. Das BVerfG entschied sich dafür, die Änderung des rechtlichen Geschlechts auch ohne körperliche Angleichung zuzulassen, um die Eingehung einer (der empfundenen gleichgeschlechtlichen Orientierung der Beschwerdeführerin entsprechenden) Lebenspartnerschaft zu ermöglichen – und gleichzeitig den Anschein einer „Homo-Ehe" zu verhindern.

Zu all diesen neuen Erkenntnissen war das BVerfG auf dem ganz üblichen Wege gekommen: Es hatte sich von der Sexualforschung, also von Medizin und Psychiatrie, informieren lassen. Und in diesen Disziplinen hatte sich der Blick auf Transgeschlechtlichkeit ganz gravierend geändert. Anfang der 1990er Jahre widmete Sigusch, prominenter Sexualforscher und auch für das BVerfG maßgebliche Autorität in Fragen der „Transsexualität"[31], in seinem Werk über den „Geschlechtswechsel" ein ganzes Kapitel der „Revision eigener Auffassungen"[32], in dem er die von ihm 1979 entwickelten „Leitsymptome der entfalteten und typischen Transsexualität bei beiden Geschlechtern"[33] nunmehr „unter dem Aspekt medizinischer Totalisierung und klinischer Pathologisierung"[34] sah. Die ausdrückliche Abkehr von der Annahme, „echte" Transsexuelle hätten einen unbedingten Wunsch nach operativer Geschlechtsangleichung und lehnten Homosexualität ab, nahm das BVerfG im Jahr 2005 zum Anlass zu konstatieren: „Die dem Transsexuellengesetz zugrunde liegenden Annahmen über die Transsexualität

30 Für eine ausführliche Analyse der fünften Entscheidung und ihrer Einbettung in die vorhergehenden s. Laura Adamietz, „Transgender ante portas?," *Kritische Justiz*, Bd. 39, 2006, 368–380.

31 Vgl. BVerfG, Beschluss vom 26.01.1993, BVerfGE 88, 87, und insbesondere Beschluss vom 06.12.2005, E 115, 1.

32 Volkmar Sigusch, *Geschlechtswechsel*, Hamburg: Klein 1992, 87–94.

33 Volkmar Sigusch, Bernd Meyenburg und Reimut Reiche, „Transsexualität," in *Sexualität und Medizin. Arbeiten aus der Abteilung für Sexualwissenschaft des Klinikums der Universität Frankfurt am Main*, hg. von Volkmar Sigusch, Köln: Kiepenheuer & Witsch 1979, 249–311, 250–253.

34 Sigusch, *Geschlechtswechsel*, 90.

haben sich inzwischen in wesentlichen Punkten als wissenschaftlich nicht mehr haltbar erwiesen.“[35]

Heute wird Transgeschlechtlichkeit nicht mehr als psychische Störung begriffen. Die WHO hat im Juni 2018 die ICD-11, d. h. die 11. Fassung der *International Classification of Diseases* vorgestellt; sie soll 2019 auf der Weltgesundheitsversammlung verabschiedet werden und offiziell ab Januar 2022 gelten. In dieser wird nicht mehr von „Transsexualität“ im Kapitel „Persönlichkeits- und Verhaltensstörungen“ (so die noch aktuelle Fassung ICD-10) gesprochen, sondern von „gender incongruence“, und zwar in einem Kapitel namens „conditions related to sexual health“.[36] Auch aus der Psychoanalyse werden Stimmen hörbar, die sich gegen die Psychopathologisierung von transgeschlechtlichen Patient innen wenden.[37]

Wie beschrieben, hat sich das BVerfG erstmals 2005 mit dieser neuen Sichtweise auf Transgeschlechtlichkeit beschäftigt und den Wandel in der Folge auch zum Anlass genommen, nach und nach diejenigen Vorschriften aus dem TSG zu streichen, die auf veralteten Vorstellungen – und aus heutiger Sicht: auf Fehlannahmen – beruhten. Es hat seine Sichtweise von Transsexualität als Erkrankung hin zu einem Identitätsmerkmal entwickelt, das sich ungehindert entfalten können muss und keine Auswirkungen auf das Recht hat, Ehen und Lebenspartnerschaften einzugehen oder weiterführen zu dürfen. Das heißt aber auch, dass das TSG seit seinem Inkrafttreten im Jahr 1981 also 24 Jahre lang vom wissenschaftlichen Wandel unberührt geblieben ist, obwohl es längst eines „Updates“ bedurft hätte. Vorher waren schlicht keine Verfahren bis zum BVerfG geführt worden und bedauerlicherweise hatte der Gesetzgeber selbst keinerlei Reformen am TSG vorgenommen. Jede einzelne Anpassung des TSG erfolgte durch das BVerfG, und zwar entweder, indem Regelungen wegen Verfassungswidrigkeit für unanwendbar erklärt, oder indem sie im Hinblick auf einen Beschluss des BVerfG geändert wurden, um die Verfassungswidrigkeit zu beseitigen.

IV Das TSG heute – und in Zukunft?

Das TSG steht nun allen transgeschlechtlichen Menschen offen, die sich in der Verortung „männlich“ oder „weiblich“ wiederfinden können. Die Änderung des Geschlechtseintrags in das jeweils andere der zwei Geschlechter, die das Recht

35 BVerfG, Beschluss vom 06.12.2005, juris-Rn. 63, BVerfGE 115, 1.

36 http://www.who.int/classifications/icd/revision/en/ (Zugriff: 24.07.2018).

37 Lily Gramatikov, „Herausforderung Transsexualität. Über eine Verortung der transsexuellen Identität im Selbst,“ *Psychoanalyse im Widerspruch*, Nr. 49, 2013, 77–95.

bisher nur zur Verfügung stellte, ist nicht mehr beschränkt auf Fälle der so genannten „Transsexualität“. Der Begriff Transsexualität steht für die medizinische Diagnose, die in den 1970er-Jahren entwickelt wurde und die voraussetzt, dass eine chirurgische Angleichung unbedingt erwünscht ist, dass die eigenen Genitalien abgelehnt werden und dass eine asexuelle oder eine heterosexuelle Orientierung vorliegt. Nachdem diese Voraussetzungen als medizinisch-psychiatrische Fehlannahmen erkannt wurden, wird vom Begriff Transsexualität zunehmend Abstand genommen, wenn es darum geht, die transgeschlechtliche Identität unabhängig von diesen Diagnosekriterien zu bezeichnen. Die Verwendung des Begriffs „Transsexualität“ bleibt hinter dem aktuellen menschenrechtlichen Diskurs zurück.

Weltweit fällt in immer mehr Ländern der Zwang zu Operation und Sterilisation, und in einigen Ländern setzt man sich bereits damit auseinander, ob und wie andere geschlechtliche Identifikationen, jenseits von männlich oder weiblich, anzuerkennen sind. In Deutschland hat das Bundesverfassungsgericht am 10. Oktober 2017 im Verfahren zur sog. „Dritten Option“ entschieden, dass auch diejenigen Menschen, deren Geschlechtsentwicklung gegenüber weiblicher oder männlicher Geschlechtsentwicklung Varianten aufweist und die sich selbst dauerhaft weder dem männlichen noch dem weiblichen Geschlecht zuordnen, ein Recht auf einen Geschlechtseintrag haben, der ihrem Geschlecht entspricht.[38] Mit dem „Gesetz zur Änderung der in das Geburtenregister einzutragenden Angaben“ hat der Gesetzgeber 2018 den Eintrag „divers“ oder die Streichung des Geschlechtseintrags zwar ermöglicht, aber Menschen vorbehalten, die durch Attest oder eidesstattliche Versicherung nachweisen, dass bei ihnen eine „Variante der Geschlechtsentwicklung“ vorliegt und damit nur die Fälle von somatischer Intergeschlechtlichkeit gemeint. Damit steht die Reform oder sogar die Abschaffung des TSG noch dringlicher als zuvor im Raum. Schon 2014 wurde eine Interministerielle Arbeitsgruppe zu den Themen Inter und Trans eingerichtet und es wurden Gesetzentwürfe erarbeitet, die den Lebensrealitäten besser gerecht werden sollen.[39] Denn auch nach Abschaffung von Operations- und Sterilisationszwang ist vieles noch gar nicht oder nur sehr unzufriedenstellend geklärt:

38 BVerfG, Beschluss vom 10.10.2017, – 1 BvR 2019/16.

39 Die Interministerielle Arbeitsgruppe „Intersexualität/Transsexualität“ wurde vom Bundesministerium für Familie, Senioren, Frauen und Jugend (BMFSFJ) gegründet. Im Rahmen der Begleitforschung wurde der Regelungsbedarf ermittelt, vgl. insbesondere die beiden umfangreichen Gutachten Laura Adamietz/Katharina Bager, *Regelungs- und Reformbedarf für transgeschlechtliche Menschen. Begleitmaterial zur Interministeriellen Arbeitsgruppe Inter- & Transsexualität – Band 7*, Berlin 2016; sowie Nina Althoff/Greta Schabram/Petra Follmar-Otto, *Geschlechtervielfalt im Recht. Status quo und Entwicklung von Regelungsmodellen zur Anerkennung und zum Schutz von*

- Die Änderung von Vornamen und Geschlechtseintrag ist nach dem TSG nur möglich, wenn ein zeitaufwändiges und teures Begutachtungsverfahren durchlaufen wird – es sind zwei Gutachten nötig, und die Gerichte verlangen in der Regel, dass diese von psychiatrischen oder psychologischen Sachverständigen verfasst werden. Viele Transpersonen empfinden diese Begutachtung als entwürdigend. Sie ist als grundrechtsverletzend zu bewerten und würde einer Überprüfung durch das BVerfG, anders als im Jahr 2017,[40] wohl nicht standhalten. Denn eine Änderung in „divers" setzt nach dem neuen Gesetz zur „3. Option" lediglich ein nahezu kostenfreies Attest und ansonsten einen Antrag beim Standesamt voraus, worin eine Benachteiligung von transgeschlechtlichen Menschen zu sehen ist.
- Der Eintrag „divers" oder die Streichung des Geschlechtseintrags ist bisher für transgeschlechtliche Menschen nicht vorgesehen, weshalb das Gesetz, mit welchem der BVerfG-Beschluss zur „3. Option" umgesetzt werden sollte, verfassungsrechtlichen Bedenken begegnet und bereits im Vorfeld auf deutlichen rechtspolitischen Widerstand traf.[41] Die echte Anerkennung eines dritten Geschlechts würde bedeuten, dass sich auch Menschen, die somatisch keine beid- oder zwischengeschlechtlichen Merkmale aufzuweisen haben, diese Geschlechtsidentität haben können, weil sie eine von mehreren möglichen Geschlechtsidentitäten ist, die sich – wie die „klassische Transgeschlechtlichkeit" auch – nun einmal auch unabhängig von den körperlichen Merkmalen entwickeln kann.
- Die Regelung von Elternschaft ist nach wie vor völlig unzufriedenstellend. Geburtsurkunden von Kindern, deren Eltern transgeschlechtlich sind, bezeichnen soziale Väter als Mütter oder benennen Menschen, die rechtlich gar nicht mehr existieren. Der Bundesgerichtshof hat jüngst entschieden, dass es dem Grundrechtsschutz eines Kindes, das nach einer Samenspende von einem rechtlichen Mann ausgetragen und geboren wurde, am ehesten entspricht, wenn der Vater in der Geburtsurkunde des Kindes als dessen Mutter und mit dem – zum Zeitpunkt der Geburt gar nicht mehr geführten – weiblichen Vornamen bezeichnet wird.[42] Der BGH hat dabei offenbar ausschließlich an die Verwendung der Geburtsurkunde durch das Kind im noch

---

Geschlechtervielfalt. Begleitmaterial zur Interministeriellen Arbeitsgruppe Inter- & Transsexualität – Band 8, Berlin 2016; beides abrufbar auf der Website des Bundesfamilienministeriums unter www.bmfsfj.de (Zugriff: 24.07.2018).

40 BVerfG, Kammerbeschluss vom 17.10.2017, – 1 BvR 747/17.

41 Vgl. nur die durch die Bundesvereinigung Trans* gestarteten oder verbreiteten Aktivitäten, [https://www.bv-trans.de/].

42 BGH, Beschluss vom 6.9.2017 – XII ZB 660/14.

zu erreichenden Erwachsenenalter gedacht und es vor Diskriminierungen schützen wollen. Vollkommen außer Acht gelassen hat es die zahlreichen Situationen, in welchem der – rechtlich und sozial ausschließlich als Mann auftretende und nur als solcher erkennbare – Vater die Geburtsurkunde für das noch kleine Kind verwendet (Beantragung Kindergeld, Schulanmeldung, Passbeantragung) und durch das Erklärungserfordernis, warum nicht er, sondern eine rechtlich nicht mehr existierende Frau vermerkt ist, zum Outing gezwungen ist. Dies bedeutet, ihn und das Kind der Gefahr von Ausgrenzungen und Diskriminierungen auszusetzen und ihnen bestimmte grundrechtlich geschützte Freiheiten zu nehmen – man denke nur an den Grenzübertritt außerhalb des Schengen-Raumes, bei welchem die Elternschaft für das Kind über die Geburtsurkunde, die Personenidentität des Vaters mit der dort vermerkten weiblichen Person aber nur durch den deutschsprachigen Gerichtsbeschluss im TSG-Verfahren zur Namens- und Personenstandsänderung nachgewiesen werden kann. Die Untergerichte gehen hier teilweise andere, von der Rechtsprechung des BGH abweichende Wege.[43]

- Es gibt keinen effektiven Schutz vor Diskriminierung und Zwangs-Outing. Das TSG bietet zwar ein Verbot der Offenbarung des alten Geschlechtseintrags, aber wenig Handhabe, wenn dagegen verstoßen wird. Es gibt in Deutschland allerdings – im Vergleich zu anderen Rechtskulturen – auch keine stark ausgebildete Kultur der Prozessführung gegen Diskriminierung im Alltag, im Arbeitsleben, in Schule und Universität. So kommt es auch, dass das BVerfG in seinen Entscheidungen gar nicht von Diskriminierung spricht – anders die Rechtsprechung des Europäischen Gerichtshofes, die ausschließlich auf der Frage der Diskriminierung beruht. Es ist bisher kein Diskriminierungsfall bis vor das BVerfG oder ein anderes hohes Bundesgericht gelangt.
- Die Gesundheitsversorgung von transgeschlechtlichen Menschen ist vollkommen inadäquat. Dies betrifft vor allem, aber nicht nur, die Behandlung bei transspezifischen Bedarfen. Auch hier müssen sich transgeschlechtliche Personen in ein Begutachtungssystem begeben, das allzu häufig als entwürdigend wahrgenommen wird, und aufgrund veralteter Begutachtungsstandards und einer mangelnden Verbreitung von Spezialkenntnissen eine

43 Z. B. Beschlüsse des AG Münster vom 4.1.2016 – 22 III 12/15 – und vom 16.5.2018 – 22 III 68/17–, beide unveröffentlicht, nach welchen bei der Registrierung der Geburten der Kinder zwar die alten Vornamen des gebärenden Transmannes als zusätzliche Information im Register vermerkt, den Kindern aber Geburtsurkunden ausgestellt werden sollten, in welchen der Vater ausschließlich mit seinem tatsächlich geführten Vornamen bezeichnet ist.

Fehlbeurteilung durchaus wahrscheinlich macht.[44] Hier lässt die 2018 verabschiedete neue Behandlungsleitlinie[45] und deren zu erwartende Beachtung auch durch die Krankenkassen auf Verbesserungen hoffen.

Es muss sich also noch einiges tun. Der Gesetzgeber selbst hat seit der Verabschiedung des TSG im Jahr 1980 keine Veränderungen vorgenommen. Bis heute sind in der vom Bundesjustizministerium herausgegebenen aktuellen Fassung die Voraussetzungen, die längst wegen ihrer Verfassungswidrigkeit unanwendbar sind, abgedruckt. Nur über für Rechtsunkundige schwer verständliche Fußnoten wird auf die Verfassungswidrigkeit hingewiesen, eine Fußnote ist gar fehlerhaft und behauptet die Unanwendbarkeit einer nach wie vor anzuwendenden Vorschrift.[46] Ein solcher Hinweis mag als Pedanterie ausgelegt – oder aber als Hinweis darauf verstanden werden, dass hier nicht nur keine Bemühungen unternommen werden, das TSG zu reformieren, sondern nicht einmal die durch das BVerfG reformierte Version in einer nutzerfreundlichen, niedrigschwelligen Art der Bevölkerung zugänglich gemacht wird.

Es bleibt offen, ob weitere Entwicklungen, etwa die Abschaffung der Begutachtungspflicht, erstritten werden müssen, also erneut den Weg bis hoch zum Bundesverfassungsgericht gehen, oder ob der Gesetzgeber selbst doch noch Initiative zeigen und sich die geschlechtliche Selbstbestimmung aller Menschen zu einem eigenen Anliegen machen wird. Beide Akteure – Gesetzgeber und Rechtsprechung – brauchen aber Signale, dass der gesellschaftliche Diskurs sich auch wandelt und dieser Wandel tragbar ist. Und auch dies gilt es von Seiten anderer Wissenschaften zu begleiten.

---

44 Ausführlicher Laura Adamietz, „Unzureichender Grundrechtsschutz von Trans* und Inter*," in *Grundrechte-Report 2015. Zur Lage der Bürger- und Menschenrechte in Deutschland*, hg. von Till Müller-Heidelberg et al., Frankfurt am Main: Fischer 2015, 51–55.

45 AWMF-S3-Leitlinie „Geschlechtsinkongruenz, Geschlechtsdysphorie und Trans-Gesundheit: Diagnostik, Beratung, Behandlung", s. www.awmf.org/leitlinien/detail/ll/138-001.html (Zugriff: 31.10.2018).

46 http://www.gesetze-im-internet.de/tsg/ (Zugriff: 24.07.2018), s. insbesondere die Fußnoten zu §8 TSG.

Kurt Seikowski

Die Problematik der Psychopathologisierung von Transsexualität

Abstract: Transsexuelle legen Wert darauf, nicht als psychisch krank bezeichnet zu werden. Deswegen lehnen sie die in der ICD-10 festgelegte Diagnose F64.0 ab, denn alle F-Nummern werden den psychischen Störungen zugeordnet. International hat es sich deshalb bei den Betroffenen durchgesetzt, Transsexualität als Normvariante der Natur zu verstehen. Trotzdem stehen Psychopathologisierungen dieser Personen nach wie vor auf der Tagesordnung. Das äußert sich darin, dass der Transsexuelle im Anpassungsprozess an das andere Geschlecht sich einer Prozedur zu unterziehen hat, die sich nicht von einer psychiatrisch-psychologischen Begutachtung unterscheidet. Vor der ersten gegengeschlechtlichen Hormontherapie erfolgen die Begutachtungen und der therapeutische Prozess, was oft mehr als ein Jahr dauert. Besonders die von den Medizinischen Diensten der Krankenversicherung (MdK) vorgegebenen Richtlinien werden von den Betroffenen als großes Hindernis erlebt: Der MdK fordert vor der gegengeschlechtlichen Hormontherapie in Deutschland ein Jahr Alltagstest, und mittlerweile eineinhalb Jahre Psychotherapie, obwohl bei mindestens zwei Dritteln der Betroffenen Psychotherapie nicht indiziert ist. Zudem wird häufig die Diagnose „Borderline-Persönlichkeitsstörung" als Ausschlusskriterium für den Anpassungsprozess formuliert. Um solchen Psychopathologisierungen entgegenzutreten, analysierten wir diesbezügliche Fragebogendaten von 1234 Transsexuellen, die im Zeitraum von 1988 bis 2015 in unserer Einrichtung betreut wurden. Im Ergebnis konnten wir feststellen, dass es keinerlei Hinweise darauf gibt, dass Transsexuelle psychisch kränker wären als die Normalbevölkerung. Das bedeutet für die Zukunft u. a., die Selbstbestimmung von Betroffenen mehr in den Mittelpunkt zu stellen sowie Psychotherapiepflicht und Alltagstest abzuschaffen. Es stellt sich ferner die Frage, ob nicht speziell ausgebildete Genderspezialisten den medizinischen Betreuungsprozess übernehmen sollten.

I Definition und begriffliche Abgrenzungen

Unter *Transsexualität* versteht man ein Geschlechtsidentitätsproblem, bei dem körperliches und psychisches Geschlecht nicht übereinstimmen. Eine Mann-zu-Frau-Transsexuelle (Transfrau) ist biologisch ein Mann (ursprüngliches biologisches Geschlecht), der sich wie eine Frau (psychisches Geschlecht) fühlt – und ein

https://doi.org/10.1515/9783110614626-009

Frau-zu-Mann-Transsexueller (Transmann) ist biologisch eine Frau, die sich wie ein Mann fühlt. Die meisten Transsexuellen (trans = jenseits – woandershin) streben geschlechtsangleichende Operationen an das psychische Geschlecht an, so dass dann körperliches und psychisches Geschlecht übereinstimmen. Es gibt keinerlei zuverlässige Zahlen darüber, wie häufig Transsexualität vorkommt. So schwanken die Angaben darüber von 1:500 bis 1:100.000. Um sich dem Begriff der Transsexualität anzunähern, soll zunächst eine Abgrenzung zu anderen Besonderheiten erfolgen, für die entsprechend auch andere Begriffe geprägt wurden:

Unter *Transidentität* wird das Gleiche verstanden wie unter Transsexualität bzw. Transsexualismus. Transidentität ist meist der Begriff der Betroffenen, die der berechtigten Meinung sind, dass sie kein sexuelles, sondern ein übergreifendes Geschlechtsidentitätsproblem haben. *Transsexualität und Transsexualismus* sind die offiziellen medizinischen Bezeichnungen der Internationalen Krankheitsklassifikation (ICD-10) mit der Codierung F64.0. Im Weiteren werden die Begriffe Transsexualität und Transidentität gleichwertig verwendet. Auch haben sich unter Betroffenen die Begriffe Transfrauen (Mann-zu-Frau-Transidentität) und Transmänner (Frau-zu-Mann-Transidentität) etabliert. Diese Begriffe verstehen sich im Weiteren als Normalvarianten (und nicht als psychopathologische Varianten) menschlichen Daseins, die in den meisten Fällen ohne medizinische Hilfe nicht lebbar sind.

Zisidentität (zis = diesseits – nicht woandershin) ist eine Spezialform der Transidentität, bei der sich Betroffene nicht vollständig an das andere Geschlecht angleichen wollen.[1] Es existieren verschiedene Varianten: Manche nehmen „nur" gegengeschlechtliche Hormone zur Vertiefung der Stimme bei der Frau oder zu einer Brustvergrößerung beim Mann. Wir kennen auch weibliche Personen, die nur die Brustamputation vornehmen oder sich die Klitoris vergrößern lassen – und mehr nicht. In diesen Fällen wäre eine vollständige Angleichung an das andere Geschlecht fatal. Es gibt auch eine andere Auslegung von „Zisidentität", worunter alle Menschen verstanden werden, die mit ihrem Geschlecht zufrieden sind.[2]

Transgender ist ein politischer und soziologischer, jedoch kein medizinischer Begriff. Weiblichkeit und Männlichkeit werden als gesellschaftliche Konstruktionen definiert. Das zugewiesene Geschlecht wird als nicht-bindend empfunden.

1 Vgl. Kurt Seikowski, „Keine Patienten im klassischen Sinn (Kritik der ‚Standards der Behandlung und Begutachtung von Transsexuellen'")," *Zeitschrift für Sexualforschung*, Bd. 10, 1997, 351–353.

2 Vgl. Volkmar Sigusch, „Die Transsexuellen und unser nosomorpher Blick," *Zeitschrift für Sexualforschung*, Bd. 4, 1991, 225–256 („Teil 1: Zur Enttotalisierung des Transsexualismus") und 309–343 („Teil 2: Zur Entpathologisierung des Transsexualismus").

In letzter Zeit wird „Transgender“ auch zunehmend als Oberbegriff für Geschlechtsidentitätsvarianten verstanden. Es existieren jedoch sehr verschiedene Strömungen, die diesen Begriff auch relativ unterschiedlich interpretieren.

Die Begriffe *Intersexualität, Zwitter* bzw. *Hermaphroditismus* sind Synonyme und umschreiben das sogenannte „dritte Geschlecht“. Körperlich sind diese Personen zweigeschlechtlich angelegt. Allerdings kommen sehr viele Varianten vor, so dass man von einem einheitlichen Hermaphroditismus nicht sprechen kann. Gemeint ist aber in allen Fällen eine körperliche Zweigeschlechtlichkeit. In seltenen Fällen kann ein Intersexueller – z. B. beim Klinefelter-Syndrom – auch gleichzeitig transsexuell sein.

Interidentität versteht sich in Anlehnung an Intersexualität als psychische Zweigeschlechtlichkeit und kommt dem Begriff der Zisidentität sehr nahe. Es sind Personen, die zwischen den Geschlechtern leben wollen.

Die Presse hat den Begriff der *Metrosexualität* geprägt. Dabei handelt es sich um eine lose Form des Ausprobierens von Mode, Schmuck, Kleidung oder des Schminkens der andersgeschlechtlichen Rolle. Meist sind es Männer (z. B. der in diesem Zusammenhang immer wieder angeführte David Beckham), die zeitweise in verschiedene „Klischees“ der Frau wechseln (u. a. sich vorübergehend einen weiblichen Haarschnitt zulegen oder auch mal weibliche Unterwäsche tragen). In allen Fällen verkörpern sie jedoch ihr Ursprungsgeschlecht.

Unter *Transvestitismus* versteht man bei Männern das Tragen weiblicher Kleidung. Diese Personen würden nie darauf kommen, sich „umwandeln“ lassen zu wollen. Sie verbleiben ebenso immer im Ursprungsgeschlecht. Das schließt nicht aus, dass es transidente Personen gibt, die eine längere transvestitische Phase hinter sich haben.

Beim *fetischistischen Transvestitismus* dient das Tragen der weiblichen Kleidung ausschließlich dem Zwecke sexueller Erregung. Auch solche Phasen kommen gelegentlich bei transidenten Personen vor – oft in der Vorstellung, sich in der weiblichen Kleidung deshalb sexuell erregen zu können, weil man sich in der sexuell-weiblichen Rolle fühlt.

Im DSM-5 – dem amerikanischen System für psychische Erkrankungen – gibt es den Begriff der Transsexualität nicht mehr. Dort wird der Begriff *Geschlechtsdysphorie* verwendet, und zwar ausschließlich dann, wenn Personen, die Probleme mit ihrer Geschlechtszuweisung haben, zur Reduktion ihres Leidensdrucks die Leistungen medizinischer Einrichtungen in Anspruch nehmen und der Hilfe medizinischer Experten bedürfen. Und auch in der zu erwartenden neuen internationalen Krankheitsklassifikation ICD-11 wird es einen neuen Begriff geben, der voraussichtlich *Geschlechtsinkongruenz* heißen wird. Damit wird „Transsexualität“ in der Medizin nicht mehr als Krankheit verstanden.

II Kriterien für Transsexualität

In Deutschland gibt es seit 1997 „Standards der Behandlung und Begutachtung von Transsexuellen"[3]. In diesen Standards sind drei Kriterien formuliert, die erfüllt sein sollen, wenn man von Transsexualität spricht:

1. Unter der *tiefgreifenden dauerhaften gegengeschlechtlichen Identifikation* wird das frühe Auftreten des Widerspruchs zwischen körperlichem und psychischem Geschlecht verstanden. Bei den Frau-zu-Mann-Transsexuellen tritt das Phänomen meist in der Vorschulzeit auf – Röcke und Blusen (also die weibliche Kleidung) werden schon sehr früh abgelehnt. Auch wird lieber mit Jungen als mit Mädchen gespielt. Sie setzen sich auch meist so durch, dass die Eltern es bald einsehen und nicht mehr auf der weiblichen Kleidung bestehen. Die Mann-zu-Frau-Transsexuellen haben es da in der Regel schwerer, denn das Tragen weiblicher Kleidung eines Jungen wird meist durch die Gesellschaft nicht toleriert bzw. nicht verstanden. Deshalb kommt es für gewöhnlich in der frühen Schulzeit zum heimlichen Tragen weiblicher Kleidung. Es kommt gelegentlich zu Verdrängungsversuchen, bei denen immer wieder versucht wird, sich der biologischen Rolle anzupassen. Doch setzt sich das transsexuelle Empfinden immer wieder durch. Manche gehen eine Ehe ein, zeugen Kinder – haben also eine Familie – und trotzdem setzt sich das Bedürfnis, im anderen Körper leben zu wollen, immer wieder durch.

2. Das zweite Kriterium beschreibt ein *anhaltendes Unbehagen in der gegenwärtigen Geschlechtsrolle*. Damit ist das Gefühl gemeint, nicht dauerhaft in der ursprünglichen Rolle leben zu können. Der Körper wird in seiner Form abgelehnt. Das Tragen der von anderen erwarteten Kleidung ist einem unangenehm. Und auch typisches Verhalten als Mann oder Frau (Erfüllen der „Männer"- bzw. der „Frauenrolle"), das nicht dem psychischen Geschlecht entspricht, bereitet Unbehagen.

3. Dadurch erklärt sich auch das dritte Kriterium, demzufolge man unter dem ungelösten Geschlechtsidentitätskonflikt sehr leidet. Dieses Kriterium wird so formuliert, dass ein *klinisch relevanter Leidensdruck* vorliegt und/oder *Beein-*

---

3 Sophinette Becker et al., „Standards der Behandlung und Begutachtung von Transsexuellen der Deutschen Gesellschaft für Sexualforschung, der Akademie für Sexualmedizin und der Gesellschaft für Sexualwissenschaft," *Zeitschrift für Sexualforschung*, Bd. 10, 1997, 147–156. Diese Standards gelten als nicht mehr zeitgemäß. Seit 2012 werden die Behandlungsleitlinien für Transsexuelle überarbeitet, um die Behandlung zu professionalisieren, zu individualisieren und eine effiziente Gesundheitsfürsorge für diese Menschen zu etablieren. Die neue S-3-Leitlinie wird im Verlauf des Jahres 2019 eingeführt werden.

trächtigungen in sozialen, beruflichen oder anderen wichtigen Funktionen auftreten. Der Begriff „klinisch relevanter Leidensdruck" erzeugt jedoch immer wieder Missverständnisse. In psychiatrischer Sicht versteht man darunter meist einen depressiven Zustand, der durch Psychotherapie nicht zu beheben war. Deshalb kann es leider passieren, dass man im Rahmen der Geschlechtsangleichung zum Medizinischen Dienst der Krankenversicherung (MDK) bestellt wird, wo zwar Transsexualität bestätigt wird, der dortige Fachmann jedoch gleichzeitig vermerkt, dass kein klinisch relevanter Leidensdruck vorliegt, weil man möglicherweise den Eindruck hinterlassen hatte, sich sehr darüber freuen zu können, dass es für das eigentliche Problem nun endlich eine Lösung gibt. Man sah nicht leidend genug aus. Beeinträchtigungen in sozialen, beruflichen oder anderen Funktionen beziehen sich auf Unzufriedenheiten in Bezug auf das Ausüben der von der Gesellschaft erwarteten Verhaltensmuster, die jedoch nicht dem eigentlichen Geschlechtsidentitätsverständnis entsprechen.

Die Prüfung dieser Kriterien erfolgt meist über Begutachtungen, deren Inhalte ebenfalls in den erwähnten Standards zusammengefasst sind.

III Formen der Geschlechtsangleichung bei Transsexualität

Wenn Sicherheit darüber besteht, dass eine Transsexualität vorliegt, dann gibt es prinzipiell zwei voneinander unabhängige Formen der Angleichung an das andere Geschlecht.

1 Juristische Angleichung nach dem Transsexuellengesetz (TSG)[4]

Dieses Gesetz regelt die Vornamensänderung („kleine Lösung") und die Personenstandsänderung („große Lösung"). Bei der Vornamensänderung wird der gegengeschlechtliche Vorname beantragt, man verbleibt jedoch im Ursprungsgeschlecht. Aus „Herrn" Heiko Müller wird also z. B. „Herr" Heike Müller. Für die Zuerkennung des anderen Geschlechts (Personenstandsänderung) sah das TSG bis vor einigen Jahren vor, dass man dauerhaft fortpflanzungsunfähig sein muss

4 „Gesetz über die Änderung der Vornamen und die Feststellung der Geschlechtszugehörigkeit in besonderen Fällen (Transsexuellengesetz – TSG)" (10. September 1980), *Bundesgesetzblatt*, 1980, Teil I, 1654–1658.

und sich einem die äußeren Geschlechtsmerkmale verändernden operativen Eingriff unterzogen hat, durch den eine deutliche Annäherung an das andere Geschlecht erreicht wurde. Außerdem durfte man für den letzten Schritt nicht verheiratet sein, denn gleichgeschlechtliche Eheleute, die sie dann wären, waren juristisch den heterosexuellen Ehepaaren nicht gleichgestellt. Diese Passagen wurden mittlerweile geändert, so dass es für die Personenstandsänderung nicht mehr erforderlich ist, „operiert" bzw. „noch verheiratet" zu sein. Das bisherige TSG gilt mittlerweile als veraltet.

Zur Beurteilung des Vorliegens einer Transsexualität werden im TSG zwei unabhängige Gutachten gefordert, wobei nicht vorgeschrieben ist, welcher Berufsgruppe die Gutachter angehören. Es wird jedoch gefordert, dass es sich um Personen handelt, die für die Aufgabe ausreichend qualifiziert und mit den Problemen Transsexueller vertraut sind. Mittlerweile wird jedoch auch diese Praxis von erfahrenen Gutachtern angezweifelt, die die Abschaffung der Begutachtungspraxis fordern, da die meisten Begutachtungen sowieso anerkennend verlaufen.[5]

2 Medizinische Angleichung

Die medizinische Angleichung an das andere Geschlecht verläuft unabhängig von der juristischen Angleichung. Es gibt also z. B. keine Vorschrift, dass die Hormontherapie erst erfolgen kann, wenn man bereits die Vornamensänderung hinter sich hat. Die meisten Transsexuellen vollziehen beide Angleichungsformen parallel.

Im medizinischen Sinne gesprochen erfolgt zunächst eine Diagnostik der Geschlechtsidentitätsstörung „Transsexualität" (F64.0). Dazu gehören das Erheben einer biographischen Anamnese, die das Ziel hat, alle drei Kriterien für Transsexualität im zeitlichen Verlauf von der Kindheit bis zur Gegenwart zu beleuchten. Es wird auch über den Alltagstest gesprochen (Tragen der Kleidung des anderen Geschlechts). Der MDK fordert oft ein Jahr Psychotherapie, obwohl die meisten Betroffenen keine Psychotherapie benötigen.[6] Dann beginnt die lebenslang zu planende Hormontherapie, an die sich die geschlechtsangleichenden Operationen anschließen.

---

5 Vgl. Bernd Meyenburg, Karin Renter-Schmidt und Gunter Schmidt, „Begutachtung nach dem Transsexuellengesetz. Auswertung von Gutachten dreier Sachverständiger 2005–2014," *Zeitschrift für Sexualforschung*, Bd. 28, 2015, 107–120.

6 Vgl. Kurt Seikowski, „Psychotherapy and Transsexualism," *Andrologia*, Bd. 39, 2007, 248–252.

Für die medizinische Angleichung sind formell keine Gutachten erforderlich, da in jedem Fall der betreuende Mediziner die Indikation für eine medizinische Maßnahme selbst stellen kann. Da es sich jedoch um sehr weitreichende verändernde Maßnahmen am Körper handelt, möchten sich die beteiligten Mediziner (Hormontherapeuten und Operateure) dann doch über Gutachter absichern. Das ist eine Form von Teamarbeit im Interesse des Patienten.

Es gibt tatsächlich einige Kontraindikationen, bei denen man die geschlechtsangleichenden Maßnahmen nicht durchführen sollte. Die wichtigsten seien an dieser Stelle genannt:

- Geschlechtsidentitätsstörungen als Unbehagen mit gängigen Geschlechtsrollenerwartungen
- Geschlechtsidentitätsstörungen in Adoleszenzkrisen
- Transvestitismus
- Fetischistischer Transvestitismus
- Latente Homosexualität
- Scheintranssexualität nur in schizophrenen Phasen (psychotische Verkennung)
- Geschlechtsidentitätsstörungen im Rahmen einer Persönlichkeitsstörung (Borderline-Persönlichkeitsstörung)
- Metrosexualität
- Dissozial motivierter Wunsch nach einem Geschlechtswechsel (z. B. Leben in der anderen Rolle, weil man dies für bequemer und einfacher hält)

An dieser Stelle sei noch darauf verwiesen, dass es nach außen auch Formen der Transidentität gibt, die zwar keine Sonderformen darstellen, aber dem Klischee von der „reinen" anderen Seite des anzustrebenden Geschlechts nicht entsprechen. So existiert eine kleidungsunabhängige (rein „seelische") Transidentität, bei der es sinnlos wäre, wenn man von den Betroffenen einen Alltagstest einfordern wollte. Im Übrigen sollte der Alltagstest generell hinterfragt werden. Wer soll das eigentlich kontrollieren? Und was heißt Alltagstest bei Frau-zu-Mann-Transsexuellen, die meist bereits seit der Kindheit männliche Sachen getragen haben?

Umgekehrt gibt es Transidente, bei denen die Kleidung schon Formen eines Transvestitismus annimmt, so dass man manchmal denken könnte, dass es sich nicht um Transidentität handelt. Wenn für den einen die Kleidung so eine große Rolle spielt, ist es für den anderen ein Streben nach körperlichem Perfektionismus, so dass man diesbezüglich fast an eine körperdysmorphe Störung denken könnte.

IV Selbstdiagnostik transidenter Personen

Von den Fachleuten wird nicht selten die sogenannte „Selbstdiagnostik“ Betroffener unterschätzt. Jeder Transsexuelle ist genauso Spezialist seines Körpers wie auch der Fachmann. Und dieses Selbstbewusstsein Transsexueller nimmt vor allen Dingen aus folgenden Gründen zu: Es erscheinen immer mehr Bücher von Fachleuten und Betroffenen zur Thematik. Zunehmend wird auch das Internet zur Information sowie zum persönlichen Gedankenaustausch (Chats etc.) genutzt. Transidente Personen engagieren sich in immer stärkerem Maße in Selbsthilfegruppen oder Verbänden (z. B. dgti – Deutsche Gesellschaft für Transidentität und Intersexualität e. V.).

Viele Transsexuelle sind zunehmend in der Lage, die eigene Situation selbst analysieren zu können. Dadurch kann es jedoch auch zu Kompetenzkonflikten mit den sich dafür zuständig fühlenden Fachleuten kommen. Hier wäre eine zunehmende Zusammenarbeit von Fachleuten mit Betroffenen zu wünschen, um in Zukunft Konflikte und Missverständnisse mehr als bisher zu vermeiden.

V Sind Transsexuelle tatsächlich psychopathologisch auffällig?

In den „Standards der Behandlung und Begutachtung von Transsexuellen“ wird zur genauen Feststellung, ob eine Transsexualität vorliegt, die Empfehlung für ein Jahr Psychotherapie ausgesprochen. Dabei handle es sich um einen „längerfristigen diagnostisch-therapeutischen Prozess“[7]. Der Sinn besteht u. a. darin, sich auch als Fachmann sicher sein zu können, dass es sich um eine stabile gegengeschlechtliche Identifikation handelt. Leider hat diese Empfehlung, in der auch nicht festgelegt wurde, wie häufig sich Psychotherapeut und Transsexueller in diesem einen Jahr sehen, dazu geführt, dass vom Medizinischen Dienst des Spitzenverbandes Bund der Krankenkassen (MDS) ein bis eineinhalb Jahre Psychotherapie zur Pflicht erhoben wurde, bevor eine Genehmigung zur Kostenübernahme für anstehende Operationen gegeben wird.[8] Der MDS beruft sich dabei auf das Sozialgesetzbuch, in dem u. a. steht, dass vor solchen medizinischen Maßnahmen zu prüfen ist, ob durch Psychotherapie eine Linderung des

---

7 Becker et al., „Standards der Behandlung und Begutachtung von Transsexuellen,“ 148.

8 Vgl. „Begutachtungsanleitung Geschlechtsangleichende Maßnahmen bei Transsexualität“, hg. vom Medizinischen Dienst des Spitzenverbandes Bund der Krankenkassen e.V. (MDS) (Stand 19.05.2009), in [http://t1p.de/eran] (Zugriff: 13.05.2016).

Leidensdrucks zu erreichen ist, weil es dann sein könnte, dass operative Maßnahmen nicht mehr erforderlich wären. Das führt nicht selten zu Widerständen bei den Betroffenen selbst, für die meist klar ist, dass nur die vollständige – also auch operative – Angleichung eine Lösung darstellt, und sie sich sagen, dass durch eine Verzögerung von einem Jahr Psychotherapie ihnen noch ein weiteres Lebensjahr der neuen Identität genommen wird.

Grundsätzlich muss man natürlich sagen, dass es in der Medizin üblich ist, eine Behandlung erst dann einzuleiten, wenn eine gründliche Diagnostik erfolgt ist. D. h. eine Psychotherapie zu fordern, ohne einen Bezug zur Psychodiagnostik zu haben, wäre ein Kardinalsfehler. Das bedeutet, dass der betreuende Psychotherapeut die Pflicht hat, zunächst zu prüfen, ob eine Psychotherapie überhaupt erforderlich ist. Eine Psychotherapie ohne vorherige Psychodiagnostik durchzuführen, wäre etwa so, als wenn man der Meinung wäre, dass ein Mensch einen Wurmfortsatz nicht bräuchte (dieser kann zu einer Blinddarmentzündung führen), weshalb man ihn bei allen Menschen vorsorglich entfernen sollte. Und da würden vermutlich viele Personen auf die Barrikaden gehen.

Aus diesem Grunde stellten wir uns die Frage, ob es Kriterien gibt, nach denen man beurteilen kann, ob transidente Personen psychopathologisch auffällig sind und Psychotherapie benötigen – oder ob es eventuell auch Transidente gibt, die in ihrem Selbsterkenntnisprozess bereits so weit sind, dass sie (sich) – als Spezialisten ihres Körpers – sagen können, dass sie diese nicht benötigen.

Zu diesem Zweck analysierten wir die Angaben von Transsexuellen, die in unterschiedlichen Phasen der Anpassung an das andere Geschlecht unsere Sprechstunde aufsuchten und beim Erstkontakt noch keine Psychotherapieerfahrungen hatten und bei denen auch nicht klar war, ob bei vorhandenen psychopathologischen Auffälligkeiten überhaupt eine Psychotherapiebedürftigkeit besteht.

Wir erhielten Angaben zu 1234 Transsexuellen, die in der Zeit von 1988 bis 2015 unsere Spezialsprechstunde aufsuchten. Dabei fiel zunächst auf, dass sich Frau-zu-Mann-Transsexuelle deutlich früher um die Lösung ihres Identitätsproblems bemühen als Mann-zu-Frau-Transsexuelle. Das Durchschnittsalter der Frau-zu-Mann-Transsexuellen betrug beim Erstkontakt 26,4 Jahre, bei den Mann-zu-Frau-Transsexuellen jedoch 35,5 Jahre. Das ist auch verständlich und nachvollziehbar, da diese Personen aufgrund der Identifikation durch die bereits in der Kindheit praktizierte männliche Kleidung deutlich weniger Verdrängungsversuche unternehmen müssen als die Personen, die als Mann geboren wurden, sich aber wie eine Frau fühlen und meist nur heimlich erste Versuche in der weiblichen Kleidung unternehmen.

Zur Prüfung psychopathologischer Auffälligkeiten kamen zunächst folgende Fragebögen zur Anwendung, die das Merkmal „Neurotizismus“ in den Phasen vor der Hormontherapie, vor der geschlechtsangleichenden Operation und nach der Operation messen: Beschwerdefragebogen (BFB) nach Höck und Hess zur Messung psychosomatischer Beschwerden; Verhaltensfragebogen (VFB) nach Höck und Hess zur Messung von Verhaltensauffälligkeiten. Dabei variiert die Anzahl der Personen in den erhobenen Phasen in Abhängigkeit davon, wie viele Personen die jeweiligen Fragebögen ausfüllten.

Beide Verfahren von Höck und Hess erlauben in allen drei Phasen die Unterteilung der Personen in 3 Gruppen: *ohne Neurose*, *fragliche Neurose* sowie *wahrscheinliche Neurose*. Bei der Einklassifizierung in *ohne Neurose* (ON) bestehen keine psychopathologischen Auffälligkeiten und Psychotherapie ist in diesen Fällen auch nicht erforderlich. Bei *fragliche Neurose* (FN) sollte dies noch weiter abgeklärt werden, während bei *wahrscheinliche Neurose* (WN) unbedingt eine Psychotherapiebedürftigkeit besteht. Aus den Abbildungen 1 bis 4 ist ersichtlich, dass knapp zwei Drittel aller Personen – egal in welcher Phase und ob Mann-zu-Frau-Transsexuelle oder Frau-zu-Mann-Transsexuelle – psychopathologisch unauffällig sind und keiner Psychotherapie bedürfen. Das heißt, dass diese Personen psychisch stark genug sind, auch ohne psychotherapeutische Unterstützung die Angleichung an das andere Geschlecht zu bewältigen.

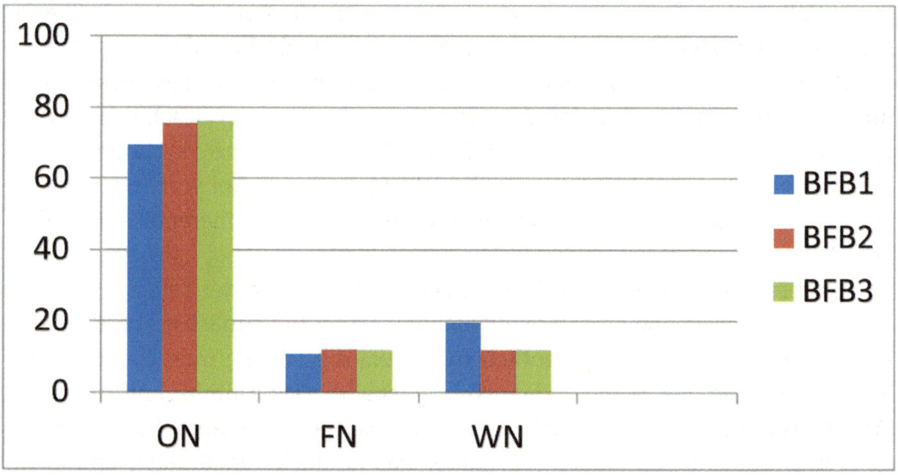

Abbildung 1: Neurotizismusgrad in Abhängigkeit vom Therapiestatus
BFB1 = ohne Hormontherapie; BFB2 = Hormontherapie ohne OP; BFB3 = nach GaOP
Mann-zu-Frau-Transsexuelle MFT; N = BFB1 – 413, BFB2 – 395, BFB3 – 42, Angaben in %.

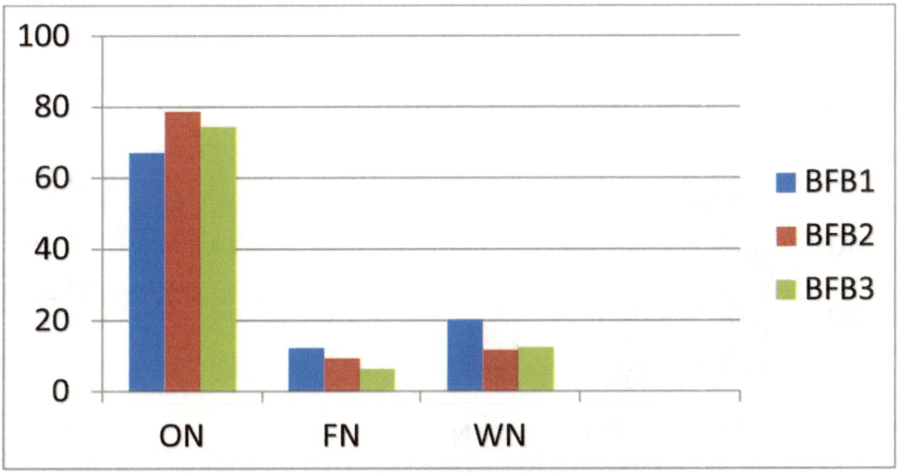

Abbildung 2: Neurotizismusgrad in Abhängigkeit vom Therapiestatus
BFB1 = ohne Hormontherapie; BFB2 = Hormontherapie ohne OP; BFB3 = nach GaOP
Frau-zu-Mann-Transsexuelle FMT; N = BFB1 – 299, BFB2 – 278, BFB3 – 35, Angaben in %.

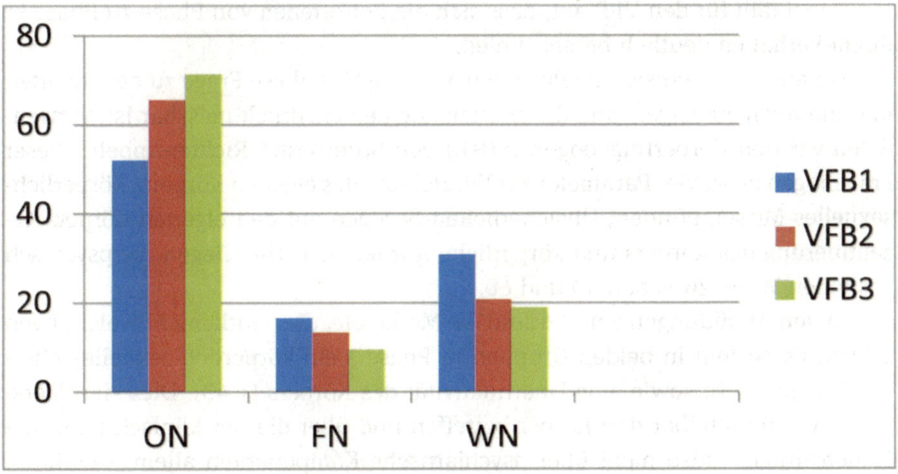

Abbildung 3: Neurotizismusgrad in Abhängigkeit vom Therapiestatus
VFB1 = ohne Hormontherapie; VFB2 = Hormontherapie ohne OP; VFB3 = nach GaOP
Mann-zu-Frau-Transsexuelle MFT; N = VFB1 – 413, VFB2 – 394, VFB3 – 42, Angaben in %.

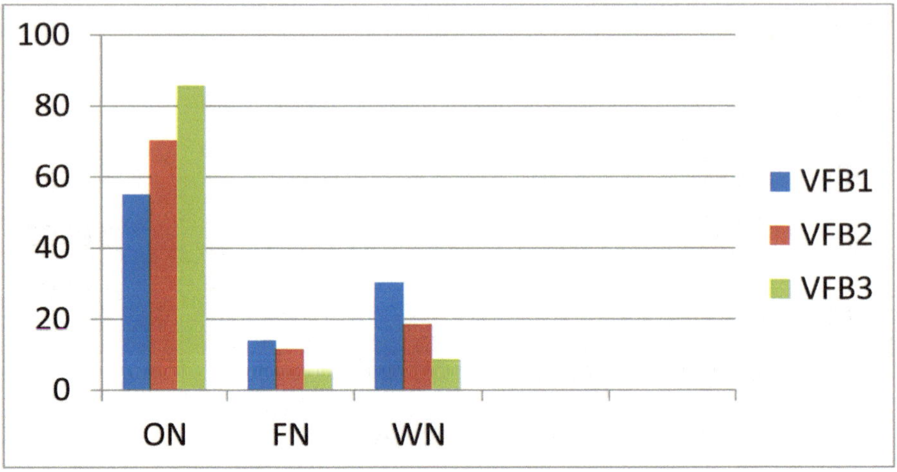

Abbildung 4: Neurotizismusgrad in Abhängigkeit vom Therapiestatus
VFB1 = ohne Hormontherapie; VFB2 = Hormontherapie ohne OP; VFB3 = nach GaOP
Frau-zu-Mann-Transsexuelle FMT; N = VFB1 – 299, VFB2 – 287, VFB3 – 35, Angaben in %.

Dabei fällt für den VFB auf, dass sich die Betroffenen von Phase zu Phase in ihrem Verhalten deutlich besser fühlen.

Wo aber sind transidente Personen auffällig? Um diese Frage zu beantworten und um auch zu zeigen, wie der bestehende Leidensdruck messbar ist, verwendeten wir den Körperfragebogen (FBeK) von Strauß und Richter-Appelt. Dieser Fragebogen misst vier Parameter zur Beurteilung des eigenen Körpers: Körperlich-sexuelles Missempfinden, Unsicherheiten bezogen auf den eigenen Körper, Akzentuierung des Körpers und körperliche Attraktivität. Hier liegen die psychisch gesunden Werte zwischen 40 und 60.

In den Abbildungen 5 und 6 sind die Merkmale, die deutliche Abweichungen zeigen. Es besteht in beiden Gruppen in Phase 1 ein körperlich-sexuelles Missempfinden (> 60) sowie eine Unattraktivität des Körpers (< 40). Dies sind Merkmale, die unmittelbar den Körper betreffen und über die der klinisch relevante Leidensdruck – also nicht über psychiatrische Komponenten allein – definiert werden sollte. Es ist dann aber auch klar erkennbar, dass sich diese Merkmale in den nächsten beiden Phasen deutlich verbessern und nicht mehr auffällig sind, da sie die Normwerte zwischen 40 und 60 erreichen. Diese Veränderungen belegen, dass anzustrebende Veränderungen des Körpers das Ziel der Therapie sein sollten, so dass zumindest bei zwei Dritteln aller Betroffenen eine geforderte Psychotherapie diese positiv zu erwartenden Körperveränderungen eher hinauszögert und sogar zu einer Verschlechterung der bestehenden Lebensqualität führen kann.

Die nach außen kontrollierbaren und kaschierbaren Aspekte wie „Unsicherheit" und „Akzentuierung" liegen im Normbereich.

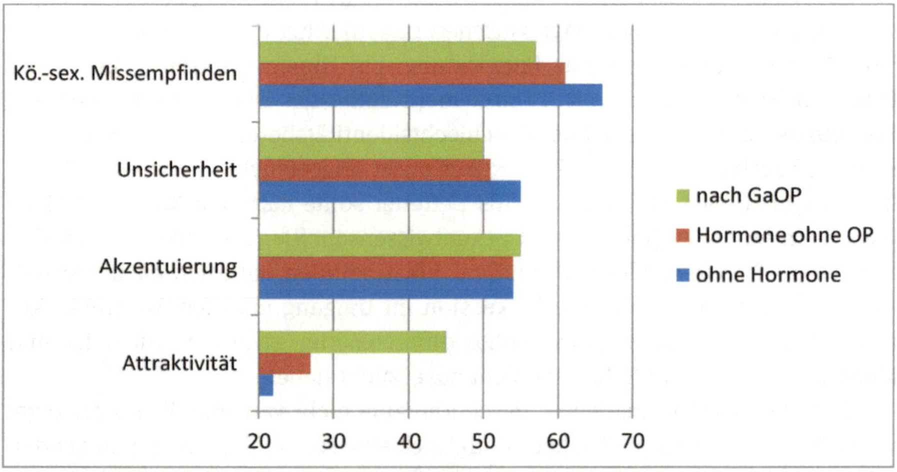

Abbildung 5: Körperliches Selbstkonzept, Mann-zu-Frau-Transsexualität (T-Normwerte 40–60); N = ohne Hormone-365, mit Hormonen-336, nach GaOP-66.

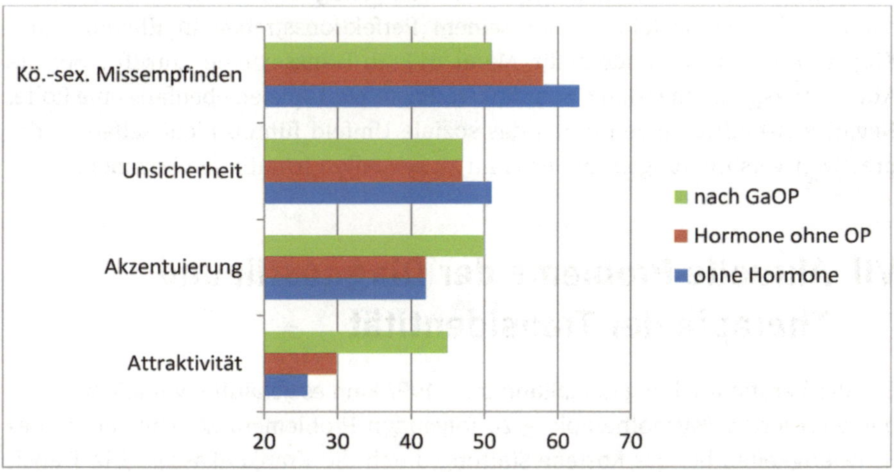

Abbildung 6: Körperliches Selbstkonzept, Frau-zu-Mann-Transsexualität (T-Normwerte); N = ohne Hormone-282, Hormone ohne OP-233, nach GaOP-39.

VI Diagnostische Schlussfolgerungen

Zusammenfassend können an dieser Stelle folgende Konsequenzen gezogen werden: Vorsicht vor einer diagnostischen Etikettierung und Pauschalisierung – jeder Mensch hat seine eigene Entwicklung. Ein Hineinversetzen in betroffene Personen ist oft nicht möglich. Umso mehr sollte der Diagnostiker besondere Erfahrungen auf dem Gebiet der Geschlechtsidentitätsbesonderheiten vorweisen können. Psychiater sind als Diagnostiker meist ungeeignet – Transsexualität ist keine psychiatrische Erkrankung. Als Betreuer sollte man den Kontakt zu Diagnostikern (z. B. Psychologen und Sexualwissenschaftlern) suchen, die mit den Problemen Transsexueller vertraut sind (dazu können natürlich auch spezialisierte Psychiater gehören). Die Diskussion im Umgang mit dem Ausdruck „klinisch relevanter Leidensdruck" sollte differenzierter geführt werden. Es sind Menschen, die sich ihr Schicksal nicht ausgesucht haben.

Natürlich wird Transidenten Psychotherapie nicht verwehrt. Wenn diese gewünscht oder erforderlich ist, beschäftigt sich eine solche Therapie mit folgenden Inhalten: Es geht um die Unsicherheit darüber, wo man hingehört. Auch Anpassungsprobleme in der „neuen" Rolle sind von Bedeutung. Nicht jeder kommt mit psychisch und hormonell bedingten Stimmungsschwankungen zurecht. Es gibt Probleme mit der Stimme, die nicht schnell genug tiefer bzw. höher wird. So mancher Betroffene leidet unter seinem Perfektionsstreben in Kleidung und Körperform (was besonders für Mann-zu-Frau-Transsexuelle zutrifft). Soziale Anpassungsprobleme (Gang, Schminken, Frisur etc.) spielen ebenfalls eine Rolle. Negative Beeinflussungen durch das soziale Umfeld führen nicht selten zu depressiven Verstimmungen und es kann zu sexuellen Irritationen kommen.

VII Aktuelle Probleme der Diagnostik und Therapie der Transidentität

Seit der Veröffentlichung der „Standards" 1997 kam es gehäuft – vor allem wegen der geforderten Psychotherapie – zu folgenden Problemen: Zunehmend gab es Schwierigkeiten bei der Kostenerstattung durch die Krankenkassen. Die Transidenten erlebten die Begutachtung durch den MDK immer mehr als Behinderung, wodurch sich der Leidensdruck bis hin zu behandlungsbedürftigen Depressionen mit Suizidgedanken verstärkte, da es vermehrt zu Behandlungsverzögerungen kam, und es entstanden dadurch zusätzliche Kosten für bis dahin nicht erforderliche Psychotherapien. In der Folge kam es immer wieder zu Klagen Transidenter vor den Sozialgerichten, was zusätzliche Kostenentwicklungen für beide Seiten nach sich zog.

Diese Entwicklung ist unbefriedigend. Es deuten sich jedoch Veränderungen an, dass in Zukunft mit einer verbesserten Versorgung von Transsexuellen zu rechnen ist. So gibt es im juristischen Kontext Initiativen zur Veränderung des bisherigen Transsexuellengesetzes mit dem bereits erwähnten Vorschlag zur Abschaffung von Begutachtungen.[9]

VIII Ausblick

Im medizinischen Bereich wurde eine neue Leitlinie „Geschlechtsinkongruenz, Geschlechtsdysphorie und Trans-Gesundheit: S3-Leitlinie zur Diagnostik, Beratung und Behandlung“ (AWMF-Registernr. 138/001) erarbeitet, die auf der Internetseite der Arbeitsgemeinschaft der Wissenschaftlichen Medizinischen Fachgesellschaften e.V. (AWMF) am 9. Oktober 2018 veröffentlicht wurde[10] und bei der bereits jetzt klar ist, dass es die Forderung nach einem „Alltagstest“ und einer „Pflichtpsychotherapie“ nicht mehr geben wird. Diese neue Leitlinie wird verstärkt die Individualität Betroffener berücksichtigen und Pauschalisierungen zu vermeiden helfen.[11]

Zusammenfassend können die wichtigsten Neuerungen der in der Medizin die höchste Qualitätsstufe der Entwicklungsmethodik darstellenden *S3-Leitlinie* wie folgt beschrieben werden:

- Keine Psychotherapiepflicht mehr. Über das Ob der Psychotherapie entscheiden nur der betreuende Psychotherapeut und der betroffene Patient gemeinsam. Zeitliche Limitierungen – wie die bisherige Forderung nach 18 Monaten Psychotherapie – gehören der Vergangenheit an.
- Abschaffung eines verpflichtenden „Alltagstests“, den ohnehin niemand kontrollieren kann. Er kann jedoch in der Betreuung der Betroffenen Er-

---

9 Vgl. Kati Wiedner, „Respekt statt Bevormundung: ein Plädoyer für die Abschaffung der Begutachtung bei Personenstandsund Vornamensänderungen,“ *Zeitschrift für Sexualforschung*, Bd. 29, 2016, 67–72.

10 www.awmf.org/leitlinien/detail/ll/138–001.html (Zugriff: 31.10.2018).

11 Vgl. Timo O. Nieder und Bernhard Strauß, „Leitlinienentwicklung in der Transgender-Gesundheitsversorgung. Partizipative Ansätze zwischen Wunsch und Wirklichkeit,“ in *Inter* und Trans*identitäten. Ethische, soziale und juristische Aspekte*, hg. von Maximilian Schochow, Saskia Gehrmann und Florian Steger, Gießen: Psychosozial-Verlag 2016 (*Beiträge zur Sexualforschung*), 349–363; Bernhard Strauß und Timo O. Nieder, „Vom Transsexualismus zur Geschlechtsdysphorie. Veränderte diagnostische Konzeptionen in der Transgender-Versorgung,“ op. cit., 57–69.

wähnung finden, wenn diese noch prüfen wollen, wie sie damit in der Öffentlichkeit zurechtkommen.

- Prinzipiell gibt es keine zeitlichen Limitierungen mehr, die gleichermaßen für alle Patienten gültig sein sollen. Wie viel Zeit zwischen den einzelnen aufeinanderfolgenden Phasen der geschlechtlichen Veränderungen liegt, entscheiden nur der behandelnde Therapeut und der Betroffene gemeinsam.
- Die medizinischen Optionen sind für alle Betroffenen offen – unabhängig von Geschlecht und Intellekt.

Cornelia Kunert

Geschlechtsidentität und Selbstmodell

Abstract: Transsexualität (TG) wird als konstitutionelle Geschlechtsinkongruenz beschrieben, die durch eine gehinderte Einbettung des Körperbildes in das Selbstmodell entsteht. Das Zustandekommen einer Geschlechtsidentität als einer mentalen Repräsentation höherer Ordnung ist abhängig von dem tieferliegenden Selbstmodell, das sich dem bewussten Zugriff teilweise entzieht. Diese Zusammenhänge von Bewusstsein und Körper werden im Lichte psychologischer, neurologischer und philosophischer Überlegungen erörtert. Aus dem Befund einer konstitutionell bedingten Geschlechtsinkongruenz ergeben sich ethische Folgerungen für die menschenrechtskonforme Behandlung in der Praxis.

I Vorbemerkung[1]

Das Phänomen der Transsexualität[2] (TG) stellt uns vor ein Rätsel! Warum nehmen manche Menschen Ächtung, Spott und manchmal sogar gewaltsame Angriffe in Kauf, ertragen Trennungen von sehr wichtigen Bezugspersonen und Verlust von Arbeitsplatz oder gesellschaftlicher Stellung, unterziehen sich oft schwerwiegenden chirurgischen Eingriffen, nur um ihre geschlechtliche Zugehörigkeit zu realisieren; und warum fühlen sie sich dadurch trotzdem nachhaltig wohler und gesünder?

Die subjektive Erfahrung der Transsexualität ist für andere schwer nachvollziehbar und manchmal irritierend. Dennoch scheint diese Lebenswirklichkeit zum Repertoire des Menschseins zu gehören, denn es gibt sie in allen Epochen

---

Anmerkung: Gekürzte und überarbeitete Fassung meines Beitrags „Geschlechtsidentität und Bewusstsein. Naturwissenschaftliche Fragen und philosophische Positionen," in *Transsexualität in Theologie und Neurowissenschaften. Ergebnisse, Kontroversen, Perspektiven*, hg. von Gerhard Schreiber, Berlin/Boston: De Gruyter 2016, 597–633.

1 Es wird aus Gründen der Einfachheit die geschlechtsneutrale Binnen-I Schreibweise verwendet.

2 Ich verwende in diesem Text die Bezeichnung „Transsexualität", da das Wort „Transidentität", welches häufig synonym dazu verwendet wird, einen Wechsel der Identität impliziert, diese jedoch in Transprozessen meist gar keinem Wechsel unterworfen ist. Das Wort „Sex" in „Transsexualität" meint nicht etwa Sexualität als eine Körperpraxis, sondern in Anlehnung an die Wortbedeutung des lat. *sexus* die biologischen Gegebenheiten der Geschlechtlichkeit. Die im angelsächsischen Raum übliche Bezeichnung „Transgender" (TG) gilt in Europa als ein Überbegriff, um alle Variationen geschlechtlicher Vielfalt in sich zu versammeln.

https://doi.org/10.1515/9783110614626-010

und Kulturen. Sie findet sich sowohl im Leben indigener Völker als auch in allen sozialen Schichten der Zivilisationen des Westens sowie des Ostens. Früheste Zeugnisse gehen auf die Zeit 2900 – 2500 v. Chr. zurück.[3]

Gibt es biologische Faktoren, die das Selbstverständnis des Menschen eindeutig determinieren? Wie frei sind wir in der Wahl unserer Lebensart und in der Entfaltung unserer Persönlichkeit? Ist unser Leben total von einem Gehirn gesteuert und lässt dies noch einen freien Willen zu? Sind wir nur das Produkt unserer Umwelt und Erziehung? Regiert uns eine unbewusste Dynamik, in Gang gehalten von Konflikten und Trieben? Eben weil sehr wichtige Fragen des menschlichen Selbstverständnisses berührt werden, entzünden sich schnell Auseinandersetzungen, die zeigen, dass es einerseits erkenntnistheoretisch schwierig ist, klare und konsensfähige Definitionen zu finden. Wohin auch immer die Überlegungen derer führen mögen, die an diesem Diskurs beteiligt sind – den Anfang nehmen sie bei der phänomenalen Erfahrung dessen, was jemand als seine oder ihre Geschlechtsidentität erfährt oder einmal erfahren hat. Ich glaube, dass der von breiten Gesellschaftsschichten getragene, aufgeklärte Diskurs die wirksamste Kraft gegen die gefährliche und brutale Transphobie ist, die weltweit Jahr für Jahr so viel Leid bewirkt und Opfer fordert. Entwürdigende und erschwerende Bedingungen bei der Behandlung transsexueller Menschen (TG) und oft auch gesellschaftliche Schlechterstellungen folgen einer seit den Anfängen der Psychiatrie bestehenden psychopathologisierenden Deutung, die aus ideologischen Gründen hartnäckig am Leben gehalten wird. Die volle gesetzliche Anerkennung transsexueller Menschen als Männer und Frauen ist abhängig von der Kenntnis der neuropsychologischen Bedingungen beim Phänomen der Transsexualität und ihrer Auswirkungen auf das Selbstmodell.

II Erkenntnistheoretische Fragen zu Bewusstsein und Subjekt

Auffassungen über die Bedeutung des Wortes Identität gibt es viele. Identität ist ein Thema in den Sinnfeldern der Psychologie, der Philosophie, der Biologie, der Soziologie, der Neurologie, der Mathematik und der Logik. Über Geschlechtsidentität wird im Rahmen des Diskurses über Transsexualität meist gesprochen, um aus dem Vorhandensein einer Empfindung eine Zuschreibung transtempo-

3 Vgl. Martina Schneibergová, „Schamane oder Transsexueller? Geheimnisvolles Grab aus der Kupfersteinzeit“ (08.04.2011), Czech Radio 7, Radio Praha, in [www.radio.cz/de/artikel/137574] (Zugriff: 30.10.2018).

raler Zugehörigkeit von sich selbst oder anderen zur Gruppe der Frauen oder der Männer abzuleiten, oder um eine über binäre Konzepte hinausgehende Beschreibung des Identitätserlebens zu geben. Identität ist jedoch keine feste Größe; sie kann sich ändern und ich kann mich darin auch täuschen. Der Begriff der Geschlechtsidentität, so wie ich ihn hier gebrauche, bezieht sich daher nur auf die subjektive Erfahrung einer Wirklichkeit; auf die Repräsentation eines bestimmten Aspekts des Selbsterlebens im Bewusstsein.

1 Der physikalistische Standpunkt und die neuronalen Korrelate

Das Bewusstsein ist in den letzten zwei Jahrzehnten ein Forschungsgegenstand geworden, der wie kein anderer einen Dialog von Naturwissenschaft und Philosophie in Gang gesetzt hat. Besonders der Erkenntnisgewinn in den Neurowissenschaften hat viele Möglichkeiten eröffnet und neue Bereiche der Forschung wie etwa Neuroinformatik, Neurotechnologie, Neuroethik und Neuroökonomie entstehen lassen, und die Philosophie des Geistes ist zu einer Philosophie des Bewusstseins geworden. Wie jede Repräsentation der eigenen Wahrnehmung oder des eigenen Seins im Bewusstsein, so ist auch die Erfahrung der Geschlechtsidentität und die Reflexion über sie eine mentale Funktion höherer Ordnung. Durch den Einsatz bildgebender Verfahren wird intensiv nach den neuronalen Korrelaten der mentalen Zustände oder Vorgänge gesucht. Das ist die Suche nach einer kleinsten Menge an physikalischen (neuronalen) Ereignissen, die mit einer bestimmten mentalen Repräsentation (z. B. Identitätserlebnis) einhergeht. Die Frage, ob diese Korrelate auch eindeutig und in jeder Hinsicht für eine bestimmte bewusste Erfahrung kausal notwendig und hinreichend sind und sie erst entstehen lassen, ist Gegenstand naturwissenschaftlicher Forschung und philosophischer Überlegungen. Viele, insbesondere ethische und juristische, Fragen sind in diesem Zusammenhang von den Neurowissenschaften aufgeworfen worden, und es erfordert neue Gedanken, um sie zu beantworten.

Die aktuellste der naturwissenschaftlichen Bewusstseinstheorien ist die „Theorie der integrierten Information“ von Giulio Tononi. Diese Theorie besagt, „dass jedes *bewusste* System eine singuläre, integrierte Einheit mit einem großen Repertoire hoch differenzierter Zustände sein muss.“[4] Die mentalen Funktionen höherer Ordnung sind dabei nicht das Ergebnis einzelner feuernder Neuronen

4 Christof Koch, *Bewusstsein. Bekenntnisse eines Hirnforschers*, übers. von Monika Niehaus und Jorunn Wissmann, Berlin/Heidelberg: Springer 2013, 224.

oder Neuronenverbände (Assemblies), sondern ein Zusammenspiel von teilweise weit auseinanderliegender Zentren, vergleichbar mit der Klangarchitektur, die ein Orchester zu einem bestimmten Zeitpunkt erzeugt. Es gibt in der Repräsentation im Bewusstsein verschiedene Ebenen und je höher die Ebene der Verarbeitung ist, umso komplexer wird die Informationsverarbeitung und umso unspezifischer wird die kausale Rolle einzelner Neuronen.

Da die Erfahrung der personalen Identität zweifellos eine mentale Repräsentation höherer Ordnung ist, können einzelne, eng umschriebene Neuronenverbände nicht kausal für ihr Entstehen verantwortlich sein. Kerne, die hirnanatomisch lokalisiert werden konnten und mit Geschlechtsidentität in Zusammenhang gebracht werden,[5] stellen allenfalls Prädispositionen für das phänomenale Selbsterleben als geschlechtliches Wesen dar. Das Identitätserleben in geschlechtlicher Hinsicht muss als Zusammenwirken vieler neuronaler Areale verstanden werden und als phänomenale Erfahrung wird es nicht als ein inneres Bild erscheinen, sondern vielmehr als große biographische Erzählung.

Der Grundsatz „Alles messen, was messbar ist, und messbar machen, was nicht messbar ist", wird Galileo Galilei zugeschrieben und beschreibt die Haltung der Naturwissenschaft und empirischen Forschung. In dieser Weltansicht ist Bewusstsein nichts, wonach sich eigentlich zu fragen lohnt. Über Geschlechtsidentität zu reden, heißt aus dieser Sicht nicht mehr und nicht weniger, als über Hirnzustände zu reden und darüber, wie unsere Annahmen in einer neuronalen Hardware verankert sind. Alles andere wird in das verstaubte Fach der „Metaphysik" gelegt. Auch wenn das menschliche Gehirn mit seinen hundert Milliarden Neuronen das Komplexeste sein sollte, was die Evolution je hervorgebracht hat, so ist das für viele naturwissenschaftliche ForscherInnen noch kein Grund anzunehmen, dass es so etwas wie „Geist" tatsächlich gibt. „Man macht sich selbst etwas vor," so der Philosoph Daniel Dennett, „indem man dem Bewußtsein Eigenschaften zuschreibt, die es nun mal nicht hat."[6] Eine streng physikalistische Anschauung vom Menschen führt in einen reduktiven Materialismus oder Epiphänomenalismus. Die Person wird darin zum „Akteur" oder Avatar eines Gehirns und wird von diesem lediglich als Funktion realisiert, um erfolgreich in der Welt zu navigieren und das eigene Leben bestmöglich zu sichern. Eine Kausalität von oben nach unten, vom Bewusstsein zum Körper wird dabei als unmöglich angesehen. Die Annahme, dass wir den Arm bewegen, weil wir es so wollen, wäre somit nur eine Illusion. Kein Geistiges oder freier Wille kann demnach auf die

---

5 Vgl. die Beiträge von Mark Solms, Dick F. Swaab et al. und Milton Diamond im vorliegenden Band.

6 Susan Blackmore, *Gespräche über Bewußtsein*, übers. von Frank Born, Frankfurt/Main: Suhrkamp 2007, 123.

materielle Welt ursächlich einwirken. Einem Geistigen wird die eigenständige Realität grundsätzlich abgesprochen, woraus sich dann der programmatische Slogan „Wir sind unser Gehirn“[7] beinahe selbstverständlich ergibt. Die freie Wahl zu haben ist demnach eine Illusion. Wir werden sehen, dass diese Folgerung aber keineswegs zwingend ist, denn niemals kann der Vorgang des Messens allein die eigentliche Erkenntnis darüber bringen, wer wir als Menschen sind und wie wir uns als Subjekt verstehen können, das sich in die Welt entwirft.

2 Das Wasser der Materie und der Wein des Bewusstseins

Auch wenn neuronale Korrelate gefunden werden und die Aktivität neuronaler Netzwerke gemessen werden kann, bleibt das Bewusstsein und vor allem die phänomenale Erfahrung eines Selbst ein un(be)greifbarer Gegenstand für die naturwissenschaftliche Forschung. Mentale Zustände haben nämlich seltsamerweise die Eigenschaft, auf bestimmte Weise subjektiv erlebt zu werden. Dem menschlichen Bewusstsein ist ein Selbstgefühl wie Peter Pans Schatten als Begleitung angeheftet und führt zu der Erfahrung, ein Ich im Zentrum meines Erlebens zu sein. Die zeitlich kohärent feuernden Nervenverbände haben oder erzeugen diesen phänomenalen Gehalt, der sich nicht objektivieren oder messen lässt.

Der Philosoph David Chalmers hat es als das *hard problem* der Bewusstseinsforschung bezeichnet, das eben darin besteht, überhaupt zu verstehen, warum Gehirnzellen, die zweifellos Materie sind, und wie andere Materie auch aus Atomen, Elektronen, Neutronen etc. bestehen und sich in diesem Fall zu Molekülen der Nervenzellen formieren, warum diese Materie subjektive Erfahrungen und ein phänomenales Bewusstsein generiert. Er stellt die Frage, warum die neuronale Informationsverarbeitung nicht im Dunkeln stattfindet, ohne von bewussten Erlebnissen begleitet zu werden.[8]

Nach Chalmers handelt es sich beim Bewusstsein um ein Grundmerkmal der Welt – so irreduzibel wie Raum und Zeit. Die subjektive Erfahrungsqualität, die die bewusste Erfahrung auszeichnet, wird *Quale* (Plural *Qualia*) genannt. Durch das menschliche Bewusstsein als Erzeugnis eines Gehirns hat die Materie begonnen, über sich selbst nachzudenken und in der Erfahrung der Subjektivität erscheint Welt in personaler Qualität im Modus der Begegnung. Weil aber die

---

7 Vgl. Dick F. Swaab, *Wir sind unser Gehirn. Wie wir denken, leiden und lieben*, übers. von Bärbel Jänicke, München: Droemer 2011.

8 David J. Chalmers, „Consciousness and its Place in Nature,“ in *The Blackwell Guide to Philosophy of Mind*, hg. von Stephen P. Stich und Ted A. Warfield, Oxford: Blackwell 2003, 102–142, 103.

Qualität des subjektiven Erlebens nicht direkt messbar ist, ergeht es den NeurowissenschaftlerInnen bei der Erforschung des Bewusstseins ähnlich wie Alice im Wunderland bei ihrer Begegnung mit der Grinsekatze. Ähnlich wie die Katze sich vor den Augen von Alice langsam auflöst und nur ihr Grinsen zurückbleibt, je näher sie der Katze kommt, so löst sich scheinbar das Phänomen „Bewusstsein" und „Selbst" vor unseren Augen auf, wenn wir es messen wollen. Es bleibt nur die subjektive Erfahrung, die sich dem Zugriff entzieht. Subjektivität ist in der empirischen Wissenschaft immer sehr verdächtig und genießt kein gutes Ansehen. Man traut ihr nicht über den Weg und nimmt an, dass kein wissenschaftlicher Erkenntnisgewinn durch sie möglich sei. Sie wird verdächtigt, anfällig zu sein für tendenzielle Selbsttäuschung, Irrtum, Lüge oder Unfähigkeit, wie etwa beim Wahn, Neglect oder anderen Defektzuständen. Trotzdem muss man die Subjektivität in der Bewusstseinsforschung ernst nehmen, denn die Introspektion ist und bleibt die einzig mögliche direkte Wahrnehmung innerer Zustände. Jede Beobachtung wird vor ihrer Repräsentation im Bewusstsein als empirisches Datum oder als Perzept eines Sinnesreizes vielen hochkomplexen technischen und zerebralen Verarbeitungsprozessen unterzogen, die auch modulierend oder verfälschend wirken können. Deshalb stellt die direkte sinnliche Erfahrung noch vor ihrer Deutung den unmittelbarsten Bezug zur Welt dar, der überhaupt möglich ist. Dieser Erkenntnisweg wird „phänomenologisch" genannt, weil darin versucht wird, sich den Phänomenen in einer Weise zuzuwenden, in der diese sich so unverfälscht wie möglich zeigen und in ihrem Wesen von sich selbst her offenbaren können (gr. το φαινόμενον, ‚das Sichtbare, Erscheinende'), und wir durch Vorwissen, Vorstellungen oder in unserer Anschauung möglichst unbeeinflusst sind. Dieser erkenntnistheoretische Weg führt zu einem Realismus, der zwar das Vorhandensein einer objektiven Wirklichkeit anerkennt, diese aber in unauflösbarer Verbindung zu den Bedingungen unserer Erfahrung von ihr versteht.

Das gewichtigste Argument für die phänomenale Erfahrung als nichtmaterieller Aspekt der Wirklichkeit ist das sogenannte *knowledge argument* von Frank Jackson:[9] Auch wenn ich alles über eine Person weiß, was physikalisch über diese Person gewusst werden kann, so weiß ich doch noch nichts darüber, wie es für sie ist, zum Beispiel die Farbe Rot zu *erleben. Daraus können wir den Schluss ziehen, dass auch Information über Identität und jede andere innere Erfahrung nur durch die Selbstaussage einer Person aus ihrer inneren Selbstvertrautheit heraus geschehen kann. In der Unmittelbarkeit, die diese innere Erfahrung ausmacht, liegt ihr wesensmäßiger Charakter. Sie ist nicht objektivierbar und von außen überprüfbar*

9 Vgl. Frank Jackson, „Epiphänomenale Qualia," in *Qualia. Ausgewählte Beiträge*, hg. von Heinz-Dieter Heckmann und Sven Walter, 2. Aufl., Paderborn: Mentis 2006 [2001], 91–106.

oder verhandelbar. Diese Erfahrung ist ein Wissen, das für andere absolut unzugänglich ist.

Jede bewusste Erfahrung geschieht in einer Erste-Person-Perspektive, bleibt an sie gebunden und entzieht sich dem Zugriff von außen. In der Geschichte der Behandlung transsexueller Menschen (TG) wurde seit jeher versucht, durch Gutachten und Tests die innere Erfahrung zu messen und zu objektivieren. Aber die Geschlechtsidentität ist als eine rein subjektive phänomenale „Wie-es-ist-Tatsache" nicht unter die physikalischen Tatsachen subsumierbar. Geschlechtsidentität ist als Erfahrung mit objektivierenden Mitteln unanalysierbar.

Auch der Versuch ist aus den beschriebenen erkenntnistheoretischen Gründen von Anfang an zum Scheitern verurteilt und läuft in der Praxis immer auf ein investigatives Vorgehen hinaus, das tendenziell die Betroffenen einem epistemisch sinnlosen Procedere unterwirft und entwürdigt. Wie zieht sich eine transsexuelle Person (TG) an? Wie sieht sie aus? Welche sexuelle Praxis lebt sie und wie ist ihre sexuelle Orientierung? Wie „echt" sind ihre Gefühle? Wie sehr leidet sie wirklich? Das alles sind Fragen, auf die man nur auf zwei Arten eine Antwort findet: indem man sie fragt oder einen Detektiv engagiert. Ich befürchte, dass manche solcherart an dem Transitionsprozess Beteiligte eher schlechte Detektive als gute Helfer sind.

3 Das Anzweifeln der subjektiven Wirklichkeit

Eine transsexuelle Frau im Alter von 35 Jahren hat meine professionelle Hilfe gesucht und einen Termin für ein Erstgespräch vereinbart. Zu diesem Termin erschien sie in männlicher Gestalt und Kleidung. Sie lebt allein, arbeitet in einem akademischen Beruf, führt ein unauffälliges Leben und ist sehr unglücklich. Ihr Problem sei, erzählte sie, dass sie sich weiblich fühle seit sie denken könne, obwohl sie anatomisch männlich sei. Sie verspüre diesbezüglich Spannungen und andauerndes Unbehagen, und ihre Aufmerksamkeit sei ständig mit dem Thema beschäftigt. Sie habe wegen dieses Problems schon vor 15 Jahren eine Psychotherapeutin aufgesucht. Diese Psychologin habe aber ihr Empfinden von Anfang an angezweifelt. Sie machte einen Test mit der Klientin und erklärte ihr dann, der Test zeige, dass sie keineswegs transsexuell sei, sondern ein Mann, und bot ihr an, psychotherapeutisch an diesem Problem zu arbeiten. Sie machte meiner Klientin klar, dass „dieses Problem" die Folge verdrängter Konflikte sei, die früh in die Kindheit zurückreichen würden. Es sei dies höchstwahrscheinlich eine Art posttraumatischer Störung, die dazu führe, dass sie nun bestimmte Aspekte ihres Mann-Seins nicht akzeptieren könne. Meine Klientin hat seither 15 (!) Jahre damit zugebracht, das angeblich neurotische „Problem" loszuwerden, indem sie versuchte, es zu verdrängen und durch jahrelange Psychotherapie bei besagter Kollegin zu kurieren. Obwohl sie viel Zeit und auch Geld investiert hat, haben diese Versuche – wie zu erwarten war – nicht gefruchtet. Depressionen und sozialer Rückzug waren die einzige Folge. Noch immer leidet sie an dem Gefühl, eigentlich weiblich zu sein in einem männlichen Körper, und ist aber nun zusätzlich besorgt, weil sie diese geheimnisvolle „Krankheit", die ja nun auch psychotherapeutisch bestätigt wurde, nicht loswerden kann. Erst im Internet habe sie Informationen erhalten, die ihr geholfen hätten, ihre Situation zu verstehen. Als diese Person zu mir in die Praxis kam, hatte sich an dem Problem bisher 15 Jahre lang nichts verändert gehabt. Die Psychologin ist, so wie es in der Geschichte der Behandlung der Transsexualität seit jeher selbstverständlich war, davon ausgegangen, dass der Körper ganz gesund und funktionstüchtig, der Geist, die Persönlichkeit, die Seele jedoch gestört seien. Sie ist darin ausgebildet, ein Problem psychodynamisch zu erklären und auf diesem Hintergrund auch zu deuten. Die Klientin, die männlich aussieht, sagt von sich selbst aber: „Ich weiß, dass ich nicht gestört bin", und glaubt, damit auf die Welt gekommen zu sein. Nun war sie entschlossen, die Transition zu wagen. Unter einer erfolgreichen Hormontherapie verschwanden sowohl die Symptome einer chronischen depressiven Verstimmtheit, einer Sozialphobie, als auch die der Geschlechtsinkongruenz, so dass eine lange Behandlung mit Antidepressiva beendet werden konnte.

Wenn einerseits die Neurologie keinen Zugriff auf die Qualität des Erlebens hat und andererseits die Psychologie mit ihren Deutungen so im Irrtum war, welche Sicherheit bleibt dann noch in der Beurteilung der inneren Welt eines anderen. Die Antwort ist einfach: Es gibt keine und kann keine geben. Wir müssen den Schluss ziehen, dass die Aussage, die ein Mensch aus der Selbstgewissheit heraus macht, verbindlich ist. Was für einen Sinn würde es auch ergeben, zu behaupten, eine Selbstaussage über die erlebte Identität sei unzutreffend? Repräsentiert wird ja nicht eine irgendwo vorhandene objektive Wirklichkeit, sondern eben die zugrunde liegende subjektive Erfahrung. Eine Antwort auf die Frage, was einen transsexuellen Menschen (TG) dazu bewegt, den schwierigen Weg der Anpassung an das Identitätsgeschlecht zu gehen, lässt sich so wie jede andere Frage nach dem Sinn menschlichen Tuns „daher nur erhoffen oder gar erwarten von einem Rückgriff auf das präreflexive Selbstverständnis, das dem Menschen als solchem innewohnt. Es muss ihm nur bewußt werden, was er irgendwie ohnehin immer schon weiß."[10] Bewusst kann es werden in der Achtsamkeit einer angstfreien Selbstwahrnehmung.

10 Viktor E. Frankl, *Der leidende Mensch. Anthropologische Grundlagen der Psychotherapie*, 2. Aufl., Bern: Huber 1984 [1975], 68.

Naturwissenschaftliche Forschung hat die Aufgabe, so zu tun, als sei der Mensch sein Gehirn. Für den Menschen als existierende Person kann das aber nicht gelten und es wird ihm nicht gerecht. Wir erfahren uns selbst in einer unmittelbar gegebenen Wirklichkeit und Landschaft. In ihr zu leben, ist unsere Freiheit und Würde. Es gilt für uns alle gleichermaßen, dass wir uns als Subjekt erleben, als ein Zentrum unserer Welt; dass wir nach Autonomie streben und sie in einer uns angemessenen Weise leben und entfalten wollen, so wie es unserem inneren Erleben bestmöglich entspricht. In diesem individuell erlebten Selbstsein wollen wir gesehen und verstanden werden. Deshalb wollen wir nicht hinnehmen, dass man uns etwas für unser Selbstverständnis unabdingbar Bedeutsames leichtfertig abspricht. Nie wollen wir, dass unser innerstes Empfinden zum Objekt einer Deutung, Bemessung oder Beobachtung reduziert wird. Dieser Versuch ist schon als Vorhaben entwürdigend.

Gleichermaßen ist auch die innere Erfahrung transsexueller Menschen (TG), so abwegig sie auf Außenstehende wirken mag, die einzig verlässliche Orientierung, die zur Verfügung steht. Dass sie, so wie in dem beschriebenen Beispiel, immer wieder angezweifelt und psychopathologisiert wird, ist eine Tatsache, die vielen Menschen das Leben sehr schwer macht. Ich will noch einmal betonen, dass es nicht darum geht, die Deutungsmacht über das eigene Leben nun aus den Händen der Sexologen in die einer Neurowissenschaft zu legen oder diese als Wahrheitsbringer zu verstehen. Die erkenntnistheoretische Autorität über das Leben verbleibt unveräußerbar beim Individuum, das für sich einzustehen hat, in der Verantwortung sich selbst anzunehmen und das eigene Leben sinnvoll zu leben.

Auch meine Klientin fühlte in sich eine Wirklichkeit und meinte, mit dem transsexuellen Empfinden auf die Welt gekommen zu sein. Sie hat keine Neurowissenschaft gebraucht und zur Verfügung gehabt, um die Existenz dieser inneren Erfahrung zu bestätigen oder zu begründen. Sie sagte von sich: „Ich weiß, dass ich nicht gestört bin." Manchmal braucht es alle Kraft, um eine Freiheit zu realisieren, etwas zu vollbringen, etwas durchzuhalten oder einem inneren Impuls zu widerstehen. Es gibt aber auch die umgekehrte Situation, in der es richtig und sinnvoll ist, sich freiwillig der „Weisheit", die die Natur selbst tief in uns hineingelegt hat, anzuvertrauen, um nicht an dem zu verzweifeln, was andere von uns erwarten, wir aber trotz allen Wollens und Trachtens niemals geben können.

III Transsexualität und Selbst

1 Geschlechtsidentität und Selbstmodell

Man spricht vom physikalistischen Weltbild und meint damit die universelle Gültigkeit der Gesetze der Physik und ihren damit verbundenen Anspruch auf absolute erkenntnistheoretische Autorität. Aber spätestens seit der Entdeckung der Quantenmechanik wissen wir, dass Unbestimmtheit und Nicht-Determiniertheit fundamentale Eigenschaften der Natur sind und die lückenlose Kausalität von Anfang des Universums bis zu seinem Ende als unumschränktes wissenschaftliches Paradigma nicht mehr geeignet ist. Heisenberg selbst sah in der Quantenmechanik das Ende des deterministischen Weltbildes. Das ist schwierig zu verstehen, da die strenge Kausalität der Vorgänge in der Natur ja Naturwissenschaft überhaupt erst möglich macht.

Die Physik hat die Doppelnatur des Lichts und die Nicht-Determiniertheit von (Quanten-)Ereignissen akzeptiert, vielleicht sind Freiheit des Willens und kausale Determiniertheit ebenso komplementär wie Welle und Teilchen. Sogar Benjamin Libet, dessen Versuchsergebnisse immer wieder herangezogen werden, um den freien Willen zu bestreiten, sagt selbst: „Es gibt eine unerklärliche Lücke zwischen der Kategorie der physischen Phänomene und der Kategorie der subjektiven Phänomene [...]. Die Annahme, daß die deterministische Natur der physikalisch beobachtbaren Welt [...] subjektive bewußte Funktionen und Ereignisse erklären kann, ist ein spekulativer Glaube und keine wissenschaftlich bewiesene Aussage."[11] Das überrascht nicht angesichts der vielen losen Enden im gegenwärtigen Bild der Welt. Im Verständnis der Welt und des Menschen sind die Komplementarität von freiem Willen und naturgesetzlicher Ordnung ein ungelöstes Rätsel. *Contraria sunt complementa* lautete der Wahlspruch von Nils Bohr und vielleicht weist auch das sogenannte Leib-Seele-Problem auf eine ihm zugrunde liegende Komplementarität hin, die kein endgültiges Entweder-oder duldet. Es ist bemerkenswert, dass dessen lange Geschichte uns einer Lösung nicht wesentlich nähergebracht hat; wir haben allenfalls gelernt, es umzuformulieren und als Materie-Bewusstseins- oder Gehirn-Selbst-Problem zu verstehen.

Der springende Punkt ist das Selbst. Erst die Erfahrung des „Ich bin" macht aus den physikalischen Vorgängen unter der Schädeldecke ein individuiertes Selbst und mit dem Verlust dieser Erfahrung verlischt es. Das Selbst erst lässt uns

---

11 Benjamin Libet, „Haben wir einen freien Willen?," in *Hirnforschung und Willensfreiheit. Zur Deutung der neuesten Experimente*, hg. von Christian Geyer, Frankfurt am Main: Suhrkamp 2004, 285.

die Frage nach dem Sein stellen und macht uns zum Bühnenlicht im kosmischen Drama.

In der Psychologie hat man die Vorstellung eines stabilen, transtemporalen Selbst schon lange aufgegeben. Schon 1959 formulierte C. Rogers: „Die Selbststruktur ist eine fließende Gestalt, die sich im Prozeß der Assimilation neuer Erfahrung verändert."[12] Das Selbst kann als das perspektivische Zentrum der phänomenalen Erfahrung verstanden werden. Das Gefühl, eine unveränderbare Identität zu besitzen, ist eine Funktion des Gesamtsystems, um uns ein Gefühl der Sicherheit in der Auseinandersetzung mit der Umwelt zu geben.

Thomas Metzinger bezeichnet den Inhalt des inneren Bildes der Person, so wie es im bewussten Erleben erscheint, als phänomenales Selbstmodell. „Das phänomenale Ego ist kein geheimnisvolles Ding und auch kein kleines Männchen im Kopf, sondern der Inhalt eines inneren Bildes – nämlich das bewusste Selbstmodell (PSM). Durch die Einbettung des Selbstmodells in das Weltmodell wird ein Zentrum geschaffen. Dieses Zentrum ist das, was wir als unser Selbst erleben, das Ego."[13] Das Gehirn erzeugt demnach durch einen dynamischen Prozess ein inneres Bild von uns selbst als einer Ganzheit. Dieses Bild umfasst unseren Körper, unsere mentalen Zustände und unsere Beziehung zu Vergangenheit und Zukunft. Die zentrale These Metzingers ist, dass die Selbstgewissheit, mit der wir uns selbst als Person erleben, damit zu tun hat, dass das Selbstmodell für uns unbewusst (transparent) ist und erst bewusst wird, wenn es vom Aufmerksamkeitssystem erfasst wird. Das innere Erleben wird dabei zum Objekt der Wahrnehmung und die Erfahrung mit dem phänomenalen Gehalt des „Wie-es-sich-anfühlt" entsteht.

Das gilt gleichermaßen für die Erfahrung der Geschlechtsidentität als Selbsterfahrung. *Zunächst gibt es eine Geschlechtlichkeit, die unbewusst und im Vollzug oder auch in der Latenz gelebt wird. Dafür braucht es die Erfahrung eigener Geschlechtsidentität noch gar nicht. Der spezifische Inhalt des Bewusstseins kann solange als „transparent" bezeichnet werden, als er präreflexiv in der Art unzweifelhafter Selbstgewissheit erlebt wird. Dies ist solange der Fall, wie Geschlechtsidentität nicht zum bewussten Thema wird. Erst wenn sich die Aufmerksamkeit auf diese innere Erfahrung richtet, wird ein Bewusstseinszustand höherer Ordnung als Metarepräsentation instanziiert. Die Auseinandersetzung mit der eigenen Ge-*

12 Carl R. Rogers, *Eine Theorie der Psychotherapie, der Persönlichkeit und der zwischenmenschlichen Beziehungen*, übers. von Gerd Höhner und Rolf Brüseke, hg. von Gesellschaft für Wissenschaftliche Gesprächstherapie, 3. Aufl., Köln: GwG 1991 [1987], 59.

13 Thomas Metzinger, *Der Ego-Tunnel. Eine neue Philosophie des Selbst: Von der Hirnforschung zur Bewusstseinsethik*, Berlin: Berlin-Verlag 2009, 24.

schlechtsidentität ist somit immer eine höherstufige Bewusstseinstätigkeit, die eine niederstufige Erfahrung zum Inhalt hat.

So wie alle Freiheit im menschlichen Existieren kann sich auch die Freiheit bezüglich der eigenen Geschlechtsidentität nur und gerade in der Auseinandersetzung mit und Stellungnahme zu den Bedingungen und Grenzen unseres jeweiligen Daseins oder Soseins realisieren. Diese Bedingungen sind die bewussten und unbewussten Inhalte des Selbstmodells, die nicht frei wählbar sind. Geschlechtsidentität ist daher kein substantieller oder essentieller Begriff. Er beschreibt lediglich die subjektive Repräsentation eines situativen neuronalen Zustandes, der als Selbsterfahrung bewusstwerden kann. Variabilität der Geschlechtsidentität superveniert auf den zugrundeliegenden biologischen und psychologischen Bedingungen, die bewusst oder unbewusst sein können, aber unveränderbar sind.

2 Konsistenz als oberstes Prinzip

Das Selbst ist keine unnötige Zugabe der Natur zu einem Organismus, der genauso ohne dieses funktionieren könnte. Eine mögliche Erklärung für die Notwendigkeit der evolutionären Entstehung des Ich-Bewusstseins wäre auch die folgende: Wenn ein lebendes System einen bestimmten Grad an Komplexität überschreitet, so dass chaotische Verhältnisse drohen, dann wird Bewusstsein als ein natürlicher Operator und übergeordnetes Informationsverarbeitungssystem hervorgebracht, um einfachere, untergeordnete Prozesse zu überwachen und zu steuern. Damit wäre die Existenz des Bewusstseins keinesfalls kontingent. Bewusste Erfahrungen als Metarepräsentationen primärer (affektiver) Erfahrungen begleiten und ordnen diese nach ihrer Funktion für den Gesamtorganismus mit dem Ziel, sie sinnvoll zu integrieren. Die spontanen Affekte und Impulse müssen sozusagen „zur Beobachtung" auf die Ebene der Metarepräsentation, um auf ihre Bedeutung für den Gesamtorganismus hin überprüft zu werden. Durch die darauffolgende Integration wird erst aus dem „blinden" Affekt eine Emotion mit intentionalem Gehalt. Diese „Beobachtung", die das Aufmerksamkeitssystem leistet, erzeugt den „Workspace", die innere Bühne des Bewusstseins.[14] Bewusstsein und subjektives Erleben können demnach als ein kybernetisches Regelsystem verstanden werden, dem es gelingt, Erregungsimpulse von Neuronen „auf der Bühne" einer höheren Struktur des Neocortex auftreten zu lassen und sie auf diese Weise mit

14 Vgl. Bernard J. Baars, *Das Schauspiel des Denkens. Neurowissenschaftliche Erkundungen*, übers. von Hainer Kober, Stuttgart: Klett-Cotta 1998.

anderen abzustimmen. Diese Leistung, Erregungsimpulse mithilfe des Aufmerksamkeitssystems länger aktiv zu halten, als der ursprüngliche Reiz bedingt hätte, kann evolutionär selegiert sein, weil er längerfristig den Vorteil bewussten Reflektierens im Sinne der Herausbildung des phänomenalen Ich-Zentrums mit sich bringt.[15]

Die Aufgabe des bewussten Selbst ist es demnach, die dynamische interne Regulierung des Gesamtsystems zu überwachen. Dieses grundlegende homöostatische Prinzip im Organismus und im psychischen System, das allen Einzelbedürfnissen übergeordnet ist, wird Konsistenzregulation genannt.[16] Reguliert werden dabei neuronale Prozesse untereinander. Es verwundert daher nicht, dass ca. 80 % der neuronalen Tätigkeit interne Prozesse sind, bei denen das Gehirn mit sich selbst beschäftigt ist. Das Ziel der Konsistenzregulation ist ein stabiler Zustand des Organismus, bei dem im Hinblick auf die gleichzeitig ablaufenden neuronalen und psychischen Prozesse Übereinstimmung besteht und der den priorisierten Anforderungen gerecht wird. „Insgesamt kann das Streben nach Reduktion kognitiver Dissonanz als eines der am besten gesicherten Phänomene der Psychologie angesehen werden."[17] Das Gesamtsystem versucht in Echtzeit, einen Zustand möglichst großer Konsistenz zu erreichen, ohne das bestehende Selbstmodell zu gefährden. Ist jedoch eine Wahrnehmung mit dem Selbst- oder Weltmodell inkonsistent, dann entsteht eine Dissonanz oder Inkonsistenz zwischen den Inhalten des „Arbeitsspeichers", die gleichzeitig bewusst sind. „Kognitive Dissonanz liegt vor, wenn zwei Kognitionen füreinander relevant, aber miteinander unvereinbar sind."[18]

Wenn dies geschieht, dann versucht das System die Konsistenz wiederherzustellen, indem es dissonante Kognitionen entfernt (Verdrängung), ihre Wichtigkeit reduziert (Deutung) oder neue, passendere Kognitionen oder Wahrnehmungen hinzufügt (tendenzielle Apperzeption).

Die Konsistenzregulation ist so dominant, dass im Konfliktfall Wahrheit für Konsistenz geopfert wird. „Bewusste Wahrnehmung ist immer kohärent, notfalls

15 Diese Überlegung folgt aus einer Kombination der „Konsistenztheorie" von Klaus Grawe, der „Theorie der integrierten Information" von Giulio Tononi und Christof Koch, der „Workspace"-Theorie von Bernard Baars und der Selbstmodelltheorie von Thomas Metzinger, vgl. Klaus Grawe, *Neuropsychotherapie*, Göttingen et al.: Hogrefe 2004; Koch, *Bewusstsein*, op. cit.; Metzinger, *Der Ego-Tunnel*, op. cit.; Baars, *Das Schauspiel des Denkens*, op. cit.

16 Vgl. Grawe, *Neuropsychotherapie*, 186.

17 A. a. O., 307.

18 A. a. O., 306.

unterdrückt das Nervensystem einen Input zugunsten eines anderen.“[19] Ein Zustand hoher Konsistenz ist gleichbedeutend mit seelischer Gesundheit.

3 Kongruenz und Stimmigkeit

Der spezifische Systemzustand des Gehirns hat zu jedem Zeitpunkt auch eine subjektive Entsprechung.[20] Die innere phänomenale Erfahrungsqualität eines in sich konsistenten Selbst nennt man Kongruenz oder Stimmigkeit.[21] Wenn Konsistenz also die funktionale Beschreibung des aktuellen Systemzustandes des Organismus ist, bezieht sich der Begriff Kongruenz auf die damit verbundene Gefühlsqualität. Das Gefühl der Stimmigkeit entsteht, wenn das, was ich subjektiv spüre und erfahre, mit dem zur Deckung gebracht werden kann, was ich über mich und die Welt denke, oder wenn sich mein Denken in einer Weise verändert, dass eigene Erfahrungen als Bestandteil meiner inneren Welt assimilierbar werden. Auch eine gesicherte Umgebung oder eine vertrauensvolle Beziehung stellen Bedingungen dar, die in diesem Prozess hilfreich sind. Kongruenz bezeichnet also das Maß einer Übereinstimmung von Daten aus der organismischen Erfahrung und dem Selbstmodell.

Es ist nicht überraschend, dass gute Gefühle gesund sind. António Damásio bezeichnet sie als die „Logik des Überlebens“[22]. Sie zeigen die Richtung der „Aktualisierungstendenz“[23] aller Möglichkeiten an, die dem Organismus zu seiner Erhaltung und Entfaltung dienen. Gute Gefühle sind evolutionär selegiert und funktionieren gewissermaßen als Kompass für den Organismus. Auch wenn aus dem Vorhandensein von innerer Stimmigkeit noch kein Anspruch auf objektive Wahrheit abgeleitet werden kann, so erzeugt innere Stimmigkeit auch ein Gefühl der Gewissheit. Aus den vielen unterschiedlichen inneren und äußeren Erfahrungen, die zunächst unvereinbar waren, ist dann eine „Erlebnisgestalt“ geworden, die nun als die eigene Wirklichkeit annehmbar geworden ist.

---

19 Baars, *Das Schauspiel des Denkens*, 151.

20 Vgl. Alan M. Turing, „Maschinelle Rechner und Intelligenz,“ in *Einsicht ins Ich. Fantasien und Reflexionen über Selbst und Seele*, hg. von Douglas R. Hofstadter und Daniel C. Dennett, 5. Aufl., Stuttgart: Klett-Cotta 2002 [1981], 59 – 72.

21 Vgl. dazu auch die personzentrierte Persönlichkeitstheorie nach Rogers, *Eine Theorie der Psychotherapie*.

22 António Damásio, *Ich fühle, also bin ich. Die Entschlüsselung des Bewusstseins*, übers. von Hainer Kober, 10. Aufl., Berlin: List 2013 [2000], 57.

23 Vgl. Rogers, *Eine Theorie der Psychotherapie*, 29 ff.

Umgekehrt gibt es aber auch den Fall, dass bestimmte Erfahrungen oder ganze Felder der Erfahrung nicht oder nicht korrekt im Bewusstsein repräsentiert werden können, weil sie konfliktbedingt abgewehrt werden müssen, wie etwa schwere Konflikte oder Erinnerungen an traumatische Erfahrungen. Ihr bedrohlicher Charakter führt dazu, dass sie vorübergehend oder dauerhaft aus dem Gewahrsein ausgeschlossen werden und man spricht von Inkongruenz. Diese Verdrängung dient ausschließlich der Konsistenzsicherung, weil sie das Gesamtsystem stabilisiert. Die „Kosten" dieser Verdrängung oder Verzerrung der Erfahrung sind die Inkongruenz. Wenn der Widerspruch zwischen organismischer Erfahrung und dem Selbst sehr ausgeprägt ist und länger besteht, führt er zu inneren Spannungen, Angst oder Depression und anderen Symptomen. Dann ist aus dem kurzfristigen Vorteil der Sicherung des Systems durch Verdrängung, durch den Verlust von Handlungsmöglichkeiten und Erlebnisfähigkeit ein langfristiger Nachteil geworden.

Ein Prozess, in dem die durch den Blick der anderen entstandene Entfremdung aufgehoben wird und ein Mensch erstmals eine in sich selbst erlebte Stimmigkeit als eine unüberbietbare und unhintergehbare Gewissheit dafür gelten lassen kann, wer er oder sie als Person ist, ist ein gesunder und befreiender Prozess, in dem das Leben zum Bestimmungsort des eigenen Daseins wird. Diese Erfahrung ist auch die Bedingung für eine Selbstautorisierung, wirklich die Person zu sein, als die man sich in der innersten Selbstbegegnung erlebt.

4 Konstitutionelle Geschlechtsinkongruenz und *embodiment*

Ein zentraler Begriff für das Zusammenwirken von Gehirn und Selbst ist der des *embodiment*. Er meint das Eingebettetsein des Bewusstseins in einen Körper. Die vorangegangenen Ausführungen sind nur ein unzulänglicher Hinweis darauf, dass Bewusstsein und Körper immer und auf vielfache Weise verschränkt sind und einander bedingen.[24] Nun will ich als Kernaussage des vorliegenden Textes eine Argumentation vorstellen, die unter Bezugnahme auf das oben Gesagte die besondere Weise transsexuellen In-der-Welt-Seins behandelt. Die spezielle Form der Inkongruenz, die sich aus der Transsexualität (TG) ergibt, soll darin erklärt werden.

---

24 Eine übersichtliche und eindrucksvolle Zusammenschau des Leib-Seele-Problems gibt Karl R. Popper in ders./John C. Eccles, *Das Ich und sein Gehirn*, übers. von Angela Hartung und Willy Hochkeppel, München und Zürich: Piper 1984, 188–257.

Um das Phänomen der Transsexualität zu verstehen, muss man drei Aspekte unterscheiden, in denen das Materielle und das Subjektive miteinander verbunden sind. Diese drei konstitutiven Aspekte der Geschlechtsidentität nach ihrem Ort und der Art des Gegebenseins sind:

Körperschema	(Gehirn/präreflexiv, transparent, unbewusst)
Körperbild[25]	(Anatomie/sensorisch)
Selbstmodell	(Bewusstsein/intrinsisch, bewusst, unbewusst)

Körperschema: Die neuronalen Grundstrukturen, die mit höherstufigen mentalen Erfahrungen in Zusammenhang stehen und als der biologische Kern unseres Selbstbewusstseins oder Selbstmodells angesehen werden können. Es spielt als vorpersonale Instanz zusammen mit dem Körperbild eine wichtige Rolle für die Erfahrung der „körperlichen Meinigkeit“.[26] Das Körperschema ist unbewusst und die Person hat keinen direkten willentlichen Einfluss darauf. Alles subjektive Erleben ist gekoppelt mit dieser zugrundeliegenden neuronalen Dynamik. Damásio spricht statt vom Körperschema von einem „Proto-Selbst“, das in neuronalen Mustern abgebildet wird.[27] Hierher gehören auch geschlechtlich dimorphe Strukturen des Gehirns.[28]

Körperbild: Der an sich selber und im Spiegel wahrgenommene Körper, die äußere Anatomie oder Morphologie. Die Repräsentation des Körpers im Bewusstsein als „mein eigener Körper“.

Selbstmodell: Eine höherstufige Repräsentation des eigenen Ich, des eigenen Seins und der eigenen transtemporalen Identität als Person. Es ist das Selbst als Inhalt des Bewusstseins und ein inneres Bild von uns selbst als einer Ganzheit, die sich jedoch in ständiger Veränderung befindet.

Bei Transsexualität besteht eine Diskrepanz zwischen dem an sich selbst wahrgenommenen Körperbild und dem im Gehirn verankerten und angeborenen Körperschema. Genau genommen handelt es sich um eine systemische Inkonsistenz

25 Die Begriffe Körperbild und Körperschema werden oft als Synonyme oder undifferenziert gebraucht. Zu der hier gemachten Unterscheidung siehe auch Shaun Gallagher/Jonathan Cole, „Körperbild und Körperschema bei einem deafferenten Patienten,“ in *Philosophie der Verkörperung. Grundlagentexte zur aktuellen Debatte*, hg. von Jörg Fingerhut et al., Berlin: Suhrkamp 2013 (*Suhrkamp-Taschenbuch Wissenschaft*, Bd. 2060), 174–202. Auch die Unterscheidung Damásios in Proto-Selbst, Kernselbst und autobiographisches Selbst ist hilfreich, vgl. Damásio, *Ich fühle, also bin ich.*

26 Vgl. Gallagher/Cole, „Körperbild und Körperschema,“ 201.

27 Vgl. Damásio, *Ich fühle, also bin ich.*

28 Vgl. Jiang-Ning Zhou et al., „A Sex Difference in the Human Brain and its Relation to Transsexuality,“ *Nature*, Bd. 378, 1995, 68–70.

von Körperschema und Körperbild. Aufgrund dieser biologischen Besonderheit kann das Körperbild nicht erfolgreich in ein kongruentes Selbstmodell eingebettet werden, so wie es im Normalfall geschieht. Die daraus entstehende Inkongruenz muss folglich als konstitutionelle Geschlechtsinkongruenz bezeichnet werden, weil sie unabhängig von sozialen oder psychischen Konflikten kommunikationsunabhängig entsteht und besteht.[29] *Nachdem ihre strukturellen Grundlagen vorgeburtlich angelegt sind, findet sich oftmals das transsexuelle Kind in seiner Inkongruenz zwischen Körperanatomie und Geschlechtsempfinden vor und die damit verbundenen sozialen oder psychischen Konflikte sind sekundär.* So wird verstehbar, dass das Kind häufig bereits in einer frühen Phase der Persönlichkeitsentwicklung die Zugehörigkeit zum zugewiesenen Geschlecht anzweifelt und mit Nachdruck darauf besteht, dem Identitätsgeschlecht anzugehören.

5 *Inhibited embodiment* und die Antwort des Aufmerksamkeitssystems

Die Natur ist sparsam und Aufmerksamkeit ist ein sehr kostbares Gut im psychischen System. Die Bühne des Bewusstseins ist so klein, dass eine ständige Konkurrenz darum herrscht, welcher Gegenstand ins Scheinwerferlicht treten kann. Man kann nicht eine Physikaufgabe lösen und gleichzeitig an die Geschlechtsidentität denken. Daher gibt es eine natürliche Tendenz im Organismus, das Körperbild in die unbewusste Schicht des Selbstmodells absinken zu lassen und es nicht zu beachten. „Während man seine Aufmerksamkeit auf ein bestimmtes Ziel richtet, löscht sich der eigene Körper gewissermaßen selbst aus der Aufmerksamkeit aus."[30] Das ist der Normalfall. In der gleichen Weise bemerkt man das Durchblutungsgeräusch im Ohr nicht, man hört es nur, wenn man darauf achtet. Ähnlich verhält es sich mit dem Körper; man denkt einfach selten daran, welchem Geschlecht man angehört. Das geschieht erst, wenn die Aufmerksamkeit die eigene Geschlechtlichkeit erfasst, z. B. eine Frau, die Menstruation hat und die immer wiederkehrenden Schmerzen bedauert, oder ein Mann betrachtet seine zunehmende Glatze und verwünscht sie. Sich im Spiegel zu sehen, kann die Geschlechtsidentität auch ganz ohne jede narzisstische Motivation zum Thema werden lassen, weil das Aufmerksamkeitssystem sie erfasst.

---

29 Vgl. Gert-Walter Speierer, *Das differentielle Inkongruenzmodell (DMI). Handbuch der Gesprächstherapie als Inkongruenzbehandlung*, Heidelberg: Asanger 1994, 54.
30 Vgl. Gallagher/Cole, „Körperbild und Körperschema," 174.

Da, wie beschrieben, bei der Transsexualität das Körperbild nicht dauerhaft in die unbewusste Schicht des Selbstmodells absinken kann, bleibt das Aufmerksamkeitssystem ständig oder wiederkehrend mit dem Körper und dem Thema Geschlechtsidentität beschäftigt. Daher kann man von einer gehinderten Einbettung oder einem inhibited embodiment *als Ursache für das Leiden an der konstitutionellen Geschlechtsinkongruenz sprechen.* Das heißt, dass das Körperthema nicht in den Hintergrund des Bewusstseinsraumes rücken kann, solange die konstitutionelle Diskrepanz zwischen Körperbild und Körperschema besteht. Sie wird immer wieder von der Aufmerksamkeit erfasst. So wird verstehbar, wie störend und lebensgeschichtlich problematisch eine solche Inkongruenz erlebt wird. *Die spezifische Antwort des Aufmerksamkeitssystems auf die konstitutionelle Geschlechtsinkongruenz kann auch als eine Art kognitiver Reflex verstanden werden, durch den ihre Bewusstwerdung initiiert wird (Attentional System Reply).* Dass eine Störung der Konsistenz, eine auftauchende Gefährdung oder eine ungünstige Bedingung reflexhaft wahrgenommen wird, ist für das Überleben einer Spezies notwendig und daher nicht nur beim Menschen evolutionär selegiert. Die reflexhafte Funktion des Aufmerksamkeitssystems steht im direkten Zusammenhang mit der Konsistenzregulierung des Gesamtsystems. Die Beschäftigung mit einer bestehenden Transsexualität und die Wahrnehmung der damit verbundenen Inkongruenz sind daher keine Anzeichen für psychische Pathologie, sondern eine natürliche Funktion des Gesamtsystems unter Beteiligung aller Ebenen der kortikalen Verarbeitung. Sowohl die höheren Funktionen des Selbst als auch die zugrundeliegenden basalen Strukturen des Selbstmodells lassen das Phänomen der Transsexualität (TG) entstehen.

Wird nun die Kohärenz von äußerlich wahrgenommenem Körperbild und dem inneren Bild des Selbst nach und nach realisiert und der Prozess einer Geschlechtsangleichung beginnt, dann ist eine psychische Harmonisierung und Beruhigung die Folge. Dabei können sowohl äußerliche Attribute, sekundäre Geschlechtsmerkmale als auch anatomische Aspekte von Bedeutung sein.

IV Transition und Gesundheit

1 Kongruenzdynamik

Es ist ein schönes Erlebnis mitzuerleben, wie eine Person innerlich freier wird, wie sie beginnt, mehr Zutrauen in die eigenen Fähigkeiten zu fassen und sich mehr und mehr an dem orientiert, was sie in sich selbst wahrnimmt. Das heißt nicht, dass dann alles einfach ist oder leichtfällt. Aber das Sich-im-Kreis-Drehen und die ziellose Unzufriedenheit hört auf und macht einer konstruktiven Planung Platz.

Im günstigsten Fall führt jede Psychotherapie, aber auch jeder andere psychische Entfaltungsprozess zu solchen Ergebnissen. Gert-Walter Speierer bezeichnet die störungsunspezifische bzw. krankheitsbildunabhängige Erlebensgestalt bei erfolgreicher Psychotherapie als „allgemeine Kongruenzdynamik".[31] Es ist gut beschrieben und empirisch erfasst, dass eine Zunahme an Kongruenz und dem Gefühl der Stimmigkeit jeden Prozess des Wachstums, der Entwicklung oder der Heilung begleitet. Als signifikante Wirkung der Kongruenzdynamik zeigen sich Verhaltenserweiterung, Selbstvertrauen, Zuversicht, Gelassenheit, realistische Selbsteinschätzung, Differenzierung, größere Belastbarkeit, größere Toleranz gegenüber eigenen Fehlern, positiver bewertete Beziehungen, realistische statt perfektionistische Ziele u. a. Was so euphemistisch klingt, wird verstehbar durch die Wirkung der dynamischen Zunahme von Integration organismischer Erfahrung in das Selbstmodell. Dadurch wird eine Starre der Selbststruktur ins Fließen gebracht und die Person wird offen gegenüber ihrer eigenen Erfahrung und kann diese im Bewusstsein repräsentieren. Das Leben gewinnt dadurch an Farbe und Sinn.

Nach dem zuvor Gesagten ist zu erwarten, dass im Zuge einer Angleichung des Körperbildes an das zugrunde liegende Körperschema ebendiese Dynamik entsteht, wenn das Körperbild nun in die unbewusste Schicht des Selbstmodells eingebettet werden kann und das Aufmerksamkeitssystem entlastet wird. Tatsächlich sind die Folgen einer Geschlechtsangleichung mitunter überraschend. Obwohl sich die äußeren Lebensumstände durch den Geschlechtswechsel insgesamt manchmal maßgeblich verschlechtern – es kommt zu Trennungen, Verlusten, Schmähungen etc. –, sind die Menschen im Allgemeinen zufriedener. Sie werden in der Regel kontaktfreudiger, die Stimmung hellt sich nachhaltig auf, Depressivität lässt nach, soziale Kompetenzen wachsen, Angstbereitschaft nimmt ab. Die Person erlebt sich als sinnerfüllter und stimmig situiert in der eigenen Lebenswelt und an die Stelle der Angst oder anderer Symptome tritt nach und nach ein neuer Lebensmut. Die Wahrnehmung des eigenen inneren Wesens wird nun meist angstfreier möglich und ich habe des Öfteren die Metapher vom „Zuhause-Sein" gehört.[32]

Angesichts der Wirkung der Kongruenzdynamik wird deutlich, wie falsch die psychopathologisierenden Theorien zur Transsexualität sind. Die Entfaltung einer ausgeprägten und stabilen Kongruenzdynamik während des Transitionsprozesses ist ein deutlicher Hinweis auf die konstitutionelle Geschlechtsinkongruenz als na-

---

31 Vgl. Speierer, *Das differentielle Inkongruenzmodell (DMI)*, 110 ff.

32 Zum empirischen Beleg der Signifikanz der Verbesserungen in Funktionalität und Befindlichkeit vgl. z. B. den Beitrag von Kurt Seikowski im vorliegenden Band.

türliche Variante. Eine stabile und gesunde Entfaltung der Persönlichkeit im kongruenzdynamischen Prozess wäre im Rahmen einer psychopathologischen Entwicklung unmöglich.

2 Der hilfreiche Kontakt

Welche Schlussfolgerungen ergeben sich nun für den hilfreichen Kontakt und die Behandlung? Der Psychologe Carl Rogers hat das vorurteilsfreie und bedingungslose Akzeptieren des anderen als eine grundlegende therapeutische Haltung beschrieben. Der Therapeut oder die Therapeutin lässt sich auf die Begegnung in einer wertschätzenden Haltung ohne Urteile und Bewertungen ein. Das Besondere an dieser Haltung ist es, den Klienten oder die Klientin so zu akzeptieren, wie er oder sie sich mitteilt und zeigt, ohne ihn oder sie insgeheim zu deuten oder zu pathologisieren. Das mag naiv wirken, ist aber die einzige Möglichkeit, einen echten Kontakt herzustellen und ein Klima zu begünstigen, in dem die andere Person beginnen kann, sich vertrauensvoll selbst der Tiefe des eigenen Seins zuzuwenden. Erst im echten Gespräch kann dann die Analyse der Lebenswirklichkeit gemeinsam unternommen werden. Dies entspricht der phänomenologischen Weise einer Begegnung und ist geradezu ideal für die Behandlung und Begleitung transsexueller Menschen (TG), die es gewohnt sind, dass man ihnen die schwersten Störungen oder Verrücktheiten unterstellt. Dadurch und nur dadurch wird die Entfaltung einer Kongruenzdynamik begünstigt und unterstützt. „Wenn jemand versteht, was für ein Gefühl es ist, ich zu sein, ohne mich zu analysieren oder zu richten“, sagt Rogers, „in einer solchen Atmosphäre kann ich blühen und wachsen“[33]; ich kann das aus meiner eigenen privaten Erfahrung und meiner langjährigen Praxis nur bestätigen.

3 Herr D.

Die Wirklichkeit sieht oft ganz anders aus. Ist die Geschlechtsperformance in den Augen der BehandlerInnen unzureichend, dann wird der transsexuellen Person nicht geglaubt, dass sie „wirklich transsexuell“ sei. In einem gängigen wissenschaftlichen Standardwerk von Hartmann und Becker aus dem Jahre 2002 mit dem Titel *Störungen der Geschlechtsidentität* findet sich ein sehr anschauliches

33 Carl R. Rogers, *Therapeut und Klient. Grundlagen der Gesprächspsychotherapie*, 22. Aufl., Frankfurt am Main: Fischer 2013 [1977], 217.

Beispiel dafür, wie einer Patientin ihre Identität von einer Außenperspektive her abgesprochen wird:

Ausführlich wird darin der Fall eines „Herrn D." geschildert, der laut Bericht seit seiner Kindheit den „Wunsch verspürt habe, eine Frau zu sein."[34] Die Einschätzung der TherapeutInnen ist die, dass es sich um einen effeminierten Mann handelt. Der Kontakt wurde dann von „dem Patienten" abgebrochen. Eine Bemächtigung des anderen durch die Deutung zerstört eben die Möglichkeit eines hilfreichen Kontaktes. Der Abbruch des Kontaktes wird verständlich, denn natürlich wird diese Person ihre BehandlerInnen aufgrund deren Deutung als feindselig-transphob empfunden haben. Vier Jahre später meldete sich die weiterhin im Fallbericht so bezeichnete „Herr D." wieder bei der Einrichtung wegen einer Nachbegutachtung für eine Personenstandsänderung. Nun wird beschrieben, dass die im Text weiterhin als „Herr D." bezeichnete Patientin inzwischen eine geschlechtsangleichende Operation inklusive Brustaufbau hatte. Man muss sich vorstellen, dass diese Frau, obwohl sie bereits seit mehreren Jahren eine genitale Geschlechtsangleichung hatte, nun genötigt wurde, ein weiteres, völlig unnötiges psychiatrisches Gutachten einzuholen, um ihren Personenstand zu ändern. Die Fallbeschreibung geht nun munter weiter, als wäre die erfolgte Geschlechtsangleichung völlig unwichtig, und bezeichnet diese Frau weiterhin bis zum Schluss hartnäckig als „Herrn D." Herr D. tut dies, Herr D. tut das. In einer abschließenden Beurteilung wird diese Falldarstellung endgültig zur traurigen Groteske. Aus der natürlichen, sehr verständlichen Reaktion der Patientin wird nun wie in einem mittelalterlichen Hexenprozess ein Beweis für ihre Gestörtheit. Man streicht hervor, dass sie sich gegen die Leugnung ihrer Identität durch die BehandlerInnen zur Wehr gesetzt hat und schließt daraus auf das „Vorliegen einer sensitiv-paranoid getönten Verarbeitung mit Impulssteuerungsstörung [...]. Offenbar erlebt sich Herr D. alsbald provoziert und reagiert dann in unangemessener und unberechenbarer Weise."[35] Eine Frau wehrt sich gegen eine entwürdigende Behandlung, in der man ihr ihre Identität abspricht, und genau das wird ihr dann zur Last gelegt und sie wird pathologisiert. „Folterwerkzeuge" sind die Psychodiagnostik und die Vorschriften, die unnötige Gutachten fordern. Statt Hilfe geschieht zynische Unterwerfung und mangelnde Hilfeleistung. Ein Leidensprozess wird durch „therapeutische Intervention" unnötig verzögert.

Eine Behandlung dieser Art sollte nicht psychotherapeutisch genannt werden. Wer ein Gutachten über die innere Erfahrungswelt eines anderen erstellt, tritt

34 Vgl. Uwe Hartmann/Hinnerk Becker, *Störungen der Geschlechtsidentität. Ursachen, Verlauf, Therapie*, Wien und New York: Springer 2002, 156 ff.
35 A. a. O., 158.

nicht als PsychotherapeutIn auf, sondern als FunktionärIn einer Inquisition der Gender-Norm.

4 Look at me. Who am I supposed to be?

Die Neurologie liefert keine Ethik, sondern eine funktionale Beschreibung. Sie gibt uns keine Auskunft darüber, was zu tun ist. Aber es kann als ein ethisches Paradigma gelten, dass es nicht vertretbar ist, von einem Wesen etwas zu verlangen, was es nicht oder nur in selbstschädigender Weise erfüllen kann. Und die Neurologie kann Auskunft geben über diese Bedingungen: Transsexuelle Menschen (TG) sind aufgrund der konstitutionellen Aspekte der Identität nicht in der Lage, der ihnen zugewiesenen Geschlechterrolle zu entsprechen. Es handelt sich, wie dargestellt, um eine präreflexive, konstitutionelle Verfasstheit, in der ein transsexueller Mensch (TG) sich vorfindet. Die Erkenntnisse der Neurowissenschaften und die evidenzbasierte Medizin, die philosophischen Argumente zur Entstehung des Selbst und die Erkenntnis des *inhibited embodiment* können helfen, Argumente für die Möglichkeiten eines Lebens in Würde und einer menschenrechtskonformen Behandlung für Transsexuelle zu finden. Alle unsachlichen und nur aus einer überkommenen Haltung stammenden Hinderungen zur Beseitigung der Diskrepanz und Inkongruenz sind ethisch nicht vertretbar, weil die Verweigerung dieser lebensentscheidenden Hilfsmöglichkeiten die Person darin ohnmächtig macht, ihr Leiden zu beseitigen und entrechtet, ihr Leben selbstbestimmt zu führen, was einer grundlosen Demütigung gleichkommt.

Für die Behandlung bedeutet das konkrete Forderungen: *case management* statt Zwangspsychotherapie, keine Gutachten mehr, kein entwürdigender „Alltagstest“, Hormonsubstitution auf Verlangen mit medizinischer Betreuung und Beratung und Personenstandsänderung ohne Hürden. Das sind wünschenswerte und angemessene Konsequenzen.

Diese Forderungen sind unabdingbar, denn es gibt eine erkenntnistheoretische Autorität über das eigene Leben, die niemandem leichtfertig abgesprochen werden darf. Kein anderer Mensch weiß jemals besser darüber Bescheid als ich selbst, welche Erfahrungen ich mache und in welcher Wirklichkeit ich mich bewege. Was der Mensch ist, ist nicht verhandelbar in einer Deutung und nicht messbar in einem Labor. Auch eine Begleitung auf diesem Weg sollte sich nicht an einer vermeintlich objektiven Wahrheit orientieren. Ihr Vorgehen besteht im Betreten der phänomenalen Welt des anderen über die Brücke der Empathie. Wenn jemand keine Schwierigkeiten auf dem Weg der Geschlechtsangleichung hat, dann sollte ihm daher auch niemand dabei Schwierigkeiten machen. Erst wenn sich Probleme einstellen, dann entsteht ein Bedarf an zusätzlichen Angeboten.

Auch Psychotherapie ist als Hilfe sinnvoll und empfehlenswert, darf aber niemals ein Zwang sein.

An die Stelle des Nomos einer fragwürdigen Moral soll eine Ethik der Kongruenz treten. Gut ist das, was eine Entfaltung des Daseins unterstützt und Sinnerfahrung ermöglicht, schlecht das, was diese Dynamik verhindert. Viktor Frankl bezeichnete es als den Grundgedanken einer ontologisierten Moral, das als ethisch gut gelten zu lassen, „was die Erfüllung des einem Seienden aufgetragenen und abverlangten Sinnes fördert, und für böse werden wir halten, was solche Sinnerfüllung hemmt.“[36] Wenn wir das ernst nehmen, dann folgt daraus auch die Umkehr der ethischen Prämisse. Es sollte nicht länger gefragt werden: „Was kann gestattet werden?“, sondern: „Darf man noch guten Gewissens geschlechtsanpassende Maßnahmen verhindern oder erschweren?“

Wir sollten als Betroffene und Begegnende lernen, darauf zu vertrauen, dass etwas, was sich im Innersten stimmig und richtig anfühlt, wenn wir es achtsam und absichtslos im Bewusstsein repräsentieren, auch sinnvoll ist – für uns selbst und für andere. *Consciousness* (Bewusstsein) und *conscience* (Gewissen) haben die gleiche Wurzel. Das fundamentale Erleben der eigenen Geschlechtsidentität bedarf keiner anderen Begründung als die Selbsterfahrung und kann auch durch kein anderes Kriterium bestätigt werden als durch das gelebte Leben der transsexuellen Person (TG) selbst. Wir selbst sind verantwortlich für unser Tun und Lassen – und müssen es bleiben, um unsere Würde zu bewahren. Die Tiefen des eigenen Bewusstseinsraumes behutsam zu erforschen, lässt uns gewissenhafter und achtsamer werden; mit uns selber und mit anderen. Wir hören dann den leisen Ruf unseres Lebens etwas lauter; wie es uns ruft und auf uns wartet, um gelebt zu werden. Wenn wir diesem Gefühl des Lebendig-Werdens tatsächlich folgen, dann führt es uns hinein in noch unbekannte Bereiche des Lebens. Manchmal ängstigt es uns, diesen unsichtbaren Weg zu betreten; zugleich ist es aber das unausweichliche Wagnis eines sinnerfüllten Daseins. Eine Sicherheit, dass alles gut geht, gibt es nicht und kann es niemals geben, aber es lohnt sich nicht zu leben, ohne diesen Weg zur Lebendigkeit jemals betreten zu haben.

36 Frankl, *Der leidende Mensch*, 15.

Joan Roughgarden

Die Binarität der Geschlechter in der Natur, in menschlichen Kulturen und in der Bibel

Abstract: In der Biologie finden sich weder Hinweise auf eine universelle und klar abgegrenzte Dichotomie zwischen männlichem und weiblichem Geschlecht noch auf einen universellen Ausdruck einer Binarität von Geschlecht in Morphologie und/oder Verhalten. Tatsächlich könnte man in der Biologie behaupten: „Die Natur verabscheut Kategorien" – eine Plattitüde, die auf jeglichen Versuch, natürliche biologische Kategorien (einschließlich Arten, Unterarten, biologische Geschlechter [*sexes*] und soziale Geschlechter [*genders*]) zu definieren, anwendbar ist. Dementsprechend fügen sich auch Menschen aller Kulturen nicht in eine klare Zweiteilung von biologischen und sozialen Geschlechtern, was dazu führt, dass jede Kultur einzigartige Institutionen entwickelt, um mit der natürlichen und universellen Vielfalt umzugehen, mit der Menschen Sexualität und Gender ausdrücken. Obwohl weniger bekannt, schweigt auch die Bibel nicht zum Thema Geschlechtervielfalt. Bibelstellen, die sich auf „Eunuchen" beziehen – gewissermaßen frühe Repräsentanten jener Menschen, die in unserer heutigen Gesellschaft als „Transgender" bezeichnet werden – sind eigentlich kaum zu übersehen. Der Prophet Jesaja im Alten Testament, sowie Jesus selbst und auch Philippus der Evangelist im Neuen Testament, rufen die Kirche dazu auf, Transgender-Menschen in allen Bereichen des christlichen Dienstes willkommen zu heißen.

Als Evolutionsbiologin, Transgender-Frau und Gläubige ist mein Beitrag zu dieser Konferenz ein Überblick über die Geschlechtervielfalt im Tierreich, gefolgt von einer kurzen Übersicht über den Geschlechtsausdruck (*gender expression*) in verschiedenen menschlichen Kulturen, sowie ein Rekurs auf Bibelstellen, in denen Nachfolger*innen Jesu ausdrücklich dazu aufgerufen werden, genderdiverse Menschen im Hause des Herrn willkommen zu heißen.

Mein Ziel war es, die Teilnehmer*innen der Konferenz an die Bandbreite der Geschlechtervielfalt in der Natur – einschließlich der Geschlechtervielfalt bei(m) Menschen – heranzuführen. Ich wollte durch direkte Betrachtung zeigen, dass der Glaube an die Geschlechterbinarität männlich/weiblich, mit dem wir aufgewachsen sind, nicht mehr ist als ein merkwürdiger Mythos, der höchstens noch von historischem Interesse ist. Mein Ziel ist es *nicht*, von einem wissenschaftlichen Standpunkt aus zu erklären, warum eine Vielfalt von Geschlechtsausdrücken existiert. Relevante wissenschaftliche Studien zu diesem Thema habe ich in

https://doi.org/10.1515/9783110614626-011

meinen Büchern *Evolution's Rainbow*[1] von 2004 und *The Genial Gene*[2] von 2009 im Detail besprochen. Vielmehr scheint es mir an dieser Stelle am meisten hilfreich, mich auf vortheoretische Beschreibungen zu begrenzen.

Worum handelt es sich bei der Geschlechtervielfalt, die Akademiker*innen zu erklären versuchen? Wissenschaftliche Theorien stehen und fallen, doch die Realität der Vielfalt selbst bleibt bestehen. Nur wenige Menschen verstehen das Ausmaß dieser Vielfalt; viele sind der Annahme, *sex* und *gender* ließen sich auf eine Binarität von männlich/weiblich mit unbedeutenden Ausnahmen reduzieren. Wir werden sehen, dass die allgemeine, ja fast universelle westliche Annahme einer Geschlechterbinarität schlichtweg falsch ist. Um Gottes Schöpfung wertschätzen zu können, müssen wir benennen, was erschaffen worden ist, so, wie Adam Pflanzen und Tieren im Garten Eden Namen gab (Gen 2,19–20). Und als heutige Menschen sind wir dazu angehalten, dem Beispiel Adams zu folgen.

In der Struktur des *Folgenden* beziehe ich mich auf die von mir während der Konferenz gezeigten Präsentationsfolien. Das Video meines Vortrags findet sich bei YouTube: **youtu.be/8sdjnheBMCI**; die mit Notizen versehenen Folien können unter **t1p.de/8oiu** eingesehen und als PowerPoint heruntergeladen werden. Wo möglich, empfehle ich, auf die Folien zuzugreifen, zumal die Nummerierung der Abschnitte im Folgenden sich auf die Abfolge der präsentierten Folien bezieht. Jedoch steht dessen ungeachtet mein hier vorgelegter Beitrag für sich und ist auch ohne Zugriff auf die Folien aussagekräftig.

I Gender in der Natur

1. *Zweck von Sex*. Nach dem *Zweck* von Sex befragt, würden viele Menschen antworten, er bestehe in der Fortpflanzung. Doch diese Antwort ist genau genommen nicht korrekt. Viele Arten pflanzen sich ohne Sex fort. Folie 1 zeigt zum Beispiel Geckos, heimisch auf südpazifischen Inseln, die sich asexuell fortpflanzen. Mit vielen anderen Arten verhält es sich ähnlich, z. B. mit den Rennechsen im Südwesten der USA. Bei diesen Arten tragen die Eier von Anfang an den gesamten Gensatz. (Sie werden durch Mitose, nicht durch Meiose gebildet.) Daher müssen die Eier dieser Arten nicht befruchtet werden, um sich zu Embryos zu entwickeln. Da die Eier keine Befruchtung benötigen, gibt es unter diesen Arten keine Männchen, sondern nur Weibchen. Die Fortpflanzung ist daher durchaus

1 Joan Roughgarden, *Evolution's Rainbow. Diversity, Gender, and Sexuality in Nature and People*, Berkeley/Los Angeles, CA: University of California Press 2004.

2 Joan Roughgarden, *The Genial Gene. Deconstructing Darwinian Selfishness*, Berkeley/Los Angeles, CA: University of California Press 2009.

auch ohne Sex möglich, und der Zweck von Sex besteht nunmehr darin, Abkömmlinge mit einer Mischung von Genen zweier Eltern auszustatten. Kurz gesagt: *Genmischung ist der Zweck von Sex, nicht Fortpflanzung.*

2. *Definition von männlich und weiblich. Bilden „männlich“ und „weiblich“ eine Binarität?* Die meisten Menschen würden männlich und weiblich entsprechend der äußeren Erscheinung definieren. Ein männlicher Löwe hat seine Mähne, ein Hahn seinen Hahnenkamm usw. Bei näherer Betrachtung lassen sich unterschiedliche Geschlechtsteile erkennen – bei Säugetieren haben Männchen einen Penis und Weibchen eine Vagina. Ein Blick in das Innere des Körpers zeigt dann Hoden beim Männchen und Eierstöcke beim Weibchen. Eine noch tiefergehende Betrachtung auf der Zellebene von Säugetieren zeigt einen Satz XY-Geschlechtschromosomen bei Männchen und einen Satz XX-Geschlechtschromosomen bei Weibchen.

Es mag Sie überraschen, dass diese Merkmale in der Biologie zur Definition von männlich und weiblich nicht ausreichen – warum nicht? Weil diese Merkmale bereits bei Individuen innerhalb einer Art und erst recht bei verschiedenen Arten zu unterschiedlich sind, um als Definition dienen zu können. Um eine Definition von männlich und weiblich zu haben, die auf alle Lebewesen zutrifft – von Seetang bis Seelöwe, von Maus bis Mensch –, definieren Biologen als *männlich* ein Individuum, das zeitlebens ausschließlich *Sperma* produziert, als *weiblich* ein Individuum, das zeitlebens ausschließlich *Eier* produziert und als *Hermaphrodit* ein Individuum, das zeitlebens *sowohl* Sperma *als auch* Eier produziert.

Wenn also ein Individuum als männlich, weiblich oder hermaphroditisch eingestuft wird, je nachdem, ob es in seinem Leben Sperma, Eier oder beides bildet, stellt sich die Anschlussfrage: Was ist ein Spermium und was ein Ei? Wie Sie bereits wissen, enthalten *Gameten* (*Geschlechtszellen*) jeweils die Hälfte des genetischen Materials eines erwachsenen Lebewesens. Zwei Gameten fügen sich zusammen und bilden so eine Zelle, die sich vervielfältigt und zum *Embryo* wird. Definitionsgemäß *ist ein Spermium der kleinere Gamet* und *das Ei der größere Gamet.*

Nun fragen Sie sich vielleicht, ob es denn nur zwei Gametengrößen gibt? Ja – *das* ist die *einzige Binarität*, die existiert. Individuen fast jeder sexuell reproduzierenden Art stellen allesamt nur zwei Gametengrößen her: die eine groß, die andere klein. Es gibt fast keine Art, deren Mitglieder insgesamt drei Größen funktionierender Gameten hervorbringen: klein, mittel und groß – und fast keine, deren Mitglieder insgesamt ein kontinuierlich zwischen klein und groß variierendes Spektrum verschiedener Größen produzieren. Wenn darüber hinaus Individuen einer Art nur *eine* Gametengröße erzeugen, wie bei einigen Pilzen der Fall, so sind männlich und weiblich für diese Art nicht definiert. Praktisch gesehen ist also *die einzige allgemeingültige Geschlechterbinarität in der Biologie die Dichotomie zwischen Ei und Spermium.*

Abgesehen von ihren Gameten, Ei und Spermium, gibt es unter allen Organismen also keine allgemeingültige Geschlechterbinarität. Deren Größenunterschied ist im Normalfall riesig, wie Folie 2 am Beispiel eines menschlichen Eis und Spermiums erkennen lässt.

3. *Wer sind die Hermaphroditen?* Es gibt drei Arten von Hermaphroditen. Ein *simultaner Hermaphrodit* ist ein Individuum, das gleichzeitig Sperma und Eier bildet. Ein *sequenzieller Hermaphrodit* ist ein Individuum, das zu einem Zeitpunkt seines Lebens Eier hervorbringt und zu einem anderen Spermien. Sequenzielle Hermaphroditen treten in zwei Varianten auf: *protandrisch* (zuerst männlich, dann weiblich) und *protogynisch* (zuerst weiblich, dann männlich).

Im Laufe ihres Lebens ändern sequenzielle Hermaphroditen ihr Geschlecht, d. h. per definitionem, dass ein Individuum vom Sperma- zum Ei-Produzenten wird, oder umgekehrt.

Einhergehend mit dem Geschlechterwechsel – definiert durch eine Veränderung der Größe der produzierten Gameten – ändert ein sequenzieller Hermaphrodit auch sekundäre Merkmale, wie geschlechtsspezifische Körperfarben, -formen und dementsprechend sein Körperverhalten.

Kommen Hermaphroditen häufig vor? Ja, sehr häufig. Die meisten Pflanzen sind Hermaphroditen. Beispielsweise enthält eine Blüte normalerweise Staubbeutel (Anthere), die Pollen produzieren, und eine Narbe (Stigma) mit klebriger Oberfläche, auf der Bestäuber oder der Wind Blütenstaub ablegen. Die Staubbeutel stellen den männlichen Teil der Blüte dar, der Blütenstaub ist das Sperma, und die Narbe und die Samenanlagen am unteren Ende der Narbe, in denen später der Samen entsteht, bilden den weiblichen Teil. Unterschiedliche Strukturen entsprechen den männlichen und weiblichen Teilen bei den nicht-blühenden Pflanzen, wie Moose oder Farne. Hermaphroditen sind im Pflanzenreich durchweg die Regel, nicht die Ausnahme, denn nur bei 6 % aller Pflanzenarten kommen unterschiedliche Geschlechter vor.

Wie steht es mit den Tieren? Auch im Tierreich gibt es eine enorme Anzahl von hermaphroditischen Arten. Viele wirbellose Meerestiere – Seeigel, Schnecken, Rankenfüßer, Korallen u. v. m. – sind hermaphroditische Arten. Auch unter den Wirbeltieren sind viele Arten hermaphroditisch. Wenn man in einem Korallenriff schnorchelt, gehören etwa 50 % der Fische, die man sehen würde, zu hermaphroditischen Arten – Papageienfische, Lippfische, Zackenbarsche usw., ebenso wie viele Aquarienfische. Folie 3 zeigt drei hermaphroditische Korallenriff-Arten. Das linke Bild zeigt Blaukopf-Lippfische als Beispiel für eine Art, in der einige Individuen mit zunehmendem Alter von weiblich zu männlich wechseln (protogyn), das mittlere Bild zeigt Clownfische als Beispiel für eine Art, in der einige

Individuen sich mit zunehmendem Alter von männlich zu weiblich wandeln (protandrisch), und auf der rechten Seite sind Hamletbarsche zu sehen als Beispiel für Fische, die gleichzeitig männlich und weiblich sind. Hamletbarsche befruchten sich nicht selbst – das Bild zeigt den „Paarungstanz", bei dem der eine Fisch Eier und der andere Sperma freigibt, woraufhin sie sich umdrehen und die Rollen tauschen. Ungefähr 6% aller Meeres- und Landtierarten sind hermaphroditisch. Lässt man hierbei Insekten außer Acht, steigt der Prozentsatz der hermaphroditischen Tierarten auf rund 33%. Obwohl hermaphroditische Tierarten in den Meeren weitverbreitet sind, kommen sie auf dem Land relativ selten vor, eine noch unerklärte Tatsache, die zu manchen unbewiesenen und zum Teil belustigenden Mutmaßungen geführt hat.

4. *Angemessene Geschlechterrollen.* Im populären Diskurs über angemessene Geschlechterrollen stellt man sich oft vor, dass das Männchen nicht-hermaphroditischer Arten in der Lage ist, viele Weibchen mit einem nahezu unerschöpflichen Spermavorrat zu befruchten, während das Weibchen nur eine begrenzte Anzahl großer Eier produzieren kann. Daher sind Weibchen angeblich wählerisch, was ihre Geschlechtspartner angeht – sie wollen ihre wertvollen Eier ja nicht an hässliche Schwächlinge verschwenden –, während Männchen angeblich schamlos ihre mühelosen Eroberungen genießen. („Jungen sind nun einmal so.")

Diese populäre Fabel vom „leidenschaftlichen Männchen" und dem „schüchternen Weibchen", um zwei unglückliche Formulierungen aus Darwins *Die Abstammung des Menschen und die geschlechtliche Zuchtwahl*[3] von 1871 zu zitieren, wird von Arten, bei denen diese zugeschriebenen Geschlechterrollen gegenteilig wahrzunehmen sind, direkt widerlegt.

Folie 4 zeigt als Beispiel das Seepferdchen. Elterliche Fürsorge für Eier wird bei Fischen üblicherweise von den Männchen geleistet. (Bei Säugetieren kümmern sich hauptsächlich die Weibchen um den Nachwuchs, bei Vögeln beide Geschlechter.) Unten ist eine Seenadel zu sehen – sie gehört zu einer Gruppe von Fischen, deren lange, röhrenförmige Körper einer Flöte ähneln. Ein Seenadelmännchen „klebt" die befruchteten Eier an seinen Bauch und schwimmt damit umher. Bei Seepferdchen, die von den genannten Seenadeln abstammen, weisen die Männchen eine Hautfalte am Bauch auf, in die das Weibchen seine Eier ablegt und somit das Männchen gewissermaßen schwängert. Aus diesem Grund kommt es vor, dass die Weibchen einiger Seepferdchenarten Eier schneller hervorbringen, als die Männchen die von ihnen bebrüteten Eier „gebären" können. Deshalb sind Weibchen in der Lage, sich mit einer größeren Zahl von Männchen zu paaren,

3 Charles Darwin, *The Descent of Man, and Selection in Relation to Sex*, Bd. 1–2, London: John Murray 1871.

als umgekehrt, womit das traditionelle Gleichgewicht zwischen Angebot und Nachfrage zwischen männlich/weiblich auf den Kopf gestellt wird. An Arten mit umgekehrten Geschlechterrollen wie Seepferdchen kann man nachweisen, dass zwischen der Größe der Geschlechtszellen und der Geschlechterrolle kein notwendiger Zusammenhang besteht – das wahllose/wählerische Geschlecht kann entweder männlich/weiblich oder weiblich/männlich sein, unabhängig davon, ob die Männchen definitionsgemäß die kleineren und die Weibchen die größeren Geschlechtszellen hervorbringen.

5. *Angemessene Körpergröße, Paarungsarrangements, Kontrolle, Abhängigkeit.* Zu einer anderen, weit verbreiteten Ansicht gehören die Aussagen: Männchen sind von Natur aus generell größer als Weibchen, Weibchen sind hinsichtlich Schutzbedürfnis und Nahrungsbeschaffung von Männchen abhängig, Männchen können über viele Geschlechtspartnerinnen verfügen, während Weibchen sich ausschließlich *einem* Männchen widmen können. Auch dieses Gerücht ist alles andere als richtig. Tiefsee-Anglerfische liefern ein interessantes Gegenbeispiel. Folie 5 zeigt einen Anglerfisch, etwa so groß wie ein Golfball und so genannt, weil sich eine köderartige Quaste am Ende seiner nach vorne gerichteten Rückenflosse befindet.

Der Anglerfisch ist ein Fischer, genau genommen aber eine Fischerin. Der auf dem Bild gezeigte große Fisch ist ein Weibchen, und die beiden kleinen Beulen unterhalb des Weibchens sind Männchen, auch Zwerg- oder Parasitenmännchen genannt. Ihre Körper haften am Körper des Weibchens, bei manchen Arten sind sie sogar mit dem Blutkreislauf des Weibchens verbunden. Hierbei handelt es sich um die vielleicht deutlichste Abhängigkeit eines Männchens vom Weibchen. Darüber hinaus haften hier *zwei* Männchen am Weibchen an, ein Paarungsarrangement, das man Polyandrie nennt.

Oft wird behauptet, dass Männchen, wenn sie keine deutlich erkennbare väterliche Fürsorge aufbringen, lediglich ihre Gene zur Paarung beitragen, während die Arbeit der Aufzucht der Jungen automatisch dem Weibchen zufalle. Nun ja, die gezeigten Zwergmännchen sind das ultimative Beispiel für Männchen, die nur ihr Sperma zur Paarung beitragen. Wenn alle Männchen, wie Anglerfischmännchen, nicht mehr als wärmesuchende, kugelförmige Anhängsel wären, dann wären auch sie Zwergmännchen. Die Tatsache, dass Männchen üblicherweise ganze Organismen sind, also nicht nur nützliches, vom Weibchen herumgetragenes Beiwerk, deutet darauf hin, dass Männchen tatsächlich mehr zur Paarung beitragen als nur ihre Gene, auch wenn der genaue Beitrag des Männchens zur Erzeugung von Nachkommen auf den ersten Blick nicht immer offensichtlich ist.

6. *Genitalanatomie.* Im Verlauf dieser Konferenz haben medizinisch orientierte Vortragende Bilder von den Genitalien intersexueller Menschen präsentiert.

Diese Bilder waren auf brutale Weise anschaulich, wie Fotos in medizinischen Fachzeitschriften von Menschen mit verschiedenen Krankheiten. Diese Vortragenden projizierten auf große Leinwände Bilder von Frauen mit ungewöhnlich großen Klitorides und Männern mit ungewöhnlich kleinen Penissen, mitunter mit einer kleinen Rille am Hodensack, was auf eine teilweise Schließung der Labialfalten während der fetalen Entwicklung hinweist.

Für alle diese ungewöhnlichen äußeren und/oder inneren Genitalien wird derzeit bevorzugt der Begriff „Intersexualität" angewendet, der sowohl die Genitalanatomie von Frauen mit männlichen Aspekten bezeichnet, als auch die von Männern mit weiblichen Aspekten. Es geht also um die *Anatomie* der Genitalien, weshalb „Intersex" nicht mit Hermaphroditismus verwechselt werden darf, der begrifflich auf die Arten der erzeugten Gameten bezogen ist.

Das medizinische Fach betrachtet Intersex-Genitalien als krankhaft und versucht oft, solche Genitalien schon kurz nach der Geburt operativ zu verändern. Infolgedessen leiden intersexuelle Menschen sowohl unter dem schweren Joch der Stigmatisierung als auch unter den Narben von gescheiterten Versuchen, ihren „Zustand" operativ zu „korrigieren."

Die medizinisch orientierten Vortragenden, die unser Konferenzpublikum mit verstörenden Fotos von intersexuellen Genitalien quälten, argumentieren, dass Transsexualität eine weitere Variante von Intersexualität sei. Dadurch versuchen diese Vortragenden, Menschen, deren Geschlechtsidentität und -ausdruck männliche und weibliche Elemente kombiniert, mit Menschen, deren Genitalmorphologie ebenfalls männliche und weibliche Aspekte kombiniert, über einen Kamm zu scheren. Das Ziel, Transsexualität mit Intersexualität zu vermengen, ist kein unschuldiges wissenschaftliches Unterfangen. Vielmehr versuchen diese Vortragenden, eine sozial konstruierte Binarität der Geschlechter zu verteidigen, indem sie Menschen pathologisieren, deren Geschlechtsidentität und -ausdruck von der Binarität abweicht, die sie zu verteidigen suchen.

Die wissenschaftliche Grundlage für eine Vermengung von Transsexualität mit Intersexualität ist, dass sich die Genitalien zu einem anderen Zeitpunkt entwickeln als das Gehirn. Testosteron oder andere Hormone, die männliche Merkmale erzeugen, führen früh in der Entwicklung zur Bildung eines Penis und später in der Entwicklung zu einem spezifisch männlichen Gehirn. Eine hohe Konzentration männlicher Geschlechtshormone in der frühen Entwicklungsphase führt zu einem Penis, und eine niedrige Konzentration in der späteren Entwicklungsphase ermöglicht die Herausdifferenzierung eines weiblichen Gehirns.

Nach meiner Einschätzung ist die detaillierte Beweisführung für diesen Zusammenhang tatsächlich überzeugend. Darüber hinaus erklärt dieser Zusammenhang, warum die Gehirnstruktur transsexueller Menschen gewöhnlich mit dem Geschlecht übereinstimmt, mit dem sie sich identifizieren, und nicht mit dem

Geschlecht, das ihren Genitalien entspricht. Darüber hinaus sind seit der Veröffentlichung der englischen Version dieses Artikels (2016) sogar in der populären Presse und in Artikeln auf Seiten wie BigThink.com und Inverse.com Hinweise darauf veröffentlicht worden, dass die Gehirnstruktur transsexueller Menschen eher mit ihrer Geschlechtsidentität als mit ihrer Genitalmorphologie übereinstimmt.

Der Einwand, den ich gegen den medizinischen Berufsstand geltend mache, richtet sich gegen dessen gedankenlose Loyalität gegenüber einer Binarität von Geschlecht und gegen den großen Aufwand, den das medizinische Fachpersonal betreibt, um die Natürlichkeit der vielfältigen Abweichungen von ihren binären, stereotypischen Vorurteilen abzutun und zu minimieren.

Alle Merkmale – wirklich alle Merkmale, von der Größe der Ohren bis zur Form der Füße – werden während der Entwicklung von Hormonen beeinflusst. Das einfache Aufzeigen von Ereignissen, die der embryonalen Entwicklung der transsexuellen Äußerung zugrunde liegen, lassen ebenso wenig auf eine Krankhaftigkeit schließen wie das Herausstellen der Ereignisse, die zur Entwicklung von großen Ohren führen.

Große Ohren zu haben ist keine Krankheit; sogar ein gewisser US-Präsident hat sie, sehr zur Freude der Karikaturisten. Hormone und Gene sind jedoch zweifellos an der Entwicklung von großen Ohren beteiligt, genau wie sie auch an der Entwicklung der transsexuellen Ausprägung beteiligt sind. Nun könnte eine medizinische Forschungsreihe herausfinden, welche biochemischen Abläufe zur Entwicklung von großen Ohren führen. Ihre Ergebnisse könnten dann leicht in jargonlastiger, pathologisierender Terminologie dargestellt werden. Doch pathologisierende Sprache allein würde aus großen Ohren keine Krankheit machen, oder? Wenn große Ohren eine Krankheit wären, müssten Daten dahingehend gesammelt werden, ob große Ohren ein Problem darstellen, das das Leben einer Person beeinträchtigt.

Um dem vorherrschenden Narrativ des medizinischen Personals, das ungewöhnliche Formen der Genitalien pathologisiert, entgegenzutreten, zeige ich eine Folie mit Säugetierarten, bei denen ungewöhnliche Größen und Formen der Genitalien die Norm sind. Die beiden oberen Bilder zeigen südamerikanische Klammeraffen. Achten Sie auf den Körperteil, der einem Penis ähnelt. Dieser Körperteil wird hängende Klitoris genannt. Sie wird zum Signalisieren verwendet. Die hängende Klitoris eines Weibchens hat ungefähr die gleiche Größe wie der Penis eines Männchens. Unten ist die Spitze eines Penis im Genitalkanal eines männlichen Wals zu sehen. Männliche Wale und Tümmler besitzen keinen außerhalb des Körpers baumelden Penis und Hodensack. Stattdessen fügt sich das Gewebe, das den Hodensack bildet, offensichtlich nicht zusammen und hinterlässt so eine Rille, die den Penis schützt und zu einer hydrodynamisch stromlinienförmigen Körperform führt. Ohne Hodensack bleiben die Hoden in der Körperhöhle.

Eine vergrößerte Klitoris, ein nicht fusionierter Hodensack und nicht abgestiegene Hoden würden bei einem menschlichen Neugeborenen im Kreissaal allesamt Alarmglocken schrillen lassen. Eine solche Reaktion ist nicht angebracht. Nachdem fast alle vorstellbaren Genitalformen bei Säugetieren, anderen Wirbeltieren und sogar bei wirbellosen Tieren vorkommen, ist an einer ungewöhnlichen Morphologie der Genitalien an sich nichts Krankhaftes.

Bei Menschen kann eine ungewöhnliche Genitalmorphologie mit pathologischen Nebenerscheinungen einhergehen, wie z. B. verminderter Nierenfunktion. In solchen Fällen ist es wichtig zu erkennen, wo die eigentliche Pathologie liegt – es ist eine fehlerhafte Nierenfunktion, nicht die ungewöhnlich geformten Genitalien selbst. *Die transsexuelle Äußerung wegen ihrer Formation während der Embryonalentwicklung als Spielart von Intersexualität zu bezeichnen, beweist demnach genau so wenig, dass es sich bei der transsexuellen Äußerung um etwas Krankhaftes handelt*, wie aus der Entwicklung von großen Ohren während des Embryonalstadiums abzuleiten, dass große Ohren eine Krankheit sind.

7. *Gendervielfalt*. Was könnte Gender im Tierreich bedeuten? Gender wird normalerweise als ein exklusiv menschliches Konzept betrachtet – Tiere haben Geschlechter (*sexes*), nur Menschen haben Gender (*genders*). Gender wird zudem als kulturelles Konstrukt angesehen, das in verschiedenen Kulturen auf unterschiedliche Weise zum Ausdruck kommt – unter den Kalahari-Buschleuten bedeutet es etwas anderes, ein guter Mann zu sein, als an der New Yorker Wall Street (oder vielleicht auch nicht?).

Allerdings spielt Gender in gewissem Sinne auch im Tierreich eine Rolle. Auf Tiere bezogen verstehe ich *Gender* als das *Aussehen, Verhalten und den Lebensverlauf eines sexuell bestimmten Körpers*. Ein „sexuell bestimmter Körper" (*sexed body*) ist ein Körper, der entsprechend der Größe der produzierten Gameten klassifiziert wird. Gender ist also Aussehen plus Handeln – wie ein Organismus seine Morphologie, einschließlich Farbe und Form, sowie sein Verhalten dazu nutzt, um eine reproduktive Rolle im Leben wahrzunehmen.

Wie wir gesehen haben, ist Geschlecht (*sex*) auf der Ebene des gesamten Organismus nicht binär, obwohl auf der Ebene der Gameten der Unterschied in der Gametengröße zwischen Ei und Sperma eine Binarität bildet. Gender bildet auf der Ebene des gesamten Organismus noch weniger eine Binarität als das Geschlecht (*sex*). Das bedeutet, dass selbst bei Arten mit genau zwei Geschlechtern (*sexes*), die aufgrund der Größe der produzierten Gameten als männlich und weiblich eingestuft werden, deutlich mehr als nur zwei Gender vorkommen können.

Bei Männchen kann es zum Beispiel zwei Gender geben. Demnach können zwei verschiedene Typen von Männchen – d. h. von Individuen, die die kleineren Gameten erzeugen – vorkommen, deren Aussehen, Verhalten und Lebensweg sich unterscheiden.

Folie 7 zeigt ein Beispiel für eine Art mit drei männlichen und einem weiblichen Gender. Kampfläufer sind Langstreckenzieher, die im Sommer im nördlichen Europa von England bis Sibirien brüten. Der englische Name dieses Vogels, *ruff*, bezieht sich auf den Ring aus Federn am Hals der Männchen, der aussieht wie der Pelzkragen – engl. *ruff* – eines Wintermantels. Das linke Bild zeigt das männliche Gender mit einem dunkleren Federkragen, oben in der Mitte ist das männliche Gender mit einem weißen Kragen und oben rechts das männliche Gender ohne Kragen zu sehen. Das Bild unten in der Mitte zeigt ein Weibchen, ebenfalls ohne Kragen. Diese Gender sind genetisch bedingt, und ungefähr 20 % der Männchen mit Federkragen haben einen weißen und 80 % einen schwarzen Kragen.

Kampfläufer balzen oft in einem *Lek*, eine Art männlicher „Rotlichtbezirk", in dem sich Männchen versammeln, um Weibchen anzulocken. Kampfläufermännchen mit schwarzem Federkragen verteidigen kleine „Arenen" im Lek, in denen sich jedes Männchen den weiblichen Besuchern zur Schau stellt. Die Männchen mit weißem Federkragen verteidigen keine Arenen innerhalb des Leks und bleiben nahe bei den Weibchen, während diese, etwas entfernt vom Lek, fressen. Bis hierhin scheint noch nichts besonders bemerkenswert zu sein.

Nun aber kommen wir zu dem wirklich Bemerkenswerten: der Interaktion zwischen Männchen mit weißen und mit schwarzen Federkragen. Wenn ein Männchen mit weißem Kragen in der Nähe ist, während ein Männchen mit schwarzem Kragen alleine in einer Arena ist, dann vollführt das schwarze Männchen einen kleinen Tanz, der das weiße Männchen in die Arena einlädt, die es bisher verteidigt hat. Erscheint dann ein Weibchen zur Paarung im Lek, bevorzugt es eine Arena mit einem schwarz-weißen Männchen-Duo anstelle einer Arena mit nur einem einzelnen schwarzen Männchen. Beide Männchen balzen gemeinsam und paaren sich dann mit dem Weibchen.

Ein Männchen mit schwarzem Federkragen erlangt mehr Paarungen, wenn ein Männchen mit weißem Kragen anwesend ist, als wenn es alleine ist, obwohl sich die Männchen die Paarung teilen. Es ist nicht klar, warum das Weibchen eine Arena mit einem schwarz-weißen Männchen-Duo attraktiver findet, als eine Arena mit einem einzelnen schwarzen Männchen. Die meisten Forscher scheinen anzunehmen, dass Weibchen zwei Männchen automatisch attraktiver finden als eines – je mehr Männlichkeit, desto besser. Wenn mehr Gesamt-Männlichkeit so wichtig ist, dann könnten sich auch zwei schwarze Männchen einfach zusammenschließen. Warum also zwei Gender?

Meine Vermutung ist, dass die Männchen mit weißen Kragen eine Beziehung zu den Weibchen aufbauen, während sie sich zusammen außerhalb des Leks befinden. Während die Männchen mit schwarzen Kragen die Arenen gegen andere schwarze Männchen verteidigen, fliegen die weißen Männchen mit den Weibchen über die Felder und lernen sie so vermutlich näher kennen. Vielleicht kann ein weißes Männchen die Weibchen sozusagen vorstellen, wenn sie am Lek ankommen. Es kann so als Mittelsmann, als eine Art Heiratsvermittler fungieren, der das Männchen mit schwarzem Kragen einem Weibchen vorstellen und für seine Sicherheit einstehen kann.

Die reproduktive Rolle des männlichen Gender ohne Federkragen ist unbekannt und auch nicht leicht im Feld zu beobachten, da es für Vogelbeobachter schwierig ist, zwischen einem kragenlosen Männchen und einem Weibchen zu unterscheiden, obwohl die Vögel selbst damit vermutlich keine Schwierigkeiten haben.

Unabhängig davon, ob meine Vermutungen zutreffen, dient dieses Beispiel dazu, das Phänomen der Gendervielfalt bei Tieren zu veranschaulichen. *Zwei Geschlechter (sexes) lassen nicht auf nur zwei Gender schließen.*

Schließlich sieht man auf dem Bild unten rechts ein Männchen mit schwarzem Federkragen, das sich mit einem kragenlosen Männchen paart. Dies ist ein Beispiel für eine homosexuelle Paarung in freier Wildbahn – d. h. eine Paarung zwischen zwei Individuen, die dieselbe Gametengröße produzieren. Dieses Beispiel ist jedoch auch hetero-gender, weil die beiden Individuen verschiedenen männlichen Gendern angehören. Eine weitere Folie wird gleich eine Paarung zeigen, die sowohl homosexuell als auch homo-gender ist.

8. *Transgender.* Sogar bei Arten, die nur zwei Geschlechter (*sexes*) und nur zwei Gender haben, männlich und weiblich, sind Geschlechtskategorien nicht absolut und es kommen Transgender-Individuen vor. Das heißt bei Arten, bei denen die meisten Männchen bestimmte gender-spezifische Merkmale und die meisten Weibchen andere gender-spezifische Merkmale haben, gibt es einen erheblichen Anteil von Männchen mit weiblichen Merkmalen und Weibchen mit männlichen Merkmalen.

Das wohl am besten untersuchte Beispiel dieses Phänomens tritt bei einer Reihe von Kolibri-Arten der Gattung Sonnenengel in den Anden auf. In den Bergen, die sich von Venezuela über Kolumbien, Ecuador und Peru bis nach Bolivien erstrecken, haben männliche Amethystsonnennymphen bunte Federn an ihren Kehlen, die man Halskragen (*gorget*) nennt, wie auf Folie 8 zu sehen ist. Der Name stammt ursprünglich von einem latzähnlichen Kragen aus Metallpanzerung, der beim Fechten verwendet wird, um einen Schwertstich in die Kehle zu verhindern. Ein Weibchen mit Halskragen werden wir hier „maskulines Weibchen“ nennen. Es hat auch einen vergleichsweise kurzen Schnabel. Umgekehrt gibt es auch „feminine Männchen“ mit besonderen weiblichen Merkmalen, wie etwa einen längeren Schnabel.

Von den 42 Kolibri-Arten, die in den Anden beobachtet wurden, hatten sieben Arten sowohl maskuline Weibchen als auch feminine Männchen, neun Arten hatten maskuline Weibchen und keine femininen Männchen, zwei Arten hatten feminine Männchen und keine maskulinen Weibchen und 24 Arten hatten weder maskuline Weibchen noch feminine Männchen. Durch das Bündeln der Arten mit entweder maskulinen Weibchen, femininen Männchen oder beiden stellte sich heraus, dass 52 % der Weibchen maskulin und 2 % der Männchen feminin waren.

Männchen benutzen ihre Halskragen bei der Verteidigung eines Reviers mit den üblichen kurzen Blüten, die zu ihren kürzeren Schnäbeln passen. Maskuline Weibchen können, wie die Männchen, ein Revier mit kurzen Blüten zur Nahrungssuche verteidigen. Umgekehrt haben feminine Männchen längere Schnäbel als maskuline Männchen, sogar längere als feminine Weibchen. Daher nutzen feminine Männchen andere Blüten als maskuline Männchen, nämlich die relativ seltenen langen, röhrenförmigen Blüten, die in einem Revier nicht verteidigt werden müssen.

Somit besetzen maskuline Weibchen eine etwas andere Nische, d. h. sie beschäftigen sich etwas anders als feminine Weibchen und umgekehrt besetzen feminine Männchen auch etwas andere Nischen als maskuline Männchen. Wir sehen also, dass der *Geschlechtsausdruck (gender expression) bei Vögeln zum Teil eine genderabhängige Differenzierung der Beschäftigung widerspiegelt. Als Transgender-Vögel kann man jene bezeichnen, deren Beschäftigung sich mit der Beschäftigung überschneidet, die typisch für das andere Gender ist.*

9. *Homosexualität.* Noch vor fünfzehn Jahren wollten Wissenschaftler*innen immer noch nicht wahrhaben, wie verbreitet Homosexualität bei Tieren ist. Mit „Homosexualität“ meine ich gleichgeschlechtliches Bespringen, egal in welchem Kontext, und gegenseitiges Berühren der Genitalien. Heute, im Jahre 2018, akzeptieren Biolog*innen im Allgemeinen die weite Verbreitung von Homosexualität bei Tieren.

Im Internet findet man leicht viele Bilder von gleichgeschlechtlichem Paarungsverhalten in der Natur bei verschiedensten Arten. Die spektakulärsten Bilder sind natürlich Fotos von großen charismatischen Säugetieren, wie z. B. Löwen oder Giraffen. Folie 9 zeigt zwei männliche Elefanten bei der Paarung – diese Paarung ist sowohl homosexuell als auch homo-gender.

Die mehr als 300 bekannten Beispiele für Homosexualität im Tierreich (sicherlich zu niedrig geschätzt) zeigen eine große Vielfalt – bei manchen Arten sind nur Männchen homosexuell, bei manchen Arten nur Weibchen, bei wieder anderen beide Geschlechter (*sexes*); in fast allen Fällen tritt Homosexualität neben Heterosexualität beim selben Individuum auf, bei einigen Arten beteiligt sich ein kleiner Bruchteil an homosexuellem Verhalten, bei anderen, wie unserem nächsten Verwandten, dem Bonobo oder Zwergschimpansen, jedes Tier. Zweifelsohne zeigen sich bei homosexuellem Verhalten unter Tieren signifikante kontextabhängige Unterschiede.

Interessanter als sich zu wundern, warum Tiere homosexuell sind, wäre eigentlich die Umkehrung der Frage. Warum sind nicht alle Tiere homosexuell, vielleicht mit minimaler Heterosexualität gemischt, so dass die Fortpflanzung gewährleistet bleibt?

Homosexualität ist bei vielen höheren Taxa weitverbreitet und besonders bei Vögeln und Säugetieren sowie bei Insekten gut dokumentiert. Diese weite Verbreitung deutet darauf hin, dass Homosexualität im Tierreich unabhängig und oft entstanden ist.

Der Familienstammbaum der Primaten deutet auf ein Muster hin. Im unteren Teil spaltet sich der Primatenstammbaum zunächst in Halbaffen (Prosimiae) und Affen (Anthropoidea). Zum Zweig der Halbaffen gehören Buschbabys (Galagos), Lemuren und Koboldmakis; unter diesen Arten scheint gleichgeschlechtliches Bespringen nur ab und zu während der Brunst vorzukommen, und es gibt keinen Hinweis auf eine wichtige soziale Rolle von gleichgeschlechtlichem Werben. Der Zweig der Anthropoidea teilt sich in zwei Unterzweige: Neuweltaffen (Platyrrhini) und Altweltaffen (Catarrhini). Bei Neuweltaffen wie Marmosetten, Tamarinen und Affen mit Greifschwänzen, wie Klammeraffen, kommt homosexuelles Verhalten mitunter vor. Bei Altweltaffen jedoch zeigt sich homosexuelles Paarungsverhalten deutlich. Altweltaffen, wie z. B. Makaken, Paviane, Gibbons, Orang-Utans, Gorillas, Schimpansen, Bonobos und Menschen, bilden die komplexesten der Primaten-Gesellschaften *und* unter ihnen gibt es das häufigste Vorkommen von Homosexualität. In diesen Gesellschaften sind Individuen durch komplexe Beziehungen miteinander verbunden; Beziehungen, die offenbar sowohl durch gleichgeschlechtliche als auch durch verschiedengeschlechtliche Sexualität gepflegt werden.

Das den Primatenstammbaum übergreifende Vorkommen von Homosexualität deutet darauf hin, dass *Homosexualität* unter anthropoiden Primaten, besonders in den Altweltaffen-Linien, *eine evolutionäre Innovation ist*, die vor etwa 50 Millionen Jahren entstand, als sich die prosimischen und anthropoiden Abstammungslinien auseinanderzuentwickeln begannen.

Zeigt man einem breiten Publikum Hinweise auf Homosexualität in der Natur, kommt oft die Frage auf, warum die männlichen Elefanten auf dem Bild ihre Zeit damit verschwenden, sich mit einem anderen Männchen zu paaren, statt um Weibchen zu werben und sich mit ihnen zu paaren. Die Antwort ist natürlich, dass es für sie eben keine Zeitverschwendung ist – dass es für die Männchen unter bestimmten Umständen vorzuziehen ist, die Bindung untereinander aufzubauen, statt heterosexuellem Liebeswerben nachzugehen.

10. *Implikationen für Darwins Theorien.* Die vielfältigen Ausdrucksformen von Gender und Sexualität in der Natur stellen die Biologie vor grundlegende Schwierigkeiten.

Biolog*innen konzeptualisieren Geschlecht und Sexualität in Übereinstimmung mit Darwins Buch *Die Abstammung des Menschen und die geschlechtliche Zuchtwahl* von 1871, das eine Theorie der „sexuellen Selektion" präsentiert.

Bevor wir fortfahren, ist es wichtig, die Theorie der natürlichen Selektion von der Theorie der sexuellen Selektion zu unterscheiden. In Darwins Theorie der natürlichen Selektion geht es um den evolutionären Wandel im Allgemeinen, während die Theorie der sexuellen Selektion nur die Merkmale des Werbens und der Paarung betrifft. Viele betrachten die Theorie der sexuellen Selektion als Spezialfall der Theorie der natürlichen Selektion, die auf bestimmte Merkmale angewendet wird, insbesondere auf solche – wie der Pfauenschwanz –, von denen Darwin dachte, sie seien für die Partnerwahl verantwortlich. Um es deutlich zu sagen: Die Schwierigkeiten, die aktuelle Erkenntnisse über die Vielfalt der Ausdrucksformen von Geschlecht und Sexualität für Darwins Theorie der sexuellen Selektion darstellen, lassen sich *nicht* auch auf die allgemeine Theorie der natürlichen Selektion ausweiten. Eine Kritik an der Theorie der sexuellen Selektion bezieht sich einzig und allein auf diese.

Was ist also sexuelle Selektion? Folie 10 veranschaulicht, wie Darwin die Evolution eines Pfauenschwanzes und weiterer auffälliger männlicher Merkmale erklärte. Die Theorie der sexuellen Selektion beginnt mit Feststellungen über nahezu universelle Geschlechterrollen für Männchen und Weibchen. Über Männchen schreibt Darwin, „dass die Männchen beinahe aller Thiere stärkere Leidenschaften haben als die Weibchen."[4] Bemerkenswert ist hier der Ausdruck „beinahe alle", wodurch diese Beschreibung des männlichen Verhaltens verallgemeinert wird. Über Weibchen heißt es: „Das Weibchen ist [...] mit sehr seltenen Ausnahmen weniger begierig als das Männchen [...], es ist schüchtern"[5]. Hier fällt wieder die Formulierung „mit sehr seltenen Ausnahmen" auf, wodurch diese Beschreibung des weiblichen Verhaltens verallgemeinert wird. Natürlich *könnte* bei einer bestimmten Art das Männchen in der Tat leidenschaftlicher sein als das Weibchen, doch in dieser Verallgemeinerung trifft das sicherlich nicht zu.

4 Darwin, *The Descent of Man, and Selection in Relation to Sex*, Bd. 1, 272. (Übers. modifiziert zit. nach nach *Die Abstammung des Menschen und die geschlechtliche Zuchtwahl*, übers. von J. Victor Carus, Bd. 1, Stuttgart: E. Schweizerbart'sche Verlagshandlung (E. Koch) 1871, 240.)

5 A. a. O., 273. (zit. nach a. a. O., 241).

Jetzt aber zum Pfauenschwanz. Darwin benutzt diese angeblich allgemeingültigen Eigenschaften des Männlichen und Weiblichen, um die Evolution des Pfauenschwanzes zu erklären. Man nimmt an, dass die schüchterne Pfauenhenne sich das Männchen aussuchen kann, mit dem sie sich paart. Um sich zu paaren, muss das leidenschaftliche Männchen daher eifrig seinen Schwanz zur Schau stellen, damit das Weibchen es erwählt. Als Folge dieser Wahl der Weibchen haben Männchen die auffälligen Merkmale entwickelt, die Weibchen bevorzugen. Weibchen können sich daher, so stellt es sich Darwin vor, Männchen heranzüchten, genau wie Bauern Hähne für Hahnenkämpfe oder Vieh für eine Landwirtschaftsausstellung züchten können.

Die Frage hier ist nicht, ob dieser Ablauf wirklich vorkommt, sondern ob er repräsentativ für den Ausdruck von Gender und Sexualität in der Natur ist. Als Beschreibung der vielfältigen Vorkommnisse in der Natur, wie wir auf den vorherigen Folien gesehen haben, ist diese vereinfachte Darstellung eklatant unzureichend.

Was nun? Obwohl die sexuelle Selektion als Komponente der modernen Evolutionstheorie nicht so wichtig ist wie die natürliche Selektion, zählt die sexuelle Selektion noch immer zu den grundlegenden Elementen der Evolutionsbiologie. Aber sie ist in Schwierigkeiten.

Die meisten Biolog*innen nehmen an, dass Darwins Theorie der sexuellen Selektion erweitert werden kann, um irgendwie zu erklären, was bei asexuellen Arten, bei sexuellen Arten mit Hermaphroditen, bei sexuellen Arten mit mannigfaltigen Genitalmorphologien, mit Geschlechtsrollenumkehr, mit vielfältigen Gendern, mit Transgender-Vorkommen und mit Homosexualität geschieht. Die Ausweitung der Theorie der sexuellen Selektion auf solche Phänomene wäre ein enormes Unterfangen und ist bestenfalls noch weit entfernt von der Fertigstellung.

Das Problem für die Biologie besteht darin, dass sich das Gesamtbild der Vielfalt, die auf den vorherigen Folien gezeigt wurde, schrittweise angesammelt hat. Das tröpfchenweise Erscheinen jeder neuen überraschenden Art macht es schwierig, das allgemeine Ungenügen der sexuellen Selektionstheorie deutlich zu erkennen und lädt geradezu dazu ein, die Theorie für jeden Einzelfall auszuweiten, um sie zu retten. Aus meiner Sicht deutet das Ausmaß der konzeptuellen und empirischen Schwierigkeiten der Theorie der sexuellen Selektion jedoch darauf hin, dass es im weiteren Vorgehen zuträglicher wäre, die Theorie komplett zu verwerfen und nochmal von vorne anzufangen. Wie Sie sich vielleicht vorstellen können, versetzt meine Position die meisten Biolog*innen in eine Schockstarre.

II Gender in verschiedenen Kulturen

Ich komme nun zum Genderausdruck beim Menschen. Die Anthropologie des Genderausdrucks im globalen und historischen Vergleich ist, verglichen mit der Anthropologie der Sexualität, nur unzureichend dokumentiert, obwohl der Klassiker von Gilbert Herdt, *Third Sex, Third Gender. Beyond Sexual Dimorphism in Culture and History*[6] (1994) auch heute noch aktuell ist. Verglichen mit schwuler und lesbischer Forschung steckt Transgender-Forschung noch in den Kinderschuhen.

Aus den verfügbaren Informationen geht gleichwohl hervor, dass transgenderartige und vielfältige geschlechtsspezifische Ausdrucksformen um einiges öfter vorkommen, als uns im Westen weisgemacht wurde. Noch vor 15 Jahren wurde vom medizinisch-industriellen-Komplex die Statistik verbreitet, dass ungefähr einer von 10.000 Menschen transsexuell sei. Die neuesten Zahlen zeigen, dass einer von 300 Menschen in den Vereinigten Staaten Transgender ist, etwa 100 Mal häufiger als jene fehlerhafte Einschätzung besagte.[7] Ich komme auf die Bedeutung dieser Zahl auf einer späteren Folie zurück.

Wenn wir über die heutige westliche Welt hinausblicken, begegnen wir einer großen Vielfalt kultureller Formen und Institutionen, in denen Transgender-Menschen und Menschen dritten Geschlechts leben. Die folgenden Folien zeigen einige prominente Beispiele.

11. *Two-Spirit in Nordamerika.* Zu den am besten erforschten transgenderähnlichen Kulturformen gehören die sogenannten Two-Spirit-Menschen vieler indigener Völker und Stämme in Amerika. Der Name Two-Spirit bezeichnet Menschen, die zugleich feminine und maskuline Züge in sich vereinen.

Unter diesen Menschen finden sich Individuen mit männlichem Körper, die als Frauen leben, und Individuen mit weiblichem Körper, die als Männer leben. Auf der linken Seite von Folie 11 eine Fotografie von Osh-Tisch aus dem Jahre 1900 zu sehen – einer bekannten Two-Spirit mit männlichem Körper der Crow-Nation (im Gebiet der heutigen US-Staaten Wyoming, North Dakota und South Dakota), die als Frau lebte. Die rechte Seite der Folie zeigt eine Fotografie von 1890 von einer Two-Spirit mit weiblichem Körper aus dem Quechua-Sprachgebiet im nordwestlichen Teil Südamerikas, die als Mann lebte, genau genommen als

6 Gilbert Herdt, *Third Sex, Third Gender. Beyond Sexual Dimorphism in Culture and History*, New York: Zone Books 1994.

7 Vgl. Gary J. Gates, „How many people are lesbian, gay, bisexual, and transgender?," April 2011, in [http://williamsinstitute.law.ucla.edu/wp-content/uploads/Gates-How-Many-People-LGBT-Apr-2011.pdf] (Zugriff: 31.10.2018).

Krieger. Dieser Krieger in männlicher Kleidung zeigt sich selbstbewusst, fast etwas frech, und macht keinerlei Anstalten, die Brüste zu verbergen oder abzubinden. In der Mitte der Folie zeigt ein Gemälde einen weiteren Krieger mit weiblichem Körper bei den Plains-Indianern zwischen dem Mississippi und den Rocky Mountains. Auch hier sieht man die nackten Brüste. Two-Spirits gehen geschlechtsuntypischen Tätigkeiten nach. Sie versuchen nicht, ihre Anatomie zu verstecken oder zu verändern, da in diesen Kulturen eher die Tätigkeit als die Genitalmorphologie die Merkmale der Geschlechtsidentität sind.

12. *Initiation und Anwerbung.* Transgender und Schwule werden oft bezichtigt, Jungen für ihre Lebensweise anzuwerben. In Wahrheit sind es immer die jungen Menschen selbst, welche die Nähe älterer Transgender und Schwule suchen, die sie als Geistesverwandte betrachten. Der Anthropologe Walter Williams beschreibt in seinem Buch *Der Geist und das Fleisch. Geschlechtliche Vielfalt in der indianischen Kultur* (1986)[8] die Zeremonie, bei der junge Knaben verschiedener indigener Stämme ihr Geschlecht kundtun und vom Stamm willkommen geheißen werden.

Williams beschreibt, wie unter den Mohave-Stämmen entlang des Colorado River im amerikanischen Südwesten die Eltern mit einem Jungen umgehen, der den Two-Spirits zugewandt zu sein scheint. Wenn das Kind ungefähr 10 Jahre alt ist, fangen die Verwandten an, seine Neigungen zu besprechen. Die Verwandten bereiten dann eine Zeremonie vor, ohne den Jungen davon in Kenntnis zu setzen. Die Zeremonie soll ihn überraschen und als Initiation sowie als Test seiner wahren Neigungen dienen. Menschen aus verschiedenen Siedlungen nehmen teil. Die Familie möchte, dass die Gemeinde zuschaut. Der Junge wird in einen Kreis geführt. Wenn er dort stehenbleibt, stimmt er zu, die Zeremonie zu vollführen. Ein Sänger singt Lieder. Wenn die Lieder den Jungen bewegen, tanzt er, wie es für Frauen üblich ist, und zwar mit Inbrunst. Wenn der Junge zu vier Liedern tanzt wie eine Frau, ist sein Status als Two-Spirit bestätigt. Er wird dann von den Frauen gebadet, bekommt einen Rock, kehrt zur versammelten Gruppe zurück und gibt seinen neuen, femininen Namen bekannt.

Unter den Tohono O'odham-Indianern der Sonora-Wüste im Südwesten der USA beinhaltet die Zeremonie auch einen öffentlichen Test der Neigung. Bei einem geselligen Treffen von Freunden und Familie wird eine Einzäunung aus Gestrüpp gebaut. Pfeil und Bogen eines Mannes und der Korb einer Frau werden hineingelegt. Der Junge wird dann zur Einzäunung gebracht. Während die Erwachsenen zusehen, wird er angehalten, sich in die Einzäunung zu begeben. Die

8 Walter L. Williams, *The Spirit and the Flesh. Sexual Diversity in American Indian Culture*, Boston, MA: Beacon Press 1986.

Erwachsenen setzen die Einzäunung in Brand. Der Junge hat nur Zeit, um einen der beiden Gegenstände mitzunehmen – nimmt er den Korb und lässt Pfeil und Bogen zurück, wird er als Two-Spirit bestätigt.

Williams bemerkt, dass den Jungen in allen diesen Zeremonien die Rolle eines Two-Spirit nicht von anderen aufgezwungen wird. Zwar mögen die Erwachsenen einen Verdacht bezüglich der Neigungen des Jungen hegen, doch gilt der Junge erst dann als Two-Spirit, wenn er sich entsprechend verhält. Indem er den Tanz wie eine Frau vollführt, eine Mahlzeit zubereitet oder den Korb einer Frau mitnimmt, macht der Junge eine wichtige symbolische Geste. Die indigenen Völker sehen die Annahme des Two-Spirit Status nicht als die freie Wahl eines Jungen an. Sie gehen davon aus, dass der Junge seine/ihre grundlegende Eigenart ausführt und offenbart.

Folie 12 zeigt einen weiteren Tanz einer Two-Spirit-Person; dieses Beispiel zeigt Mitglieder der Sac and Fox Nation aus Oklahoma/Missouri/Mississippi/Kansas/Nebraska im südlichen Teil des Mittleren Westens der USA.

13. *Ableugnung von Cross-Gender.* Transgender-Menschen treffen ständig auf andere, die ihre Existenz bestreiten und ihre Glaubwürdigkeit in Frage stellen. „Du bist keine Frau, du bist ein Mann in einem Kleid; du bist kein Mann, du bist nur ein Wildfang, der nicht erwachsen werden will", und so weiter.

Die kürzlich verstorbene Transgender-Aktivistin Leslie Feinberg hat im Buch *Transgender-Krieger* (1996)[9] gezeigt, dass Jeanne d'Arc auf dem Scheiterhaufen verbrannt wurde wegen eines Verhaltens, welches wir heutzutage als typisch für einen engagierten Transgender-Mann halten würden. Jeanne d'Arc kam um 1412 in Lothringen auf die Welt. Im Alter von 17 Jahren wandte sich Jeanne, in Männerkleidung, mit einer Gruppe von Gleichgesinnten an den französischen Thronerben Karl VII. und unterbreitete ihm den Vorschlag, eine Bauernarmee auf die Beine zu stellen, um die Engländer zu vertreiben. Karl stimmte zu und bevollmächtigte Jeanne, eine 10.000 Mann starke Bauernarmee anzuführen. Jeanne vertrieb die Engländer noch im selben Jahr 1429 aus den Burgen südlich der Loire und Karl VII. wurde zum König gekrönt. Bei der Krönung stand Jeanne mit der Siegesfahne an seiner Seite, wie auf Folie 13 illustriert.

Ein Jahr später wurde Jeanne festgenommen und den Burgundern, den Verbündeten Englands, ausgeliefert, die Jeanne als *hommasse* bezeichneten, eine Verunglimpfung, die „Mannweib" bedeutet. Die Burgunder verkauften Jeanne an die Engländer. Der König von England, Heinrich VI., schrieb an einen Führer der katholischen Inquisition: „Es ist hinreichend aktenkundig und bekannt, dass eine

9 Leslie Feinberg, *Transgender Warriors. Making History from Joan of Arc to RuPaul*, Boston, MA: Beacon Press 1996.

Frau, die sich Jeanne ‚die Jungfrau' nannte, einige Zeit lang das Kleid und die Kleidung des weiblichen Geschlechts absetzte, etwas, das gegen das göttliche Gesetz verstößt und, vor Gott abscheulich, von allen Gesetzen verboten ist, Kleidung und Rüstung, wie sie von Männern getragen wurde, trug."[10] Aus den Gerichtsunterlagen von Jeannes Anklage geht wörtlich hervor:

> Sie haben gesagt, auf Gottes Befehl ständig Männerkleidung getragen zu haben, [...] Ihre Haare über den Ohren kurzgeschnitten, und nichts weist Sie als Frau aus; und dass Sie bei vielen Gelegenheiten, auf diese Weise gekleidet, den Leib unseres Herrn erhalten haben [...] und Sie haben gesagt, dass Sie auf keinen Fall einen Eid ablegen würden, dieses Kleid nicht zu tragen.[11]

Aus diesen Gründen schloss das Gericht: „Sie verurteilen sich selbst, weil Sie nicht gewillt sind, die übliche Kleidung Ihres Geschlechts zu tragen."[12] So wurde Jeanne d'Arc zum Tode verurteilt und im Jahr 1431 im Alter von 19 Jahren bei lebendigem Leib auf dem Scheiterhaufen verbrannt. Nachdem Jeannes Kleidung verbrannt war und Jeanne für tot gehalten wurde, harkten die Inquisitoren die Kohlen zur Seite, um den nackten Körper zu zeigen, und „alle Geheimnisse, die [...] einer Frau gehören, um die Zweifel der Menschen zu zerstreuen,"[13] sichtbar zu machen. Jeanne d'Arc muss überzeugend männlich gewesen sein, um solch außergewöhnliche Maßnahmen erforderlich zu machen.

Dennoch versuchen Gemälde von Jeanne d'Arc normalerweise, Jeannes Aussehen feminin zu gestalten. Die berühmteste Darstellung Jeanne d'Arcs ist ein Gemälde von Jean-Auguste-Dominique Ingres aus dem Jahr 1854, gemalt über 400 Jahre nach Jeannes Tod. Dieses Ölgemälde befindet sich im Pariser Louvre und findet sich auf der linken Seite der Folie. Jeanne wird mit einem Frauenrock dargestellt, den sie niemals trug, und mit langem Haar. Ein Schüler Ingres' hielt die Darstellung seines Lehrers offenbar für so ungenau, dass er das Gemälde im Jahre 1855 neu malte, diesmal ohne den Rock, wie im rechten Teil der Folie zu sehen. Das revidierte Bild des Schülers befindet sich im Musée des Beaux-Arts in Orleans, Frankreich. Heutzutage kann man im Internet viele Abbildungen von Jeanne d'Arc durchsehen; fast alle minimieren Jeannes wesenhafte Männlichkeit – jene Männlichkeit, für deren Erhalt Jeanne bereit war zu sterben.

14–16. *Zeitgenössische Transgendermenschen – hijras in Indien.* 2006 wurde ich eingeladen, vor dem Plenum einer Konferenz in Neu-Delhi, gesponsert von UNAIDS und organisiert von Shivananda Khan, dem angesehenen Gründer und

---

10 Feinberg, *Transgender Warriors*, 34 (übers.).
11 Ibid., 35 (übers.).
12 Ibid. (übers.).
13 Ibid. 36 (übers.).

früheren Direktor der NAZ Foundation, einen Vortrag zu halten. Ziel der Konferenz war es, HIV- und AIDS-Pflegedienste aus dem asiatisch-pazifischen Raum mit Regierungsvertretern, internationalen NGOs und Geldgebern sowie mit Sozialanthropologen und Epidemiologen zusammenzubringen. Als Biologin sprach ich über Gender und Sexualität in der Natur und behandelte ähnliche Themen wie auf den ersten Folien dieses Vortrages.

Ich nahm die Einladung unter der Voraussetzung an, dass ich einige Mitglieder einer großen Gruppe von über einer Million Transgendermenschen treffen und interviewen konnte, die als *hijras* bekannt sind. Die *hijra*s sind sowohl eine Kaste als auch eine religiöse Sekte. Das Wort *hijra* ist von der britischen Kolonialmacht mit „Eunuch" übersetzt worden, was sich auf eine indigene geschlechtsangleichende Operation bezieht, die *nirvan* genannt wird und auf die ich später noch einmal zurückkomme. Die von den *hijras* praktizierte Religion legt besonders im Norden Indiens ihren Schwerpunkt auf die Verehrung der Muttergöttin Bahuchara Mata, kurz Mata. In ihren Grundzügen ist die Religion Hinduismus, mit einigen Elementen aus dem Islam.

Nach der Konferenz nahm man mich in Barackensiedlungen mit, einschließlich der auf Folie 14 gezeigten.

Als Kaste veranstalten *hijras* Feierlichkeiten anlässlich der Geburt eines männlichen Kindes und bei Hochzeiten bieten sie den Segen Matas an. Durch die Verwestlichung Indiens sinkt der Bedarf an diesen Zeremonien und die *hijra*s arbeiten zunehmend im Prostitutionsgewerbe oder als Bettler. Folie 15 zeigt eine Gruppe *hijra*-Prostituierter, die ich getroffen habe.

In ihrem Buch *Weder Mann noch Frau. Die Hijras in Indien* (1990)[14] beschreibt die Anthropologin Serena Nanda die Sozialstruktur der *hijras*. Auf nationaler Ebene sind die *hijras* in sieben „Häuser" unterteilt. Das Oberhaupt eines jeden Hauses, *naik* genannt, ist für die Rechtsprechung in einer bestimmten geographischen Region zuständig, z. B. einer mittelgroßen Stadt oder einem Teil einer Großstadt. Die *naiks* kommen zum *jamat* zusammen, dem Ältestenrat, der als Regierungsgremium der Region fungiert. Der *jamat* trifft die Entscheidung über die Aufnahme einer *hijra*-Kandidatin. Eine *hijra*-Kandidatin wird *chela* oder Schülerin genannt und von einem *guru*, d. h. Lehrer, unterstützt und unterwiesen.

Folie 16 zeigt einen weiblichen *guru* im weißen Sari mit einer *chela* zu ihrer Linken. Ich sitze zu ihrer Rechten. Um den *hijras* beizutreten, wird eine Kandidatin von einem *guru* betreut, der sie dann vor dem *jamat* vorstellt. Die *chela* überträgt dem *guru* ihr Einkommen und unterwirft sich seiner Autorität. Der *guru* ist verantwortlich für das Wohl ihrer *chela* und für die Aufnahmegebühren, die an den

14 Serena Nanda, *Neither Man nor Woman. The Hijras of India*, Belmont, CA: Wadsworth 1990.

jamat bezahlt werden. Ein *guru* lebt normalerweise mit ihren *chelas* in einer kleinen Kommune, normalerweise zu fünft. Gelegentlich heiratet eine *hijra* und lebt mit ihrem Ehemann zusammen. Der Ehemann der *guru* sitzt rechts neben mir.[15]

17. *Zeitgenössische Transgendermenschen – Südostasien.* Auf der Konferenz traf ich Repräsentanten vieler südasiatischer und pazifischer Staaten. Diese Folie zeigt Transgendermenschen aus verschiedenen Ländern, darunter Bangladesch, Pakistan, Nepal, Thailand, Malaysia, Indonesien und meine Wenigkeit.

18. *Zeitgenössische Transgendermenschen – Polynesien.* Transgendermenschen kommen in ganz Ozeanien vor. Im linken Teil der Folie ist eine Transgender-Frau aus Guam zu sehen, die an der Konferenz teilnahm. Der rechte Teil zeigt Transgendermenschen aus Hawaii, *māhū* genannt, denen ich, ebenfalls 2006, bei einem anderen Anlass begegnete. *Māhū* gibt es überall in Polynesien, besonders prominent sind sie in Tahiti. Die Veranstaltung, die ich mit *māhū* besuchte, fand in Hilo statt, einer Stadt auf Big Island. Auf der Veranstaltung gab es eine Show mit hawaiianischer und westlicher Musik. Shows mit Transgendermenschen auf dem US-amerikanischen Festland sind meistens Schönheitswettbewerbe, Bälle, oder Drag-Talentshows und wenden sich an ein zumeist schwules männliches Publikum. Im Gegensatz dazu war die Show in Hawaii ein (größtenteils) familienfreundlicher „Mädelsabend" für Hetero-Frauen, von denen viele verheiratet waren und Familien hatten.

19. *Zeitgenössische Transgendermenschen – Morde in Nordamerika.* Das linke Bild zeigt ein 17-jähriges Transgender-Mädchen, Gwen Araujo, die Anfang Oktober 2002 ermordet wurde. Ihre Leiche wurde Mitte Oktober gefunden. Als Edward auf die Welt gekommen, lebte Gwen als Mädchen und war romantisch involviert mit einer Gruppe von Teenagern. Zwei der Jungen, mit denen sie intime Beziehungen hatte, hegten schließlich den Verdacht, dass sie männlich auf die Welt gekommen war und planten heimlich, herauszufinden, welche Genitalien sie hatte. Bei einer Party im kalifornischen Fremont zog ein Mädchen Gwens Rock hoch und stellte sie vor der Menge bloß. Einer der Jungen, mit denen Gwen intim war, schrie dann auf: „Verdammt! Ich bin doch nicht schwul."

Vier Jungen schlugen Gwen daraufhin brutal zusammen, fuhren sie in einem Kleintransporter zu einem vier Stunden entfernt gelegenen Ort in der Nähe der Sierra Nevada Mountains, warfen die Leiche in ein flaches Grab und bedeckten sie

15 Die indischen *Hijras* und westliche Transgender-Personen sind kulturell unterschiedliche Manifestationen des Menschseins. Ich möchte bemerken, dass sich die beiden Präfixe *cis* und *trans* in der Chemie auf *zwei alternative* geometrische Konfigurationen – Isomere – eines Moleküls mit derselben chemischen Zusammensetzung beziehen und bedeutungslos sind, wenn drei oder mehr geometrische Konfigurationen auftreten.

mit schweren Steinen, Sand und einem Baumstamm. Dann stiegen die vier Jungen wieder in ihr Fahrzeug, fuhren zu einem Hamburger-Imbiss und bestellten Frühstück im Drive-in. Der Mord wurde viele Tage lang nicht zur Anzeige gebracht.

Im rechten Teil der Folie ist Brandon Teena zu sehen, ein junger Trans-Mann, der 1993 in Nebraska vergewaltigt und ermordet wurde, als bekannt wurde, dass er Transgender ist. In der lesbischen Presse wurde er als lesbische Cross-Dresserin bezeichnet, die als heterosexueller Mann durchgehen konnte. Das bestätigt, was die Vergewaltiger zeigen wollten – er konnte wie eine Frau vergewaltigt werden, also war er eine Frau. Tatsächlich unternahm Brandon Teena große Anstrengungen, um als junger Mann ernst genommen zu werden, und bezeichnete sich selbst als männlich, mit maskulinen Pronomen. Er ging nicht nur als heterosexueller Mann durch, er war einer.

20. *Zeitgenössische Transgendermenschen – homosexuelle Aneignung einer Transidentität.* Barry Winchell, ein 21-jähriger Gefreiter in Fort Campbell auf der Grenze zwischen den Staaten Tennessee und Kentucky, rechts im Bild, wurde im Sommer 1999 ermordet. Wie das New York Times Magazine jedoch berichtete: „Tatsache ist, dass Winchell, der wegen seiner Homosexualität ermordet wurde, nicht homosexuell war.“[16] Er war heterosexuell. In der Vergangenheit hatte er ausschließlich Cisgender-Frauen kennengelernt. Nun hatte er sich in eine schöne Transgender-Frau verliebt, Calpernia Addams, im linken Teil der Folie zu sehen. Die in Nashville ansässige Organisation *Lesbian and Gay Coalition for Justice* besuchte Addams und schlug vor, dass sie den Reportern „der Klarheit halber“ sagen solle, dass sie in Wirklichkeit ein Er sei, denn: „Wie kann man sagen, dass er [Winchell] schwul war, wenn er mit einer Frau zusammen war?“[17] Addams stimmte zu und wurde daraufhin in den Reportagen zu Winchells „Freund“ oder „Crossdresser-Freund“. Diese Lüge löschte Addams' Identität und die Grundlage ihrer Beziehung zu Winchell aus. Addams war bekannt als Transgender und arbeitete gelegentlich als Darstellerin in einer Transvestitenbar. Der Mörder, selbst ein Besucher der Bar, übertrug seine Homophobie auf einen heterosexuellen Kameraden. Eine Dramatisierung von Winchells Ermordung und seiner Romanze mit Addams wurde 2003 unter dem Titel *Soldier's Girl* verfilmt.

21. *Zeitgenössische Transgendermenschen – berühmte Transgender-Aktivisten in Nordamerika.* Links auf der Folie zu sehen ist Lynn Conway, eine angesehene Informatikerin an der University of Michigan, die bestimmten Mitgliedern der

---

16 David France, „An Inconvenient Woman,“ *The New York Times Magazine*, 2000, 28. Mai, 24–29, 25.
17 Ibid.

psychologischen und medizinischen Fächer entgegengetreten ist, als diese versuchten, Transgender-Frauen zu sensationalisieren und abzuwerten. Rechts zu sehen ist Jamison Green, Autor des Buches *Becoming a Visible Man* (2004),[18] in dem die Perspektive von Transgender-Männern auf das Thema Gender und Sexualität erklärt wird.

22. *Trans- und homosexuelle Menschen sind zu häufig, um etwas Krankhaftes sein zu können.* Ich habe diese Beispiele für Transgender-Menschen auf der ganzen Welt gezeigt, um zu verdeutlichen, dass Trans-Menschen einen signifikanten Anteil der menschlichen Spezies ausmachen, heute und in der Vergangenheit.

Die Wissenschaft muss nicht für die Realität, die Verbreitung und die Natürlichkeit von Trans-Menschen bürgen. Unglücklicherweise beruht die westliche Einstellung gegenüber Transgender-Menschen auf einem medizinischen Konstrukt der Transgender-Erfahrung und -Identität, wie von den anderen Vortragenden auf dieser Konferenz veranschaulicht wurde. Dieses Konstrukt setzt eine heterosexuelle Geschlechterbinarität als Standard voraus und versucht, Abweichungen von dieser Binarität als etwas Pathologisches hinzustellen. Dann wird ein Platz für die Abweichenden eingeräumt, indem an das moralische Prinzip der Menschenrechte appelliert wird – „selbst die Behinderten haben Rechte."

Nun, dieses medizinische Konstrukt ist selbst ein Trugschluss, ein wissenschaftlicher Fehler, der eine Unkenntnis der elementaren Populationsgenetik widerspiegelt. Damit ein Merkmal als krankhaft eingestuft werden kann, muss es deletär sein. In der Populationsgenetik ist seit fast 100 Jahren bekannt, dass ein Zusammenhang zwischen der Seltenheit eines pathologischen Merkmals und seiner Schädlichkeit besteht. Je deletärer ein Merkmal ist, desto seltener ist es. Zum Beispiel treten nahezu tödliche Merkmale wie die Huntington-Krankheit bei 5 von 100.000 Geburten auf, Hämophilie A bei einer von 8.500 Geburten usw. – ausgesprochen selten.

Homosexuelle und Transgender-Menschen sind ganz und gar nicht so selten. Den aktuellsten demographischen Informationen des Williams Institute an der UCLA von 2011 zufolge identifizieren sich 3.5 % der Erwachsenen in den USA als lesbisch, schwul oder bisexuell, und schätzungsweise 0.3 % der Erwachsenen identifizieren sich als Transgender.[19] Ungefähr 9 Millionen Amerikaner*innen identifizieren sich als LGBT, eine Zahl, die der Bevölkerung des Staates New Jersey entspricht. Was kann man aus diesen Statistiken schließen? Folie 22 enthält die Antwort.

---

18 Jamison Green, *Becoming a Visible Man*, Nashville, TN: Vanderbilt University Press 2004.
19 Vgl. Gates, „How many people are lesbian, gay, bisexual, and transgender?"

Der Seltenheitsgrad einer Pathologie wird durch den Vergleich zweier Häufigkeiten bestimmt: die Häufigkeit, mit der die Pathologie durch Mutation auftritt, und die Häufigkeit, mit der sie durch natürliche Selektion eliminiert wird. Dieser Vergleichspunkt heißt Mutations-Selektions-Gleichgewicht. Die Folie zeigt eine Tabelle, die den Vergleichspunkt zwischen Seltenheit und Schädlichkeit zeigt, ausgehend von einer Standard-Mutationsrate von gesund zu pathologisch von 1 zu einer Million. Seltenheit wird an der Zahl der Geburten gemessen, Schädlichkeit an der Sterblichkeitsrate und/oder Fruchtbarkeit, die durch die Pathologie verursacht werden (im Populationsgenetik-Jargon „Darwinsche Fitness" genannt).

Wenn die Pathologie tödlich ist (unterste Zeile der Tabelle), ist das Merkmal äußerst selten, d. h. 1 zu einer Million, wobei jedes Vorkommen eine neue Mutation darstellt. Pathologien, die weniger deletär sind, treten viel häufiger auf, wie die oberen Zeilen der Tabelle verdeutlichen.

Wichtig ist nun Folgendes: Eine Schädlichkeit von unter, sagen wir, 1 % ist unerheblich. Die Wahrscheinlichkeit, durch ein zufälliges Ereignis im Leben umzukommen oder sich nicht fortpflanzen zu können – von einem Auto angefahren, einer Schlange gebissen zu werden – beträgt ebenfalls etwa 1 % oder weniger. Eine seltene Pathologie ist also im Endeffekt dasselbe wie keine Pathologie – sie ist von den alltäglichen Lebensrisiken nicht zu unterscheiden.

Vergleichen wir nun die Seltenheit von Homosexuellen und Transgender-Menschen mit dem, was diese Tabelle als deletär bezeichnet, wenn Homosexualität und Transgender als Pathologie zu betrachten wären. Für Homosexuelle liegt die Seltenheit des Vorkommens zwischen den beiden obersten Zeilen, für Transgender zwischen der zweiten und dritten Zeile der Tabelle. Bei beiden ist die Schädlichkeit praktisch nicht existent, nicht zu unterscheiden von den alltäglichen Lebensrisiken, wenn man bedenkt, wie viele Homosexuelle und Trans-Menschen es gibt.

Die wissenschaftliche Gültigkeit des medizinischen Konstrukts der Betrachtung von Menschen, die von der heterosexuellen Geschlechterbinarität abweichen, muss daher ein für alle Mal bestritten werden. Stattdessen könnte ein zukünftiges Projekt ins Auge gefasst werden, das sichtbar zu machen versucht, welche positiven Auswirkungen die geschlechtliche und sexuelle Vielfalt des Menschen hat, die in der heutigen westlichen Kultur zu Unrecht pathologisiert wird.

III Gender in der Bibel

23. *Transgender in der Hebräischen Bibel.* Vertreter*innen der evangelischen und katholischen Theologie, die vor mir auf dieser Konferenz sprachen, waren der Ansicht, dass die Bibel keine Aussagen mache über Transgender-Menschen. Diese Behauptung ist falsch und eigentlich ein theologischer Kunstfehler.

Diese Theologen versuchten, ihre theologischen Konstrukte, welche homosexuellen Menschen einen begrenzten Zugang zur Kirche gewähren, auf Transgender-Menschen auszuweiten. Obwohl man zu Recht feststellen kann, dass Homosexualität in der Bibel nur selten bis gar nicht erwähnt wird, kann dies für Transgender-Menschen nicht behauptet werden – die Bibel ist durchaus deutlich, was Transgender-Menschen betrifft. Wenn wir die Bibel als Sprachrohr (zu) der gesamten Menschheit ernst nehmen, sollten wir erwarten, dass jene große Untergruppe der Menschheit, die wir heute im weiteren Sinne als Transgender bezeichnen, in ihr Erwähnung findet.

Wo sagt die Bibel ausdrücklich etwas über Transgender-Menschen? Die Antwort liegt eigentlich offen vor uns – Menschen, die in der Bibel „Eunuchen" genannt werden.

Wie bereits erwähnt, wurde das Hindi-Urdu-Wort *hijra* von den Briten zunächst mit „Eunuch" übersetzt. Die in der Bibel als Eunuchen bezeichneten Menschen sind ein antikes Gegenstück zu den heutigen *hijras*. Folie 23 zeigt oben links die Ikone eines gendervarianten Christenmenschen, die ich 2009 während eines Besuches in Äthiopien in einer alten Kirche fotografierte. Auf der rechten Seite ist eine weitere Ikone eines gendervarianten Christenmenschen zu sehen, die ich 2008 von einer Höhlenwand in Kappadokien, Türkei, abfotografierte. Unten links findet sich eine Reproduktion dieser Höhlenmalerei. Diese war in einem Souvenirladen für Touristen in der Nähe des Eingangs zum Höhlensystem zu finden. Einheimischen ist diese Ikone wohlbekannt, doch niemand scheint die Erzählung oder eine andere Geschichte zu kennen, worauf sich die Ikone bezieht.

Sowohl die hebräische Bibel als auch das Neue Testament enthalten explizite Bezüge auf Eunuchen, die von Ablehnung über Akzeptanz bis zum Willkommen reichen.

Eine Stelle des Deuteronomiums lehnt Eunuchen ab: „Kein Entmannter oder Verschnittener soll in die Gemeinde des HERRN kommen."[20] Diese Meinung wird dann vom Propheten Jesaja revidiert: „Denn so spricht der HERR: Den Verschnittenen, die meine Sabbate halten und erwählen, was mir wohlgefällt, und an meinem Bund festhalten, denen will ich in meinem Hause und in meinen Mauern

20 Dtn 23,2 (Lut2017).

ein Denkmal und einen Namen geben; das ist besser als Söhne und Töchter. Einen ewigen Namen will ich ihnen geben, der nicht vergehen soll.“[21]

24. *Transgender in den christlichen Evangelien.* In seinem Buch *Der männliche Eunuch. Männlichkeit, geschlechtliche Ambiguität und christliche Ideologie in der Spätantike* (2001)[22] führt der Historiker Mathew Kuefler die verschiedenen Tätigkeiten der Eunuchen im Römischen Reich auf. Viele Eunuchen waren Sklaven, die auf dem Sklavenmarkt gekauft und verkauft wurden. Als solche dienten sie sowohl als Haussklaven als auch als Sklaven der Königshäuser der antiken griechischen Königreiche des östlichen Mittelmeerraums.

Kuefler zitiert Primärquellen, die Eunuchen auf abwertende Weise beschreiben[23] und dabei zeigen, dass sich solche Eunuchen von ihren früheren männlichen Identitäten distanzierten und sich insgeheim untereinander „Mädchen“ nannten. Einige Eunuchen heirateten offenbar als Frauen, was dazu führte, dass ein Gesetz in Kraft trat, welches diese Praxis verbot. Im Jahr 342 verhängten die christlichen Kaiser Constantius II. und Constans die Todesstrafe, „wenn ein Mann wie eine Frau heiratete und sich als eine Frau den Männern anbieten wollte.“[24] Das Erscheinungsbild der Eunuchen war jedoch vielfältig und hing teilweise davon ab, in welchem Alter ihnen ihre Hoden entfernt wurden. Einige Eunuchen sahen mehr wie androgyne Jungen aus als übertrieben weiblich.

Einer der auffälligsten Berufe freier Eunuchen war der einer Priesterin der Göttin Kybele, die als Göttermutter bezeichnet wurde. In anderen Regionen war Kybele als Isis (Ägypten), Astarte (Syrien), Ištar (Babylonien), Tanit (oder Caelestis, Karthago) bekannt, wie auch als die griechischen Göttinnen Rhea, Demeter, Aphrodite und Hera und die römischen Göttinnen Ceres, Venus und Juno. Kybele soll sowohl für die landwirtschaftliche als auch für die menschliche Fruchtbarkeit, einschließlich der damit einhergehenden Leidenschaften, verantwortlich gewesen sein. Ihre eigene üppige Fruchtbarkeit trug zur Geburt vieler Götter bei (von daher die Bezeichnung Göttermutter).

Kybele hatte einen männlichen Geliebten, Attis, in anderen Regionen als Osiris (Ägypten), Tammuz (Syrien), Dumuzi (Babylonien) und auch als die griechischen Götter Adonis und Dionysos sowie als der römische Gott Bacchus bekannt. Die vielleicht früheste Transgender-Erzählung stammt vom römischen Dichter Catull und handelt von der Legende des Attis.

---

21 Jes 56,4–5 (Lut2017).

22 Mathew Kuefler, *The Manly Eunuch. Masculinity, Gender Ambiguity, and Christian Ideology in Late Antiquity*, Chicago und London: University of Chicago Press 2001.

23 Vgl. ibid., 132 und 252.

24 Ibid., 101 (übers.).

Römische Schriftsteller betrachteten all jene Göttin/Gott-Paare als ethnische und lokale Variationen eines gemeinsamen Themas. Diese Religionen reichten in die frühe biblische Zeit, bis vor 600 v. Chr., zurück und blieben bis in das fünfte nachchristliche Jahrhundert bestehen.

Das alte Israel stellte keine Ausnahme dar. Als die Hebräische Bibel entstand, wurde die hebräische Muttergottheit Aschera genannt, ihr Gemahl war Tammuz. Als sich später der JHWH-Kult verfestigte und der Monotheismus den Polytheismus ersetzte, wurden sie ausgemustert. Eunuchen dienten der Aschera als Priesterinnen, wie auch den anderen regionalen Varianten der Muttergöttin. Der lateinische Kirchenvater Hieronymus übersetzte die hebräischen Wörter für Aschera, Tammuz und die Priesterinnen mit entsprechenden Begriffen aus seiner eigenen römischen Kultur, einige hundert Jahre später.

Die Kybele-Priesterinnen waren eine stabile und dauerhafte Transgender-Gruppe. 1999 wiesen Archäologen nach, dass es sich bei den Überresten einer Person mit männlichem Körper aus Yorkshire in England, die mit weiblicher Kleidung und Schmuck begraben worden war, um eine Kybele-Priesterin aus dem 4. Jh. n. Chr. handelte. Im Norden Englands war diese Religion fest etabliert – am Hadrianswall in der Nähe von Corbridge befindet sich ein der Kybele geweihter Altar.

Folie 24 zeigt oben links die Rekonstruktion einer Stadt in Yorkshire, in der ein Kybele-Altar gefunden wurde; unten links sind weibliche Armbänder zu sehen, die von einer Person mit männlichem Körper getragen wurden, welche dort gefunden wurde; die rechte Seite zeigt eine künstlerische Darstellung der Kleidung der Priesterin.

Wie die *hijras* beteiligten sich auch die Kybele-Priesterinnen an religiösen Ritualen zum Vollzug einer Art geschlechtsangleichenden Operation – diese Operationen fanden jedes Frühjahr am 24. März statt. Mit einer Sichel trennten die Priesterinnen-Kandidaten „in einem Zustand rauschhafter Ekstase" ihre Genitalien ab. Während der Zeremonie wurden reich verzierte Klammern benutzt, von denen eine in der Themse nahe der London Bridge gefunden wurde und die sich jetzt im British Museum befindet.

Nach der Operation kleidete sich eine Kybele-Priesterin in Frauengewänder, mit Schleier und Schmuck, und ließ sich die Haare lang wachsen. Besonders interessant ist, dass eine Priesterin die abgetrennten Genitalien auf die Schwelle eines Hauses legte und die Frauen dieses Hauses ihr einige Kleidungsstücke abgaben, so dass sie sich eine Garderobe zulegen konnte.

Das Vorgehen der Priesterinnen wurde als religiöses Opfer der eigenen Fruchtbarkeit angesehen, das die Fruchtbarkeit der Gemeinde steigerte. Der zutage tretende Eifer der Kybele-Priesterinnen für die Operation deutet allerdings darauf hin, dass die Mythologie hinter der Kastration der Kybele-Priesterinnen als religiöser Vorwand für eine Geschlechtsangleichung herhielt.

Die Kastration einer Kybele-Priesterin unterscheidet sich von der *nirvan*-Operation der *hijras* in einiger Hinsicht. Die römische Operation fand in der Öffentlichkeit statt und kam einer Geschlechtsangleichungs-Zeremonie gleich, ähnlich wie bei den Two-Spirits Nordamerikas. Die indische *nirvan*-Operation hingegen stellt eine private Zeremonie dar, die nur anderen *hijras* zugänglich ist, ohne Beteiligung von nicht-*hijra*-Frauen. Die römische Operation beinhaltet eine Rolle für nicht-Eunuchen-Frauen, die die Geschlechtsangleichung der Priesterin mit Kleidung unterstützten.

Man würde von den frühen Christen Feindseligkeit gegenüber den Kybele-Priesterinnen erwarten – schließlich stand Kybele-Verehrung im Wettbewerb mit dem Christentum. In der Tat beschrieb der frühchristliche Schriftsteller Lactantius die öffentlichen Zeremonien als „Irrsinn" und benutzte Sprache, die heute als transphob gelten würde, um die „Verstümmelung" zu „weder Männern noch Frauen"[25] anzuprangern. Augustinus machte sich über die „Amputation der Manneskraft" lustig, bei der „der Leidende weder in eine Frau verwandelt wurde noch es ihm erlaubt wurde, ein Mann zu bleiben."[26]

Die Bibel selbst zeigt jedoch einen ganz anderen Ansatz. Im Matthäusevangelium meldet sich Jesus selbst mit einer wertschätzenden Erklärung über die Eunuchen zu Wort. Der untere Teil der Folie zitiert Jesus in der Bibel, der sagt: „es gibt Verschnittene, die von Geburt an so sind; und es gibt Verschnittene, die von den Menschen verschnitten worden sind; und es gibt Verschnittene, die sich selbst verschnitten haben um des Himmelreiches willen. Wer es fassen kann, der fasse es!"[27]

25. *Transgender-Inklusion in der christlichen Kirche.* Im achten Kapitel der Apostelgeschichte setzt der Evangelist Philippus die Lehre Jesu in die Tat um: Philippus tauft einen Eunuchen.

Die Bibelstelle aus der Apostelgeschichte erscheint auf der Folie. Demnach ging Philippus in die Stadt Samaria, um zu predigen.[28] Der Eunuch lud Philippus ein, sich ihm zu nähern und bei ihm zu sitzen.[29] Diese Taufe heißt nicht nur einen Eunuchen in der Kirche willkommen, sondern auch einen dunkelhäutigen Ausländer, einen Ausländer, der mit Sicherheit auch ein Sklave war.

25 Ibid., 249 (übers.).
26 Ibid. (übers.).
27 Mt 19,12 (Lut2017).
28 Vgl. Apg 8,26 – 29.
29 Vgl. Apg 8,36 – 38.

Denken wir für einen Augenblick über dieses Ereignis nach. Woher wusste Philippus, dass die Person auf dem Wagen ein Eunuch war? Die Person musste sich auf auffällige Weise von gewöhnlichen Männern unterschieden haben. Obwohl erkennbar männlich, musste die Person auch zu einem gewissen Grad erkennbar feminin gewesen sein, andernfalls hätte Philippus die Person nicht als Eunuchen erkannt.

Bemerkenswert ist auch die Bedingung, die Philippus für die Aufnahme in die Kirche stellt – man muss nur an Jesus als Gottes Sohn glauben. Die Abwesenheit weiterer Anforderungen ist auffällig: Man muss sich nicht als Mann kleiden oder darstellen; man muss den sexuellen Kontakt mit Männern (oder Frauen) nicht vermeiden; man muss keine besondere Toilette aufsuchen. Man muss an Jesus als Gottes Sohn glauben: mehr nicht!

Und keine Begrenzung der Beteiligung. Keine Vorschrift, dass der Eunuch lediglich ein Betender bleiben, aber kein Jünger werden darf; keine Vorschrift, dass der Eunuch andere nicht taufen oder sie in die Kirche aufnehmen kann. Oder, um die heutige Ausdrucksweise zu benutzen, keine Begrenzung, sich an der Kirchenleitung in kirchlichen Ämtern oder im Laienamt neben der Teilnahme am gewöhnlichen Gottesdienst zu beteiligen.

Folie 25 zeigt die einzige Darstellung, die ich finden konnte, in der der Eunuch mit eher femininen Zügen dargestellt ist, obwohl die Hautfarbe des Eunuchen nicht dunkel genug ist, um einen Äthiopier darzustellen. (Die äthiopische Königin, der der Eunuch diente, könnte die nubische Königin (Kandake) Amanitore aus der antiken Stadt Meroë am Ostufer des oberen Nil, etwa 125 Meilen nordöstlich von Khartum, Sudan, gewesen sein. Der Eunuch hatte mit Sicherheit eine sehr dunkle Hautfarbe.)

Die meisten Darstellungen zeigen den Eunuchen als unauffällig männlich und oft mit heller Haut. Hoffentlich wird sich ein zukünftiger Künstler dazu berufen fühlen, ein Bild von der Taufe des äthiopischen Eunuchen durch Philippus zu malen, das einen Eunuchen darstellt, der dem Aussehen nach Transgender ist und dessen Hautfarbe mit der von Nubiern übereinstimmt.

Dieser endgültige Akt der Taufe des äthiopischen Eunuchen setzt einen hohen Maßstab für Inklusivität, den die christliche Kirche nur selten erreicht hat. Im Ganzen berichten die Stellen aus Jesaja, Matthäus und der Apostelgeschichte über explizite Lehren von Jesaja, Jesus und Philippus, die zusammen eine erstaunliche Bestätigung der Vielfalt von Gender, Ethnie und Klasse darstellen.

Diese Passagen sind keine mehrdeutigen Einzeiler mit Einladung zur Zweckentfremdung. Sie sind vielmehr deutlich, direkt und umfangreich. Auch sind Eunuchen in der Bibel an keiner Stelle irgendeiner moralischen Bestätigung unterworfen. So leiten sowohl die Hebräische Bibel als auch das Neue Testament zur vollen Einbeziehung genderdiverser Menschen in allen Ämtern christlicher Glaubensgemeinschaften an – sie fordern sie sogar.

3 Theologisch

Regina Ammicht Quinn

(Un)Ordnungen und Konversionen

Trans*, Gender, Religion und Moral

Abstract: Trans* ist kein „Problem“, sondern eine Gabe. Dieser Beitrag untersucht den Zusammenhang zwischen Trans*, Religion und Ethik und konzentriert sich auf Fragen der Erschaffung geschlechtlicher Ordnung und geordneten Geschlechts mittels theologischer Ideen, Dogmen und Interpretationen, wie z. B. in Reinheitsdiskursen und -praktiken. Dieses Bedürfnis nach Ordnung hat Auswirkungen auf Glauben und Leben. Dem wird durch die bisweilen subversive Kraft christlicher Frömmigkeitsgeschichte entgegengewirkt, die sich in Legenden und der Kunst manifestiert. Daher ist die Frage der Erschaffung von Ordnung, die mit der „Ordnung der Schöpfung“ verknüpft ist, wesentlich für ein „gestörtes“ Geschlecht jenseits der Binarität von Geschlecht. Aus ethischer Sicht können die Grundbegriffe der christlichen Theologie – Transzendenz, Inkarnation, Bekehrung – als ein Impuls verstanden werden, den Wert und die Bereicherung zu erkennen, die nicht-normative Geschlechter in Denken, Glauben und Leben bringen.

I Geschlechterverwirrungen

„I want to look like what I am
but don't know
what some one like me
looks like.“[1]

Das sind Worte im Tagebuch eines fünfzehnjährigen Mädchens, Sheila, aus dem Jahr 1966. Sheila wurde in einem schwierigen und komplexen Lebens-Lauf zu dem berühmten Trans-Aktivisten Lou Sullivan, der bis ans Ende seines Lebens ein Tagebuch führte. Lous Transition war von Widerständen, Zweifeln und Selbstzweifeln begleitet, da er, als schwuler Mann, nicht wirklich „Mann“ genug, nicht *gender-confirming* genug erschien. Seine politische Arbeit der letzten Lebensjahre konzentrierte sich darauf, den Transitionsprozess von Fragen der sexuellen Orientierung zu befreien. 1986, nach seiner Genitaloperation, wurde er mit AIDS

1 Zitiert nach: „Lou Sullivan in His Own Words," gesammelt und hg. von Susan Stryker, *FTM Newsletter*, Special Issue, Sommer 2007, 3, in [http://t1p.de/w5oi] (Zugriff: 11.11.2018).

https://doi.org/10.1515/9783110614626-012

diagnostiziert. „I took a certain pleasure“, schreibt Sullivan, „in informing the gender clinic that even though their program told me I could not live as a Gay man, it looks like I'm going to die like one.“[2]

Lou Sullivan stirbt, 39-jährig, 1991 in San Francisco.

Personen mit uneindeutigem Geschlecht und Personen, die im Lauf des Lebens das ihnen bei der Geburt zugeschriebene Geschlecht zurückweisen, finden sich quer durch alle Kulturen, deren Geschichten und deren Geschichte. Wie in Geschichtsbüchern aber manche Ereignisse als überflüssig oder unpassend an den „Rand der Geschichte“ gedrängt oder ausgeschlossen werden, so geschieht dies auch in der Geschlechtergeschichte. Solche Ausschlüsse können eine nötige Reduktion von Komplexität sein, sie dienen aber auch dem Aufrechterhalten eines eindeutigen und dominanten Narrativs.

In der dominanten westlichen Geschlechtergeschichte sind „unpassende“ Geschlechter unsichtbar. Sie sind der „forgotten middle-ground“[3]. Dominante Narrative, allgemeine Ideen, Glaubensmuster und Praktiken bringen eine Welt hervor, in der nur Menschen leben, die in eine normative Zweigeschlechtlichkeit passen. Und dennoch ist ein solches Unsichtbarmachen von Realitäten nie auf Dauer stabil; denn es gibt subversive Bilder und Geschichten.

Dieser Text bietet einen Fokus auf Frömmigkeitsgeschichten, die als oft subversive Geschichten Ordnungsmechanismen durchkreuzen. Er fragt nach Religion als Matrix von Geschlecht (II), nach dem Herstellen von (Geschlechter-) Ordnungen über Reinheitsideen (III), nach Perspektiven auf die Schöpfungsordnung (IV) und Ordnungsversuche in der Sexualmoral und der Lebenspraxis (V.1 und 2). Zum Schluss werden die ikonographische Darstellung des „Herzens“ im Christentum (VI) und drei theologische Grundbegriffe (VII) für die Frage nach Geschlechterordnung, Geschlechterunordnung und Trans* fruchtbar gemacht.

Frömmigkeitsgeschichten sind, lose verbunden mit den Theologien ihrer Zeit, Ausdrucksformen der je eigenen und besonderen religiösen Bedürfnisse der Gläubigen einer bestimmten Zeit, Gesellschaft, Kultur. Sie manifestieren sich in Alltagspraktiken, aber genauso in religiöser Kunst, guter wie schlechter. Diese Ebene der Frömmigkeitsgeschichte ist in westlichen Kontexten unterschätzt, weil sie oft als simpel, magisch, sentimental oder irgendwie peinlich wahrgenommen wird. Dies aber verstellt den Blick darauf, dass es gerade in einer Geschichte, die neben der fast zweitausendjährigen christlichen Theologiegeschichte und ihren

2 Zitiert nach: Liz Highleyman, „Who was Lou Sullivan?,“ *Seattle Gay News*, 22. Februar 2008 (Bd. 38, Nr. 8), in [http://t1p.de/jy23] (Zugriff: 11.11.2018).

3 Virginia Ramey Mollenkott, „We Come Bearing Gifts: Seven Lessons Religious Congregations Can Learn from Transpeople,“ in *Trans/Formations*, hg. von Marcella Althaus-Reid und Lisa Isherwood, London: SCM Press, 46–58, 47.

Bibliotheken steht, eine reiche Bilderwelt gibt, die in eigensinniger Weise auf das zurückgreift, was für ein Glaubensleben bedeutend ist. Dabei können nicht „Mythos" und „Wahrheit" gegeneinander ausgespielt werden; vielmehr sind Glaubenspraktiken jenseits offizieller Praktiken und Glaubensphantasien jenseits dogmatischer Lehren als (auch historisch) prägende Kraft zu verstehen.

Ein Stück einer solchen Frömmigkeitsgeschichte ist zu finden im Diözesanmuseum Graz. Hier begegnet uns eine irritierende Skulptur aus der 2. Hälfte des 18. Jahrhunderts.[4] Es ist eine Kreuzesdarstellung; der Kopf der gekreuzigten Figur ähnelt all den Bildern des weißen Jesus, die wir aus der Christentumsgeschichte kennen: ein helles, stilles Männergesicht, braune Locken, dichter Bart. Die Figur am Kreuz aber hat einen offensichtlichen, vielleicht offensiven weiblichen Körper: Die Brüste sind durch ein rotes Oberkleid auf einem weißen Unterkleid akzentuiert, die Taille ist betont und schlank, das rote Oberkleid umspielt die Hüften, der grüne Rock reicht fast bis zu den gold-roten Schuhen. Dies ist ein Bild der „Heiligen Kümmernis"[5]. Diese Heilige Kümmernis (auch St. Wilgefortis oder St. Ontkommer) wurde 1583/86 ins *Martyrologicum Romanum* aufgenommen, dann aber wieder gestrichen. Ihre Verehrung lässt sich bis ins 14. Jahrhundert zurückverfolgen und entsteht damit im Kontext gesellschaftlicher Umbrüche und der Entwicklung individueller Frömmigkeit. Die Verehrung der Heiligen Kümmernis in Bildern und Narrativen – auch die Gebrüder Grimm haben die Geschichte von der „Heilige[n] Frau Kummerniß" in ihre Kinder- und Hausmärchen aufgenommen[6] – hat in Mitteleuropa mehr als tausend religiöse Zeugnisse hervorgebracht, insbesondere Legenden und Kreuzesdarstellungen. Im Kern geht es in der Legende um die Geschichte der Tochter eines Königs (oft wird der König von Portugal genannt), die zum Christentum bekehrt war und einen heidnischen Mann heiraten sollte. Es ist unklar, ob es am Mann, dessen Heidentum oder der Idee einer Heirat insgesamt lag, jedenfalls wehrte sie sich und betete zu Christus, er möge sie entstellen. Christus ließ ihr einen Bart wachsen, die Heirat wurde abgesagt, ihr Vater war zornig und ließ sie ans Kreuz schlagen, so dass sie, wenn sie schon unbedingt wolle, auch darin ihrem himmlischen Bräutigam gleich sein könne.

---

4 Vgl. Abbildung 1 in *Transsexualität in Theologie und Neurowissenschaften. Ergebnisse, Kontroversen, Perspektiven*, hg. von Gerhard Schreiber, Berlin und Boston: De Gruyter 2016, 443.

5 Vgl. dazu Regine Schweizer-Vüllers, *Die Heilige am Kreuz. Studien zum weiblichen Gottesbild im späten Mittelalter und in der Barockzeit*, Bern et al.: Peter Lang 1997 (*Deutsche Literatur von den Anfängen bis 1700*, Bd. 26).

6 Jacob Grimm und Wilhelm Grimm, „Die heilige Frau Kummerniß," in *Kinder- und Haus-Märchen. Gesammelt durch die Brüder Grimm*, Bd. 2, 1. Aufl., Berlin: Realschulbuchhandlung 1815, 293 f. (Nr. 66).

Völlig unbeeindruckt von der Queerness der Gestalt wurde diese Geschichte in der Gegenreformation eingesetzt. Besonders prominent geschah dies bei den Benediktiner_innen, die die Heilige Kümmernis als Lehrstück für Keuschheit sahen und offensichtlich den anstößigen Körper nicht weiter anstößig fanden. Jenseits von Keuschheitspropaganda war dies bis weit ins 19. Jahrhundert hinein eine wichtige und faszinierende Geschichte für viele Menschen.

Heute ist die Heilige Kümmernis weitgehend vergessen und wird möglicherweise noch popkulturell vergegenwärtigt, dort, wo in irritierender Weise mit Geschlechterbildern gespielt wird.

II Religion als Matrix von Geschlecht

Tertullian, Sohn eines römischen Offiziers, geboren in Karthago um 150 n. Chr., war der erste der Kirchenväter, der in Latein schrieb und viele intellektuelle Entwicklungen innerhalb des Christentums geprägt hat. Er hat auch die Mode der Frauen seiner Zeit sehr genau beobachtet; *De cultu feminarum* ist heute nicht nur eine theologische, sondern eine kulturanthropologische Quelle über Schmuck- und Schminkgewohnheiten in der Antike. In einer Zeit, in der der Märtyrertod für Christ_innen immer noch drohen konnte, hat er, wenig überraschend, nicht viel übrig für Schmuck und Make-up; interessanter als sein Mode-Urteil aber ist seine theologische Rhetorik. Denn für Tertullian ist jede Frau zwei: sie selbst und eine trauernde und büßende Eva:

> Und du wolltest nicht wissen, daß du eine Eva bist? Noch lebt die Strafsentenz Gottes über dein Geschlecht in dieser Welt fort; dann muß also auch deine Schuld noch fortleben. Du bist es, die dem Teufel Eingang verschafft hat, du hast das Siegel jenes Baumes gebrochen, du hast zuerst das göttliche Gesetz im Stich gelassen, du bist es auch, die denjenigen betört hat, dem der Teufel nicht zu nahen vermochte. So leicht hast du den Mann, das Ebenbild Gottes, zu Boden geworfen. Wegen deiner Schuld, d. h. um des Todes willen, mußte auch der Sohn Gottes sterben, und da kommt es dir noch in den Sinn, über deinen Rock von Fellen Schmucksachen anzulegen!?[7]

Tertullian treibt Geschlechtertheologie: Hier wird ein theologisches Interpretament – der Sündenfall – mit Hilfe von Geschlechterkategorien rekonstruiert und aktualisiert. Und umgekehrt stellt Religion eine symbolische Matrix zur Verfügung, innerhalb derer Geschlechterfragen als moralische Fragen ausgehandelt

7 Tertullian, „De cultu feminarum"/„Über den weiblichen Putz," übers. von Heinrich Kellner, 176 (Buch 1,1), in *Bibliothek der Kirchenväter*, in [www.unifr.ch/bkv/kapitel83.htm] (Zugriff: 11.11. 2018).

werden. Bis heute. Das heißt: Theologisches Sprechen ist mit Genderfragen befasst. Gerade auch dann, wenn es nicht damit befasst ist.

Religionen sind in sich plural und enthalten viele, auch widerstreitende Positionen. Genauso vielfältig sind auch die Aushandlungsformen innerhalb einer Matrix. Fragt man aber nach den Konzepten mit der größten Macht und richtet man dabei den Blick auf die Katholische Kirche, so ist die Matrix von drei Konzepten gekennzeichnet:

Das *erste Konzept* ist das einer klaren Zweigeschlechtlichkeit, die hierarchisiert, später auch komplementär gedacht wird: Die Talente und Tugenden „der Frau" ergänzen diejenigen des Mannes. Dem zugrunde liegt die (antik auch medizinisch begründete) Annahme, dass es nur ein Geschlecht gibt, das männliche, für das Frauen die Abweichung darstellen.[8] Diese Vorstellung von Normalität und Abweichung ist kulturell tief verankert, so dass es zwar spezifische Verhaltensregeln für Männer gibt, die Frage nach Männlichkeit aber unter „Normalität" abgehandelt wird.

Das *zweite Konzept* ist die klare Autoritätszuschreibung an Männer. Jesus, so das Argument, war ein Mann und hat nicht zufällig, sondern bewusst Männer als seine Jünger berufen – eine apostolische Sukzession, die sich von den Aposteln bis in die Gegenwart der (katholischen) Kirche erstreckt. Nach deren Maßgabe kann die Weihe zum Priesteramt nur von Männern gültig empfangen werden, weshalb „die Kirche keinerlei Vollmacht hat, Frauen die Priesterweihe zu spenden"[9] und Frauen klar aus der institutionalisierten religiösen Autorität ausgeschlossen sind.

Das *dritte Konzept* bezieht sich auf klare moralische Gewissheiten. Fragen von Trans* sind hier unsichtbar und werden nicht diskutiert. Am Beispiel der ‚Homosexualität' aber lässt sich das Muster des Denkens erkennen. Hier wird, etwa im Katechismus der Katholischen Kirche, die unschuldige Veranlagung zur Homosexualität der sündhaften Praxis der Homosexualität entgegengestellt. Zum einen dürfen damit Homosexuelle nicht „ungerecht zurück[gesetzt]"[10] werden, zum anderen aber sind sie verpflichtet, sich durch Keuschheit „der christlichen Vollkommenheit an[zu]nähern"[11].

---

8 Thomas Laqueur, *Making Sex. Body and Gender from the Greeks to Freud*, Cambridge, MA und London: Harvard University Press 1990.

9 Papst Johannes Paul II., *Apostolisches Schreiben Ordinatio Sacerdotalis an die Bischöfe der Katholischen Kirche über die nur den Männern vorbehaltene Priesterweise*, Abs. 4, in [http://w2.vatican.va/content/john-paul-ii/de/apost_letters/1994/documents/hf_jp-ii_apl_22051994_ordinatio-sacerdotalis.html] (Zugriff: 11.11.2018).

10 *Katechismus der Katholischen Kirche*, Leipzig: Benno 1993, 2358.

11 A. a. O., 2359.

Nicht nur für Lou Sullivan wird deutlich, dass die hier ausdrücklich formulierte Heteronormativität eng verwoben ist mit der Vorstellung einer normativen Zweigeschlechtlichkeit; beide Konzepte stützen sich gegenseitig, und beide werden gleichermaßen bekämpft.

III Reinheitsfragen

In dieser symbolischen Matrix werden Ordnungen über Reinheitsfragen hergestellt, und Geschlechterfragen werden über Reinheitsfragen verhandelt.

Für das Judentum und den Islam sind, mit einigen Unterschieden, Reinheitsfragen und Reinheitshandlungen zentral. Über Reinheitsfragen wird der Zugang zum Göttlichen, die Herstellung von Ordnung und Hygienefragen zugleich bearbeitet und vollzogen. Das Waschen war so sehr äußeres Zeichen dieser Religionen, dass das Sich-nicht-Waschen im Mittelalter und bis weit über den Barock hinaus nicht nur auf gesundheitlichen Argumenten beruhte (zu viel Waschen ist ungesund), sondern auch auf religiösen: Menschen, die sich wuschen, wurden im europäischen Mittelalter mit größtem Misstrauen betrachtet; sie waren vermutlich „Ungläubige".

In der Kulturanthropologie – so die Studien von Mary Douglas – ist davon die Rede, dass Schmutz nur im Zusammenhang des Systems verstanden werden kann, das ihn ausschließt: Kaffee ist nicht schmutzig, aber Kaffee auf der Hose ist schmutzig. Schmutz also ist „matter out of place"[12], Materie am falschen Platz. Damit bekommt Schmutz eine symbolische Funktion: Der Schmutz, den man mit Anstrengung und Gewalt aus der Welt schaffen oder wenigstens unter Kontrolle halten will, ist Symbol für essentielle Un-Ordnung, für das Chaos.

Körpergrenzen symbolisieren die Grenzen der Gemeinschaft. Wenn eine Gemeinschaft sich von außen bedroht fühlt und sich stark nach außen abgrenzen muss, werden auch die Körpergrenzen einer strengen Kontrolle durch Reinheitsgebote unterworfen. Besonders gefährdet sind dabei die Körperöffnungen.[13] Alles, was diese Grenze passiert (Nahrung, Ausscheidungen, Blut, Menstruationsblut, Samen, genitale Flüssigkeiten – aber auch Ereignisse wie Geburt und Tod), wird besonders wichtig für die Frage nach Schmutz und Reinheit, sowohl im körperlichen als auch im übertragenen Sinn.

---

12 Mary Douglas, *Purity and Danger. An Analysis of Concepts of Pollution and Taboo*, London et al.: Routledge 1966, 36.

13 Vgl. a. a. O., 122 ff.

Vor allem im Christentum, wo die Frage nach körperlichen Waschungen in den Hintergrund getreten ist und die Kategorie der Reinheit schon seit der biblischen Zeit verinnerlicht wird, spitzt sich ein Reinheitsdiskurs mit eigenen Kennzeichen zu. So entsteht hier etwa seit dem 12. Jahrhundert eine intensive Marienfrömmigkeit, sowohl für Männer als auch für Frauen, mit je unterschiedlicher Perspektive und mit einem doppelten Weiblichkeitsideal: auf der einen Seite das Ideal der reinen Jungfrau-Mutter-Königin als dem weiblichen Ort, der Zuflucht und – spirituelle – Intimität gewährt; auf der anderen Seite das Ideal der reinen, demütigen, selbstlosen und vor allem sexualitätsfreien Dienerin, die (durch ihren Vorsprung der unbefleckten Empfängnis) von „normalen" Frauen nie ganz einzuholen, der aber in Selbstverleugnung dennoch nachzueifern ist. Maria wird als eine Person imaginiert, die, wie ein Marienlied es formuliert, „aus der Reinen Schar/Reinste wie keine war"[14].

Reinheit wird der weibliche Weg zur Heiligung; wenn Frauen nicht die Mutter eines heiligmäßigen Sohnes waren, konnte ihr Leben dann zum Stoff werden, aus dem die Heiligenlegenden sind, wenn sie ihre Reinheit auch unter den vielfältigsten Folterqualen verteidigt haben.

So wurde eine andere Maria, Maria Goretti, 1950 heiliggesprochen, weil sie „den Tod der Sünde vorzog"[15]. Das Mädchen Maria Goretti hatte sich gegen eine Vergewaltigung gewehrt, an der sie selbst nicht die geringste Schuld hatte: die „Sünde", von der hier die Rede ist und die schlimmer ist als der Tod, ist damit eine andere Form der Sünde – eine Sünde gegen den Reinheitskodex von Frauen. Welcher kommunikative Impuls hier im Jahr 1950 für die Millionen im Zuge des Krieges vergewaltigter europäischer Frauen gesetzt wurde, wird noch zu erforschen sein.

Für klare Zweigeschlechtlichkeit ist Reinheit die Demarkationslinie. Denn nicht nur der Schmutz ist Feind der Reinheit, sondern Reinheit wird genauso durch Vermischung bedroht. Mit der Reinheits-Kategorie wird es möglich, moralische Urteile über Vermischungen aller Art auszusprechen: moralische Urteile über konfessionsgemischte Ehen; Mischungen im Lebenslauf wie Scheidungen; Mischungen von Hierarchien (wie gleichgeschlechtliches Begehren lange verstanden wurde); Mischungen von Geschlechterrollen; Mischungen von Körpern; Mischungen von sexuellen Praktiken. Wenn Reinheit Ordnung herstellt, sind alle Vermischungen Zeichen der Unreinheit – und zwar im moralischen Sinn. „Lives

14 Laurentius von Schnüffis 1692. Vgl auch Christiane Schäfer, *„Wunderschön prächtige". Geschichte eines Marienliedes*, Tübingen: Francke 2006.

15 David H. Farmer, Art. „Goretti, Maria (1890–1902)," in *Oxford Dictionary of Saints*, 5. Aufl., Oxford: Oxford University Press 2011 [1978], 193 (meine Übers.).

that do not conform to this dominant pattern are generally treated as human garbage."[16] Und was ist schmutziger als Müll?

IV Von Ordnungen und Unordnungen

Wenn Religion in ihrer christlichen Ausprägung durch Reinheitsvorstellungen Ordnungen herstellt, dann wird in der Regel die Schöpfungsordnung als Grundordnung all dieser Ordnungen genannt. Auf diese Schöpfungsordnung gibt es zwei aktuell widerstreitende Perspektiven:

In einer ersten Perspektive will und muss man vermeiden, dass Unordnung in eine bestehende, klare und intelligible Schöpfungsordnung einbricht. Eine Geschlechterunordnung, sei es durch uneindeutige Geschlechtlichkeit, sei es durch Trans*, ist ein gewaltiger Einbruch, der nicht nur eine, sondern alle Facetten der gut gepflegten hierarchischen geschlechterbinären Ordnung in Frage stellt.

In einer etwas naiven theologischen Sprache könnte man diese Perspektive des Hereinbrechens der Unordnung in die Ordnung so beschreiben: *Wenn Männer nicht Männer und Frauen nicht Frauen sein wollen, dann hieße es ja, dass Gott sich geirrt hat. Und da sich Gott nicht irren kann, kann es dies alles nicht geben. Trans* ist eine „Kampfansage an die Schöpfungsordnung".*

Im Versuch, die Ordnung aufrechtzuerhalten, wird das bloße Dasein von Trans*Menschen zur Blasphemie. Was getan werden muss: reinigen, säubern, Grenzen ziehen, Mauern bauen, ausweisen.

Eine zweite Perspektive geht davon aus, dass ‚Geschlecht' kompliziert ist – wie das Atmen oder die Schwerkraft.[17] Weder „Natur" noch „Kultur" sind in einer binären Weise ordentlich. Susan Stryker beschreibt die unterschiedlichsten Systeme, die dazu dienen, Menschen in Geschlechtergruppen zu organisieren: beispielsweise nach der Arbeit, die Menschen tun, nicht nach den Körpern, die sie haben; in manchen Kulturen kann man das soziale Geschlecht wechseln auf der Basis von Träumen, Visionen oder Gebeten. In manchen Kulturen tut man dies mit einem Skalpell. „[O]ur culture today tries to reduce the wide range of livable body types into two and *only* two genders [...] with both genders being based on genital sex. Lives that do not conform to this dominant pattern are generally treated as human garbage."[18]

16 Susan Stryker, *Transgender History*, Berkeley, CA: Seal Press 2008, 12.
17 A. a. O., 7.
18 A. a. O., 12, vgl. 11 f.

Diese kulturelle Perspektive wird von Joan Roughgarden im Bereich der Biologie ergänzt. Sie beschreibt die grandiose und vielschichtige Unordnung der Natur – wo es nichts gibt, was es nicht gibt, und wo diese Vielfalt atemberaubend und wundervoll ist.[19]

Also gibt es eine zweite Möglichkeit, hier neu anzusetzen und, immer noch in einer etwas naiven theologischen Sprache, nicht vom Hereinbrechen der Unordnung in die Ordnung, sondern vom Hereinbrechen der Ordnung in die Unordnung zu sprechen: *Warum verstört es uns so sehr, wenn Gott sich nicht an die von Menschen gemachten Gesetze hält?*

V Moralische Ordnungsversuche

1 Sexualmoral

Moralische Ordnungsversuche zeigen sich am deutlichsten im Bereich von Sexualität, in einer sich allmählich herausbildenden traditionellen ordnenden und kontrollierenden Sexualmoral, die seit der Aufklärung nicht nur religiös, sondern auch bürgerlich geprägt ist und funktioniert. Kontrollmoral heißt: Es gibt einen Schubladenschrank mit Schubladen für jede denkbare sexuelle Handlung – und alle Schubladen sind sorgfältig auf einer moralischen Skala etikettiert, von „erlaubt" über „ein bisschen verboten", „ganz und gar verboten" bis hin zu einem Etikett mit Totenschädel und gekreuzten Knochen. Hinter dem Etikett mit Totenschädel und gekreuzten Knochen befindet sich unter anderem das gelebte gleichgeschlechtliche Begehren, genauso aber jedes Nicht-Passen von Körper, Identität und Begehren. Und dort befinden sich auch viele Menschen, denen eine solche Moral das Leben in einer Schublade zumutet.

Die Moral als Schubladenschrank versucht mit einer erstaunlichen Klassifizierungslust, Ordnung in ein unordentliches menschliches Leben zu bekommen. Dabei aber wird die Angst vor den menschlichen Trieben buchstäblich weggeschlossen und die Sprachlosigkeit bezüglich konkreter Erfahrungen der Lust zum Normalfall. Zugleich wird ein spezifisch sexuelles Verhalten (oder sexuelles Nicht-Verhalten) zum Kernpunkt christlicher Identität aufgebläht – so als sei in einer Welt voller Kriege, Genozide und Hunger die ablehnende Haltung zu gleichgeschlechtlichem Begehren oder Transgender das, was christliche Identität aus-

19 Joan Roughgarden, *Evolution's Rainbow. Diversity, Gender and Sexuality in Nature and People*, Berkeley, Los Angeles und London: University of California Press 2004.

macht. Weggeschlossene Angst, Sprachlosigkeit und eine rigide Identitätsvorgabe aber sind auch Voraussetzungen für sexuelle Gewalt.

Wir müssen also den Schubladenschrank loswerden. Dafür gibt es eine Reihe von Gründen.

Der erste: Es gibt keine christliche Sexualmoral. Für die Sexualität gelten die Normen und Regeln, die für das Leben insgesamt gelten: Achtung der Würde des Menschen (auch der eigenen Würde) und Ablehnung von Gewalt (auch Gewalt gegen sich selbst). Sexualität kann (und sollte) durch eine glaubensgeprägte Lebensform kultiviert werden – aber ein Glaube ist kein Instrument zur Klassifizierung einzelner sexueller Handlungen.

Der zweite Grund für die nötige Abschaffung des Schubladenschranks: Eine Schubladenmoral fällt moralische Urteile mit Hilfe außermoralischer Kriterien. Ein Trauschein ist ein solches außermoralisches Kriterium, das Sexualität „gut" machen soll, aber nicht kann. Ein anderes außermoralisches Kriterium ist die Form und Funktion der Geschlechtsorgane des jeweiligen Partners oder der Partnerin. Ob sie den meinen ähnlich oder anders sind, ob sie zu meiner Identität passen oder nicht, sagt nichts darüber aus, ob Sexualität im moralischen Sinn „gut" ist.

Und *der dritte Grund:* Jesus schweigt. In den Evangelien schweigt Jesus über all das, was uns in der Sexualmoral lange Zeit interessant erschien: Es gibt kein „Herrenwort" über Sodomiter, vorehelichen Geschlechtsverkehr, Masturbation usw. Man kann dieses Schweigen natürlich sozio- oder psycho-historisch und ideengeschichtlich erklären. Man kann es aber einfach auch aushalten. Dieses Schweigen wird auffällig ergänzt durch ein anderes Schweigen: das Schweigen Jesu über Nahrungsgebote, das nur durchbrochen wird von Erklärungen der Übertretung. Dieses Schweigen, nehmen wir es ernst, heißt: Der Gott, den Jesus Vater nennt, hat kein Interesse daran, durch die äußerliche Reinheit die Moralität der Menschen zu überwachen; er hat kein Interesse daran, mit Hilfe von Reinheitsgeboten Ordnung zu schaffen, ein und für allemal die ganze Unordnung des Menschlichen aufzuräumen.

Natürlich muss von hier aus neu darüber nachgedacht werden, was eine „gute" Moral sein kann. Dies habe ich an anderer Stelle getan.[20] Hier geht es zunächst um Ordnungsstrukturen.

Trans* und Geschlechter jenseits einer normativen Zweigeschlechtlichkeit kommen in den Schubladen nicht vor. Dies ist folgerichtig, weil sie zunächst keine

20 Z. B. Regina Ammicht Quinn, *Körper, Religion, Sexualität. Theologische Reflexionen zur Ethik der Geschlechter*, 3. Aufl., Mainz: Grünewald 2004 [1999]; „Sexualität und Moral: A Marriage Made in Heaven?," in *„Guter" Sex: Moral, Moderne und die katholische Kirche*, hg. von Regina Ammicht Quinn, Paderborn et al.: Schöningh 2013, 196 – 210.

Frage der (Sexual)Moral sind. Zugleich ist dieses Fehlen ein Zeichen der Unsichtbarkeit von nicht-normativen Geschlechtergeschichten – bei der Herstellung des Schubladenschranks hat einfach niemand an sie gedacht, sonst hätte man sie auch in einer eigenen Schublade moralisieren können. Das Fehlen aber ist auch folgerichtig, weil Geschlecht jenseits einer binären Ordnung den Schubladenschrank sprengt. Ins Wanken geraten nicht nur das Wissen um „selbst" und „anders", sondern auch um die moralische Einteilung von „ordentlichen" und „unordentlichen" Geschlechterbeziehungen innerhalb der heteronormativen Matrix. Die Begriffe von Homo- und Heterosexualität verlieren ihre Bedeutung, wenn das Geschlecht nicht als Essenz, sondern fluide oder als Kontinuum gesehen wird. Damit sind grundlegende, hoch moralisierte Ordnungsmechanismen entmachtet – und die Frage nach dem Zusammenhang von Geschlecht und Moral muss in grundlegend neuer Weise gestellt werden.

2 Lebenswelten

Normative Zweigeschlechtlichkeit bildet die Grundlage und das Selbstverständnis vieler Religionen. Zugleich wissen wir wenig über Religion und Religiosität bei Trans*Menschen, über die negativen oder auch positiven Effekte, die ein Glaube und eine religiöse Vergemeinschaftung ausüben oder ausüben können.[21] Eine soziologische Studie aus dem Jahr 2015 untersucht religiöse Trans*Menschen, die der Kirche Jesu Christi der Heiligen der letzten Tage – der größten Gruppierung innerhalb der Mormonen – angehören oder ihr angehört haben.[22] Die Exemplarität dieser Studie wird von den Autor_innen betont, gilt vermutlich aber insbesondere für andere christliche Konfessionen mit einem hohen Anteil konservativer oder auch fundamentalistischer Grundzüge. Mit quantitativen und qualitativen Methoden wurden 114 Menschen befragt. Dabei kristallisieren sich die Bereiche der Unsichtbarkeit von Trans*Erfahrungen im religiösen Umfeld und der Bestrafung von Trans*Existenzen als entscheidende Themen heraus.

In diesem Kontext wird das Hauptinteresse von Religion als „boundary maintenance"[23] beschrieben: Religion hat die Aufgabe, symbolische Grenzen zu pflegen und zu erhalten.[24] Solche Grenzen sind vor allem die Grenzen zwischen den Gläubigen und den Nichtgläubigen. Werden diese Grenzen auf essentielle

---

21 Eine der wenigen Ausnahmen ist Althaus-Reid/Isherwood, *Trans/Formation*.

22 J. Edward Sumerau, Ryan T. Cragun, Lain A.B. Mathers, „Contemporary Religion and the Cisgendering of Reality," *Social Currents*, 2015, 1–19.

23 A.a.O., 13.

24 Vgl. a.a.O., 14.

Annahmen über Rasse, Klasse, Geschlecht oder Sexualität bezogen, werden diejenigen, die „Lücken" in diese symbolischen Grenzen schlagen (oder selbst die „Lücken" in diesen Grenzen sind), gefährlich. Doktrinale Lehren über normative Zweigeschlechtlichkeit werden dann zur „Waffe" („weaponized") „to punish gender variants in ways that reinforce the existing power structure of the Church and subordination of gender minorities throughout society."[25]

Solche Strategien werden von den befragten Trans*Personen, schmerzlich, an der christlichen Botschaft selbst gemessen:

> When they excommunicated me, it wasn't because I had lost a Christ-like love, it was because I had altered my body surgically. Further another bishop advised my daughter NOT to have anything to do with me ever again. Her actions were to prevent me from coming to her house and forbid me to have any interactions with her five children, my grandchildren. How is that Christ-like?[26]
>
> I hope for the day for the realization that God does not make mistakes, yet as he made man and women he did make me, a person that is not perfect and has and will continue to make mistakes. I did not chose to be transgendered but as in everything in God's plan I have been given choices and I chose to not commit that unforgivable sin and not kill myself.[27]

Die Möglichkeit (und Gefahr) eines Suizids und Fragen von Sicherheit und Unsicherheit sind kontinuierlich vorhanden:

> I am male by birth, identify as female, and have been driven to attempt suicide at the unrelenting shaming that happens when a boy doesn't ‚fit the mold'. The cultural differences have caused a silent war in my life that I am still too scared to admit to anyone, out of fear of the backlash. I just want to attend church in peace without feeling like I am ‚sinning' by being different.[28]
>
> Right now church is not a safe place for me. I feel unsafe there.[29]

In den Aussagen der Trans*Personen wird eine Ordnung sichtbar, die für manche Sicherheit und Vertrauen herstellt – auf Kosten des Ausschlusses anderer.

Dies ist die Basis für Gewalt gegen Trans*Menschen. In den USA werden im Durchschnitt zwei Menschen im Monat ermordet, weil sie „trans*" aussehen oder so wahrgenommen werden.[30] Quellen dieser eklatanten Gewalt vor allem an

25 A. a. O., 15.
26 A. a. O., 10.
27 A. a. O., 8.
28 A. a. O., 12.
29 A. a. O., 9.
30 Vgl. Daniela Jauk, „Gender violence revisited: Lessons from violent victimization of transgender identified individuals," *Sexualities*, Bd. 16, 2013, 807–825. Vgl. Trans Murder Monitoring (TMM), in [https://transrespect.org/en/research/trans-murder-monitoring] (Zugriff: 11.11.2018)

Trans*Frauen im Kontext von Sexualkontakten mögen in der Wiederherstellung der eigenen Männlichkeit der Täter und der Reaffirmierung der eigenen Heterosexualität liegen.[31] Zugleich aber fügt sich das Etablieren religiöser Grenzen und die symbolische Gewalt des Ausschlusses mit realen Konsequenzen in diese gesellschaftliche Atmosphäre der Gewalt ein und verstärkt sie. Damit ist eine nicht-normative Geschlechtlichkeit nicht ein Thema, das Menschen mit nicht-normativer Geschlechtlichkeit einbringen. Es ist ein Thema für die große Mehrheit der „Geschlechternormalen". Für die „Geschlechternormalen" geht es nicht darum, über „andere" zu sprechen und sie in diesem Diskurs erst zu „anderen" und Objekten zu machen, sondern es geht darum, gerechte Strukturen und gerechte Lebensmöglichkeiten zu entwerfen.

Grundlage dafür ist die Erkenntnis, dass Trans*Menschen kein „Problem" sind, sondern eine Gabe. „We come bearing gifts"[32] betitelt Virginia Ramey Mollenkott ihren Text über die Frage, was religiöse Gemeinschaften von Trans*Menschen lernen können. Eines der Dinge, die sie nennt, ist: „transpeople can help to heal religious addictions to certainty"[33].

Darum soll nun noch einmal nach den „Ordnungen" des Christentums gefragt werden.

VI Die Ordnung und das „Herz" der Religion

Der gekreuzigte Christus, dessen Tod und Sterben mit Heil verknüpft wird, ist das Herz des Christentums. Blicken wir erneut in die Frömmigkeitsgeschichte, so zeigt sich hier eine große ikonographische Breite und Buntheit, die das Herz Jesu in seiner Heilsbedeutung thematisiert. Die Bilder-Geschichten des Christentums stellen häufig die Seitenwunde Jesu dar, die im Bild und für die Betrachter_innen dann mit dem Herz identifiziert wird. Biblischer Bezugspunkt ist die neutestamentliche Passionsgeschichte, insbesondere eine Episode aus dem Johannesevangelium: „Als sie aber zu Jesus kamen und sahen, dass er schon tot war, zerschlugen sie ihm die Beine nicht, sondern einer der Soldaten stieß mit der Lanze in seine Seite, und sogleich floss Blut und Wasser heraus" (Joh 19,31–34).

---

und International Transgender Day of Remembrance (TDOR)/Statistics, in [https://tdor.info/statistics] (Zugriff: 11.11.2018).

31 Vgl. Kristen Schilt und Laurel Westbrook, „Doing Gender, Doing Heteronormativity. ‚Gender Normals,' Transgender People, and the Social Maintenance of Heterosexuality," *Gender & Society*, Bd. 23, 2009, 440–464, 458.

32 Mollenkott, „We Come Bearing Gifts" (siehe Anm. 3).

33 A. a. O., 47.

Dieses Öffnen der Seite mit der Lanze – nach dessen Tod, also ohne dass ein besonderes Leiden angesprochen wird – bekommt schon bald heilseröffnende Bedeutung. Die geöffnete Seite wird in religiösen Vorstellungswelten zum von der Lanze durchbohrten Herzen Jesu. Dass es ikonographisch fast immer die rechte Seite Jesu ist, die geöffnet wird, war nicht weiter störend. Die Seitenwunde zeigt sich als ganzes Universum, und für den spätmodernen aufgeklärten Blick ist es ein irritierendes Universum:

- Aus der Seitenwunde/dem Herz strömt das Blut in einen Kelch und wird damit in einem komplexen Natur-Kultur-Zusammenhang unmittelbar ritualisiert.[34]
- Aus der Seitenwunde/dem Herz entnimmt Christus eine Hostie und gibt sie an eine kniende Nonne weiter, so dass aus dem Herzen (spirituelle) Nahrung kommt.[35]
- Die Seitenwunde/das Herz ist auch die Brust, an der die Heilige Katharina gestillt wird.[36]
- Aus der Seitenwunde/dem Herz füllt sich ein „Blutbad", ein Brunnen, in dem Menschen baden, weil das Bad im Blut Christi nicht Tod, sondern Reinheit und Leben verheißt.[37]
- Und die Seitenwunde/das Herz ist ein Geburtsort, denn daraus wird wie ein Kind die Kirche geboren.[38]

Im 14. Jahrhundert beginnt man, die Seitenwunde als vom Körper getrennten Teil darzustellen, oft gemeinsam mit den sogenannten „Arma Christi", den Leidenswerkzeugen, die mit Leiden und Sterben Jesu in Zusammenhang gebracht werden.

Und damit sieht man in Andachtsbildern v. a. des 14. und 15. Jahrhunderts das Kreuz, die Dornenkrone, die Säule, an der Jesus gegeißelt wurde, die Geißeln, den mit Essig getränkten Schwamm, einen Hammer, die Lanze, mit der die Seite Jesu geöffnet wurde – und die Seitenwunde selbst, losgelöst vom Körper. Sie bekommt hier die Umrisse einer stilisierten Vagina. Sie kann, übergroß und quer, am Fuß

---

34 „Effusio Sanguinis", Lippo D'Andrea (1370/71 – vor 1451), Museo die San Casciano, in [http://t1p.de/ybvg] (Zugriff: 11.11.2018).

35 „Der Erlöser", Quirizio von Murano (1460 – 1478), in [http://t1p.de/x1gc] (Zugriff: 11.11.2018).

36 „Saint Catherine Drinking from the Side Wound of Christ", Louis Cousin (1606 – 1667/8) [Oil on lapislazuli, private collection], abgedruckt in *Blood. Art, Power, Politics and Pathology*, hg. von James M. Bradburne, München, London und New York: Prestel 2001, 81.

37 „Mystic Bath of Souls", Jean Bellegambe (1470 – 1535), Musée des Beaux-Arts, Lille, Frankreich, in [http://t1p.de/ebo5] (Zugriff: 11.11.2018).

38 „Bible moralisée". Detail. MS 270b, fol. Gr., Bodleian Library, um 1240, abgedruckt in Caroline Walker Bynum, *Fragmentierung und Erlösung. Geschlecht und Körper im Glauben des Mittelalters*, übers. von Brigitte Grosse, Frankfurt am Main: Suhrkamp 1996, 78.

des Kreuzes und der Geißelsäule[39] liegen oder aber, übergroß, größer als das Kreuz, in der Mitte des Bildes stehen; damit markiert die Seitenwunde/das Herz/die Vagina die Mitte des Erlösungsgeschehens und ist zentraler, farbiger, größer und wichtiger als die Werkzeuge von Folter und Tod.[40]

VII Zum Schluss: Drei große Worte

Es gibt in der katholischen Kirche eine heftige Abwehr gegen alles, was mit Genderforschung zu tun hat. Nehmen wir die ikonographische Frömmigkeitsgeschichte ernst, dann lässt sich zumindest eine im weiteren Sinn psychologische Erklärung formulieren: Wenn der eigene Grund, in dem die Frömmigkeitsgeschichte verankert ist, so bunt, vermischt und unordentlich ist, dann müssen die Ordnungsanstrengungen natürlich verdoppelt werden.

Genauso aber findet diese Buntheit des Christentums einen Spiegel in den großen und grundlegenden Wörtern.

Das erste: *Transzendenz.* In unterschiedlicher Weise geht es in jeder Religion um Transzendenz, trans-cendere, das Überschreiten. Es geht um das Überschreiten des Getrenntseins des Menschen von Gott oder dem Heiligen und um mögliche Formen der Grenzüberschreitungen in den Bereich des Heiligen hinein. Das Thema der christlichen Religion ist Inkarnation: die Grenzüberschreitung Gottes.

Jane Boylan sagt von sich selbst, sie sei ein „*gender immigrant*“[41], eine Gender-Migrantin. Sie überschreitet Grenzen und damit stellen sich Fragen nach Heimat und Heimatlosigkeit, nach Zugehörigkeit und Anerkennung – und auch nach Grenzzäunen, nach dem Zurückgewiesen-Werden, nach Flüchtlingsheimen, die angezündet werden, im besten Fall nach dem langen Weg vom Asylantrag zum Heimisch-Sein. *Gender immigrant* spricht auch von mehr als zwei Ländern und vielen Arten, als Immigrantin zu leben. In Trans*Diskursen und Trans*Leben, ebenso wie in Diskursen über Intersex und Intersex-Erfahrungen, sehen wir eine

39 Livre d' heures du Maréchal de Boucicaut (Les instruments de la Passion) [15. Jh.], in [http://t1p.de/w3bz] (Zugriff: 11.11.2018).

40 Jean Le Noir (vermutl.), The Prayer Book of Bonne of Luxembourg, Duchess of Normandy [14. Jh.], 331r („Holy Wound“), The Metropolitan Museum of Art, New York City, in [www.metmuseum.org] (Zugriff: 11.11.2018). Vgl. Abbildung 3 in *Transsexualität in Theologie und Neurowissenschaften*, 457.

41 Jennifer Posner, „Gender Immigrant: A Conversion with Jennifer Finney Boylan,“ *Women's Review of Books*, Bd. 21, 2004, Nr. 7, 5–7. Vgl. dazu auch Jennifer Finney Boylan, *She's Not there. A Life in Two Genders*, New York: Broadway Paperbacks 2003.

Kompetenz der Trans-Zendenz, der Überschreitung. Es ist eine Kompetenz, von der fromme Menschen lernen können. Und sollten.

Das zweite große Wort: *Inkarnation*. Inkarnation heißt: Gott wird Mensch. Genauer: Gott wird Fleisch. Wenn wir von diesem Wort den Schleier, den Weichzeichner entfernen, den jahrhundertelanges theologisches und liturgisches Sprechen auf ihm hinterlassen hat, wird deutlich, dass es ein anstößiges Wort ist. Und die frühe Kirche hat den Inkarnationsbegriff nicht benutzt, um den menschlichen Körper in all seiner Kontingenz aufzuwerten oder gar zu feiern. Die Menschwerdung Gottes gab vielmehr Anstoß zur Arbeit an der Vergöttlichung des Menschen in der energischen Unterdrückung all seiner sinnlichen Bedürftigkeiten. Der Kirchen-Körper mit seinen vielen Gliedern und Talenten definierte sich rasch dadurch, dass unpassende Körper ausgeschlossen wurden. In der Theologie- und Frömmigkeitsgeschichte sehen wir damit eine unerbittliche Erosion des Inkarnations-Zeugnisses. Inkarnation, die Fleischwerdung, wird zur absoluten Ausnahme und ist nie in den Körpern der Menschen angekommen. „*Incarnatus interruptus*", nennt dies Catherine Keller.[42] Trans*Diskurse und Trans*Leben zeigen das Ringen um Fleischwerdung. Fromme Menschen können davon lernen. Und sollten es.

Das dritte große Wort: *Konversion*. „Konversion" ist im Deutschen zunächst der Wechsel von einer Religion zur anderen, oft eine Haltung radikaler Abkehr vom Alten und Zuwendung zum Neuen ohne einen Raum des „Zwischen". *Conversion* aber heißt auch das Finden des Glaubens, die Bekehrung. Von Wittgenstein lernen wir, dass unsere Gewissheiten einer religiösen Überzeugung gleichen, weil sie nicht einfach durch „Wissen" zu widerlegen sind.[43] Zu diesen Gewissheiten gehört auch die Gewissheit, dass ich und alle anderen für immer entweder Mann oder Frau bin; auch die Gewissheit, dass Körper, Geschlecht, Geschlechterrolle, Begehren und Identität „passen" müssen. Wer nicht „passt", wird im besten Fall als Ausnahme markiert, im Normalfall mit Hilfe von uns kaum bewussten Regeln gegen Unreinheit und Vermischung exkludiert. Das Ändern solcher Gewissheiten, so Wittgenstein, kommt einer religiösen Bekehrung gleich, einer Konversion.[44] Und eine solche Bekehrung, *conversion*, braucht das Christentum: die Bekehrung zu einem Gott, der größer ist als menschliche Ord-

---

42 Catherine Keller, „Returning God. The Gift of Feminist Theology," in *Feminism, Sexuality, and the Return of Religion*, hg. von Linda Martín Alcoff und John D. Caputo, Bloomington und Indianapolis: Indiana University Press 2011, 55–75, 71.

43 Vgl. Ludwig Wittgenstein, *Über Gewißheit*, hg. von Gertrude Elizabeth Margaret Anscombe und Georg H. von Wright, Frankfurt am Main: Suhrkamp 1984 (*Werkausgabe*, Bd. 8 = *Suhrkamp Taschenbuch Wissenschaft*, Bd. 508), § 232.

44 Vgl. a.a.O., § 612.

nungsversuche, und die Bekehrung zu einer grandiosen und wundervollen Schöpfungs-Unordnung. Nur dann können die Körper der Menschen Fleisch werden, nur dann kann Inkarnation vollendet werden – exemplarisch in marginalisierten Körpern.

Noch einmal Lou Sullivan, die Stimme der 15-jährigen Sheila:[45]

> I want to look like what I am
> But don't know
> What some one like me
> Looks like.
> I mean, when people look at me
> I want them to think,
> there's one of those people...
> that has their own interpretation of happiness.
> That's what I am.

45 Siehe Anm. 1.

Dirk Evers

Sind wir unser Gehirn?

Menschliche Identität im Spannungsfeld von Theologie und Wissenschaft

Abstract: Menschliche Existenz bedeutet nicht nur biologisches Funktionieren, sondern ein prozesshaftes Streben nach Identität und Erfüllung: Menschen sind sich selbst interpretierende Tiere (Ch. Taylor). In diesem Artikel wird argumentiert, dass die Suche nach geschlechtlicher Identität ein menschliches Universal ist, in dessen Zusammenhang Transsexualität erkennen lässt, wie komplex die menschliche Geschlechtlichkeit ist und wie sie verschiedene Ebenen der menschlichen Existenz umfasst: Biologie, Genetik, Neurologie, kulturelle Konzepte sowie die innere Suche nach Authentizität. Menschen sind daher weder mit ihrem Genom noch mit ihrem Gehirn identisch, und ein Konzept des wissenschaftlichen Naturalismus ist nicht in der Lage, die verschiedenen Ebenen der menschlichen Existenz angemessen zu integrieren. Aus christlich-theologischer Sicht wird der Mensch als Geschöpf und Ebenbild Gottes verstanden. Dies schließt die Vielfalt der geschlechtlichen Identität, wie wir sie beim Menschen finden, nicht aus, sondern muss sie ausdrücklich miteinschließen.

Die medizinischen und naturwissenschaftlichen Beiträge in diesem Band zeigen deutlich, dass menschliche Sexualität und Geschlechtlichkeit sehr viel reichhaltiger ist, als es der traditionelle Geschlechtsdimorphismus mit seinem Dual männlich vs. weiblich zu erlauben scheint. Alle Phänomene menschlichen Lebens sind nicht einfach irgendwie gegeben, sondern werden von uns aktiv mitbestimmt und kulturell überformt. Der Anspruch auf Selbstverwirklichung im Sinne eines „Werde, was Du bist!" erscheint allerdings vielfach gebrochen, und in Bezug auf menschliche Geschlechtlichkeit reicht der Verweis auf Festlegungen wie „Du bist ein Junge/ein Mädchen" nicht aus, um der Frage nach unserer geschlechtlichen Identität die Richtung eindeutig vorzugeben. Ich möchte in meinem Beitrag Transsexualität in dem weiten Feld menschlichen Fragens und Suchens nach Identität verorten und die damit verbundenen Phänomene nicht als Abweichung von einer Norm, sondern als besondere Ausprägung eines menschlichen Allgemeinen, einer alle Menschen verbindenden Struktur verstehen, um von daher dann auch einen theologischen Blick auf die Frage nach menschlicher Geschlechtlichkeit zu gewinnen.

https://doi.org/10.1515/9783110614626-013

I Menschliche Existenz als Projekt und Prozess

Menschen ist ihr Menschsein und ihre personale Identität nicht einfach gegeben, sondern aufgegeben. Das zeigt sich nicht nur daran, *dass* wir nach uns selbst fragen, sondern auch darin, *wie* wir dies in verschiedener Hinsicht tun. Wenn wir als Menschen nach uns selbst fragen, dann ist dies *in biologischer Perspektive* möglich: Menschen (*homo sapiens*) sind die einzige überlebende Art der Gattung *Homo*, die zu der Familie der Menschenaffen, der Hominiden, gehört. Offensichtlich kann diese Frage auch *in neurowissenschaftlicher Sicht* gestellt und mit dem Satz beantwortet werden, der als Frage über diesem Beitrag steht: Wir sind unser Gehirn. Gemeint ist wohl, dass das, was ein bestimmtes Individuum der Gattung Mensch ausmacht, sowohl in seinem von ihm selbst gesteuerten Verhalten als auch in seiner inneren Empfindungswelt das Resultat von Prozessen ist, die sich im Gehirn des betreffenden Individuums abspielen. Impliziert ist dabei, dass Menschen zwar vieles entscheiden, wählen und für sich bestimmen können, dass sie sich aber gerade zu der neurophysiologischen Struktur, die diesem Entscheiden, Wählen und ihrer Selbstbestimmung zugrunde liegt, nicht wieder wählend verhalten können. Oder, um es mit den Worten des frühaufklärerischen Philosophen Gottfried Wilhelm Leibniz zu sagen: „Es liegt in niemandes Macht zu wollen, was er will"[1]. Ähnlich könnten wir in unterschiedlichen Hinsichten weiterfragen und würden auf immer neue Antworten stoßen: Der Mensch ist das soziale, das politische Tier oder das rationale Wesen – so lauteten etwa Antworten aus der *philosophischen Tradition.*

Wir halten zunächst einmal fest: *Der Mensch ist das Wesen, das in verschiedenen Hinsichten nach sich selber fragt.* Der Mensch ist, so hat es der kanadische Philosoph Charles Taylor zusammengefasst, ein „self-interpreting animal"[2], ein verkörpertes Subjekt, das einerseits nur über seine körperliche und leibliche Gestalt als Lebewesen identifizierbar ist, das sich darüber ausdrückt und sich zu erkennen gibt, das aber andererseits mit seiner leiblich-körperlichen Erscheinung nicht einfach identisch ist, so dass nicht nur andere fragen, wer man ist, sondern auch man selbst danach fragt, was einen eigentlich prägt, was einem als unveränderlich vorgegeben ist und wozu man sich wählend verhalten kann. Und man

---

1 „In nullius potestate est velle quae velit" (Gottfried W. Leibniz, „Leibniz an Magnus Wedderkopf [Mai 1671.]," in *Sämtliche Schriften und Briefe*, Reihe 2, *Philosophischer Briefwechsel*, Bd. 1, hg. von der Berlin-Brandenburgischen Akademie der Wissenschaften und der Akademie der Wissenschaften in Göttingen, Berlin: Akademie-Verlag 2006, 186–187, 187).

2 Vgl. Charles Taylor, „Self-Interpreting Animals," in *Philosophical Papers*, Bd. 1, *Human Agency and Language*, Cambridge: Cambridge University Press 1985, 45–76.

fragt sich, ob man mit sich selbst übereinstimmt, ob man der oder die ist, die man sein will oder sein soll. Deutlich wird das an einer ganzen Reihe spezifisch menschlicher Phänomene wie dem *Gewissen*, mit dem wir uns vor uns selbst zitieren und durch das wir uns selbst nach unserer Verantwortung befragen, oder im Gefühl der *Scham*, mit dem wir auf eine vermeintliche oder tatsächliche Inkongruenz zwischen unserem Selbstbild und dem, was wir in einer öffentlich wahrgenommenen Situation darstellen, reagieren.

Doch sei noch auf einen weiteren Aspekt dieser zunächst recht trivialen Einsicht hingewiesen. Wenn Menschen nach sich selbst fragen, dann entspringt dies nicht schlichter Neugier oder reinem Informationsinteresse. Wenn Menschen nach sich selbst fragen, dann deshalb, weil sie ihr Leben nach den Antworten auszurichten versuchen, die sie auf ihre Frage nach sich selbst erhalten. Sie sind nicht einfach, was sie sind und tun, sondern Menschen verhalten sich verstehend zu dem, was sie sind und tun. Menschen entwerfen, verstehen und vollziehen ihr Leben immer im Licht dessen, wie sie sich selbst verstehen. Menschen sind dadurch Menschen und existieren, dass sie verstehen und bei allem Verstehen immer auch sich selbst mit zu verstehen haben. Oder, um es mit Heidegger zu sagen, Verstehen „ist ein Seinsmodus“[3], ist *der* Seinsmodus des Menschen.

Das zeigt sich schon darin, dass wir nicht einfach vorhanden sind, sondern erleben, dass und wie wir leben. Wir genießen unser Leben oder vollziehen es mit Verdruss. Wir freuen uns über uns, und wir leiden an uns. Wir langweilen uns, wir vertreiben oder teilen unsere Zeit oder vergessen sie sogar. Wir unterbrechen uns selbst und andere, um dem Leben neue Richtungen zu geben und vieles mehr. Menschliches Selbstverstehen weist deshalb eine zielgerichtete und an Sinn orientierte Struktur auf. Schon in unseren alltagssprachlichen Bezugnahmen auf Handlungen wird deshalb immer nach den *Gründen* von Handlungen und dann weiter nach den Gründen der Gründe gefragt.

Und zum anderen gehört es zur Existenz von Menschen, und vielleicht in besonderer Weise zum Dasein des modernen, neuzeitlichen Menschen, dass die klassische These, dass der Mensch zwar Bestimmtes wollen und wählen, zu diesem Wollen und Wählen sich aber nicht mehr verhalten kann, sich doch komplizierter darstellt. Es dürfte ein Zeichen der Moderne und der Neuzeit sein, dass uns immer deutlicher vor Augen steht, dass die Grenzlinie zwischen dem, was uns als Struktur unserer Existenz vorgegeben erscheint, und dem, was uns als Gegenstand der eigenen Wahl erscheint, fließend, brüchig und immer wieder neu zu bestimmen ist. Das wird verstärkt durch die Naturwissenschaften, die unseren Blick auf das, was „natürlich“ vorgegeben ist, stark verändert haben. In der Per-

3 Martin Heidegger, *Sein und Zeit*, 16. Aufl., Tübingen: Niemeyer 1986 [1927], 61.

spektive der Biologie sind wir das kontingente, vorläufige Produkt der Evolutionsgeschichte, geworden durch das Zusammenspiel von genetischen Variationen und Umweltfaktoren.[4] Hinzu kommt, dass uns Naturwissenschaft und Medizin vielfältige Manipulationsmöglichkeiten an die Hand geben, mit denen wir einst unveränderliche und bloß hinzunehmende Bedingungen unserer Existenz verändern können. Die wissenschaftlich rekonstruierte Natur identifiziert die gesetzmäßigen Zusammenhänge unserer Wirklichkeit so, dass wir eben diese Bedingungen gezielt verändern, uns die regelmäßigen Zusammenhänge der Natur zunutze machen und für unsere Zwecke einsetzen können.

Zugleich haben uns diese Entwicklungen auch von der unmittelbaren Sorge um das körperliche Überleben entlastet, so dass wir Zeit und Ressourcen haben, um uns der Selbstgestaltung intensiv zu widmen. Und schließlich haben die Entwicklungen der Neuzeit die Sozialformen und die Formen von Öffentlichkeit stark verändert, so dass eine sehr viel größere Vielfalt von Lebensformen sozial verträglich möglich ist und zugleich Foren öffentlicher und/oder halb-öffentlicher Selbstdarstellung sich etabliert haben, die ganz neue Formen von Anerkennung, der Gruppenbildung, der Wahrnehmung von Vorbildern und Rollenmustern, der Erzeugung und Wahrnehmung von öffentlicher Befindlichkeit u.v.a.m. erlauben.

Wenn wir das alles ernst nehmen, dann zeigt sich, dass die These von Leibniz, wonach es in keines Wesens Vermögen liegt, zu wollen, was es will, viel zu schlicht ist, um diese komplexen Wechselwirkungen aufzufangen. Menschen sind immer herausgefordert, sich darüber zu verständigen, was genau sie denn wollen, welches Wollen sie als mit sich selbst, mit ihrem Selbstverständnis übereinstimmend ansehen wollen. Dabei spielen die von Charles Taylor so genannten starken Wertungen eine entscheidende Rolle. Starke Wertungen bewerten Wünsche aufgrund ihres qualitativen Gehalts und damit nach Kategorien wie höher oder niedriger, tugendhaft oder lasterhaft, tief oder oberflächlich, mutig oder kleinmütig und anderes mehr. Während es im „Falle schwacher Wertungen genügt [...], daß etwas gewünscht wird, damit es als gut beurteilt wird," erfordern „starke Wertungen eine Verwendung von ‚gut' oder eines anderen evaluativen

4 Inzwischen ist selbst in der katholischen Naturrechtslehre das Vertrauen in die normative Kraft des Natürlichen nicht mehr ungebrochen. Papst Benedikt XVI. hat noch als Kardinal Ratzinger bedauert, dass „dieses Instrument [...] leider stumpf geworden" ist, weil die zentrale „Idee des Naturrechts", nämlich dass „die Natur selbst vernünftig ist [...] mit dem Sieg der Evolutionstheorie zu Bruche gegangen" sei (Joseph Ratzinger, „Was die Welt zusammenhält. Vorpolitische moralische Grundlagen eines freiheitlichen Staates," in *Dialektik der Säkularisierung. Über Vernunft und Religion*, 4. Aufl., hg. von Jürgen Habermas und Joseph Ratzinger, Freiburg i.Br. et al.: Herder 2006 [2005], 39–60, 50f.).

Ausdrucks […], für die ein Gewünschtsein allein nicht ausreicht“[5]. Und während im Falle schwacher Wertungen dann auf die Erfüllung eines Wunsches verzichtet wird, wenn er mit einer stärkeren Alternative unvereinbar ist (ich würde jetzt gerne schwimmen gehen, doch möchte ich zuvor noch etwas essen), unterlässt man bei starken Wertungen z. B. eine feige Tat nicht, weil sonst eine andere unmöglich würde, sondern eben weil sie feige und gemein wäre. Es handelt sich nicht um eine Frage der Umstände, sondern um eine Frage danach, was wir als unbedingt verpflichtend ansehen. Zur Frage des Menschen nach sich selbst, nach den Möglichkeiten und Grenzen der eigenen Selbstbestimmung, gehört deshalb auch, zwischen über- und untergeordneten Wünschen zu unterscheiden und diese wiederum an dem zu messen, was uns als wünschenswert, was uns als gut und als zu uns gehörig, mit uns selbst in Übereinstimmung erscheint.

Wie wir Menschen unser Leben leben, versteht sich also grundsätzlich nicht von selbst, und es versteht sich in einem gesteigerten, typisch modernen, neuzeitlichen Sinn nicht von selbst. Das bedeutet zum einen eine Befreiung von vormals für unveränderlich gehaltenen Einschränkungen, zum anderen aber auch eine ungeheure Entschränkung von Optionen, die für viele fraglich werden lässt, welche Option denn wohl die richtige für sie ist. Und es scheint die Anzahl derer zu wachsen, denen der Zusammenhalt des Gemeinwesens durch Auflösung sozialer Verbindlichkeiten wie der klassischen Rollenverteilung oder der bürgerlichen Familie gefährdet erscheint. Zugleich wird deutlich, dass wir angesichts der gesteigerten Fülle von Optionen mit jeder Möglichkeit, die wir wählen, ein Universum von Alternativen ausschließen, die uns dann nicht mehr zugänglich sind. Nie können wir alles verwirklichen, was möglich wäre. Was uns real möglich ist, ist durchaus zeitbedingt. Es ist abhängig von dem, was uns ermöglicht *wird* – von unserer Herkunft, von unseren körperlichen und geistigen Fähigkeiten, von unserer Kultur, von den sozialen Umständen, von unseren ökonomischen Möglichkeiten und natürlich von dem, was andere und wir selbst faktisch zuvor gewählt und entschieden haben. Und es ist begrenzt durch unsere endliche Lebenszeit, durch bestimmte Zeitfenster z. B. für die Zeugung und das Großziehen von Kindern, die mit Karrieremöglichkeiten zu kollidieren drohen. Allein schon unsere endliche Lebenszeit erlaubt es uns nicht, alle Möglichkeiten auszuschöpfen, die uns irgendwie zugänglich wären, und das Bewusstsein für die Diskrepanz zwischen Möglichkeiten und Wirklichkeit menschlicher Existenz mag noch nie so groß gewesen sein wie heute. Vor diesem Hintergrund der Frage des Menschen

5 Charles Taylor, „Was ist menschliches Handeln?,“ in *Negative Freiheit? Zur Kritik des neuzeitlichen Individualismus*, übers. von Hermann Kocyba, Frankfurt am Main: Suhrkamp 1988, 9–51, 14.

nach sich selbst, der gesteigerten Vielfalt von Optionen und der Einsicht in die Endlichkeit und Zufälligkeit menschlicher Möglichkeiten erhält das Phänomen der Transsexualität in der Moderne seine besondere Prägnanz.

II Transsexualität

Eine Antwort auf die Frage des Menschen nach sich selbst lautet: „Ich bin ein Mann“ bzw. „Ich bin eine Frau“. Doch auch hier ist eine Zunahme der Optionen und eine Auflösung der strengen Binarität der Geschlechter zu beobachten, zu denen das Phänomen der Transsexualität einen Beitrag leistet. Das heißt nicht, dass es gleichgeschlechtliche Liebe, transsexuelle Menschen oder Menschen, die sich außerhalb geschlechtlicher Zuordnungen verstehen, nicht schon immer gegeben hätte. Wir beginnen nun aber, bewusster und bis in die Rechtsprechung und die gesellschaftlich-öffentliche Wahrnehmung hinein dieser Vielfalt Raum und Gestaltungsmöglichkeiten zu geben. Transsexuell ist eine Person nach Definition der WHO dann, wenn sie den starken Wunsch verspürt, als Angehöriger des anderen Geschlechtes zu leben und anerkannt zu werden, wenn also die persönliche Überzeugung, einem anderen Geschlecht anzugehören als dem genital angezeigten, die Suche nach der eigenen Identität bestimmt. Personen, die als Transgender bezeichnet werden, reicht für das Empfinden relativer Übereinstimmung der Lebensgestaltung mit der empfundenen Identität die Übernahme anderer Geschlechterrollen, so dass eine medizinische Intervention nicht notwendig ist, ja abgelehnt wird. Transsexualität in einem engen Sinne schließt dagegen mit ein, dass eine so fundamentale Spannung zwischen der empfundenen, oft neuronal repräsentierten, und der körperlich und hormonell vorhandenen Ebene besteht, dass man sich ‚im falschen Körper fühlt‘ und medizinische Eingriffe (von Hormongaben bis hin zu geschlechtsangleichenden Operationen) gewünscht werden, um einen auch sozial ausgewiesenen Rollenwechsel vornehmen und damit auf dem Weg einer selbstbestimmten und selbstverantworteten Existenz einen entscheidenden Schritt vorankommen zu können.

Transsexualität ist damit ein – wenn auch in mancher Hinsicht besonders radikales und durch die modernen medizinischen Möglichkeiten befördertes – Phänomen im Rahmen sexueller und geschlechtlicher Diversität, die inzwischen als solche in weiten Teilen moderner Gesellschaften als gegeben und in den meisten ihrer Erscheinungen als moralisch akzeptabel angesehen wird, solange Freiheitsrechte anderer nicht eingeschränkt werden. Getrieben wird diese Entwicklung durch wissenschaftliche Erkenntnisse, durch die politisch wirksame Selbstorganisation Betroffener und durch entsprechende mediale Aufmerksamkeit und den Vorbildcharakter entsprechender Lebensentwürfe. Es gibt allerdings auch nicht unerhebliche Anteile der Bevölkerung moderner Gesellschaften, die große Schwierigkeiten mit den jüngsten Entwicklungen in Politik, Gesetzgebung und der wissenschaftlichen Aufarbeitung sexueller Orientierung haben. Dazu zählen traditionelle religiöse Gruppen und Institutionen, aber auch ein breiter Strom etwa afrikanischer Freikirchen. Außerdem gehören dazu religiös-nationale Kulturen wie etwa die der russischen Orthodoxie, die die angedeuteten Entwicklungen als dekadente westliche Erscheinungen werten und sich bewusst kulturell davon abzugrenzen suchen. Eine theologische Reflexion und Aufarbeitung der Frage nach sexueller und geschlechtlicher Vielfalt im Allgemeinen und dem Phänomen der Transsexualität im Besonderen stellt deshalb ein dringendes Desiderat dar.

Das Phänomen der Transsexualität führt uns nach meiner Überzeugung dafür drei Dinge vor Augen:

1. Auch die menschliche Geschlechtlichkeit ist von der Struktur menschlicher Existenz nicht ausgenommen, aufgrund derer Menschen sich immer verstehend, wertend und bestimmend zu sich selbst verhalten. Menschliche Geschlechtlichkeit ist spannungsreicher als angenommen und traditionell in Moral und Ethos vorausgesetzt. Sie ist ebenfalls zu großen Teilen als Aufgabe und als Prozess der Identitätsbildung zu verstehen, der nicht mehr im Sinne des klassischen Duals männlich/weiblich als biologisch schlechthin vorgegeben betrachtet werden kann.

2. Wie die medizinischen und naturwissenschaftlichen Beiträge in diesem Band deutlich machen, kann Geschlechtlichkeit nicht einfach auf eine biologisch-genetisch immer eindeutige Alternative männlich vs. weiblich zurückgeführt werden, sondern stellt in jedem Einzelfall ein komplexes Zusammenspiel, ein Cluster von verschiedenen Ebenen dar: genetischem/chromosomalem Geschlecht, hormonalem Geschlecht, äußerlich ausgebildetem Geschlecht, empfundener Geschlechtsidentität, sozialer Geschlechtsrolle und sexueller Orientierung. Dieses Zusammenspiel ist bei keinem Individuum eines von schlechthin spannungsfreier Identität.

3. Damit stellt das Phänomen der Transsexualität zwar eine strenge Binarität einer „natürlich" vorgegebenen Dichotomie der Geschlechter in Frage, doch zeigt es andererseits auch, dass die Binarität der sozialen und empfundenen Geschlechtlichkeit mit ihrer Einteilung in männlich und weiblich nicht einfach obsolet ist. Sie kommt zwar nicht als eine abstrakte, schlechthin vorgegebene, gewissermaßen totalitäre Kategorisierung in Betracht, kann aber doch auch nicht einfach dekonstruierend aufgelöst werden, sondern stellt so etwas wie ein Spannungsfeld dar, innerhalb dessen gerade auch transsexuelle Menschen sich zu verorten suchen. Transsexualität als das tiefe Empfinden einer Inkongruenz zwischen innerer und biologisch-körperlicher Geschlechtlichkeit ist auf den Dual

von männlich und weiblich bezogen. Die traditionellen Geschlechterstereotypen erweisen sich in der empfundenen Inkongruenz als Ausdrucksformen wirksam. Das Phänomen der Transsexualität lässt uns nach einem vertieften und differenzierteren Verständnis menschlicher Geschlechtlichkeit und den Möglichkeiten und Grenzen der entsprechenden Gestaltungsaufgabe menschlicher Identitätsbildung gerade angesichts des Duals männlich/weiblich fragen, ohne diesen Dual einfach aufzulösen, obwohl es, das sei an dieser Stelle noch einmal ausdrücklich festgehalten, auch Menschen gibt, die sich in ihrer Biologie und ihrer Geschlechterrolle als jenseits des Geschlechterduals verstehen.

III Naturalismus und Subjekt

Das Phänomen der Transsexualität verweigert sich damit nach meiner Überzeugung zweier Engführungen, einer naturalistischen ebenso wie einer konstruktivistischen. Ich beschränke mich auf einige Bemerkungen zum Naturalismus im engeren Sinne. Danach besteht unsere gesamte Realität ausschließlich aus so etwas wie natürlichen, und das heißt empirisch-objektiv identifizierbaren Dingen und den aus ihrem Verhalten gewonnenen naturgesetzlichen Zusammenhängen, wie sie die Naturwissenschaften beschreiben. Einem solchen Naturalismus zufolge lassen sich alle Phänomene der Welt mit den Mitteln der Naturwissenschaften erfassen und im Prinzip auch erklären.

Zu seinen Voraussetzungen gehört, dass alle naturwissenschaftlichen Erklärungen auf zeitlich einsinnig orientierten Ursache-Wirkungszusammenhängen beruhen, bei denen teleologische, also auf einen Zweck oder ein Ziel ausgerichtete Erklärungen allenfalls als vorläufige und aus praktischen Gründen nützliche Erklärungsformen betrachtet werden, die aber letztlich auf kausale Zusammenhänge naturwissenschaftlich fundamentaler Gegenstände und Gesetzmäßigkeiten reduziert werden müssen. So bringen in dieser Perspektive Gehirne Gedanken hervor, Gedanken können aber nicht umgekehrt die physikalische Wirklichkeit direkt beeinflussen. Gedanken und Empfindungen sind so etwas wie Begleiterscheinungen physischer Prozesse und kommen als eigenständige Größen bei der Erklärung der betreffenden Phänomene nicht wirklich in Betracht. Dabei stellt sich die Frage, ob die Naturwissenschaften andere Zugänge zur und Umgangsformen mit der Wirklichkeit einschließlich anderer Erklärungen einfach aus methodischen Gründen *ignorieren*, oder ob sie in ihrer Berechtigung überhaupt *geleugnet* werden. Im zweiten Fall wird aus einem *methodischen* Naturalismus ein so genannter *metaphysischer* oder *szientifischer* Naturalismus.[6] Der Übergang von einem methodischen zu einem starken, metaphysischen Naturalismus, der behauptet, dass schlechthin alles mit Mitteln der Naturwissenschaft erklärt werden kann, ist als ein Übergang von naturwissenschaftlicher Methodik zu einer metaphysischen Weltsicht im Sinn einer Theorie von allem (*theory of everything*) anzusehen. Der Naturalismus in seiner strengen Form folgt nicht aus den Naturwissenschaften, sondern ist eine metaphysische Position das Ganze der Wirklichkeit betreffend.[7]

Theorien von allem sehen sich aber vor die Schwierigkeit gestellt, sich selbst in ihre eigene Wirklichkeitssicht einholen zu können. Sollten wir z. B. wirklich unser Gehirn und nichts anderes als unser Gehirn sein,[8] dann wäre es eigentlich nicht richtig zu sagen, dass *wir* diese Einsicht gewonnen hätten, sondern dass unsere Gehirne sich selbst auf die Schliche gekommen seien, nichts als Gehirne zu sein. Gehirne aber werden naturalistisch beschrieben als elektrophysiologische und biochemische Maschinen, die eben als solche keine intentionale Struktur zeigen, denen man in naturwissenschaftlicher Perspektive also eine Funktion, jedoch z. B. keine „Einsichten" oder „Absichten" zuschreiben kann. Damit aber kann das, was naturwissenschaftliche Erkenntnis *bedeutet*, nicht mit den Mitteln der naturwissenschaftlichen *Beschreibung* rekonstruiert werden. Der faktische Vorgang von naturwissenschaftlicher Forschung ebenso wie das ihn antreibende Erkenntnisinteresse können nicht selbst wieder naturwissenschaftlich abgebildet werden. Oder wie Alfred North Whitehead dies einmal ein wenig ironisch formuliert hat: „Ich finde, Wissenschaftler, deren Lebenszweck in dem Nachweis besteht, daß sie zwecklose Wesen sind, sind ein hochinteressanter Untersuchungsgegenstand."[9]

Deshalb lassen sich überhaupt solche Kategorien wie Bewusstsein, qualitative Erfahrungen oder Phänomene wie Absichten und Einsichten naturwissenschaftlich nicht darstellen, weil sie eine qualitative, nicht auf quantitativ-funktionale Zusammenhänge reduzierbare, sondern eine intentional-teleologische,

---

6 Vgl. Niels H. Gregersen, „Varieties of Naturalism and Religious Reflection," *Philosophy, Theology and the Sciences*, Bd. 1, 2014, 5 – 8, sowie z. B. die kritische Auseinandersetzung mit einem „scientific naturalism" bei Thomas Nagel, *Mind and Cosmos. Why the Materialist Neo-Darwinian Conception of Nature is Almost Certainly False*, Oxford: Oxford University Press 2012.

7 Vgl. Holm Tetens, *Gott denken. Ein Versuch über rationale Theologie*, 3. Aufl., Stuttgart: Reclam 2015 [2015] (*Reclams Universal-Bibliothek*, Bd. 19295), Kap. 1.

8 Dick Swaab, *Wir sind unser Gehirn. Wie wir denken, leiden und lieben*, übers. von Bärbel Jänicke und Marlene Müller-Haas, München: Knaur 2013.

9 Alfred North Whitehead, *Die Funktion der Vernunft*, übers. von Eberhard Bubser, Stuttgart: Reclam 1995 (*Reclams Universal-Bibliothek*, Bd. 9758), 16.

also auf selbstbestimmte Ziele und Zwecke ausgerichtete Struktur aufweisen. Einen fast schon klassisch zu nennenden Ausdruck hat diese Schwierigkeit in einem Aufsatz von Thomas Nagel gefunden,[10] in dem dieser darauf hinwies, dass die empirische Forschung zwar vieles über die Funktion etwa des Echolot-Systems einer Fledermaus herauszufinden in der Lage ist, nicht aber die Frage beantworten kann, wie es sich für eine Fledermaus anfühlt, eine Fledermaus zu sein. Das gilt im Prinzip auch in Bezug auf den Menschen. Zwar kann naturwissenschaftliche Forschung den Menschen mitunter besser verstehen als er sich selbst versteht, wenn es z. B. um empirisch darstellbare körperliche und neuronale Vorgänge geht, die unserer bewussten Selbstwahrnehmung entzogen sind. Wie es sich andererseits für ein Individuum selbst darstellt, in einem bestimmten Zustand zu sein, bleibt auf diesem Wege unzugänglich und kann nur ansatzweise durch sprachliche Mitteilung erfolgen. Ich beschreibe das durch die neuzeitliche Wissenschaft noch einmal verschärfte Auseinandertreten der empirisch-wissenschaftlichen Beschreibung und der empfundenen Innenseite gerne als Dissoziierung der 3.- von der 1.-Person-Perspektive.[11] Als einer der ersten hat in der frühen Neuzeit René Descartes diese Differenz als eine kategoriale Differenz verstanden, als er zwischen ausgedehnter, empirischer Methodik zugänglicher Materie (*res extensa:* ausgedehnte Realität) und der geistig-denkerischen Wirklichkeit (*res cogitans:* denkende Realität) unterschied.

Das Phänomen der Transsexualität als Ausdruck einer tief empfundenen Inkongruenz zwischen Biologie und geschlechtlichem Selbstverständnis und damit zwischen 3.- und 1.-Person-Perspektive macht eindringlich deutlich, dass zur Beantwortung der Frage des Menschen nach sich selbst weder der Verweis auf seine biologische Eigenart (und zwar in genetischer wie neurophysiologischer Hinsicht)[12] noch auf seine subjektiv empfundene Autonomie, auf sein Ich- und Selbst-Bewusstsein, ausreichend sind. Perspektiven der 3. und 1. Person sind vielfältig verschränkt und dürfen nicht gegeneinander ausgespielt werden. Dies kann allerdings nach meiner Überzeugung nur gelingen, wenn sie ergänzt und vermittelt werden durch Zusammenhänge der 2. Person, also Kategorien der Sozialität und des Sprachlichen, in denen wir uns immer schon bewegen, durch die wir unsere starken Wertungen ausbilden und über die wir das Verständnis unserer

---

10 Vgl. Thomas Nagel, „What Is It Like to Be a Bat?," *The Philosophical Review*, Bd. 83, 1974, 435–450.

11 Vgl. Dirk Evers, „Wirklichkeit – ‚Was der Fall ist' oder ‚Wie es Euch gefällt'?," in *Naturwissenschaften und Theologie II. Wirklichkeit: Phänomene, Konstruktionen, Transzendenzen*, hg. von Birgitta Annette Weinhardt und Joachim Weinhardt, Stuttgart: Kohlhammer 2013, 91–107.

12 Vgl. dazu Dirk Evers, „Neurodiversity, Normality, and Theological Anthropology," *Philosophy, Theology and Sciences*, Bd. 4, 2017, 160–184.

selbst ebenso wie die reale Praxis naturwissenschaftlichen Weltverstehens allererst entwickeln können.[13]

Naturwissenschaftliche und empirische Perspektiven stellen Daten und erwartbare Zusammenhänge heraus, zu denen wir uns dadurch ins Verhältnis setzen, dass wir sie mit sprachlichen und kulturellen Kategorien in Verbindung bringen, in unsere Welt- und Menschenbilder einbauen und uns zu ihnen auf je individuelle, selbst verantwortete Weise ins Verhältnis setzen. In der Vergangenheit wurde etwa die Auskunft „Ich bin ein Mann" oder „Ich bin eine Frau" zurückgeführt auf den biologischen Dimorphismus der Geschlechter und als Grundlage für die Fortpflanzung und das Großziehen von Kindern in engeren und weiteren Kreisen von Familie angesehen. Dieser Zusammenhang unterlag starker sozialer Kontrolle und war eingebettet in gesellschaftliche Rollen und Erwartungen in Bezug auf Sexualität, Geschlecht, Körperempfinden und leiblichen Ausdruck in Kleidung, Haartracht und Verhalten, aber auch sozial differenziert in unterschiedliche berufliche und ökonomische Verpflichtungen. Daneben gab es weitverbreitete alternative Modelle wie die zölibatäre Lebensform bei Priestern und in Klöstern oder freiere Formen für ökonomisch unabhängige Individuen. Homosexualität und Transsexualität waren ebenso vorhanden wie heute, mussten sich aber andere, gesellschaftlich invisibilisierte Lebensformen suchen.

Dieses ganze Gefüge hat sich jedes Mal verschoben, wenn neue Einsichten in biologische und andere empirische Zusammenhänge gewonnen wurden, wenn soziale Praktiken und semantische sprachliche Felder sich änderten (vgl. z. B. den Begriff der Liebe oder des Verliebtseins, wie ihn die Romantik entwickelte) und wenn die Möglichkeiten und Bedingungen für die je individuelle Aneignung durch entsprechende Formen der Selbstdarstellung sich weiterentwickelten. Die

13 Auch für die Naturwissenschaften gilt, dass sie zwar in der Perspektive der 3. Person arbeiten, sich zugleich aber dem Erkenntnisinteresse von Individuen (Perspektive der 1. Person) verdanken und eingebettet sind in gesellschaftliche und politische Zusammenhänge (Perspektiven der 2. Person), auch wenn sie nicht einfach, wie manche radikalen Konstruktivisten unterstellen, als reine Funktion dieser Verhältnisse anzusehen sind. Schon bei Entscheidungen über Wege, Gegenstände und Methoden der Forschung und wenn die Naturwissenschaften ihre Ergebnisse in die weitere Öffentlichkeit kommunizieren, verbinden sich schnell erkenntnisleitende Interessen mit ihnen, werden sie zur Durchsetzung bestimmter Deutungen benutzt und eingefügt in Menschenbilder und Weltanschauungen. Eine ausgearbeitete, interdisziplinäre „Kulturphilosophie der Naturwissenschaften", die gerade in Bezug auf die Hirnforschung und ihre Popularisierung zwischen den Rationalisierungsschüben von Forschung und Medizin und der modernen Kultur der Pflege von Individualität und Subjektivität vermitteln könnte, ist ein noch nicht wirklich eingelöstes Desiderat. Vgl. dazu den Sammelband *Sexualized Brains. Scientific Modeling of Emotional Intelligence from a Cultural Perspective*, hg. von Nicole C. Karafyllis und Gotlind Ulshöfer, Cambridge, MA: MIT Press 2008.

geänderte Einstellung in Bezug auf Homosexualität und die faktische Praxis homosexueller Lebensformen z. B. haben in den letzten Jahren in vielen Gesellschaften zu geänderten Konzepten, zur Änderung der Rechtsprechung und zur Einsicht in die Notwendigkeit eines von Diskriminierungen freien Umgangs mit homosexuell lebenden Menschen geführt.

Sexualität und Geschlechtlichkeit als komplexes Zusammenspiel unterschiedlichster Ebenen zeigt uns bei alledem, dass wir als Menschen nicht aus Seele und Körper irgendwie zusammengesetzt sind, sondern dass sich die Ebenen und Kategorien durchdringen. Perspektiven der 3. und 1. Person, gesellschaftliche Muster, sprachliche Möglichkeiten, Begehren, Lust, Verstand, Gefühl und das Wechselspiel von *ego* und *alter*, von uns selbst im Gegenüber zu dem und den Anderen, von *in-group* und *out-group*, aber auch ökonomische und technische Randbedingungen verschränken sich. Sexualität und Geschlechtlichkeit als komplexe Konzepte reichen deshalb sehr tief und verbinden die verschiedenen Ebenen des Menschseins miteinander. Sie machen uns in besonderer Weise zu dem, was wir sind, weil sie uns durch Lust und Begehren zur Vereinigung mit einem anderen Menschen treiben und uns dazu bringen, uns selbst dem anderen darzustellen. Und eben in diesem Bezug auf den anderen Menschen werden wir erst wirklich zum Ich. Sexualität lässt uns verbunden sein und macht zugleich Differenz körperlich sichtbar und spürbar. Sie macht uns überaus verletzlich und ist deshalb auch immer wieder als Angriffspunkt für Gewalt, Demütigung und Unterdrückung benutzt worden. Sie hat etwas Entblößendes und ist mit Scham, mit Tabus verbunden. Sie lässt uns Befriedigung erfahren und unstillbaren Hunger zugleich. Sie lässt uns uns selbst mit den Augen der anderen sehen, und auch dies ist durchaus eine ambivalente Erfahrung. Nicht ohne Grund hat Sartre die bekannte Zeile formuliert: „L'enfer, c'est les autres" („Die Hölle, das sind die anderen"[14]). Es geht also um etwas, wenn es um unsere sexuelle und geschlechtliche Identität geht. Es geht um uns selbst, es geht um das Miteinander von Leib und Seele, von Liebe, körperlicher Lust und Anerkennung, um unsere Selbstbestimmung, mit der wir uns zugleich überschreiten, wenn wir bei einem anderen zu uns selbst kommen wollen. Durch die Verbindung von Sexualität, Partnerschaft und Fortpflanzung drängen wir in ihr sogar über das Verhältnis von *ego* und *alter* hinaus und begründen den Zusammenhang von Familie.

Die Verschiebungen in der Moderne zeigen zum einen die Komplexität des Phänomens Sexualität und machen uns zum anderen darauf aufmerksam, dass und wie wir uns in unserer Sexualität immer im Spannungsfeld der wechselsei-

14 In dem Theaterstück *Geschlossene Gesellschaft* von 1944, vgl. z. B. Jean-Paul Sartre, *Gesammelte Dramen*, übers. von Harry Kahn, Reinbek b. Hamburg: Rowohlt 1969, 97.

tigen Beziehung der Geschlechter bewegen – auch wenn deutlich sein sollte, dass Männlichkeit und Weiblichkeit und deren wechselseitige Bezogenheit nicht auf ein absolut normatives kulturelles Konzept oder – in religiöser Perspektive – auf eine eben diesen Dual schlechthin festschreibende göttliche Schöpfungsordnung zurückgeführt werden können. Eine generelle Abwertung und Diskriminierung von Menschen mit von der gängigen Norm abweichender sexueller Orientierung oder abweichendem Rollenverhalten (Trans-Gender), mit intersexueller Veranlagung oder eben Menschen mit Transsexualität verbietet sich angesichts dieser Beobachtungen, auch wenn die rechtliche, ökonomische, soziale und medizinische Ausgestaltung dieser Einsicht eine ganze Reihe von alles andere als einfachen praktischen Problemstellungen bereithält.[15]

IV Die christlich-theologische Perspektive

Damit komme ich zu meinem letzten Punkt, zur christlich-theologischen Perspektive. Auch in ihr finden sich Antworten auf die Frage des Menschen nach sich selbst, Antworten, die nicht in direkter Konkurrenz zu dem stehen, was wir uns bisher vor Augen geführt haben, sondern die den Prozesscharakter menschlicher Existenz noch einmal in seiner Bezogenheit auf Gott zu verstehen suchen. Die beiden zentralen Antworten christlicher Tradition lauten: Der Mensch ist ein Geschöpf Gottes. Und: Als solches ist der Mensch Gottes Ebenbild. Wir können im Rahmen dieses Beitrags nicht weiter ausholen, um diese beiden Antworten genauer zu erläutern und in den Zusammenhang christlich-theologischen Denkens und dann auch in den Kontext allgemeiner religiöser Konzepte und Überzeugungen zu stellen. Wir müssen uns beschränken auf einige wesentliche Andeutungen dessen, was damit nach meiner Überzeugung als evangelischer Theologe gemeint ist.

Wenn wir in christlicher Perspektive davon sprechen, dass alle Menschen *Geschöpfe* Gottes sind, dann ist damit nicht gemeint, dass Gott uns als die, die wir sind, *hergestellt* hätte. Schöpfung durch Gott, in der hebräischen Bibel oft mit einem eigenen Verb ausgedrückt, das nur mit Gott selbst als Subjekt stehen kann, ist kein herstellendes Handeln. Gott ist nicht unser Designer, weder faktisch in Bezug auf unsere physische Existenz noch normativ dadurch, dass er von vornherein festgelegte Vorgaben über uns verfügte, die wir dann mit unserer Lebensführung zu erfüllen hätten. Wenn wir Gott als unseren Schöpfer bekennen,

---

15 Das macht der Beitrag zur rechtlichen Situation von transsexuellen Menschen in diesem Band deutlich.

dann weisen wir vielmehr darauf hin, dass wir uns letztlich nicht selbst zu dem machen, was wir sind, dass wir uns in dem, was uns wesentlich ausmacht, empfangen haben und darin die Güte des Schöpfers zur Geltung kommt. Alle geschöpfliche Existenz ist nicht gemachte oder hergestellte, sondern verdankte Existenz. Das Wesentliche am christlichen Schöpfungsglauben ist deshalb nicht eine alternative supranaturalistische Theorie der Welt- und Lebensentstehung, sondern eine bestimmte Haltung zur Wirklichkeit als dem Medium der Liebe und Zuwendung des Schöpfers.

Dabei ist die Wirklichkeit der Schöpfung schon in den biblischen Traditionen nicht als ein vollkommen harmonisches Idyll dargestellt. Sie schließt Gebrochenheit, Herausforderungen durch Krankheit und Tod nicht aus, sondern ein. Und in Bezug auf den Menschen schließt dies ein, was ich zu Beginn meines Beitrags deutlich zu machen versuchte, dass menschliche Geschöpfe nicht einfach vorhanden sind, sondern menschliche Existenz immer auch eine Aufgabe, eine Berufung darstellt und damit faktisch auch immer etwas, hinter dem Menschen als Einzelne und als Gruppe zurückbleiben, das sie verfehlen, bei dem sie aber auch der bleibenden Zuwendung Gottes und damit möglicher Erneuerung des eigenen Lebens gewiss werden können.

Neben manchem anderen, was dazu zu sagen wäre, ist es die sich im ersten Kapitel der Bibel findende Aussage, dass Gott den Menschen *zu seinem Bilde* bestimmt hat, mit der das Christentum diese Berufung zum Ausdruck gebracht hat. Menschen als diese nicht einfach hergestellten und damit auch nicht in der Exekution ihrer Biologie sich erschöpfenden Lebewesen sind dazu berufen, in der Aufgabe, die ihre Existenz darstellt, Gott selbst in seiner Gnade und Barmherzigkeit als Schöpfer zu repräsentieren. Für unsere Thematik ist es dabei von kaum zu unterschätzender Bedeutung, dass eben diese Berufung zum Ebenbild Gottes in Gen 1,27 verbunden ist mit der Tatsache, dass der Mensch „männlich und weiblich" geschaffen wurde, ein Faktum, das der Mensch ja eigentlich mit den Tieren teilt. Das weist schon einmal darauf hin, dass es gewissermaßen Struktureigenschaften sind, die das Besondere des Menschen ausmachen, nicht irgendwelche besonderen zusätzlichen Fähigkeiten, die ihn von Tieren unterscheiden, so wichtig diese auch sein mögen. Die Entdeckung, dass auch Menschenaffen und andere Tiere Rationalität, Zeichengebrauch, Selbstbewusstsein u. a. aufweisen und sich von daher allenfalls graduell, nicht aber kategorisch vom Menschen unterscheiden, stellt nur dann eine Infragestellung der Gottebenbildlichkeit des Menschen dar, wenn diese eben mit diesen Eigenschaften identifiziert wird. Die Gottebenbildlichkeit des Menschen erschließt sich theologisch nicht aus dem Vergleich mit dem Tierreich und ist nicht einfach identisch mit einer größeren oder kleineren Menge von Eigenschaften, die die Menschen von allen Arten im Tierreich unterscheiden, sondern sie ist nur aus der Eigenart des Vollzugs menschlichen Daseins zu erheben, die jedenfalls für den biblischen Text fundamental damit zu tun hat, dass der Mensch ein geschlechtlich differenziertes Wesen darstellt. In der wechselseitigen Bezogenheit und in seiner sexuellen und geschlechtlichen Diversität entspricht der Mensch seinem Schöpfer. Auffällig ist auch, dass hier die Adjektive „männlich“ und „weiblich“ verwendet werden. Es werden keine zwei Individuen, nicht ein Menschenpaar wie in Gen 2 erschaffen, sondern der Mensch als solcher wird als durch die fundamentale geschlechtliche Spannung geprägt dargestellt und entspricht gerade darin seinem Schöpfer.

Zwei Punkte, die mir in Bezug auf unser Thema wichtig sind, möchte ich dabei hervorheben.

Zum einen hält die Vorstellung der Gottebenbildlichkeit fest, dass der Mensch im Wesentlichen Gott dadurch entspricht, dass er als ein Gemeinschaftswesen existiert. Kein Individuum, weder Mann noch Frau, weder Inter- noch Trans-Sexuelle können als Solitäre, als Einzelne, den Reichtum dessen erschöpfen, was das Menschsein des Menschen ausmacht. Jede und jeder von uns kann allenfalls ein Moment, einen Aspekt der Gottebenbildlichkeit realisieren. Nach dem Neuen Testament ist es ohnehin nur ein einziges Individuum, das in bestimmter Hinsicht die Gottebenbildlichkeit des Menschen als Individuum paradigmatisch zum Ausdruck brachte, und zwar Jesus Christus – dies aber nicht in der Blüte seines Lebens, sondern als Gekreuzigter, als Leidender und Sterbender, als derjenige, der sein Leben für andere hingab, nicht als der religiöse oder politische, auch nicht als der männliche Held.

Und ein zweiter Punkt: Es ist erstaunlich, dass der Mensch als Bild Gottes verstanden wird, wenn zugleich in den 10 Geboten gerade verboten wird, sich von Gott ein Bild oder Bildnis zu machen. Das wird man wohl nur so verstehen können, dass im Grunde auch vom Menschen gilt, dass er an der Eigenschaft Gottes Anteil hat, jedes starre Bild zu sprengen, das man sich von ihm macht. Die Unveräußerlichkeit der Menschenwürde eines jeden Individuums scheint mir dem zu entsprechen, was hier religiös formuliert ist.

Das Ernstnehmen des Phänomens der Transsexualität könnte dazu helfen, falsche Fixierungen der christlichen Tradition aufzubrechen, die die Besonderheit des Menschen nicht in seinem *strukturellen* Bezogensein auf Gott und den anderen sehen, sondern in einem inhaltlich fixierten Bild, auf das die vielfältigen Formen des Menschseins zu reduzieren und zurechtzustutzen wären. Vor allem wäre wohl die seit der frühen Kirche bestehende Verbindung von Sexualität und Sünde aufzubrechen. Es erscheint dringend geboten, eine allzu enge Verbindung von Moral, Macht, Religion und Institution zu überwinden, damit Sexualität in religiöser und theologischer Perspektive nicht einfach nur als Feld restriktiver Verbote und in der Form von Selbstkasteiung in den Blick kommt, sondern als ein den Reichtum menschlicher Existenz ausmachendes und die verschiedenen Ebenen des Menschseins umfassendes Geschenk. Überhaupt müssten wir die leibliche Seite des christlichen Glaubens im Zusammenhang der Frage des Menschen nach sich selbst deutlicher in den Blick bekommen. An Gott zu glauben meint nicht das Fürwahrhalten einer Reihe mehr oder weniger plausibler religiöser Überzeugungen, zu denen auch eine asketisch orientierte Sexualmoral gehört,[16] sondern ist zu verstehen als eine Art und Weise, sein Leben zu führen, dem Prozesscharakter von Identitätsfindung und der eigenen Berufung zu entsprechen, und das schließt ein, den christlichen Glauben auch als eine lebenslange „Leibesübung"[17] zu verstehen im Sinne eines verantworteten Umgangs mit der eigenen Sexualität und Geschlechtlichkeit. Es geht um die durch Gnade und Barmherzigkeit flankierte Begleitung menschlicher Identitätssuche, die weder den Menschen identifiziert mit seinen Taten, mit seinem Machen und Tun, noch ihn an biologische oder gesellschaftliche Verhältnisse ausliefert.

Theologie und Kirche müssten dann deutlicher zum Ausdruck bringen, dass wir als Geschöpfe Gottes, die zur Gottebenbildlichkeit auch und gerade in unseren leiblichen Lebensbeziehungen berufen sind, fundamental zusammengehören und keine Aufteilung in Gott gefällige und Gott nicht gefällige Menschen vorgenommen werden darf. Gerade in Bezug auf die Frage nach uns selbst und der Integrität unserer leiblichen Existenz sitzen wir alle in einem Boot. Wir haben alle unsere Identität, unser Selbstverständnis im Werden und nicht im Haben oder Sein. Im Spannungsfeld von „Männlichkeit" und „Weiblichkeit" als leibliche Wesen zu existieren, ist ein großartiges Geschenk intensivierten Daseins. Gerade als Medium der Intensivierung menschlichen Daseins, als Ausrichtung auf das Gegenüber und darüber hinaus auf Anerkennung und Gemeinschaft ist Sexualität oft aber auch größer als wir selbst, und es gibt wohl wenige Bereiche, in denen Menschen aneinander mehr schuldig werden. Sexualität ist eine Quelle tiefen Glücks und doch zugleich und gerade deshalb potentiell ein Medium von Gewalt gegen sich selbst und andere, ein Zusammenhang von Bemühen, Gelingen, Scheitern, Schuld und tiefer Erfüllung.

Das steht allerdings quer in einer Welt der Endprodukte, des realen und virtuellen Scheins, der Ideale von vollendeter Selbstverwirklichung und perfekter Körperlichkeit, für die das selbst-bestimmte, individuell gewählten Überzeugungen folgende, autonom jede Zumutung abweisende Subjekt im Mittelpunkt steht. Dem steht gegenüber, dass wir selbst nur zu gut wissen, wie oft wir mitgerissene,

---

16 Vgl. den Beitrag von Peter Dabrock in diesem Band.

17 Vgl. Thomas Fuchs, *Leib, Raum, Person. Entwurf einer phänomenologischen Anthropologie*, Stuttgart: Klett-Cotta 2000.

verängstigte, eigene Freiräume bedrängt verteidigende und um sie verhandelnde Individuen sind. Ich-Sein, Selbst-Sein und Authentizität sind keine Begründungs-, sondern Aneignungsfiguren in tendenziell gefährdeten Prozessen mit einer Dialektik von Fremd- und Selbstzuschreibungen, dem unentwirrbaren Dickicht von antizipiertem, imaginiertem und tatsächlichem Erwartungsdruck, von Selbstbestimmung durch Abgrenzung, Angst vor Verwechslung, von Moden und Anti-Moden, von Inszenierung, Täuschung und Tarnung und was nicht alles die moderne Suche nach authentischer Selbstgewinnung mitbestimmt. Was hier wirklich Freiheitsgewinne bringt, mag in fast jedem Fall etwas anderes sein. Und es dürfte eine Illusion sein, den Fragmentcharakter menschlicher Existenz überhaupt überwinden zu wollen. Zentrale christliche Überzeugungen von der in Jesus Christus erschienenen Gnade Gottes und der Rechtfertigung allein aus Glauben, von dem längst vollzogenen Geschehen einer Versöhnung von Gott und Mensch und damit der Menschen untereinander und die Zentralstellung der Nächstenliebe in der christlichen Ethik wären vor diesem Hintergrund kräftig zur Geltung zu bringen.

Die Herausforderung durch das Phänomen der Transsexualität erinnert uns daran, dass wir weder über unsere Biologie in souveräner Freiheit verfügen können, noch ihre Marionetten sind. Die Differenz zwischen „männlich" und „weiblich" bestimmt uns in unterschiedlichen Konfigurationen und Ausdrucksformen, so verschieblich sie auch erscheinen mag und so wenig sie auch als totalitäre Kategorisierung von Individuen in Frage kommt. Was für ein Verlust wäre es, wenn wir diese spannungsreiche Differenz nicht mehr pflegen, uns ihrer nicht mehr erfreuen könnten und die Aufregungen, Lüste und Inspirationen nicht mehr hätten, die aus dieser Differenz erwachsen und die auch in den Brüchen und Brechungen dieser Differenz noch wirksam sind. Und doch: Diese Differenz ist andererseits keine absolute, und niemand soll sich so empfinden, als sei er ihr ausgeliefert. Es gibt vielfältige Schattierungen, aber auch Brüche und Gegenbewegungen, die diese Differenz unterlaufen – sei es auf der biologischen, der körperlichen, der sozialen oder kulturellen Ebene. Vor Gott aber sind wir als diejenigen angesehen, die in keiner Zuschreibung, in keinem fixierten Bild, in keiner Rolle aufgehen und sich gerade darin als von Gottes Gnade und Zuwendung lebende und sich auf ihre Berufung immer wieder neu ausrichtende Geschöpfe verstehen dürfen.

Stephan Goertz

Theologien des transsexuellen Leibes

Eine moraltheologische Sichtung

Abstract: Nach der Theologie des Katholischen Lehramtes kann eine „Geschlechtsumwandlung" im eigentlichen Sinne nicht existieren. Geschlechtsangleichende Maßnahmen werden fast ausschließlich deshalb abgelehnt, weil sie das Gut der Fortpflanzungsfähigkeit ohne zureichenden Grund zerstört. Diese Bewertung basiert auf der Annahme, dass ein natürliches Kongruenzverhältnis zwischen Geschlecht, Gender, Geschlechtsidentität, sexueller Orientierung und sexueller Praxis besteht. Die Theologie des Körpers Johannes Pauls II. erweist sich als eine Theologie des heterosexuellen Körpers. Eine Neubewertung von Transsexualität kann nur durchgeführt werden, wenn diese postulierte Kongruenz revidiert wird.

„Living is easy with eyes closed
Misunderstanding all you see."

John Lennon/Paul McCartney,
Strawberry Fields Forever

Die sittliche Akzeptanz sexueller und geschlechtlicher Vielfalt wird in Teilen der katholischen Kirche mit Argwohn beobachtet oder gar als Anschlag auf die von Gott gewollte Ordnung interpretiert.[1] Der kirchliche Auftrag gegenüber den gesellschaftspolitischen Forderungen sexueller und geschlechtlicher Minderheiten bestehe zuallererst in der Verkündigung der natürlichen Wahrheit über das Verhältnis von Mann und Frau in Ehe und Familie und in der Kritik einer falsch verstandenen Antidiskriminierungspolitik.[2] Aufgrund dessen fristet das Phänomen der Transsexualität in der katholischen Kirche nach wie vor ein randstän-

1 Einen vielbeachteten Versuch, dies zu ändern, stellt das schmale Büchlein von James Martin, *Building a Bridge. How the Catholic Church and the LGBT Community Can Enter into a Relationship of Respect, Compassion, and Sensitivity*, 2. überarb. Aufl., New York: HarperOne 2018, dar. Vgl. auch Katharina Klöcker et al. (Hg.), *Gender – Herausforderung für die christliche Ethik*, Freiburg i. Br. et al.: Herder 2017 (*Jahrbuch für Moraltheologie*, Bd. 1).

2 Vgl. Kongregation für die Glaubenslehre, „Erwägungen zu den Entwürfen einer rechtlichen Anerkennung der Lebensgemeinschaften zwischen homosexuellen Personen," *Communicationes*, Bd. 35, 2003, 214–223.

https://doi.org/10.1515/9783110614626-014

diges Dasein. Zwar liegen inzwischen eine Reihe von theologisch-ethischen[3] und kirchenrechtlichen[4] Untersuchungen vor, aber eine explizite lehramtliche Stellungnahme lässt noch immer auf sich warten. Angesichts der großen Bedeutung, die den Fragen rund um das Geschlechterverhältnis und die Sexualität in der katholischen Morallehre der letzten Jahrzehnte beigemessen wird, mag dieser Befund auf den ersten Blick überraschen. Bedenkt man jedoch den in Teilen des Katholizismus und des römischen Lehramtes verbreiteten Widerstand gegen die

---

3 Vgl. Christiane Ant, *Transsexualität und menschliche Identität. Herausforderungen sexualethischer Konzeptionen*, Münster: LIT 2000 (*Studien der Moraltheologie. Abteilung Beihefte*, Bd. 5); Elizabeth Bucar, „Bodies at the Margins. The Case of Transsexuality in Catholic und Shia Ethics," *Journal of Religious Ethics*, Bd. 38, 2010, 601–615; Carlo Caffarra, „Il transessualismo: aspetti etici," *Medicina e Morale*, Bd. 35, 1985, 717–723; James Childs, „Transsexualism: Some Theological und Ethical Perspectives," *Dialog. A Journal of Theology*, Bd. 48, 2009, 30–41; Salvatore Cipressa, „Il fenomeno transessuale fra medicina e morale," *Rivista di teologia morale*, Bd. 33, 2001, 125–132; Susannah Cornwall, „‚State of Mind' versus ‚Concrete Set of Facts': The Contrasting of Transgender und Intersex in Church Documents on Sexuality," *Theology & Sexuality*, Bd. 15.1, 2009, 7–28; Mauro Cozzoli, „Il problema etico del transessualismo," *Medicina e Morale*, Bd. 36, 1986, 806–813; Stephan Goertz, „Irritierende Kontingenz. Transsexualität als moraltheologische Herausforderung," in *Zukunftshorizonte katholischer Sexualethik. Bausteine zu einer Antwort auf die Missbrauchsdiskussion*, hg. von Konrad Hilpert, Freiburg i. Br. et al.: Herder 2011 (*Quaestiones disputatae*, Bd. 241), 345–358; Stephan Goertz, „Transsexualität. Ein katholisches Upgrade," *Herder Korrespondenz*, Bd. 71, 2017, Heft 5, 27–30; Victoria S. Kolakowski, „Toward a Christian Ethical Response to Transsexual Persons," *Theology & Sexuality*, Bd. 6, 1997, 10–31; Martin M. Lintner, „Transsexualität: Identitätsfindungsprozess im Spannungsfeld von Natur, Kultur und persönlicher Reifung. Eine theologisch-ethische Auseinandersetzung," *Family Forum*, Bd. 6, 2016, 97–112; Gerhard Marschütz, „Perspektiven auf das Phänomen ‚Transsexualität'," *Family Forum*, Bd. 6, 2016, 79–95; Anthony Mastroeni, „The Morality of Sex-Conversion," *The Linacre Quarterly*, Bd. 52, 1985, 238–246; Waldemar Molinski, „Anmerkungen zum Transsexualismus aus ethischer Sicht," *Theologie und Philosophie*, Bd. 71, 1996, 99–106; Oliver O'Donovan, „Transsexualism and Christian Marriage," *Journal of Religious Ethics*, Bd. 11, 1983, 135–162; Fraser Watts, „Transsexualism and the Church," *Theology & Sexuality*, Bd. 9.1, 2002, 63–85.

4 Vgl. Georg Bier, *Psychosexuelle Abweichungen und Ehenichtigkeit*, Würzburg: Echter 1990 (*Forschungen zur Kirchenrechtswissenschaft*, Bd. 9); Maurizio Faggioni, „Il transessualismo. Questioni antropologiche, etiche e canonistiche," *Antonianum*, Bd. 75, 2000, 277–310; Peter Förster, *Transsexualität und ihre Auswirkungen auf die Ehefähigkeit. Eine kanonistische Untersuchung*, Sankt Ottilien: EOS 2013 [zugl. Dissertation, Universität München, 2012]; Guido Giustiniano, *Il fenomeno del transessualismo. Analisi medico-giuridica e giurisprudenziale canonica*, Rom: Pontificia Universitas Lateranensis 1998; Urbano Navarrete, „Transexualismus et ordo canonicus," *Periodica*, Bd. 86, 1997, 101–124; Günter Raab, „Kirchenrechtliche Probleme bei Transsexuellen," *Österreichisches Archiv für Kirchenrecht*, Bd. 33, 1982, 436–465; Franscesco Vardè, „L'incidenza del transessualismo nel matrimonio canonico," in *„Iustitia et iudicium". Studi di diritto matrimoniale e processuale canonico in onore di Antoni Stankiewicz*, Bd. 1, hg. von Janusz Kowal und Joaquín Llobell, Città del Vaticano: Libreria Editrice Vaticana 2010, 565–586.

in der westlichen Welt erfolgten Emanzipationsprozesse von sexuellen Minderheiten, gegen die Inanspruchnahme des Rechts auf sexuelle Selbstbestimmung und geschlechtliche Vielfalt,[5] wird das Zögern erklärlich, sich mit dem Phänomen der Transsexualität und den Lebenswirklichkeiten von Transsexuellen näher zu befassen. Stellt bereits die Homosexualität das tradierte Konzept einer heteronormativen Ordnung der Geschlechter in Frage, so scheint bei der Transsexualität nichts mehr zu ‚stimmen'. Denn nun geht es nicht allein um die Frage nach der ‚richtigen' Sexualität, sondern auch um die nach dem ‚richtigen' Geschlecht. Die Kongruenz zwischen dem ‚natürlichen' und dem ‚sozialen' Geschlecht (*sex* und *gender*), der Geschlechtsidentität, der sexuellen Orientierung und der sexuellen Praxis, von der das katholische Standardmodell ausgeht,[6] erweist sich als eine kontingente Kongruenz. Die Abweichung von dieser Kongruenz gilt heute im Falle der Homosexualität humanwissenschaftlich als eine Normvariante menschlich-sexueller Beziehungsfähigkeit.[7] Im Falle der Transsexualität sprach die Sexualwissenschaft lange Zeit von einer schweren Störung der Geschlechtsidentität. Irritiert die *Homosexualität* das normative Verständnis einer in der eigenen Sexualität anzuerkennenden *genitalen Komplementarität* zwischen Mann und Frau, so die *Transsexualität* darüber hinaus das normative Verständnis einer in der eigenen Existenz anzuerkennenden *Geschlechtsidentität*. Mit dem Phänomen der Transsexualität werden folglich nicht allein eherechtliche, sexual- und medizinethische Fragen aufgeworfen. Auf anthropologischer Ebene geht es ganz grundsätzlich um unser theologisches Verständnis des menschlichen Leibes. Zur Debatte steht, ob Transsexualität aus katholischer Sicht eine ethische und anthropologische Grenzüberschreitung bedeutet.

---

5 Vgl. David Paternotte, „Blessing the Crowds. Catholic Mobilisations against Gender in Europe," in *Anti-Genderismus. Sexualität und Geschlecht als Schauplätze aktueller politischer Auseinandersetzungen*, hg. von Sabine Hark und Paula-Irene Villa, Bielefeld: transcript 2015, 129–147.

6 So heißt es im Katechismus der Katholischen Kirche aus dem Jahr 1993 in der Nummer 2333: „Jeder Mensch, ob Mann oder Frau, muss seine Geschlechtlichkeit (*sexualem identitatem*) anerkennen und annehmen. Die leibliche, moralische und geistige Verschiedenheit und gegenseitige Ergänzung sind auf die Güter der Ehe und auf die Entfaltung des Familienlebens hingeordnet" (*Katechismus der Katholischen Kirche*, Leipzig: Benno 1993).

7 Vgl. Hartmut A.G. Bosinski, „Eine Normvariante menschlicher Beziehungsfähigkeit. Homosexualität aus Sicht der Sexualmedizin," in *„Wer bin ich, ihn zu verurteilen?" Homosexualität und katholische Kirche*, hg. von Stephan Goertz, Freiburg i. Br. et al.: Herder 2015 (*Katholizismus im Umbruch*, Bd. 3), 91–130.

I Sexualethische Weichenstellung

Das Interesse, sich in der katholischen Kirche mit der Transsexualität theologisch eingehender auseinanderzusetzen, erwächst zunächst aus konkreten kirchenrechtlichen Fragen, genauerhin aus den Fragen nach der Ehefähigkeit und der Zulassung zum Priestertum von Transsexuellen. Auf diese Weise beschäftigt Transsexualität kirchliche Gerichte und wird zu einem Thema der Kanonistik.[8] Hinsichtlich der Ehefähigkeit von Transsexuellen kommt zuletzt Peter Förster in seiner Münchener kanonistischen Lizentiatsarbeit zu der folgenden differenzierten Beurteilung:[9] (a) Ein postoperativer Mann-zu-Frau-Transsexueller könnte zwar mit einer biologischen Frau eine Ehe schließen, wäre aufgrund der erfolgten Operation aber nicht mehr fähig zum Beischlaf, also zum Vollzug der Ehe. Damit wäre eine Eheschließung nicht möglich. (b) Ein androphiler Mann-zu-Frau-Transsexueller kann aufgrund der Gleichgeschlechtlichkeit keine Ehe mit einem biologischen Mann eingehen. Gleiches gilt für die gynäphile Frau-zu-Mann-Transsexuelle, die eine biologische Frau ehelichen möchte. (c) Die Möglichkeit

8 Förster, *Transsexualität*, 124 – 127, fasst den Inhalt der vorliegenden vatikanischen Schreiben zusammen: „In insgesamt drei Schreiben bezieht die Kongregation für die Glaubenslehre Stellung zum Phänomen Transsexualität. In ihrem ersten Schreiben vom 28. Mai 1991 an den Vorsitzenden der Deutschen Bischofskonferenz [veröffentlicht in: De *Processibus Matrimonialibus* 2, 1995] stellt sie fest, dass eine Person, die sich dem anderen Geschlecht zugehörig fühlt und dieses nach entsprechenden medizinischen Eingriffen auch phänotypisch darstellt, biologisch immer noch dem gleichen Geschlecht angehört. In einem weiteren Schreiben vom 28. September 2002 an die Vorsitzenden der Bischofskonferenzen ordnet die Kongregation für die Glaubenslehre an, dass der im Taufbuch ursprünglich eingetragene geschlechtsspezifische Name nach einer chirurgischen Geschlechtsumwandlung nicht verändert werden darf. Eine Personenstandsänderung [...] ist im kirchlichen Rechtsbereich somit nicht möglich. [...] Zudem führt die Kongregation [...] im bislang unveröffentlichten Teil dieses Schreibens kirchenrechtliche Konsequenzen der Transsexualität bezüglich Ehe, Weihesakrament und geweihtem Leben an. Neben der Feststellung, dass Transsexualität eine psychosexuelle Anomalie sei, wird darauf hingewiesen, dass für postoperative Transsexuelle ein Verbot zur Eheschließung besteht. Des Weiteren erklärt sie, dass Kleriker, die an sich chirurgische geschlechtsangleichende Maßnahmen vornehmen lassen, irregulär für die Ausübung empfangener Weihen werden. [...] Chirurgische geschlechtsangleichende Maßnahmen werden [...] von der Kongregation [...] als Selbstverstümmelung eingestuft. In einem unveröffentlichten Appunto zu Fragen der kirchenrechtlichen Konsequenzen der Transsexualität hinsichtlich des geweihten Lebens wird [...] ebenfalls betont, dass sich die Geschlechtsbestimmung nicht aus einer gefühlten Geschlechtsidentität bzw. einer phänotypischen Anpassung an die gefühlte Geschlechtsidentität ableitet" (125 – 127). Förster weist darauf hin, dass aufgrund der bislang nicht erfolgten ordentlichen Promulgation der Dokumente diese nicht als rechtverbindlich zu betrachten sind.

9 Vgl. Förster, *Transsexualität*, 176 – 181.

einer Eheschließung sei nicht grundsätzlich auszuschließen, wenn es sich um die Paarkonstellation postoperative Frau-zu-Mann-Transsexuelle und biologischer Mann handelt. Denn für den Fall, dass die Frau weiterhin eine ‚kohabitationsfähige Vagina' besitzt, könne der eheliche Akt vollzogen werden.

Diese auf der Basis des katholischen Eheverständnisses und der Rechtsprechung getroffene Beurteilung macht deutlich, dass die entscheidende Weichenstellung für die Bewertung der Sexualität von Transsexuellen durch das Eheverständnis erfolgt. Nach der Definition des Zweiten Vatikanischen Konzils ist die Ehe die „innige Gemeinschaft des Lebens und der Liebe"[10], die durch eben jene Sexualität zwischen Mann und Frau ihren Ausdruck findet, die, so bestimmt es Paul VI., das Prinzip der „unlösbaren Verknüpfung" der beiden Sinngehalte ehelicher Sexualität – „liebende Vereinigung und Fortpflanzung" – respektiert.[11] Präziser müsste man formulieren, dass es um Sexualakte geht, die ‚von Natur aus' oder zumindest ‚im Prinzip' in genitaler Komplementarität zu einer Zeugung führen könnten. Moralisch entscheidend ist demnach, dass die Zeugungsmöglichkeit nicht durch eine ‚künstliche' Intervention des Menschen (Ovulations-

10 Zweites Vatikanisches Konzil, Pastoralkonstitution *Gaudium et Spes* (1965) Nr. 48, *AAS*, Bd. 58, 1966, 1025–1115, 1067: „Intima communitas vitae et amoris coniugalis [...]."

11 So heißt es in der Enzyklika *Humanae Vitae* (1968) von Paul VI.: „Jene Akte, die eine intime und keusche Vereinigung der Gatten darstellen und die das menschliche Leben weitertragen, sind, wie das letzte Konzil betont hat, ‚zu achten und zu ehren'; sie bleiben auch sittlich erlaubt bei vorauszusehender Unfruchtbarkeit, wenn deren Ursache keineswegs im Willen der Gatten liegt; denn die Bestimmung dieser Akte, die Verbundenheit der Gatten zum Ausdruck zu bringen und zu bestärken, bleibt bestehen. Wie die Erfahrung lehrt, geht tatsächlich nicht aus jedem ehelichen Verkehr neues Leben hervor. Gott hat ja die natürlichen Gesetze und Zeiten der Fruchtbarkeit in seiner Weisheit so gefügt, dass diese schon von selbst Abstände in der Aufeinanderfolge der Geburten schaffen. Indem die Kirche die Menschen zur Beobachtung des von ihr in beständiger Lehre ausgelegten natürlichen Sittengesetzes anhält, lehrt sie nun, dass ‚jeder eheliche Akt' von sich aus auf die Erzeugung menschlichen Lebens hingeordnet bleiben muss" (Nr. 11). Und daran anschließend: „Diese vom kirchlichen Lehramt oft dargelegte Lehre gründet in einer von Gott bestimmten unlösbaren Verknüpfung der beiden Sinngehalte – liebende Vereinigung und Fortpflanzung –, die beide dem ehelichen Akt innewohnen. Diese Verknüpfung darf der Mensch nicht eigenmächtig auflösen. Seiner innersten Struktur nach befähigt der eheliche Akt, indem er den Gatten und die Gattin aufs engste miteinander vereint, zugleich zur Zeugung neuen Lebens, entsprechend den Gesetzen, die in die Natur des Mannes und der Frau eingeschrieben sind. Wenn die beiden wesentlichen Gesichtspunkte der liebenden Vereinigung und der Fortpflanzung beachtet werden, behält der Verkehr in der Ehe voll und ganz den Sinngehalt gegenseitiger und wahrer Liebe, und seine Hinordnung auf die erhabene Aufgabe der Elternschaft, zu der der Mensch berufen ist" (Nr. 12). Veröffentlicht in: *AAS*, Bd. 60, 1968, 486–492, 488 f. Vgl. dazu Stephan Goertz, „Moralische Wahrheit und biologische Gesetze. Wie die Enzyklika *Humanae vitae* die Rezeption ihrer Ehemoral verhindert hat," in *Humanae vitae – die anstößige Enzyklika*, hg. von Konrad Hilpert/Sigrid Müller, Freiburg i. Br.: Herder 2018, 38–60.

hemmer, Kondom) verhindert wird. Die Methode der sogenannten Natürlichen Familienplanung wird seit Pius XII. ausdrücklich als erlaubt beurteilt. Man geht in dieser Sexualmoral davon aus, dass eheliche Sexualität selbst bei einer de facto vorliegenden Zeugungsunfähigkeit die Offenheit zur Weitergabe des Lebens darzustellen hat.[12] Diese nicht leicht nachvollziehbare Konstruktion führt zu dem folgenden Gebot: Achte in deiner Sexualität stets die Komplementarität des weiblichen und männlichen Körpers auf eine Weise, die, unter der Bedingung der natürlichen Zeugungsfähigkeit, zu einer Zeugung führen *könnte*. Erst aus dieser Formulierung ergibt sich die moralische Trennlinie zwischen einer ehelichen Sexualität, die aufgrund der natürlichen Gegebenheiten nicht zu einer Zeugung führen kann, und jeder Form homosexuellen Verhaltens, das sich unter dem Gesichtspunkt der Unfruchtbarkeit nicht von der lehramtlich ‚erlaubten' Praxis natürlicher Empfängnisregelung unterscheidet. Indem das sexualethische Denken der lehramtlichen Dokumente auf dieser physischen Ebene des „ein Fleisch werden" besteht, gibt es für die Sexualität von Homo- und Transsexuellen – mit Ausnahme vielleicht des oben genannten Falls – faktisch keine Möglichkeit, der Bedeutung menschlicher Sexualität gerecht zu werden. Transsexuelle sind postoperativ körperlich nicht mehr in der Lage, so lautet die Schlussfolgerung der tradierten katholischen Sexualmoral, ihre Sexualität auf eine wahrhaft menschliche Weise zu gestalten. Sie können keine Ehe ‚vollziehen'. Aus dieser sexualethischen Perspektive wirft der Fall der Transsexualität keine prinzipiell neue Fragestellung auf. Bei all dem ist zu konstatieren, dass die personale Sinndimension von Sexualität als inneres Moment einer intimen Liebesbeziehung ethisch unberücksichtigt bleibt. Der biologisch männliche oder weibliche Körper ist vielmehr bereits *als solcher* Quelle unbedingter sexualethischer Pflichten. Die personale Sinnbestimmung des Handelns hat sich der Normativität der physischen Komplementarität der Geschlechtsorgane zu beugen.

Im Folgenden soll gezeigt werden, wie sich dieses sexualethische Konzept auf die medizinethische Frage nach der sittlichen Beurteilung der operativen Geschlechtsangleichung auswirkt.

---

12 Vgl. Franziskus, Apostolisches Schreiben *Amoris Laetitia* (2016) Nr. 80. „Von Anfang an wehrt die Liebe jeden Impuls ab, sich in sich selbst zu verschließen, und öffnet sich einer Fruchtbarkeit, die sie über ihre eigene Existenz hinaus ausdehnt. So kann also kein Geschlechtsakt diese Bedeutung bestreiten, auch wenn aus verschiedenen Gründen nicht immer tatsächlich ein neues Leben gezeugt werden kann."

II Medizinethische Abwägungen

Auch zur medizinethischen Bewertung der geschlechtsangleichenden Operationen existiert bislang kein offizielles lehramtliches Dokument.[13] Es gibt jedoch moraltheologische Stellungnahmen, denen man eine besondere Nähe zur römischen Schultheologie unterstellen darf. In ihrer einflussreichen und weitverbreiteten *Health Care Ethics*[14] kommen Benedict M. Ashley, Jean K. deBlois und Kevin D. O'Rourke unter der Überschrift „Sexual Reassignment" auf das Thema Transsexualität zu sprechen.[15] Es geht ihnen dabei um die Frage, wie geschlechtsangleichende Operationen aus Sicht einer katholischen Medizinethik zu beurteilen sind. Das Argument von BefürworterInnen solcher Operationen, wonach diese für Betroffene zu einer Verbesserung ihres individuellen Wohlbefindens führen können, wollen sie nicht akzeptieren. Ihr erster Einwand ist empirischer Natur. Solange es nicht erwiesen sei, dass die Geschlechtsidentitätsstörung der Transsexualität auf einer biologischen Ursache beruht und Operationen tatsächlich für die PatientInnen zufriedenstellend verlaufen, sei der psychotherapeutischen Behandlung der Vorzug zu geben. Der zweite und ausschlaggebende Einwand ist ein theologisch-ethischer. Eine Operation löse nicht wirklich die Probleme von Transsexuellen, da sie es ihnen unmöglich mache, ein ‚normales' Sexualleben zu führen, das heißt eine Ehe zu schließen und Kinder zu bekommen. Es könne für eine Person nicht gut sein, wenn man ihre Reproduktionsfähigkeit ohne guten Grund bewusst zerstöre.[16] Darum verurteile die Moraltheologie auch jede nicht medizinisch indizierte Sterilisation. Aus pastoraler Perspektive wird von den drei Ordensleuten hinzugefügt, dass man Homo- und Transsexu-

---

13 Lediglich in der *Charter for Health Care Workers* des Päpstlichen Rates für die Pastoral im Krankendienst heißt es 1995 in der Fußnote 144: „The physical integrity of a person cannot be impaired to cure an illness of psychic or spiritual origin. (...) And this is why the principle of totality cannot be correctly taken as a criterion for legitimatizing anti-procreative sterilization therapeutic abortion and transsexual medicine and surgery." Vgl. dazu die ausführliche Literaturanalyse von David Albert Jones, „Gender Reassignment Surgery: A Catholic Bioethical Analysis," *Theological Studies*, Bd. 79, 2018, 314–338. Das Fazit des Autors: „there is very clear and repeated Catholic teaching against direct sterilization and against mutilation of the body, and this teaching has often been applied to GRS" (337).

14 Benedict M. Ashley, Jean K. deBlois und Kevin D. O'Rourke, *Health Care Ethics. A Catholic Theological Analysis*, 5. Aufl., Washington: Georgetown University Press 2006 [1975].

15 A. a. O., 108–113.

16 Vgl. auch Molinski, „Anmerkungen," 101: „Wir bringen es [...] nur fertig, eine vorher gesunde biologische Sexualität im wirklichen oder vermeintlichen Interesse eines besseren psychischen und sozialen Befindens von Patienten anatomisch, medikamentös und psychisch tiefgreifend zu verändern und zu schädigen."

ellen helfen solle, den modernen Übertreibungen hinsichtlich sexueller Identität und Aktivität zu entkommen. Den fundamentalen Wert des Menschen als Person zu erkennen biete die Möglichkeit, sich von der Frage der eigenen sexuellen Identität nicht okkupieren zu lassen. Die Ablehnung geschlechtsangleichender Operationen auf der Basis einer normativ vorgegebenen Integrität der menschlichen Grundfunktion der Reproduktion findet sich bei einer Reihe von Moraltheologen.[17] Das Gut der Bewahrung der körperlichen Grundfunktion erhält ein Übergewicht gegenüber dem Gut der Linderung einer vermuteten psychologischen Störung. Die intrinsische Naturteleologie des menschlichen Körpers ist demnach ein Gut, das nur in wenigen Ausnahmesituationen, etwa der Lebensgefahr, verletzt werden darf. Strittig ist, ob das sogenannte Totalitätsprinzip auf die Frage der Transsexualität anzuwenden ist.[18] Nach Pius XII. erlaubt dieses Prinzip ‚zerstörende' oder ‚verstümmelnde' Eingriffe in den menschlichen Organismus, „wenn und so weit dies für das Wohl des Gesamtorganismus notwendig ist."[19] Die Verfügung über Teile des eigenen Körpers kann nach diesem Prinzip also unter Umständen sittlich erlaubt sein und wäre dann nicht als unerlaubte Selbstverstümmelung zu bezeichnen. Bezieht man den Begriff des Gesamtwohls auf die Person in ihrer leibseelischen Einheit und begreift man Transsexualität als tief, irreversibel und bedrohlich empfundene innere Zerrissenheit der Person, deren Genese offenbar auf einem komplexen Zusammenspiel biologischer, psychischer und sozialer Faktoren beruht,[20] dann sind nach sorgfältiger Indikationsstellung erfolgende operative Eingriffe, die zu guten Ergebnissen führen können, jedenfalls nicht grundsätzlich als unethisch zu qualifizieren. Grundlage einer solchen ethischen Beurteilung ist freilich, das im teleologischen Ansatz der Tradition nahezu verabsolutierte Gut des Erhalts der Fortpflanzungsfunktion zu relativieren sowie die Bereitschaft, Betroffene über möglicherweise „irrationale Wunschvorstellungen"[21] aufzuklären.

---

17 Vgl. Goertz, „Irritierende Kontingenz," 350–355; Jones, „Gender Reassignment Surgery," 318–332.

18 Vgl. zur klassischen moraltheologischen Position im Detail Jones, „Gender Reassignment Surgery," 327–332.

19 Pius XII., „Ansprache an die Teilnehmer des Ersten Internationalen Kongresses für Histopathologie des Nervensystems vom 13.09.1952," *AAS*, Bd. 44, 1952, 779–789; dt. Text in: *Aufbau und Entfaltung des gesellschaftlichen Lebens. Soziale Summe Pius XII.*, hg. von Arthur-Fridolin Utz und Joseph-Fulko Groner, Bd. 1, Freiburg (Schweiz): Paulusverlag 1954, Nr. 2252–2286, 2263.

20 Vgl. Klaus M. Beier, Hartmut A. G. Bosinski und Kurt Loewit, *Sexualmedizin. Grundlagen und Praxis*, 2. Aufl., München und Jena: Elsevier. Urban & Fischer 2005 [2001], 395 ff.

21 A. a. O., 406.

III Theologie des heterosexuellen Leibes

Die in vielen moraltheologischen Stellungnahmen zu findende kritische Haltung gegenüber operativen Behandlungen von Transsexuellen beruht, so habe ich zu zeigen versucht, auf einer besonderen Wertschätzung des Erhalts der Fähigkeit, die eigene Sexualität in ehelich-genitaler Komplementarität vollziehen zu können. Die kirchenrechtlichen Überlegungen zur Ehefähigkeit von Transsexuellen stellen Ableitungen aus dem sexualethischen Grundprinzip der geforderten Einheit von liebender Vereinigung und Fortpflanzung dar. Würde man das Untrennbarkeitsprinzip hingegen nicht als absolute Verpflichtung begreifen und Transsexuellen zugestehen, ihre Sexualität im Sinne einer Beziehungsethik interpersonal gestalten zu können, dann fielen die Urteile über die Ehefähigkeit anders aus. Und auch über den Begriff des Ehevollzugs wäre noch einmal neu nachzudenken. Um aber zu verstehen, warum die katholische Morallehre an diesem Punkt so entschieden an ihren Normen festhält, ist ein Blick auf die zugrundeliegende theologische Anthropologie zu werfen. Nachdem sich im 20. Jahrhundert zu dieser Frage kein anderer Papst so intensiv und permanent geäußert hat wie Johannes Paul II. (1978–2005), soll an dieser Stelle dessen „Theologie des Leibes", die er in seinen Mittwochskatechesen zwischen 1979 und 1984 entfaltet hat, im Grundriss vorgestellt werden.[22]

Gleich in der ersten Katechese am 5. September 1979 wird die Intention des Papstes deutlich erkennbar. In Vorbereitung auf die Bischofssynode von 1980 über Ehe und Familie möchte er die Aufmerksamkeit auf den „von Anfang an"[23] grundgelegten göttlichen Schöpfungsplan lenken. Dazu erinnert er an die Antwort Jesu im Streitgespräch mit den Pharisäern über die Ehescheidung: „Habt ihr nicht gelesen, dass der Schöpfer die Menschen von Anfang an als Mann und Frau geschaffen hat und dass er gesagt hat: Darum wird der Mann Vater und Mutter verlassen und sich an seine Frau binden, und die zwei werden ein Fleisch sein?" (Mt 19,4 f., vgl. Mk 10,6 f.). Der Papst folgt in seinen Katechesen dieser von Jesus bei Matthäus und Markus gelegten Spur und schließt aus ihr den auch für uns heute „normativen Charakter"[24] von Gen 1,27 und Gen 2,24.[25] Der sogenannte erste

22 Johannes Paul II., *Die menschliche Liebe im göttlichen Heilsplan. Eine Theologie des Leibes*, hg. von Norbert Martin und Renate Martin, 2. Aufl., Kisslegg: Fe-Medienverlag 2008 [1985].

23 A.a.O., 79.

24 A.a.O., 81.

25 A.a.O., 92: „Die Antwort Christi ist endgültig und unmissverständlich. Wir müssen also daraus die maßgebenden Normen ableiten, die nicht nur für die Ethik wesentliche Bedeutung haben, sondern vor allem für [...] die Theologie des Leibes."

Schöpfungsbericht bilde „die solide Basis für eine Metaphysik und auch für eine Anthropologie und eine Ethik [...], nach welcher das Sein und das Gute austauschbar sind (*ens et bonum convertuntur*).“[26] Der zweite Schöpfungsbericht habe einen anderen Charakter. Er zeige uns mit der Erzählung über Unschuld und Erbsünde tiefe Wahrheiten über die Körperlichkeit und die Bewusstseinslage des Menschen als Subjekt. „Vergleicht man beide Berichte miteinander, gelangt man zu der Überzeugung, dass diese Subjektivität der objektiven Wirklichkeit des ‚nach dem Abbild Gottes‘ geschaffenen Menschen entspricht.“[27] Der zweite Schöpfungsbericht enthält für Johannes Paul II. eine substanzielle anthropologische Botschaft: „Der Mensch ist nicht nur durch sein Selbstbewusstsein und seine Selbstbestimmung Subjekt, sondern auch aufgrund des ihm eigenen Körpers. Der Aufbau dieses Körpers ist solcher Art, dass sie [sic!] ihm ein spezifisch menschliches Handeln ermöglicht.“[28] Das noch nicht zweigeschlechtlich gedachte Körper-Sein des Menschen sei als die Grundlage der Fähigkeit zur Praxis die tiefste „Struktur des Person-Subjekts“[29]. Daher sind vor aller Verschiedenheit die Menschen in ihrer spezifischen Körperlichkeit gleich. Vollendet wird die Schöpfung in der Erschaffung des Menschen als Mann und Frau, die zu einer neuen „Einheit zweier Wesen“ führt. „Diese ontologische Dimension der Einheit und der Zweiheit hat zugleich eine axiologische Bedeutung.“[30] Erst durch die Zweigeschlechtlichkeit kommt es zu einer personalen Gemeinschaft (*communio personarum*), wird das Alleinsein überwunden. Nicht nur durch das Menschsein als solches (also durch die Bestimmung zur Freiheit), sondern auch durch die Gemeinschaft von Mann und Frau (also durch die Bestimmung zur Interpersonalität) werde der Mensch zum Ebenbild Gottes. Dieser Gedanke ist für Johannes Paul II. und seine Theologie des Leibes nach eigenen Worten entscheidend. Der Mensch ist von Gott auf eine Einheit hin geschaffen zwischen dem, „was auf menschliche Weise und durch den Körper“[31] weiblich, und dem, was auf eben diese Weise männlich ist. „Auf das alles fiel von Anfang an der Segen der Fruchtbarkeit, verbunden mit der menschlichen Zeugung (vgl. Gen 1,28).“[32] *So offenbart der Leib das Sein und Sollen des Menschen.* Die Theologie des Leibes ist eine Theologie sich wechselseitig ergänzender Männlichkeit und Weiblichkeit. Indem sie „ein Fleisch werden“, überschreiten Mann und Frau ihr Alleinsein und

26 A.a.O., 86.
27 A.a.O., 89.
28 A.a.O., 109.
29 A.a.O., 112.
30 A.a.O., 118.
31 A.a.O., 121.
32 Ebd.

entdecken die „Bedeutung des Leibes in seiner Männlichkeit und Weiblichkeit.“[33] Die auf Zeugung hin finalisierte eheliche Sexualität, in der sich männlicher und weiblicher Körper gegenseitig schenken, erneuert für Johannes Paul II. „jedes Mal das Geheimnis der Schöpfung.“[34] Die interpersonale Sexualität wird vom Papst theologisch-anthropologisch als Moment der Gottebenbildlichkeit des Menschen gewürdigt. Diese Interpersonalität wird immer als Vereinigung weiblicher und männlicher Leiber verstanden. Aus der, wie es heißt, „innere[n] Wahrheit der gegenseitigen Sprache des Leibes“[35] will Johannes Paul II. auf das Prinzip der Untrennbarkeit von liebender Vereinigung und Zeugung schließen.[36] Die Wahrheit der Sprache des Leibes komme nur dann zum Ausdruck – und dass sie zum Ausdruck kommen soll, sei von Anfang an der Plan Gottes –, wenn „die Möglichkeit der Zeugung neuen Lebens gewahrt ist.“[37] Erst die „Berücksichtigung der biologischen Ordnung“[38] garantiere, dass der Mensch seine Sexualität ethisch verantwortlich gestalte. Die Normen der katholischen Sexualmoral ergeben sich für Johannes Paul II. zwingend aus seiner Exegese der beiden biblischen Schöpfungsberichte. Am Ende seiner Katechesen, im November 1984, schließt sich der Kreis: „In einem gewissen Sinn kann man sogar sagen, dass sämtliche Überlegungen, die wir ‚Als Mann und Frau schuf er sie‘ nannten [...], einen umfassenden Kommentar zu der in der Enzyklika Humanae vitae enthaltenen Lehre darstellen.“[39]

Verglichen mit ihrer die christliche Tradition zutiefst prägenden Verdächtigung als Ort der Gottesferne, findet Johannes Paul II. als erster Papst zu einer echten theologisch-anthropologischen Würdigung menschlicher Sexualität. Seine Theologie des Leibes ist auch eine Theologie sexuell handelnder Personen, die auf diese Weise als Gottes Geschöpfe und Ebenbilder agieren. Der Fluchtpunkt dieser Theologie liegt ganz ohne Zweifel in der Bekräftigung der normativen Ordnung katholisch-lehramtlicher Sexualmoral. Und dies führt nun dazu, dass aus der Theologie des Leibes nicht nur eine *Theologie des heterosexuellen Leibes* wird, sondern auch die Personalität der Sexualität gegenüber der Naturordnung ins Hintertreffen gerät. Der transsexuelle Leib als solcher findet in der Ontologie

33 A. a. O., 127.

34 Ebd.

35 A. a. O., 695.

36 Zum Einfluss dieser Idee auf die Enzyklika *Humanae Vitae* von Paul VI. vgl. die Studie von Michael J. Barberi und Joseph A. Selling, „The Origin of *Humanae Vitae* and the Impasse in Fundamental Theological Ethics,“ *Louvain Studies*, Bd. 37, 2013, 364–389.

37 Johannes Paul II., *Die menschliche Liebe*, 697.

38 A. a. O., 699.

39 A. a. O., 703.

und Ethik des „Als Mann und Frau schuf er sie" nicht statt, er ist ein Un-Ding. In einer naturalistischen Ding-Ontologie komplementärer Zweigeschlechtlichkeit wird aus der Homosexualität zwangsläufig eine tiefsitzende Neigung und aus der Transsexualität eine psychische Störung. In beiden Fällen verschließt man die Augen davor, dass eine Person buchstäblich leibhaftig homo- oder transsexuell *sein* kann. Sie darf es gewissermaßen aus theologischen Gründen nicht sein. Wenn Gott den Menschen als Mann und Frau zur sexuellen Komplementarität hin geschaffen hat, dann kann er nicht zugleich Menschen mit einer Konstitution schaffen, die sie auf sexuelle Handlungen hin orientiert, die gegen seinen in Schrift und Natur – vermeintlich – geoffenbarten Willen verstoßen.[40] Um Gott von diesem moralischen Makel zu befreien, muss es allen Menschen möglich sein, sich in Freiheit an die göttliche Schöpfungsordnung zu halten. Einer ungeordneten Neigung darf der Mensch nicht nachgeben. Die Botschaft an Transsexuelle lautet demnach, ihre biologisch vorgegebene Männlichkeit oder Weiblichkeit trotz der für sie womöglich enormen psychischen Belastungen anzunehmen. Einen Wechsel des Geschlechts könne es in Wirklichkeit nicht geben. Über die traditionelle Verurteilung geschlechtsangleichender Operationen aufgrund der damit einhergehenden direkten Sterilisation hinausgehend, führt die Anthropologie heterosexueller Komplementarität damit zu einer rigorosen Kritik am gesamten Phänomen von Transsexualität und Transgender.[41]

IV Notwendige oder kontingente Kongruenz?

In der Diskussion über die von Johannes Paul II. vorgelegte Sexualethik hat schon in den achtziger Jahren des vergangenen Jahrhunderts der Bonner Moraltheologe Franz Böckle (1921–1991) auf deren moralische und anthropologische Prämissen hingewiesen.[42] Der von Karol Wojtyła/Johannes Paul II. beschrittene phänomenologische Weg zur menschlichen Daseinsweise stehe ganz im Dienst des „Aufweis[es] einer vorgegebenen Sollensordnung"[43]. Letztlich gehe es in diesem Denken darum, ontologische Strukturen zu erfassen und von ihnen her das

40 Vgl. Yiftach Fehige, „Transsexuality: Reconciling Christianity and Science," *Toronto Journal of Theology*, Bd. 27, 2011, 51–71, 54.

41 Dies analysiert und kritisiert auch Jones „Gender Reassignment Surgery," 332–336.

42 Franz Böckle, „Was bedeutet ‚Natur' in der Moraltheologie?," in *Der umstrittene Naturbegriff. Person – Natur – Sexualität in der kirchlichen Morallehre*, hg. von dems., Düsseldorf: Patmos 1987 (*Schriften der Katholischen Akademie in Bayern*, Bd. 124), 45–68.

43 A. a. O., 61.

Handeln der Person zu bestimmen (*operari sequitur esse*).[44] Infolgedessen droht die spezifisch menschliche Ausdrucksqualität von Sexualität in interpersonalen Beziehungen gegenüber der Naturordnung an die zweite Stelle zu treten. Vor allem findet diese Theologie keinen rechten Zugang zu den Erfahrungen homo- oder transsexueller Personen. Was von außen als Unordnung erscheint, kann von innen als Liebe erlebt werden.[45] Böckle fragt daher, ob es nicht anthropologisch angemessener sei, „das vorgegebene Sein vom Moment des Personalen" statt „das Personale aus dem Verständnis des vorgegebenen Seins zu interpretieren."[46]

Die eigene Natur gehört beim Menschen zur von ihm in sittlicher Verantwortung zu gestaltenden Wirklichkeit. In der philosophischen Tradition wird dies von Hegel als die zweite Natur des Menschen bezeichnet.[47] Eine unmittelbar natürliche Existenzweise ist dem Menschen verwehrt. Eine Sexualethik, die auf einer strikten Beachtung bestimmter biologischer Gesetzmäßigkeiten besteht, verbliebe im Rahmen einer vormodernen Metaphysik des Naturdings. In einer *Metaphysik der Freiheit*, wie sie in der Theologie- und Philosophiegeschichte zur Geltung gekommen ist,[48] steht menschliche Sexualität unter dem Anspruch einer rücksichtsvollen „personale[n] Liebe"[49], also unter dem Anspruch, den anderen

---

44 Bruno Schüller, „Wieweit kann die Moraltheologie das Naturrecht entbehren?," *Lebendiges Zeugnis*, Heft 1/2, 1965, 41–65, 55 f., betont: „Dieses Axiom [dass das Sollen im Sein gründet, S.G.] macht keine Aussage über Stetigkeit oder Veränderung menschlichen Seins, sondern über die strenge Korrelation zwischen Sein und Sollen. Nur von dieser Korrelation behauptet das Axiom, sie habe absolute Geltung. Inwieweit der Mensch bei aller geschichtlichen Wandelbarkeit seines Seins doch immer derselbe bleibt, ist demgegenüber eine ganz andere Frage, die zu beantworten primär nicht die Aufgabe der Ethik, sondern einer metaphysischen Anthropologie ist. Aber wie diese Antwort auch ausfällt, wegen der strengen Korrelation des Sollens mit dem Sein lässt sich von vornherein sagen: genau in dem Maße, wie sich das Sein des Menschen geschichtlich verändert, muß auf alle Fälle auch die dafür gültige Norm eine andere sein."

45 Vgl. Ronald Modras, „Pope John Paul II's Theology of the Body," in *John Paul II and Moral Theology*, hg. von Charles E. Curran und Richard A. McCormick, New York und Mahwah, NJ: Paulist Press 1998, 149–156 (*Readings in Moral Theology*, Bd. 10), 155 f.

46 Böckle, „Was bedeutet ‚Natur'," 66.

47 Georg Wilhelm Friedrich Hegel, *Enzyklopädie der philosophischen Wissenschaften im Grundrisse (1830). Dritter Teil: Die Philosophie des Geistes*, in *Werke*, Bd. 1–20, auf der Grundlage der Werke von 1832–1845 neu edierte Ausgabe, Redaktion Eva Moldenhauer und Karl Markus Michel, Frankfurt am Main: Suhrkamp 1986 (*Suhrkamp-Taschenbuch Wissenschaft*, Bd. 601–620), Bd. 10, 184 (§ 410, Anm.): „Die Gewohnheit ist mit Recht eine zweite Natur genannt worden, – *Natur*, denn sie ist ein unmittelbares Sein der Seele, – eine *zweite*, denn sie ist eine von der Seele *gesetzte* Unmittelbarkeit, eine Ein- und Durchbildung der Leiblichkeit, die den Gefühlsbestimmungen als solchen und den Vorstellungs- und Willensbestimmtheiten als verleiblichten [...] zukommt."

48 Vgl. Theo Kobusch, *Die Entdeckung der Person. Metaphysik der Freiheit und modernes Menschenbild*, Freiburg i. Br. et al.: Herder 1993.

49 Böckle, „Was bedeutet ‚Natur'," 68.

in der sexuellen Begegnung niemals zum bloßen Mittel eigener Zwecke zu degradieren. Eine so verstandene personale Liebe, die genuin sittliche Kriterien an die Sexualität anlegt, kann aber nicht exklusiv auf heterosexuelle Beziehungen beschränkt werden.[50]

Teilt man den von Böckle und vielen anderen MoraltheologInnen vertretenen Ansatz einer personalen Beziehungsethik[51] als Quelle für die Bewertung sexueller Praxis, dann können geschlechtsangleichende Operationen von Transsexuellen nicht länger allein mit dem Argument moralisch verurteilt werden, dass diese einem ‚normalen' Sexualleben im Wege stehen. Wenn die Kategorie des Normalen überhaupt tauglich ist, dann höchstens in dem Sinne, dass es für den Menschen ‚normal' ist, seine Sexualität personal, das heißt in kultureller und individueller Selbstgestaltung, zu leben.

Es bleibt die theologische Frage, wie das Phänomen der Transsexualität selbst zu fassen ist.[52] Aus der Perspektive der ersten Person erzeugt die empfundene Differenz zwischen dem biologischen Geburtsgeschlecht und der eigenen Geschlechtsidentität einen erheblichen Leidensdruck. Transsexualität zeigt uns auf die dramatischste Weise, dass von Natur aus nicht immer eine Kongruenz besteht zwischen dem biologischen Geschlecht (Mann/Frau) und der individuellen Geschlechtsidentität (Männlichkeit/Weiblichkeit) einer Person. Es gibt offenbar keine determinierte Kongruenz zwischen *sex*, *gender*, Geschlechtsidentität und sexueller Orientierung. Diese fehlende Kongruenz ist keineswegs, wie oft unterstellt,[53] Ergebnis bloß individueller Willkür oder sozialer Konstruktionen, sondern

---

50 Vgl. Stephan Goertz, „Eine Form des Liebens. Für einen Perspektivwechsel in der Beurteilung der Homosexualität," in *Herder Korrespondenz Spezial: Leibfeindliches Christentum? Auf der Suche nach einer neuen Sexualmoral*, Freiburg i. Br. et al.: Herder 2014, 44–49.

51 Vgl. Karl-Wilhelm Merks, „Von der Sexual- zur Beziehungsethik," in *Zukunftshorizonte katholischer Sexualethik*, op. cit., 14–35; und zuletzt Konrad Hilpert, *Ehe, Partnerschaft, Sexualität. Von der Sexualmoral zur Beziehungsethik*, Darmstadt: Wissenschaftliche Buchgesellschaft 2015.

52 Zur grundsätzlichen Frage des Verhältnisses der Theologie zu den Humanwissenschaften vgl. Magnus Striet, „Verdankte Autonomie. Humanwissenschaften und Schöpfungsglaube," in *Endliche Autonomie. Interdisziplinäre Perspektiven auf ein theologisch-ethisches Programm*, hg. von Antonio Autiero, Stephan Goertz und Magnus Striet, Münster: LIT 2004 (*Studien der Moraltheologie*, Bd. 25), 123–141.

53 Vgl. etwa Benedikt XVI., Ansprache beim Weihnachtsempfang für das Kardinalskollegium, die Mitglieder der römischen Kurie und der Päpstlichen Familie vom 21.12.2012, in *AAS*, Bd. 105, 2013, 47–54, 50, in der dt. Übersetzung: „Nach dem biblischen Schöpfungsbericht gehört es zum Wesen des Geschöpfes Mensch, dass er von Gott als Mann und als Frau geschaffen ist. Diese Dualität ist wesentlich für das Menschsein, wie Gott es ihm gegeben hat. Gerade diese Dualität als Vorgegebenheit wird bestritten. Es gilt nicht mehr, was im Schöpfungsbericht steht: ‚Als Mann und Frau schuf ER sie' (Gen 1, 27). Nein, nun gilt, nicht ER schuf sie als Mann und Frau; die Gesellschaft hat es bisher getan, und nun entscheiden wir selbst darüber. Mann und Frau als

in der Evolution der menschlichen Natur selbst als Möglichkeit angelegt. Transsexuelle können den eigenen Körper schlicht nicht so akzeptieren, „wie er geschaffen wurde“[54]. Diese Unfähigkeit zur Akzeptanz ist Teil ihrer individuellen Natur. Die „Themen sexuelle Orientierung und Gender-Identität gewinnen ihre menschenrechtliche Dramatik vor allem [...] dadurch, dass Menschen oftmals gehindert werden, sich frei in ihrem kontingenten Sosein – das heißt in ihrer je eigenen ‚Natur‘– zu erfahren.“[55] Wer normative Naturzwecke dekonstruiert, behauptet damit nicht zugleich, dass die sexuelle Orientierung oder Geschlechtsidentität eines Menschen eine bloße soziale Konstruktion darstellt. Nicht die Natur, sondern die Moral ist eine menschliche Konstruktion. Die katholische Kirche droht sich bei den Fragen der Homo- und Transsexualität von den humanwissenschaftlichen Erkenntnissen und anthropologischen Reflexionen der Gegenwart zu entfremden,[56] wenn sie bei der menschlichen Sexualität von determinierten Relationen ausgeht – zwischen *sex* und *gender*, zwischen *sex* und Geschlechtsidentität, zwischen *sex* und sexueller Orientierung. Da die Theologie aus guten Gründen reduktionistische Anthropologien kritisiert, insofern sie der komplexen Wirklichkeit des Menschen in seiner „natürlichen Künstlichkeit“ (Plessner) nicht gerecht werden, also letztlich seine Fähigkeit zur Freiheit negieren, sollte dies auch für den gesamten Bereich menschlicher Sexualität gelten. Theologische Aussagen über die menschliche Sexualität und Geschlechtlichkeit erwecken zuweilen den Eindruck abstrakter und definitiver Bestimmungen und gehen damit an der Plastizität und Pluriformität des menschlichen Daseins vorbei, über die uns die Wissenschaften und unsere Erfahrung aufklären. Die Heteronormativität ist eben nicht einfach ontologisch unvermeidlich, sondern eine ethische Konstruktion. Dies ist mir wichtig: Auch wenn es humanwissenschaftlich augenscheinlich eine Tatsache ist, dass es Homo- und Transsexualität gibt, so folgt aus dieser Tatsache ethisch zunächst einmal nichts. Denn „jeder Hinweis auf eine Tatsache lässt die Frage offen, wie ich mich angesichts dieser Tatsache ver-

---

Schöpfungswirklichkeiten, als Natur des Menschen gibt es nicht mehr. Der Mensch bestreitet seine Natur.“

54 Franziskus, *Amoris Laetitia*, Nr. 285. Vgl. auch a. a. O., Nr. 56: „Verfallen wir nicht der Sünde, den Schöpfer ersetzen zu wollen! Wir sind Geschöpfe, wir sind nicht allmächtig. Die Schöpfung geht uns voraus und muss als Geschenk empfangen werden. Zugleich sind wir berufen, unser Menschsein zu behüten, und das bedeutet vor allem, es so zu akzeptieren und zu respektieren, wie es erschaffen worden ist.“

55 Heiner Bielefeldt, „Die Leibhaftigkeit der Freiheit. Sexuelle Orientierung und Gender-Identität im Menschenrechtsdiskurs,“ in *Natur des Menschen. Brauchen die Menschenrechte ein Menschenbild?*, hg. von Daniel Bogner und Cornelia Mügge, Freiburg i. Br. et al.: Herder 2015 (*Studien zur theologischen Ethik*, Bd. 144), 145 – 153, 146 f.

56 Vgl. dazu Fehige, „Transsexuality.“

halten soll."[57] Es ist der moralische Status des Menschen als Person, es ist seine Menschenwürde, die das sexuelle Verhalten sittlich normiert. Natürliche Gegebenheiten sind unbedingt zu berücksichtigen, wenn wir wissen wollen, was für den Menschen gut ist, was ihm guttut. Aber diese Gegebenheiten selbst bilden nicht das Fundament der moralischen Forderungen. Das Sollen ist im absoluten Wert der Person, also in ihrer Freiheit, nicht in irgendwelchen Tatsachen ihrer Natur begründet.

Kann aber diesen Überlegungen nicht die Aussage aus dem Buch Genesis entgegengehalten werden, dass Gott den Menschen eben *als Mann und als Frau* geschaffen hat? Und dies zudem mit dem Auftrag verbunden ist, sich fortzupflanzen? Abgesehen von der Gefahr, dass ein solcher Einwand zu einem dem katholischen Denken im Grunde fremden biblischen Moralpositivismus führen kann,[58] wird in der heutigen Exegese des geschichtlich höchst einflussreichen Schöpfungsberichts darauf hingewiesen, dass die Erschaffung des Menschen als männlich und weiblich im Kontext der gemeinsamen Bestimmung des Menschen zur Gottebenbildlichkeit „nicht nur funktional zu Reproduktion und Erhaltung des Artmusters dient, sondern eine intime und gestaltungsfähige Beziehung ermöglicht."[59] Daher sei schon biblisch betrachtet die „*menschliche Sexualität* wesentlich verschieden von jener der Tiere."[60] „Als Mann und Frau schuf er sie" zielt daher letztlich auf die menschliche Liebesfähigkeit, von der vielleicht nicht der biblische Text, wohl aber die menschliche Erfahrung weiß, dass sie nicht exklusiv nur Heterosexuelle besitzen. Der Genesistext lenkt die Aufmerksamkeit also auf das, was den Menschen als Menschen auszeichnet. Die spezifisch menschliche Form der Gestaltung von Sexualität ist eine Gestaltung jenseits eines rein ‚na-

57 Friedo Ricken, „Warum Moral nicht naturalisiert werden kann," in *Der Mensch – ein freies Wesen? Autonomie, Personalität, Verantwortung*, hg. von Heinrich Schmidinger und Clemens Sedmak, Darmstadt: Wissenschaftliche Buchgesellschaft 2005 (*Topologien des Menschlichen*, Bd. 2), 249–258, 253.

58 „In der Moral wie in jedem anderen Bereich missbilligt die Kirche jeden fundamentalistischen Gebrauch der Schrift, der etwa dadurch geschieht, dass man eine biblische Vorschrift von ihrem historischen, kulturellen und literarischen Kontext trennt," Päpstliche Bibelkommission, *Bibel und Moral*, Città del Vaticano: Libreria Editrice Vaticana 2008, Nr. 154.

59 Andreas Schüle, *Die Urgeschichte (Gen 1–11)*, Zürich: TVZ 2009, 43.

60 Georg Fischer, „... nach unserem Bild und unserer Ähnlichkeit" (Gen 1,26). Die provokante Aussage von der Erschaffung des Menschen im Horizont von Altem Testament und Altem Orient," in *Der Mensch – ein Abbild Gottes? Geschöpf – Krone der Schöpfung – Mitschöpfer*, hg. von Heinrich Schmidinger und Clemens Sedmak, Darmstadt: Wissenschaftliche Buchgesellschaft 2010 (*Topologien des Menschlichen*, Bd. 7), 153–175, 165; vgl. auch Ruth Scoralick, „Als Mann und Frau geschaffen? Die Bibel und ihre Leser*innen," in *Die Naturalisierung des Geschlechts*, hg. von Gero Bauer et al., Bielefeld: Transcript 2018, 61–77.

türlichen Sexualverhaltens', welches es eben als solches nicht gibt.[61] Weil der Mensch Abbild Gottes ist, steht seine Sexualität zuallererst unter dem Anspruch, die Würde des anderen zu achten und zu schützen. Nicht dass sich Menschen sexuell fortpflanzen, zeichnet sie spezifisch als sexuelle Wesen aus, sondern dass sie es auf eine menschliche, also personale Weise können und sollen. In der katholischen Kirche wird es erst dann zu einer neuen Sicht auf das Phänomen der Transsexualität kommen, wenn sie sich löst von ihrer bisherigen sittlichen Bewertung der Sexualität von Transsexuellen.

61 Vgl. Franz-Xaver Kaufmann, „Die Ehe in sozialanthropologischer Sicht" (1966), in *Soziologie und Sozialethik. Gesammelte Aufsätze zur Moralsoziologie*, hg. von Stephan Goertz, Freiburg i. Br. et al.: Herder und Freiburg (Schweiz): Academic Press Fribourg 2013 (*Studien zur theologischen Ethik*, Bd. 136), 241–256, 247: „Es gibt kein ‚natürliches Sexualverhalten' des Menschen im Sinne eines instinktiv richtigen Verhaltens wie beim Tier, sondern *was als ‚natürlich' gilt, ist notwendigerweise stets das Produkt kultureller Normen.*" Vgl. auch Peter L. Berger und Thomas Luckmann, *Die gesellschaftliche Konstruktion der Wirklichkeit*, übers. von Monika Plessner, Frankfurt am Main: Fischer 1980, 193: „Seine biologische Konstitution treibt den Menschen, sexuelle Entspannung und Nahrung zu suchen. Aber seine biologische Konstitution sagt ihm nicht, wo er sich sexuell entspannen und was er essen soll. [...] Sexualität und Ernährung werden viel mehr gesellschaftlich als biologisch in feste Kanäle gedrängt. [...] Auch die Art, wie der Organismus tätig ist – Expressivität, Gang, Gestik – trägt den Stempel der Gesellschaftsstruktur."

Lukas Ohly

Transsexualität und der virtuelle Körper

Theologisch-metaethische Anmerkungen

Abstract: Der Artikel beschreibt ein neues Paradigma des Körperverständnisses, das ein reiner Projektionsraum ist, während der projizierte Körper niemals das erfüllen wird, was die Projektion – aufgrund ihrer Leerheit – verspricht. Das Selbstverständnis der transsexuellen Person gründet auf dieser virtuellen Dimension des Körperverständnisses. Auch die neurowissenschaftliche Erklärung von Transsexualität unterstützt diese virtuelle Transformation des menschlichen Körpers. Dieser Aufsatz konzentriert sich auf diese metaethische Sicht, die auch einen theologischen Rahmen für die normative Bewertung von Transsexualität offenlegt.

I Naturalistische Verwirrungen

Die Erkenntnisgewinne der Hirnforschung erzeugen einen Übermut, nicht nur den Menschen immer besser zu verstehen, sondern auch ethische Probleme in einem Handstreich mit zu erledigen. Dieser Übermut unterliegt einer methodischen Indifferenz, auf nötige Begriffsarbeit zu verzichten und disziplinäre Eigendynamiken zu übersehen. Biologische Fakten sind aber weder ethische noch soziale Sachverhalte. Zu biologischen Fakten gehören etwa Zustände im Gehirn; ihre Qualifizierung als gesund oder krank erzeugt soziale Sachverhalte und beruht selbst auf sozialer Interaktion. Aber wie diese sozialen Sachverhalte ethisch zu bewerten sind, ergibt sich weder aus den sozialen Sachverhalten selbst, noch ist ihre ethische Bewertung durch die biologischen Fakten determiniert.

So ist es ein Irrtum, die These, dass Transsexualität eine psychische Krankheit sei, schon damit abzutun, dass man neurologische Korrelate für Transsexualität entdeckt. Denn Krankheit ist kein biologischer Begriff.

Mit diesen Vorbemerkungen halte ich nicht etwa Transsexualität für eine Krankheit, sondern methodisch den Weg für falsch, soziale und ethische Implikationen eines transsexuellen Verhaltens dadurch abzukürzen, dass man die neurologischen Korrelate identifiziert. „[T]he brain is the most sexual organ of the

https://doi.org/10.1515/9783110614626-015

body“[1]. Das mag ja sein und klingt vermutlich aufregender, als es ist, weil es aus der Perspektive eines sexuell stimulierten Gegenübers komisch klingt – so als ob das Gehirn (nicht das Bewusstsein!) eines attraktiven Menschen stimulierender wäre als seine körperlichen Reize. Aber der Satz ist ja nicht aus der Perspektive des potenziellen sexuellen Partners geäußert und nicht einmal aus der Selbstperspektive des geschlechtlichen Menschen. Es wird vielmehr eine dritte, neurologische Perspektive eingenommen, aus der wiederum der Satz so trivial klingt wie der, dass Menschen mit dem Gehirn denken (was ebenso aus der Selbstperspektive nicht gefühlt wird und aus der Fremdperspektive manchmal sogar zweifelhaft erscheint). Entscheidend aber ist, dass solche Sätze genau die Ebene der sozialen Interaktion überspringen, auf der sich soziale und ethische Konflikte ereignen. „[T]he brain is sexed during prenatal life.“[2] Wenn die sexuelle Orientierung sogar schon pränatal determiniert worden ist, als die Begegnung mit einem attraktiven Gegenüber noch nicht stattgefunden hat, bekommt „Sexualität“ selbst für eine rein biologische Perspektive eine reduzierte Bedeutung (weil das Paarungsverhalten ausgenommen ist). Welche sozialen oder ethischen Probleme will man damit lösen, wenn man sie so nicht einmal in den Blick genommen hat?

Eine ähnliche ethisch fatale Indifferenz zeigt sich im Gebrauch des Krankheitsbegriffes, der suggeriert, eine Person sei schon dann nicht krank, wenn ihr Verhalten auf eine neurologische Ursache zurückgehe. Eine habituelle Normabweichung kann nämlich auch genau umgekehrt naturwissenschaftlich als Störung einer Organfunktion beschrieben werden.[3] Bernhard Irrgang zählt vier Krankheitsbegriffe aus unterschiedlichen Disziplinen auf, neben dem naturwissenschaftlich-biologischen einen gesellschaftlichen, subjektiven und einen leiborientierten.[4] Für sie alle ließe sich Transsexualität als Krankheit beschreiben. Kein Begriff legt zwar Transsexualität auf Krankheit fest. Es ist aber eine Pointe Irrgangs, dass mit der erhöhten Optionalität medizinischer Behandlungen auch die Kontingenz des Krankheitsbegriffs zunimmt: „Personalisierte Medizin“ bedeute, dass man die Situation eines Patienten kennen müsse „und wie er ähnliche Lagen in seinem Leben bewältigt hat.“[5] Gerade wenn im Mittelpunkt nicht die

---

1 Dean Kotula, „A Conversation With Milton Diamond, Ph. D.,“ in *The Phallus Palace. Female to Male Transsexuals*, hg. von dems., Los Angeles, CA: Alyson 2002, 35–56, 36.

2 Milton Diamond, „Transsexuality, Intersexuality and Ethics,“ in *Transgenders and Intersexuals. Everything You Ever Wanted to Know But Couldn't Think of the Question. A Resource Book for the General Community, hg. von* Lois May, Bowden: East Street Publications 2005, 72–94.

3 Vgl. Bernhard Irrgang, *Projektmedizin. Neue Medizin, technologie-induzierter Wertewandel und ethische Pragmatik*, Stuttgart: Franz Steiner 2012, 85 f.

4 Vgl. a. a. O., 86.

5 A. a. O., 100.

Krankheit steht, sondern der Mensch,[6] dann kann die Medizin alle möglichen individuellen Dispositionen und Verhaltensmuster zu ihrem Thema machen, so dass eine „Medikalisierung der Moral“[7] droht.

Man muss nicht bezweifeln, dass die sexuelle Identität auf pränatalen neurochemischen Entwicklungen beruht. Nur ist damit für die Frage nichts gewonnen, wie Menschen mit ihrer sexuellen Identität umgehen sollten. Wer die operative Körperanpassung wählt, kann sich sowohl als krank verstehen als auch den Eingriff als medizinische Prophylaxe sehen, damit er nicht erst krank wird. Ebenso steht es mit Transsexuellen, die ihre Identität verschleiern und damit einer Krankheit vorbeugen wollen – etwa, wenn sie gelernt haben, ihre Disposition zu sublimieren – oder ihre Transsexualität als Krankheit annehmen und mit ihrer Verschleierung bekämpfen. Neurologische Befunde beugen also gerade nicht einer Pathologisierung von Transsexualität vor, sondern tragen im Gegenteil dazu bei, ein Verhaltensmuster medizinisch zu adaptieren, indem das persönliche Leiden transsexueller Menschen neuropharmazeutisch und plastisch-chirurgisch bearbeitbar wird. Auch die Medizinethik trägt dazu bei, indem sie die Autonomie des Patienten zum Prinzip erhebt und damit dialektisch den Patienten paternalistisch in ihr System einfängt, aus dem er nicht ausbrechen kann. Denn auch die Entscheidungen des gesunden Menschen gegen medizinische Optionen sind seitdem medizinisch-ethische Entscheidungen. Sobald Kranksein in der personalisierten Medizin gewählt wird, wird auch Gesundsein gewählt und dabei medizinisch-ethischen Prinzipien unterworfen.

II Unterschiedliche transsexuelle Körper

Wer das Thema der Transsexualität ethisch untersuchen will, wird sich daher von naturwissenschaftlichen Ergebnissen nicht sehr viel Unterstützung versprechen. Vielmehr sind die Leidenssituation der Betroffenen und ihre Konflikte wahrzunehmen, um sie einem Interessenabgleich zu unterziehen. Bei der ethischen Beurteilung der Transsexualität sind drei Perspektiven zu unterscheiden: Die Perspektive

1. der Transsexuellen selbst,
2. ihrer sozialen Umwelt und

6 Vgl. a.a.O., 86. Ähnlich Gregor Etzelmüller, „Der kranke Mensch als Thema theologischer Anthropologie. Die Herausforderung der Theologie durch die anthropologische Medizin Viktor von Weizsäckers,“ *Zeitschrift für Evangelische Ethik*, Bd. 53, 2009, 163–177, 164.

7 Irrgang, *Projektmedizin*, 110.

3. die humanwissenschaftlichen sowie sozialwissenschaftlichen Beschreibungen der Interessen von Transsexuellen und ihrer sozialen Umwelt.

Die Ethik selbst gehört keiner dieser Perspektiven an, sondern beurteilt die Konfliktlage angesichts dieser drei Perspektiven. In diesem Aufsatz konzentriere ich mich dabei auf den ethischen Konflikt um den *Körper* der transsexuellen Person.

Wie ich oben schon angedeutet habe, bedeuten Sexualität und Geschlechtlichkeit in diesen drei Perspektiven jeweils Unterschiedliches. Während die transsexuelle Person das Gefühl hat, in einem falschen Körper zu stecken,[8] weil sie die typischen sexuellen Geschlechtsmerkmale nicht hat, die sie aufgrund ihres Selbstbildes haben müsste, tritt für die soziale Umwelt Transsexualität erst durch soziale Interaktion auf. Die meisten Menschen begegnen einander nicht nackt, sondern sind auf soziale Kodierungen angewiesen, um die jeweilige Geschlechtlichkeit ihrer Interaktionspartner wahrzunehmen. Solche sozialen Kodierungen erweitern dabei die Körper durch geschlechtsspezifische Kleidung, Parfums und Haarmode. Bernhard Waldenfels hat gezeigt, dass Männlichkeit und Weiblichkeit Übergänge zu Dingen haben: „Fetische wären überhaupt gar nicht denkbar, wenn die Erotik nicht auch auf Dinge übergriffe."[9] *Etwas* („ein Typ"[10]) kann dadurch mehr oder weniger männlich/weiblich sein.[11] Das hat zur Konsequenz, dass die sozialen Kodes den bloßen Körper sowohl ver- als auch enthüllen. Waldenfels spricht von „Nacktheit, die mit einer bloßen Kleiderlosigkeit nicht zu verwechseln ist. Sie lebt von dem Kontrast leiblicher An- und Abwesenheit."[12] Auf diese Weise können Menschen ihre Geschlechtsidentität verschleiern oder umdeuten. Transsexualität tritt im sozialen Kontext erst auf, indem eine Person doppelt kodiert wird – aber nicht notwendig dadurch, dass eine Person operativ eine Anpassung ihrer Genitalien vornehmen lässt.

Für die neurologische Perspektive schließlich ist Transsexualität ein Phänomen des Gehirns. Hier besteht kein Konflikt zwischen der Selbstwahrnehmung des Transsexuellen und seinem Körper, sondern eine Spannung zwischen der

---

8 Vgl. Milton Diamond, „Self-Testing Among Transsexuals. A Check on Sexual Identity," *Journal of Psychology & Human Sexuality*, Bd. 8, 1996, Nr. 3, 61–82.

9 Bernhard Waldenfels, *Das leibliche Selbst. Vorlesungen zur Phänomenologie des Leibes*, hg. von Regula Giuliani, Frankfurt am Main: Suhrkamp 2000 (*Suhrkamp-Taschenbuch Wissenschaft*, Bd. 1472), 335.

10 A. a. O., 332.

11 Vgl. ebd. Waldenfels erklärt dagegen das Phänomen der Transsexualität mit dem Wunsch nach Eindeutigkeit, der aber eben durch die dinglichen Vermittlungen morphologisch übergangen werde.

12 Bernhard Waldenfels, *Phänomenologie der Aufmerksamkeit*, Frankfurt am Main: Suhrkamp 2004 (*Suhrkamp-Taschenbuch Wissenschaft*, Bd. 1734), 247.

Genetik, der Emission von Sexualhormonen und dem Körper.[13] Der Transsexuelle hat nach dieser Perspektive bereits ein Problem, bevor er mit anderen Menschen in Kontakt tritt. Die biologische Tatsache, dass die Geschlechtsidentität pränatal festlegt ist, gibt damit der Sex-Theorie einen Vorrang vor der Gender-Theorie. Transsexualität ist keine freie Wahl, sondern wer sich zu ihr bekennt, ist bereits durch seine pränatal festgelegte sexuelle Geschlechtsidentität determiniert, sich so wahrzunehmen.[14]

In der Konsequenz wird Geschlechtlichkeit (Sex) neurowissenschaftlich unabhängig von den Genitalien bestimmt, was letztlich auf eine *gendertheoretische* Revolution hinausläuft. Entweder erzwingt das Gehirn eine gendertheoretische Geschlechtlichkeit im Sinne einer neurologischen Konstruktion, oder die Neurowissenschaften sind Gendertheorien, nämlich neurowissenschaftliche Konstruktionen, die sich sowohl über den Körperbau als auch über die sexuelle Interaktion hinwegsetzen, um zu erklären, welches Geschlecht jemand hat.

Aufgrund der Unterscheidung dieser drei Perspektiven können die ethischen Konfliktlinien um Transsexualität unterschiedlich verlaufen:

1. Eine transsexuelle Person kann darunter leiden, dass sie sozial nicht in dem Geschlecht *anerkannt* ist, in dem sie sich selbst sieht.[15] Sie kann aber auch unter ihrem *Körper* leiden. Und schließlich kann sie darunter *leiden, dass sie* unter ihrem Körper *leidet.* In diesem letzteren Fall können neurowissenschaftliche Publikationen zur entwicklungspsychologisch früh gereiften Geschlechtsidentität das Leiden sogar vertiefen, weil sie die Geschlechtsidentität als unhintergehbar darstellt, es sei denn, man würde das Gehirn so manipulieren, dass die Person schließlich eine andere wird.

2. Sozialethisch ergibt sich auch in liberalen Gesellschaften die Frage der sozialen Bewertung des *Körpers* des Transsexuellen, seines *Leidens* und des *Trans-*

---

13 Vgl. Diamond, „Transsexuality".

14 Selbst wenn Diamond einräumt: „[I]t must be clear that *sex* and *gender* are distinct entities" (Milton Diamond, „Intersex and Transsex: Atypical Gender Development and Social Construction," *Women's Studies Review,* Bd. 19, 2012, 76–91, Herv. im Original), so unterstreicht er „mistaken ideas that infants were born psychosexually neutral (*undifferentiated*) and their eventual gender acceptance would be based on how they were raised" (ebd.; Herv. im Original).

15 Gesellschaften müssen auch dann transsexuelle Menschen nicht stigmatisieren, wenn diese sich ausgeschlossen fühlen. Da allerdings Transsexuelle die besondere Spannung ihrer Geschlechtsidentität selbst erst noch anerkennen müssen, auch wenn sie diese „schon immer" haben, ist ihr Geschlecht immer auch mit dem sozialen Phänomen der Anerkennung verbunden. Denn wenn das eigene Geschlecht schon für die transsexuelle Person selbst nicht selbstverständlich gegeben ist, wie wird es dann erst von anderen beurteilt? Da Angst und Misstrauen gegen die soziale Umwelt häufig auftreten, steigert sich dabei die Dialektik der sozialen Kodierung des Körpers aus Selbstenthüllung und Sich-Verbergen.

sexuellen selbst. Eine Gesellschaft kann die Menschenwürde eines Transsexuellen achten und Diskriminierungen unterbinden. Aber selbst dann bleibt die Frage offen, wer das Recht hat, über das Geschlecht eines Menschen zu entscheiden: die Gesellschaft oder der Transsexuelle. Und auch wenn die Geschlechtsidentität durch das jeweilige Individuum bestimmt werden soll, muss es noch kein Recht darauf haben, dass die Gesellschaft die Kosten für die Geschlechtsanpassung übernimmt. Gesellschaften können umgekehrt die Geschlechtsanpassung achten und unterstützen, aber die Position zurückweisen, dass dadurch eine neue soziale Identität der transsexuellen Person entsteht. Gerade weil die Genitalien in der gesellschaftlichen Kommunikation weitgehend verhüllt bleiben, tritt das soziale Phänomen der Transsexualität früher und unabhängig von der operativen Körperanpassung auf – und mit ihm entstehen andere ethische Konflikte.

3. Medizinethisch kann die Frage virulent werden, ob der Körper mit Hilfe einer operativen Körperanpassung an das Gehirn angepasst werden sollte oder umgekehrt das Gehirn durch Maßnahmen des sog. Neuroenhancement an den Körper. Die Frage, worunter der Patient mehr leidet – an seinem Körper oder daran, dass er an seinem Körper leidet –, führt zum ethischen Problem, ob nach dem Autonomieprinzip beide Optionen gleichrangig sind: Ist es gleichrangig, ob das Ich entscheidet, einen anderen Körper zu haben und dabei auch seine soziale Identität zu wechseln, oder ob es entscheidet, ein anderes Ich zu sein und dabei seinen Körper unangetastet zu lassen?

1 Das virtuelle Geschlecht der Neurowissenschaften

In allen drei Perspektiven wird der menschliche Körper ein opaker Gegenstand. Nicht ist er einfach ein flexibler Gegenstand, dessen Eigenschaften gewechselt werden können. Vielmehr zerrinnt seine Materialität überhaupt. Er wird zum virtuellen Körper. Virtuelle Realitäten zeichnen sich dadurch aus, dass sie ein Drittes zwischen Realität und Fiktion bilden.[16] Oft wird daher zwischen physischer und Virtueller Realität unterschieden.[17] Diese Unterscheidung ist aber nicht ganz scharf, weil auch die menschliche Kommunikation, semantische Bedeu-

16 Vgl. Clemens Breuer, „Virtualität und Fortschritt. Moraltheologische Anmerkungen zur virtuellen computergenerierten 3-D-Rekonstruktion menschlicher Embryonen,“ in *Die Anwesenheit des Abwesenden. Theologische Annäherungen an Begriff und Phänomene von Virtualität*, hg. von Peter Roth et al., Augsburg: Wißner 2000, 157–171, 159.

17 Vgl. Daniel Falkner, „Zwischen Realität und Fiktion. Lebendige Metaphern und virtuelles Leben in der Synthetischen Biologie,“ in *Virtuelle Bioethik. Ein reales Problem?*, hg. von Lukas Ohly, Frankfurt am Main: Peter Lang 2015, 37–53, 37.

tungen, die Stimme und performative Handlungen dann ausschließlich physisch wären. Zwar ist es eine Pointe des Naturalismus, solche Phänomene physikalistisch zu reduzieren. Doch diese Reduktion verdankt sich ihrerseits ihrer eigenen Virtualisierung: Wird die menschliche Stimme auf Phoneme reduziert, so verschwindet sie als unmittelbares Phänomen und wird nur über ihr virtuelles Korrelat repräsentierbar, während ihre soziale und kommunikative Bedeutung als Epiphänomen aus der Realität ausgeschlossen wird. Virtuelle Welten sind daher Repräsentationen, die gerade die physische Realität ersetzen und neue Entitäten erzeugen. Dabei simulieren sie die Dimensionen der Realität – Raum und Zeit[18] (durch Immersionseffekte[19]) – und Qualitäten – Begegnungen, Emotionen (das Vibrieren des Smartphones, Emoticons) – und sogar den Körper (etwa die Computermaus, der Cyberhandschuh oder der Datenanzug[20]).

Paradigmatisch hierfür ist die neurowissenschaftliche Verlagerung des Sexualorgans ins Gehirn. Ist das Gehirn noch Organ, wenn es sexuell wird? Oder verliert es seine Materialität, weil es durch bildgebende Verfahren in einen virtuellen Raum verlegt wird? Die Sexualität eines Menschen wird über ihre neurowissenschaftliche Verortung sowohl sichtbar als auch unsichtbar: Sie erhält einerseits eine virtuell beobachtbare Signifikanz; die lebensweltliche Bedeutung dieser Signifikanz – nämlich die sexuelle Erregung oder die Geschlechtsidentität – wird jedoch andererseits entweder nicht mitrepräsentiert, weil sie ein Epiphänomen ist. Oder sie wird unter Umgehung sexueller Kontakte direkt manipulierbar. Der Überstieg von der unmittelbaren Ebene auf die virtuelle Repräsentationsebene erzeugt nach Slavoj Žižek eine neue Art des direkten Eingriffs, der aber „die Wahrnehmungsebene selbst völlig umgeht [...]. Das Reale der, sagen wir, sexuellen Lust, das durch einen direkten neuronalen Eingriff erzeugt wird, findet nicht in der Realität körperlicher Kontakte statt und ist dennoch ‚realer als die Realität‘ und intensiver als diese."[21] Diese neue Unmittelbarkeit ist damit weltlos. Das Subjekt hat dann zwar eine Geschlechtsidentität, aber nicht „in der Welt", sondern im virtuellen Raum.

Aber muss die Repräsentation der Realität schon in eine zweite Realität führen? Kann sie nicht einfach die Realität abbilden? Auch wenn zwar schon die Sprache als

---

18 Vgl. André Nusselder, *Interface Fantasy. A Lacanian Cyborg Ontology*, Cambridge, Mass.: MIT Press 2009, 49 f.

19 Vgl. a.a.O., 36.

20 Vgl. Ilona Nord, *Realitäten des Glaubens. Zur virtuellen Dimension christlicher Religiosität*, Berlin und New York: De Gruyter 2008 (*Praktische Theologie im Wissenschaftsdiskurs*, Bd. 5), 42 f.

21 Slavoj Žižek, *Das Reale des Christentums*, übers. von Nikolaus G. Schneider, Frankfurt am Main: Suhrkamp 2006, 29.

erste Technologie der Virtualisierung gelten kann,[22] ist der springende Punkt hier, dass die Virtuelle Realität des Cyberspace mit ihren Immersionseffekten die Medialität vergessen machen will: „the best illusion of an experience of ‚being there' without mediation“[23]. Damit fehlt die Brücke, um das Virtuelle an die „erste“ Realität anzuschließen und an ihr abzugleichen. Die Virtuelle Realität verselbstständigt sich. Ihre Nutzer können zwar real ins Geschehen eingreifen,[24] aber auch nur, wenn sie die Repräsentation ihres Selbst (*self-image*) immersiv darin einbetten.[25] Sexueller Kontakt muss also nicht mehr dadurch zustande kommen, dass zwei Personen miteinander schlafen, sondern dass bestimmte neuronale Netze direkt aktiviert werden. Und eine Geschlechtsidentität besteht nicht darin, welche Geschlechtsorgane jemand hat, sondern in der virtuellen Repräsentation von Hirnzuständen. Was beim Sex empfunden wird oder ob ein Mensch seine ihm zugeschriebene Geschlechtsidentität anerkennt, ist dagegen ein Epiphänomen, das keine Auswirkungen auf die Erklärungskraft virtueller Modelle oder für ihre Behandlungsmethoden hat. Denn die Virtuelle Realität immunisiert sich vor einer Kontrolle, die außerhalb ihrer eigenen konstruierten Welten steht. Mit den Worten Yvonne Hofstetters kann man damit „ein Modell fröhlich mit allen erdenklichen Testverfahren und Algorithmen durchrechnen – die Ergebnisse besitzen realiter keinerlei Aussagekraft“[26].

Vor diesem Hintergrund überrascht es nicht, dass Facebook jedem Nutzer für die Einordnung seines Geschlechts 60 Optionen bereitstellt. Die kontingente Geschlechtlichkeit wird eine virtuelle Option. Facebook bindet seine Nutzer in eine virtuelle Welt ein, in der ein *self-image* oder ein Avatar über das eigene Geschlecht entscheidet, ohne dass ihm dafür ein menschlicher Körper entsprechen muss. Denn die große Unübersichtlichkeit von Geschlechtsvarianten entkoppelt die virtuelle von der „ersten“ Realität.

Die Virtuelle Realität der Neurowissenschaften begünstigt diese Entkopplung der Geschlechtlichkeit von einem Körper aus Fleisch und Blut. Ihr Umgang mit dem Thema Transsexualität ist dafür paradigmatisch, da hier ohnehin das anerkannte Geschlecht in Spannung steht zum eigenen Körper. Die Entdeckung des Gehirns als Sexualorgan virtualisiert dabei das Geschlechtliche in eine Welt der virtuellen Anpassung: Die anerkannte Geschlechtsidentität wird entweder entkörperlicht oder der Körper an Entscheidungen des virtuellen Users angepasst.

---

22 Vgl. Nusselder: *Interface Fantasy*, 51.

23 A. a. O., 16.

24 Vgl. a. a. O., 36.

25 Vgl. a. a. O., 87.

26 Yvonne Hofstetter, *Sie wissen alles. Wie intelligente Maschinen in unser Leben eindringen und warum wir für unsere Freiheit kämpfen müssen*, München: C. Bertelsmann 2014, 120.

2 Der eigene Körper als virtuelle Projektionsfläche

Phänomenologisch hat sich die Unterscheidung zwischen Leib-Sein und Körper-Haben eingespielt,[27] also die Unterscheidung zwischen dem subjektiven Vollzug des eigenen Körpers und dem Körper als Objekt.[28] In der Virtuellen Realität stellt sich diese Unterscheidung als unzureichend heraus und wird durch eine dritte Kategorie erweitert: durch den Körper als *leere Projektionsfläche*. Bereits Sartre hatte zwischen dem psychischen, erlittenen Körper, dem reflektierten Körper und dem Körper als Objekt (als Körper-für-den-Anderen) unterschieden und dabei den psychischen Körper als „Projektion der Intrakontextur des Bewußtseins auf die Ebene des An-sich"[29] bestimmt. Dieses An-sich ist dabei das transphänomenale Sein dessen, was für das Bewusstsein ist.[30] Es zeigt sich also als unsichtbarer Bezugspunkt der Phänomene, ohne die aber die Phänomene nicht wären, was sie sind. Der psychische Körper ist das evidente Erleiden dessen, was ihm unbekannt ist, aber worauf er sich im Erleiden unweigerlich bezieht. Es ist auffällig, dass Sartre den psychischen Körper aus dem Schmerz und dem Erleiden heraus entdeckt – und damit auch aus der Grundsituation, in der Transsexuelle ihren Körper erleben. Auch nach einer Geschlechtsanpassung ist nicht „alles gut"; vielmehr bleibt der Körper abhängig von Medikamenten und ggf. weiteren operativen Eingriffen. Zwar existiert der psychische Körper und damit seine Projektion für alle Menschen, aber Transsexualität würde ohne ihn nicht zum Thema werden. Und die bleibende Medikalisierung des transsexuellen Körpers erzwingt seine bleibende Thematisierung als psychischen Körper.

Sartres Einschätzung stimmt mit der neurowissenschaftlichen Betrachtung von Transsexualität darin überein, dass nicht der Körper als Objekt schmerzt, also nicht das bloße Vorliegen der falschen Genitalien, sondern – bei Sartre – der psychische Körper, die Projektion des Erleidens auf ein unsichtbares An-sich oder – neurowissenschaftlich – die Verlagerung des Körpers ins Gehirn als virtuelles Interface epiphänomenalen Bewusstseins und neuronaler Netze. Der er-

---

27 Vgl. Helmuth Plessner, *Philosophische Anthropologie*, hg. von Günter Dux, Frankfurt am Main: S. Fischer 1970, 43.

28 Vgl. Helmuth Plessner, „Macht und menschliche Natur. Ein Versuch zur Anthropologie der geschichtlichen Weltansicht," in *Gesammelte Schriften*, Bd. 5, *Macht und menschliche Natur*, hg. von Günter Dux, Odo Marquard und Elisabeth Ströker, Frankfurt am Main: Suhrkamp 2003, 135–234, 230.

29 Jean-Paul Sartre, *Das Sein und das Nichts. Versuch einer phänomenologischen Ontologie*, hg. von Traugott Koch, übers. von Hans Schöneberg, 9. Aufl., Reinbek bei Hamburg: Rowohlt 2003 [1991], 596.

30 Vgl. a.a.O., 37.

littene Körper ist damit der unbekannte Körper. Bekannt (wenn auch noch nicht erkannt,[31] was den reflektierten Körper auszeichnet) ist nur das Erleiden des Körpers.

Zu welchem Körper möchte die transsexuelle Person wechseln? Auf welchen Körper projiziert sie sich? Kann der Tausch der Genitalien schon Abhilfe schaffen? Viele Menschen leiden unter ihrem Körper, ohne krank zu sein, sei es durch Übergewicht, ihre Haut oder ihre Figur. Dabei bleibt oftmals unklar, wie sich ihr Körper genau ändern müsste, damit sie sich wohlfühlen würden. Den aktuellen Körperkult (Wellness, Sport, Schönheitschirurgie, Enhancement) kann man hier im Kontext eines optimierbaren Kunstobjekts beschreiben und dieses Kunstobjekt als *unsichtbare* Schnittstelle zwischen Leib und Körper. Es ist deshalb unsichtbar, weil der Körper als Projektionsfläche nicht dasselbe ist wie das derzeitige Übergewicht (also der Körper als Objekt), aber auch nicht dasselbe wie der eigene aktuelle Umgang mit dem eigenen Übergewicht (also der Körper als Subjekt, der Leib). Der eigene Körper ist hier vielmehr die *Projektionsfläche der Identitätssuche*, ohne für die eigene Identität bürgen zu können. Der Körper wird dabei zu einem Medium, das die menschliche Identität verflüchtigt. Die beträchtlichen Gewichtsschwankungen, denen sich Menschen zwischen Wellness und Appetit aussetzen, sind ein Ausdruck für einen Körperkult, der eine neue Dimension des Körperverständnisses offenbart, nämlich eines entkörperlichten Körpers, eines unsichtbaren, dematerialisierten Körpers, der die eigenen Suchbewegungen und objektiven Zustände antreibt.

Bevor ich diesen Befund mit dem Thema der Transsexualität vergleiche, soll die Frage verhandelt werden, was an dieser Entwicklung neu ist und was sie mit der Virtualität von Lebenswelten zu tun hat. Obwohl in allen Kulturen und Zeiten Körperideale entwickelt worden sind, liegt das Neue in der Kombination extremer Austauschbarkeiten und Reversibilitäten. Sex-Ideale können unabhängig von sozialem Milieu von jedem nachgeahmt werden,[32] und selbst Tattoos, einst lebenslange Versprechen von Körperidentität, lassen sich inzwischen wegtätowieren. Der eigene Körper bildet die Projektionsfläche beliebiger und immer wieder anderer Darstellungen, so wie sich auf einer „wertneutralen" und identitätsoffenen Leinwand alle möglichen Filme abspielen lassen. Nicht nur Sartres psychischer Körper wird als Hintergrund verdeckt; auch sein Schmerz verhüllt sich dem Subjekt. Es entsteht ein Körperverständnis als Vollzug, das das jeweils Sich-

31 Vgl. a. a. O., 596.

32 Vgl. Eva Illouz, *Warum Liebe weh tut. Eine soziologische Erklärung*, übers. von Michael Adrian, Berlin: Suhrkamp 2012, 95.

Vollziehende dematerialisiert. Materiell sind nur Etappen, einzelne aufblitzende Spuren des Unsichtbaren.

Gilles Deleuze, der mit seiner Analyse des Kinos den Umschwung der Wirklichkeit in die Virtualität durch Filmtechniken beschreibt,[33] entdeckt dabei die Darstellung des Gestalt-*Bildens*, die aber dabei keine Gestalten darstellt. Dem Kino gehe es „darum, eine ursprüngliche Genese der Körper zu bewirken."[34] „Was es [scil. das Kino] so hervorruft, ist das Werden eines ‚unbekannten Körpers' [...]. Es ist die Geburt des Sichtbaren, das sich noch dem Blick entzieht."[35] Nach meinem Eindruck hat dieser Versuch, das unsichtbare Werden von Wirklichkeit ansichtig zu machen, einen theologischen Charakter, denn das Werden von Wirklichkeit kann nicht selbst Wirklichkeit sein, sondern ist ein kategorial Anderes, nämlich schöpferische Kreativität.[36] Auch Deleuze unterstreicht diesen theologischen Charakter, indem er vom „Glauben" ans Kino spricht.[37] Enttäuscht wendet sich jedoch dieser Glaube schließlich vom Kino ab, weil seine Virtualisierungen schließlich „zu seiner Ersetzung führen, die seinen Tod bedeutet."[38] Das Kino der „Rechen- und Denkmaschinen, Regelungs- und Rückkopplungsmaschinen"[39] wird nämlich keine äußeren Gestalten erschaffen und sich auch nicht mehr auf Äußeres beziehen.[40] Die Macht des Kinos „verflüchtigt sich in ein Datennetz."[41]

Für unsere Fragestellung ist interessant, wie sich nach Deleuze durch die Informationstechnologie der schöpferische, theologische Charakter des Kinos in eine neue Körperlichkeit transformiert. Diese neue Körperlichkeit ist das, was übrig bleibt, wenn sich die Macht des Kinos „verflüchtigt": nämlich der „Automat"[42]. Er ist „der unbekannte Körper, der sich – unsichtbar für uns – ‚hinter unserem Kopf' befindet"[43], der aber zugleich „*unmittelbar das Gehirn und das Nervensystem zu beeinflussen*"[44] vermag. „Der Automat ist vom Außen abge-

33 Vgl. Gilles Deleuze, *Das Bewegungs-Bild. Kino 1*, Frankfurt am Main: Suhrkamp 1989, 278, 286; ders., *Das Zeit-Bild. Kino 2*, Frankfurt am Main: Suhrkamp 1997, 196, 199.

34 Deleuze, *Das Zeit-Bild*, 260.

35 A. a. O., 259.

36 Vgl. Lukas Ohly, *Schöpfungstheologie und Schöpfungsethik im biotechnologischen Zeitalter*, Berlin und Boston: De Gruyter 2015 (*Theologische Bibliothek Töpelmann*, Bd. 174), 23, 39.

37 Vgl. Deleuze, *Das Zeit-Bild*, 218 f.

38 A. a. O., 339.

39 A. a. O., 338.

40 Vgl. a. a. O., 339.

41 A. a. O., 338.

42 A. a. O., 218, 221, 232 f., 339, 343.

43 A. a. O., 221.

44 A. a. O., 205 (Herv. im Original).

schnitten“[45]. Bilder haben keine kohärente Erzählwelt und referieren auf keine Realität hinter sich. Ihre Selbstreferenz („autonomes Außen“[46]) entspricht derjenigen der Big Data-Algorithmen, die nach Yvonne Hofstetter keinen Realbezug haben. „Die neuen Bilder haben nichts Äußeres [...] mehr und gehen in kein Ganzes mehr ein; vielmehr haben sie eine Vorderseite und eine Rückseite, die sich umkehren, aber nicht übereinander legen lassen.“[47] Das Werden von Wirklichkeit wird zu einem *puren* Werden, dem das Gegenständliche fehlt. Die Leinwand, die ursprünglich auf die Körperposition des Betrachters verwies, wird zur „Informationstafel“, „eine undurchsichtige Oberfläche, auf der die ‚Daten‘ verzeichnet sind. Information tritt an die Stelle der Natur.“[48]

Der theologische Charakter dieser „Hyperrealität“ (J. Baudrillard) lässt das pure Werden erscheinen: zu „denken: *die Tatsache, daß wir noch nicht denken.*“[49] Da sich dieses pure Werden aber nicht mehr an Gegenständliches bindet, sondern an ihm verflüchtigt, ist es selbst nicht mehr schöpferisch, sondern dematerialisiert zugleich, was es erschafft.[50]

Man könnte hier einwenden, dass ich Deleuzes Phänomenologie des Kinos mit einer Phänomenologie virtueller menschlicher Körper parallelisiere, indem ich die Leinwand mit dem menschlichen Körper identifiziere. Tatsächlich folge ich hier der Deleuze-Interpretation Žižeks, die genau diese Parallelisierung „körperloser Organe“[51] vornimmt. Ich halte diese Parallelisierung deshalb für berechtigt, weil Deleuze nicht einfach das Kino beschreibt, sondern danach fragt, welchen Beitrag das Kino zu einer allgemeinen Phänomenologie leistet und wie es Wahrnehmung entziffert.[52] Seine These des informationstheoretischen Automatismus verändert daher nicht einfach das Kino, sondern erzeugt neue Phänomentypen, die sich auch auf das menschliche Körperverständnis auswirken. Die extremen Austauschbarkeiten von Körpereigenschaften von Jo-Jo-Effekt bis zur Enhancement-Prothetik, die reversibel sind, bestätigen diese These.

Ich schwenke wieder auf das Thema der Transsexualität ein und frage nun, ob auch hier der Körper zur undurchsichtigen Oberfläche wird, auf der das Ge-

45 A.a.O., 233.

46 A.a.O., 355.

47 A.a.O., 339.

48 A.a.O., 340.

49 A.a.O., 219 (Herv. im Original).

50 Vgl. Lukas Ohly, „‚Playing God‘. Zur virtuellen Dimension einer bioethischen Metapher,“ in *Virtuelle Bioethik*, op. cit., 75–99, 77, 82, 88.

51 Slavoj Žižek, *Körperlose Organe. Bausteine für eine Begegnung zwischen Deleuze und Lacan*, übers. von Nikolaus G. Schneider, Frankfurt am Main: Suhrkamp 2005 (*Suhrkamp-Taschenbuch Wissenschaft*, Bd. 1698).

52 Deleuze, *Das Bewegungs-Bild*, 14.

schlecht als Information verzeichnet wird. Man könnte einräumen, dass diese These auf die Person der extremen Gewichtsschwankungen zutrifft, ebenso wie auf den Alltagssportler, der seinen Waldlauf von Cyberprothesen (GPS, Pulskontrolle, Blutzuckerwächter) kontrollieren lässt, und auf die Museumsbesucherin, die durch den Audio-Guide in einen virtuellen Raum eintritt, der ihren Gang steuert. Aber geht es dem Transsexuellen nicht gerade um einen Körper aus Fleisch und Blut, um eine bleibende Identitätsversicherung, die doch der Verflüchtigung seiner Geschlechtsidentität wehren soll? Ich stimme diesem Einwand zu, dass Transsexuelle keinen beliebigen Körper suchen, sondern die Austauschbarkeit von Körpereigenschaften für ein Ziel nutzen, das nicht revidiert werden soll. Es geht ihnen um die Integrität von Leib-Sein und Körper-Haben. Um diese Integrität aber zu erreichen, bedürfen sie eines dritten Körpers, nämlich des unsichtbaren, aber beschreibbaren Körpers. Die Möglichkeit zur Anpassung der Genitalien basiert gerade auf einer leeren Körperfläche, die von den faktischen objektiven Körpereigenschaften *unbetroffen* ist. Denn ansonsten würde eine Geschlechtsanpassung nicht den Körper ans Geschlecht anpassen, sondern den objektiven Körper verstümmeln. Das angepasste Geschlechtsorgan wäre eine Prothese, die nicht die Geschlechtsidentität körperlich bestätigte, sondern nur deren Defizienz plastisch-chirurgisch überbrückte. Der dritte, virtuelle Körper wäre also nur dann umgehbar, wenn der objektive Körper selbst als virtueller menschlicher Körper, als Avatar, verstanden wird.

Die geschaffene Geschlechtsidentität beruht also auf einem verdunkelten Körper, für den gerade Unbestimmtheit und Nichtfixierbarkeit charakteristisch sind. Durch die Operation wird derjenige Körper angeeignet, der vorher nicht nur als fremder wahrgenommen wird, sondern als unbestimmte und eigenschaftslose Fläche. Der Körper, in dem sich die transsexuelle Person vorfindet, ist also nicht einfach der falsche, sondern seine Geschlechtsorgane sind virtuelle Vorbedingungen, die sich konfigurieren lassen, ohne dass sich dabei die Geschlechtsidentität des Transsexuellen ändert. Das Vorliegen der falschen Geschlechtsorgane ist eine Störung des Körpers, ohne dass sie selbst etwas zur Körperidentität beitragen. Für diesen dritten Körper sind sie unkörperlich: Sie sind zwar vorhanden, aber nur als falscher Datensatz auf der Informationstafel.

Der dritte Körper ist also das Interface zwischen Leib-Sein und Körper-Haben. Geschlechtsidentität liegt weder in der einen noch in der anderen Dimension, sondern auf der unbestimmten Ebene dazwischen, auf der sie wiederum nicht einfach vorliegt, sondern sich *nur einstellt – als unbestimmtes Werden von Wirklichkeit*. Deshalb ist auch das angepasste Geschlechtsorgan nicht einfach ein Teil des objektiven Körpers, sondern virtuelles Zeichen der Geschlechtsidentität: Es könnte auch fehlen, ohne dass die Geschlechtsidentität dadurch angetastet würde. Die Geschlechtsidentität realisiert sich also am dritten Körper – und realisiert sich damit virtuell.

Ich betone, dass meine Bemerkungen ausschließlich metaethisch zu verstehen sind. Weder verurteile ich, wenn Transsexuelle ihren Körper an ihre Geschlechtsidentität anpassen, noch vertrete ich normativ-ethisch die Position des natürlichen Sittengesetzes, wonach es moralische Gründe gebe, Natur als Bedingung moralischer Vollzüge als unhintergehbar anzuerkennen.[53] Mir kommt es vielmehr darauf an zu zeigen, wie sich das Verständnis des menschlichen Körpers verändert, wenn die Geschlechtlichkeit des objektiven Körpers zur Sache der persönlichen Wahl wird: Diese Wahl bedarf dabei eines virtuellen Umwegs über einen dritten, unsichtbaren Körper. Die Geschlechtsanpassung ist dabei sowohl Köpergewinn wie auch Körperverlust: Die transsexuelle Person findet ihr eigenes Fleisch und Blut, indem sie ihre Geschlechtsidentität auf einen dritten Körper einschreibt, der fleischlos ist. Die körperliche Aneignung verdankt sich einer Unbestimmtheit von Körperlichkeit; die Geschlechtsanpassung steht in der Klammer virtueller Rahmenbedingungen.

An anderer Stelle[54] habe ich gezeigt, dass durch diese Verklammerung des Körperlich-Biologischen mit dem Virtuellen die theologische Kategorie des *unbestimmten Werdens von Wirklichkeit* bemüht wird, des *Widerfahrens von Widerfahrnissen*. Es ist der schöpfungstheologische Grund des Gegenständlichen und daher ein Anlass, warum Menschen von Gott reden.[55] Wird nun eine Geschlechtsanpassung vom unbestimmten Werden der Wirklichkeit abhängig gemacht, so wird der Körper aus Fleisch und Blut an die nicht-materielle *Bildung* des Körpers geklammert. Metaethisch ist daher die Wahl zur Geschlechtsanpassung abhängig von der Inanspruchnahme einer theologischen Kategorie: Geschlechtsanpassung ist Neuschöpfung. Virtuelle Realitäten nutzen diese theologische Kategorie, um sich vom Geschöpflich-Gegenständlichen zu befreien und es virtuell zu konfigurieren.

Dabei ist zwischen der Wahrnehmung dieser theologischen Kategorie und ihrer Bemächtigung zu unterscheiden. Die Virtuelle Realität bemächtigt sich der unsichtbaren Bildung von Wirklichkeit, wenn sie das Gegenständliche durch seine beliebige Neubildung ersetzt. Die bloße Machbarkeit führt zu einer paradoxen Kreativität, die zugleich zerstört, was sie erschafft, indem sie nichts Blei-

53 M. E. zeichnet die Naturkategorie gerade aus, Natur aus unbestimmten Gründen gelten zu lassen – und nicht etwa aus moralischen Gründen, vgl. Lukas Ohly, *Der gentechnische Mensch von morgen und die Skrupel von heute. Menschliche Leibkonstitution und Selbstwerdung in den prinzipiellen Einwänden an Keimbahntherapie und reproduktivem Klonen*, Stuttgart: Kohlhammer 2008 (*Forum Systematik*, Bd. 33), 42.

54 Vgl. Ohly, „Playing God," 83.

55 Vgl. a. a. O., 82.

bendes setzt. Wo sich dagegen das unbestimmte Werden an das *bindet*, was es verwirklicht, bleibt es es selbst, indem es menschlich wird. Hier wird das Schöpferische ans Menschliche gebunden. Diese Bindung des Werdens ans Menschliche ist eine christologische Figur: Gott im Menschen.[56]

Am Beispiel der Transsexualität liegt der Unterschied von Wahrnehmung und Bemächtigung des theologischen Charakters des unbestimmten Werdens darin, ob sich der Umgang mit der eigenen Geschlechtlichkeit an den dritten Körper bindet und sich seiner dabei bemächtigt, oder ob sich umgekehrt der dritte Körper an die Geschlechtsidentität des Transsexuellen bindet. Eine Geschlechtsanpassung aus Respekt nicht nur gegenüber dem Werden, sondern auch gegenüber dem bereits gewordenen[57] objektiven Körper entspricht der christologischen Ausgestaltung der theologischen Kategorie des unbestimmten Werdens. Eine Geschlechtsanpassung dagegen, die sich am dritten Körper verflüchtigt, bemächtigt sich der Macht des Virtuellen.

3 Der transsexuelle Körper für die soziale Umwelt

Noch bevor wir den Namen eines Menschen kennenlernen, dem wir begegnen, begegnen wir „einem Mann" oder „einer Frau", also einem Menschen, dessen Geschlechtlichkeit nach einer bestimmten sozialen Kodierung erscheint. Lernen wir dagegen zunächst seinen Namen kennen – etwa durch den Erstkontakt einer E-Mail –, so begegnen wir *damit* auch seinem Geschlecht. Zwar können wir uns darin täuschen, wenn wir den Vornamen nicht kennen, und auch er kann uns absichtlich täuschen, indem er ein Pseudonym oder eine Abkürzung verwendet. Aber das heißt nicht, dass uns damit ein geschlechtsloser Mensch erscheint. Vielmehr kann es sein, dass wir nach weiteren Begegnungen dazu genötigt werden, das Geschlecht umzubestimmen. Dieser Mensch ist uns aber immer schon in seiner Geschlechtlichkeit begegnet – zwar in den allermeisten Fällen nicht über seine Genitalien, wohl aber durch die soziale Kodierung der Geschlechtlichkeit, die auf *Dinge* übergreift (Kleidung und Accessoires, Körpersprache und verbale Sprachformen, gendertypische Emoticons). Der sozial wahrgenommene Körper ist also immer schon medial erweitert worden, und man begegnet ihm auch dann, wenn man ihn nicht sieht. Zudem ist der sozial wahrgenommene Körper nicht einfach konstruiert, sondern er widerfährt zugleich in Begegnungen, die sich zwar antizipieren, aber

56 Vgl. a. a. O., 99.

57 Zur schöpfungstheologischen Unterscheidung von geworden und gemacht s. Ohly, *Schöpfungstheologie*, 181 f.

nicht herstellen lassen. Niemand kann sich erfolgreich dagegen wehren, dass er dem Geschlecht eines Anderen begegnet – selbst wenn dieser Andere eine phantasierte Person ist. Und nicht einmal man selbst kann sich davor schützen, dass man von anderen in seiner Geschlechtlichkeit wahrgenommen wird.

Diese beiden *selbstverständlichen* Charakteristika – die mediale Gestalt und der Widerfahrenscharakter der Geschlechtlichkeit – treten nun in der Begegnung einer transsexuellen Person so hervor, dass sie die soziale Wahrnehmung der Geschlechtlichkeit *verunsichern*. Dies gilt jedenfalls für Begegnungen mit Menschen, die ihre Transsexualität zeigen und sie nicht verbergen – etwa durch einen abrupten Wechsel der Körperkodierungen, durch unbeabsichtigte, allenfalls hingenommene Doppelkodierungen oder durch die sogar absichtlich inszenierte Übersteigerung der Geschlechterbinarität. Gerade das *Hervortreten* des medialen und des Widerfahrenscharakters irritiert die Selbstverständlichkeit beider.

1. Tritt die *Medialität* des Körpers hervor, so auch ihre soziale Kontingenz. Die Konstruktion des sozial kodierten Körpers erzeugt das Gefühl einer kommunikativen Unzuverlässigkeit: Denn wenn sich Menschen immer schon geschlechtlich erfahren, aber die Geschlechtlichkeit „kippen" kann, wird eine einst feste Bedingung sozialer Interaktion verflüssigt. Zumindest die Täuschungsfähigkeit wird verstärkt.

2. Tritt der *Widerfahrenscharakter* des anderen Körpers in der Wahrnehmung hervor, so das unbestimmte Werden gegenüber dem gewordenen Sichtbaren. Eine theologische Kategorie überdeckt damit die Kategorie der sichtbaren Gegenständlichkeit, die nun aber auf dieses Unsichtbare sichtbar verweist (ohne dadurch das Unsichtbare sichtbar zu machen). Dieses Überdecken vollzieht sich in der bereits angedeuteten christologischen Figur, die theologische Kategorie des Werdens unter den Bedingungen der Gegenständlichkeit zu thematisieren: Gerade indem sich ein Körper so zeigt, dass nicht er es ist, worauf er zeigt, offenbart er seinen Widerfahrenscharakter. Diese Denkfigur ist in einer christlich-sozialen Umwelt ambivalent: Einerseits erlaubt gerade sie es, Transsexualität anzuerkennen, weil sich das Göttliche *via negationis* im leidenden Menschen offenbart (a).[58] – Andererseits kann sich auch der Eindruck verstärken, dass Menschen „Gott spielen", weil der Transsexuelle in die Rolle Jesu Christi schlüpft, um Gott zu offenbaren – nämlich den Widerfahrenscharakter durch das Zurücknehmen der körperlichen Gestalt des Widerfahrnisses (b).[59]

---

58 Vgl. Emanuel Levinas, *Wenn Gott ins Denken einfällt. Diskurse über Betroffenheit von Transzendenz*, übers. von Thomas Wiemer, 2. Aufl., Freiburg i. Br. und München: Karl Alber 1988 [1985], 183.

59 Vgl. Ohly, „Playing God," 82.

Ad a) Eine Chiffre für die christologische Figur dieses *Einverständnisses* sind emphatische öffentliche Solidaritätsbekundungen für Transsexuelle, etwa in befreiungstheologischen Gruppen, die Transsexualität „gut" heißen. Hier wird nicht klar zwischen „richtig" und „gut" unterschieden: Denn man kann zwar einen Vorrang des Richtigen vor dem Guten[60] einräumen und daraus folgern, dass Transsexuelle ein Abwehrrecht haben, um ihre Geschlechtsidentität selbst zu bestimmen. Wer aber Transsexualität gut findet, müsste transsexuelle Identitäten gut finden – und das wäre bereits das Ende der Solidarität mit Transsexuellen, die unter ihrer spannungsreichen Identität leiden. In christologischer Hinsicht offenbart sich Gott aber in einem Leidenden. Dieser Offenbarungscharakter beruht dann jedoch auf der Entsolidarisierung der anderen von diesem christologisch unvertretbaren Leidenden.

Eine weitere Chiffre für die christologische Figur dieses Einverständnisses liegt in der wachsenden Pseudonymisierung virtueller Alltagskommunikation. Hier verflüchtigen sich eindeutige Identitäten zu einer frei zirkulierenden Kommunikation, deren Widerfahrenscharakter wichtiger wird als verlässliche Gehalte. Ilona Nord unterstreicht, dass das Ausweichen auf Pseudonyme im virtuellen Raum nicht verwendet wird, um sich zu tarnen, sondern um die eigene Selbstdarstellung zu erweitern.[61] Demnach befreit sich Selbstdarstellung auch von gehaltvollen Identitäten und pointiert den Akt der Darstellung vor dem dargestellten Gehalt.

Ad b) Folgerichtig sind die Chiffren der christologischen *Kritik*, neben dem Einwand, es werde Gott gespielt, die Behauptung, zwischenmenschliche Kommunikation setze sichtbar *gezeigte* persönliche körperliche Identitäten voraus, die aber hier verschleiert werden würden. Das trifft etwa auf die Kritik einer christlichen Mehrheitsgesellschaft an der muslimischen Kleiderordnung für Frauen, die Burka zu tragen,[62] zu. Sowohl bei der Kritik an der Geschlechtsanpassung wie am Tragen der Burka wird nicht einfach die Verschleierung der *Persönlichkeit* gewittert, sondern eine bestimmte Kodierung von *Geschlechtlichkeit*, hinter der die Persönlichkeit verschwindet. Die Persönlichkeit dient nur dazu, in ihrem Verschwinden auf die Geschlechtlichkeit hinzuweisen. Im Fall der Transsexualität

---

60 Vgl. Jürgen Habermas, *Faktizität und Geltung. Beiträge zur Diskurstheorie des Rechts und des demokratischen Rechtsstaats*, Frankfurt am Main: Suhrkamp 1992, 315, 375.

61 Vgl. Nord, *Realitäten des Glaubens*, 101.

62 Vgl. „Freie Menschen zeigen ihr Gesicht!" (Wolfgang Huber), in: Michael Schröder, „Akademiegespräch: Wolfgang Huber ‚Staat – Gesellschaft – Kirche: Zum Gestaltungspotential der Religiosität in Europa'," in [http://t1p.de/39nk] (Zugriff: 31.07.2018). Vgl. Dagmar Fenner, „Kopftuchstreit und Burkaverbot. Eine Analyse der Argumente gegen den muslimischen Schleier," *ETHICA. Wissenschaft und Verantwortung*, Bd. 23, 2015, 13–37, 22–24 u. 34.

liegt deshalb nach katholisch-kirchenrechtlichem Verständnis ein Ehehindernis vor, weil Geschlechtlichkeit die Verbindung eindeutiger und nachvollziehbarer geschlechtlicher Kodierungen mit dem identifizierbaren Körper einer bestimmten Person verlangt.[63] Es ist gerade die christologische Figur des Zurücktretens körperlicher Eindeutigkeit gegenüber dem Widerfahren des Körpers, die hier anstößig erscheint. Der identifizierbare Körper wiederum, der hier verteidigt wird, ist der unsichtbare dritte Körper,[64] aber so, dass auf ihm bestimmte geschlechtliche Kodierungen immer schon geschrieben sein sollten: Nicht der Körper, wie er ist, verdient Anerkennung, sondern der unsichtbare dritte, der „hinter" ihm steht und dessen objektives Korrelat der ursprüngliche Körper ist. Die Kritik an der christologischen Struktur des transsexuellen Körpers übernimmt also deren virtuelle Verdunkelung des Körpers – und bestätigt damit dieselbe christologische Struktur, die sie kritisiert: nämlich das Verschwinden des objektiven Körpers hinter einem virtuellen Körper.

Der Meinungsunterschied zwischen den christlichen Gruppen, die Transsexualität anerkennen, und denen, die sie ablehnen, ist also nicht der zwischen Kultur und Natur, sondern zwischen verschiedenen kulturellen Kodierungen des menschlichen Körpers und seiner Geschlechtlichkeit. Zur Diskussion steht, in welche Richtung die virtuelle Steigerung körperlicher Kontingenz gehen darf. Wer aber generell diese Virtualität zurückweist, tut das nur scheinbar im Namen natürlicher Gewordenheit – die es nämlich in sozialen Welten nicht real gibt, sondern ihrerseits virtuell projiziert wird. Eigentlich wird vielmehr eine bestimmte Christologie verteidigt. In der Akzeptanz virtueller Leitbilder entsprechen sich demgegenüber Einverständnis und Kritik an der transsexuellen Verflüssigung sozial wahrgenommener Geschlechtlichkeit.

Auch in den Argumenten von Nichtchristen kann ein christologischer Grundgedanke implizit vorliegen. Bei den ablehnenden Argumenten tritt das auf, wenn der Widerfahrenscharakter von Körperlichkeit, der im Fall der Transsexualität verstärkt hervortritt, als unheimlich erlebt wird, so dass die Bedingungen

---

63 Zum katholisch-kirchenrechtlichen Hintergrund s. Christiane Ant, *Transsexualität und menschliche Identität. Herausforderung sexualethischer Konzeptionen*, Münster, Hamburg und London: LIT 2000 (*Studien der Moraltheologie. Abteilung Beihefte*, Bd. 5), 58–65.

64 Ähnlich in baptistischer Theologie: „The church baptizes, not an individual, and the church must know the person being baptized. To baptize one created a man as ‚my sister in Christ' (whatever the baptismal formula used) isn't doing justice to a God who speaks the truth." (Russell D. Moore, „Joan or John? An Ethical Dilemma," *The Southern Baptist Journal of Theology*, Bd. 13, 2009, 52–56, 54.) Weder auf einen sichtbaren Körper noch auf eine zugrundeliegende sichtbare Ursprungsnatur des Körpers wird hier verwiesen, sondern auf die Aufrichtigkeit des unsichtbaren Gottes. Gott schützt damit den unsichtbaren dritten Körper, nämlich den, wie er, der Unsichtbare, ihn gemeint hat.

zwischenmenschlichen Zusammenlebens als gefährdet eingestuft werden. Hier wie auch bei den Argumenten der Befürworter wird im Namen eines unsichtbaren Körpers gesprochen, im Namen einer Körperidentität, die deshalb nicht von Menschen angetastet werden kann und den hyperreal-metaphysischen Boden der gesamten Argumentation bildet.

III Ergebnis

Zu anderen Zeiten konnten Menschen nur ihr soziales Geschlecht umwandeln – also auf der Ebene, auf der reale Anerkennungen immer schon virtuell vermittelt waren. Als medizinethisches Thema ist Transsexualität erst mit der Möglichkeit chirurgischer Eingriffe aufgekommen. Betroffene sprechen dabei von einer Geschlechtsidentität, die den nicht-identischen geschlechtlichen Körper voraussetzt: Ihre Geschlechtsidentität ist also unabhängig von ihrem Körper. Er soll nur deshalb angepasst werden, weil die Geschlechtsidentität unabhängig von ihm gegeben ist. Damit wird der Begriff des Geschlechts körperlos – im Sinne des objektiven Körpers – und zum Attribut eines virtuell angepassten Körpers. Mit den Möglichkeiten der plastischen Chirurgie werden nicht nur körperliche Normabweichungen behoben, sondern neue Organe gebildet, die dem objektiven Körper des Patienten nicht gefehlt haben. Wird dabei die psychische Geschlechtsidentität leitend, so verändert sich medizinethisch auch das Bild vom Körper: Er wird zur unsichtbaren Projektionsfläche des objektiven Körpers.

Neurowissenschaftliche Korrelate nehmen diese Virtualisierung des Körpers nicht etwa zurück, sondern steigern sie nochmals: Sie dissoziieren nämlich das Gehirn vom übrigen Körper. Denn wenn das psychische Geschlecht recht hat, weil das Gehirn recht hat, so wird damit der objektive Körper ins Unrecht gestellt. Das Gehirn wird damit zum Anwalt für einen Körper, den es nicht gibt, sondern den es erst schaffen muss – nämlich aus einer unsichtbaren Projektionsfläche für objektive Realisierungen. Zudem sind Neurowissenschaften selbst auf Virtualisierungstechniken angewiesen und basieren auf deren informationstheoretischen Implikationen. Das Gehirn ist selbst bereits ein virtueller Gegenstand. Die Signifikanz der Gehirnaktivität von Transsexuellen ist eine virtuelle und wird mit virtuellen Gehirnen verglichen. Falsifikationen können nur modellintern vorgenommen werden, die aber kein „Äußeres“ (Deleuze) haben.

Mein Beitrag erschöpft sich in dem Beweisziel, dass die Machbarkeit der Geschlechtsanpassung und ihr ethisches Problemfeld auf einen virtuellen Kontext angewiesen sind. Weder kritisiere ich Geschlechtsanpassungen, noch verurteile ich pauschal den Eintritt in ein virtuelles Zeitalter, um medizin- und bioethische Probleme, die mit ihm entstehen, zu lösen. Wie das Thema der

Transsexualität zeigt, tritt in Virtuellen Realitäten der Widerfahrenscharakter des Körpers hervor, das unsichtbare Werden des Sichtbaren. Es handelt sich hierbei um eine Kategorie *sui generis*, die ich theologisch interpretiere. Welches Feld in normativ-ethischer Hinsicht aus meinen Beobachtungen zu Virtualität und Theologie eröffnet wird, möchte ich abschließend kurz skizzieren.

Ich hatte dargestellt, dass sowohl die ethische Anerkennung von Transsexuellen als auch ihre Ablehnung auf christologischen Modellen beruht, wonach der Widerfahrenscharakter des Unsichtbaren durch das Zurücktreten des gegenständlich-sichtbaren Körpers besonders auffällig wird. Diese Identität des Nichtidentischen („Ich und der Vater sind eins", Joh 10,30[65]) wird aber in beiden Modellen entsolidarisierend auf das Thema der Transsexualität gelegt: entweder so, dass das Hervortreten des Widerfahrens des transsexuellen Geschlechts als ethisch falsch zurückgewiesen wird (kritische Perspektive), oder so, dass die christologische Figur zwar auf den Transsexuellen ausgeweitet, aber auch begrenzt wird: Man findet zwar gut, dass er transsexuell ist, aber auch nur, weil man nicht sein Leid leiden muss (zustimmende Perspektive).

Eine umfassende Solidarität mit Transsexuellen kann dagegen christologisch mit einem universal-inklusiven Körperverständnis begründet werden: Die Körperbegegnungen *jedes* anderen Menschen lassen ihren Widerfahrenscharakter hervortreten, so dass sein Antlitz nicht als qualitative Begebenheit zu beschreiben ist.[66] Und auch mein eigener Körper begegnet mir als das unsichtbare Werden im Sinne eines dritten Körpers neben Leib-Sein und Körper-Haben. Diese universale Solidarität macht die Virtuelle Realität zu einer erlittenen mit theologischer Qualität, so wie es die Natalität einmal war. Ob dieses Erleiden bereits zum Fatalismus führen muss, wie es die neurowissenschaftlichen Ergebnisse zur Transsexualität suggerieren, oder ob das solidarische Widerfahren menschlicher Körper auch „spielerische Identifizierungen"[67] der Geschlechtlichkeit ermöglicht, scheint mir eine normativ-ethisch richtungsweisende Alternative zu sein.[68]

65 Vgl. Lukas Ohly, *Was Jesus mit uns verbindet. Eine Christologie*, Leipzig: Evangelische Verlagsanstalt 2013, 29.

66 Vgl. Levinas, *Wenn Gott ins Denken einfällt*, 209.

67 Der Ausdruck stammt von Hermann Schmitz. Er assoziiert damit einen balancierten Umgang mit der eigenen persönlichen Freiheit und der widerfahrenen göttlichen Autorität, vgl. Hermann Schmitz, *Der unerschöpfliche Gegenstand. Grundzüge der Philosophie*, 2. Aufl., Bonn: Bouvier 1995 [1990], 481–484.

68 Ich danke Jasmin Olf für wichtige Kommentierungen, die in diesen Aufsatz eingegangen sind.

Peter Dabrock

Warum Heteronormativität nicht das letzte Wort über sexuelle Identität haben sollte

Ethische Überlegungen aus protestantischer Sicht

Abstract: Christliche Lebensweisen und Heteronormativität, verstanden als die soziale und normative Selbstverständlichkeit heterosexueller Orientierung und monogamer Lebensführung, scheinen eine enge Symbiose einzugehen. Der vorliegende Beitrag versucht zu zeigen, warum die Gleichsetzung christlicher Lebensformen und Heteronormativität unangemessen ist. Hieraus ergibt sich folgender Argumentationsgang: Nach einigen Vorbemerkungen werden hermeneutische und theologische Gründe vorgestellt und betrachtet, warum ein wörtliches Verständnis biblischer Gebote unzureichend bleibt. Alternativ dazu werden hermeneutische und ethische Standards eingeführt und entwickelt, um die eigentümlichen biblischen Sätze mit der biblischen Hauptbotschaft von der Erlösung des Menschen und von Gottes beständiger Treue zur Menschheit angemessen in Einklang zu bringen. Anstatt Gal 3,28 aus dem Zusammenhang gerissen zu zitieren („Es gibt nicht mehr Juden und Griechen, nicht Sklaven und Freie, nicht männlich und weiblich; denn ihr alle seid einer in Christus Jesus"), werden durch dessen Interpretation vor dem Hintergrund a) der genannten hermeneutischen Standards, b) des ethischen und juristischen Axioms der Menschenwürde und c) des Menschenrechtsrahmens vielmehr Argumente für eine kriterienbasierte, theologisch gestaltete ethische Herangehensweise an menschliche Lebensformen geliefert. Daraus ergeben sich einige praktische Konsequenzen: 1. Theologische Ansätze, die von einer festen Schöpfungsordnung ausgehen oder in den Rahmen der Naturrechtstradition eingebettet sind, sollten bei der Beurteilung sexueller Orientierungen nicht das letzte Wort haben. 2. Zwischen dem Akt der Trauung eines heterosexuellen Paares und dem Akt der Segnung einer nicht-heterosexuellen Partnerschaft kann kein Unterschied hinsichtlich der ethischen und theologischen Gültigkeit konstatiert werden. 3. Im Blick auf die weitere Gestaltung der Kirche gibt es nur begrenzte Toleranz gegenüber denen, die die Anerkennung einer Lebensorientierung, die nicht ihre eigene ist, nicht verstehen können. 4. Deshalb muss die evangelische Kirche eine klare Grenze ziehen: Da sexuelle Orientierung leiblicher Ausdruck einer menschlichen Person ist, verdient sie nicht nur Toleranz, sondern auch Anerkennung und Akzeptanz, solange sie anderen nicht schadet.

https://doi.org/10.1515/9783110614626-016

I (Nicht nur) Vorbemerkungen

Unter Heteronormativität versteht man gewöhnlich die soziale und normative Selbstverständlichkeit heterosexueller Orientierung und monogamer Lebensführung.[1] Christliche Lebensweisen und Heteronormativität scheinen eine enge Symbiose einzugehen.[2] Diese Symbiose scheint eine derart enge Verbindung zu bilden, dass für viele Menschen beide Konzepte nahezu identisch wirken. Historisch galt und gilt dies allzumal.[3] Wenn heute eine empirische Umfrage zu diesem Thema durchgeführt würde, wäre es nicht sehr überraschend, wenn sie eine angebliche enge Verbindung zwischen den beiden Konzepten bestätigen würde. Und zweifellos würde eine solche Verbindung sowohl in der Fremd- wie in der christlichen Selbstzuschreibung bestätigt werden. Dies bedeutet übrigens nicht, dass Christ*innen, die eine enge Verbindung zwischen beiden Konzepten bestätigen würden, deshalb eine nicht-heteronormative sexuelle Orientierung ablehnen würden. Wahrscheinlich würden viele – und auch das sagt viel über christliches Selbstverständnis aus – mehr oder minder offen zugestehen, dass es für sie keinen Unterschied macht, ob ihr Glaube diese gegensätzliche Einstellung zu einer nicht-heteronormativen Lebensführung predige oder nicht.

Aber stimmt es eigentlich, dass der christliche Glaube von der Antike bis in die Gegenwart das Hohe Lied der Heteronormativität gesungen hat? Nach diesen einleitenden Bemerkungen sollte es nicht überraschen, dass ich mit den folgenden Überlegungen zu zeigen versuche, dass – unter Berücksichtigung der theologischen Standards der historischen Kritik, Hermeneutik, Dogmatik und Ethik – diese Gleichsetzung von christlichen Lebensweisen und Heteronormativität unangemessen ist.

Vier Vorbemerkungen, bevor ich *in medias res* gehe:

1. Die erste Bemerkung zielt darauf ab, einem erwartbaren Einwand den Wind aus den Segeln zu nehmen, was natürlich nicht heißt, dass diese Vorbemerkung bei denen auf fruchtbaren Boden fällt, für die sie bestimmt ist. Der kriterienbasierte Ansatz einer theologischen Sexualethik, der im Folgenden vorgestellt wird, bedeutet nicht, dass die guten Möglichkeiten, die eine heterosexuelle Lebens-

1 Vgl. Sabine Hark, „Heteronormativität revisited. Komplexität und Grenzen einer Kategorie," in *Queer Studies in Deutschland. Interdisziplinäre Beiträge zur kritischen Heteronormativitätsforschung*, hg. von Andreas Kraß, Berlin: trafo 2009, 23–40.

2 Vgl. Kerstin Söderblom, „‚Kämpfen mit einem queeren Gott?' Aspekte einer queeren Theologie," in *Gender Turn. Gesellschaft jenseits der Geschlechternorm*, hg. von Christian Schmelzer, Bielefeld: transcript 2013, 173–187.

3 Vgl. Arnold Angenendt, *Ehe, Liebe und Sexualität im Christentum. Von den Anfängen bis heute*, 2. Aufl., Münster: Aschendorff 2016 [2015].

weise bietet, einschließlich der klassischen Familienkonstellationen, derogiert werden. Es spricht im Gegenteil vieles dafür, dass eine heterosexuelle Lebensweise eine besonders schöne darstellt. Dennoch, und das ist der springende Punkt, reicht es nicht aus, den Exklusivitätsanspruch einer heterosexuellen Lebensweise nur zu hinterfragen – ich möchte weitergehen und zeigen, dass er auch unangemessen ist.

2. Vielleicht halten viele von denen, die sich hier versammelt haben, die Diskussion über die Anerkennung nicht-heteronormativer Lebensweisen für überflüssig oder sogar schädlich. Für überflüssig, weil sie selbst erfahren haben, oder von Freund*innen wissen, dass nicht-heteronormative sexuelle Orientierungen natürlich sind. Für schädlich, weil ihrer Meinung nach kruden Positionen immer wieder ein Forum gegeben wird, das sie nicht verdienen. Ich gehöre zu denen, die diese Auffassung grundsätzlich teilen. Als sich einigermaßen aufgeklärt wähnender Christ betrübt es mich immer wieder, dass wir diese Diskussionen noch führen müssen, und ich bin zudem der Meinung, dass wir wirklich sittlich, ethisch und politisch dringendere Probleme haben, die unsere Aufmerksamkeit erfordern. Aber die Realität zeigt, dass sich hartnäckig eine Phobie gegenüber nicht-heterosexuellen Orientierungen hält, die aus kulturell sehr verschiedenen Kontexten stammen und unter gesellschaftlich schwierigen Herausforderungen entstanden sein mag.[4] Mit Blick auf die christliche Religionskultur ist es daher mehr als notwendig, nach außen wie nach innen argumentativ zu begründen, warum Heteronormativität nicht das letzte Wort haben darf: weder als Verbeugung vor dem Zeitgeist noch als Versuch der Umsetzung der genuin christlichen Botschaft.

3. Im Folgenden werde ich die ethische Beurteilung einer nicht-heteronormativen Lebensführung am Beispiel des Umgangs der theologischen Ethik mit Homosexualität erläutern. Dies mag ein wenig enttäuschend sein für diejenigen, die im Rahmen dieser Konferenz und ihrer anschließenden Dokumentation umfassende theologisch-ethische Aussagen zu Transsexualität erwarten. Vielleicht haben sie erwartet, dass ich hier auf den Unterschied zwischen transsexueller Körperlichkeit und dem homosexuellen Lebensstil und der sogenannten Cisgender-Identität eingehen würde – doch werde es ich das nicht tun. Es gibt zwei Gründe, warum dies nicht der Sinn der folgenden Bemerkungen sein wird und sein soll: Einerseits fällt es mir schwer, über *die* transsexuelle körperliche Erfahrung zu sprechen. Ich halte eine solche Rede für unterkomplex. Aus dem

4 Vgl. Michael Brinkschröder, „Die christliche Artikulation gleichgeschlechtlicher Sexualität. Theologische Diskurse und hegemoniale Konstellationen," in *„Wer bin ich, ihn zu verurteilen?" Homosexualität und katholische Kirche*, hg. von Stephan Goertz, Freiburg i. Br. et al.: Herder 2015, 279 – 322.

Diskurs der LGBTIQA-Gemeinschaft[5] meine ich gelernt zu haben, dass wir ein breites Spektrum körperlicher Erfahrungen, sexueller Orientierungen und Praktiken haben, die wir nicht einfach bestimmten Schemata zuordnen dürfen. Meines Erachtens wäre jede Rede von *der* Transsexualität nur ein Akt solcher unzulässigen Zuordnung. Die Rede von Transsexualität sollte vielmehr eine Frage des Respekts, der Anerkennung, der Ernsthaftigkeit und, wo Anziehung besteht, sogar der Liebe von Menschen in ihren eigenen körperlichen Erfahrungen sein (und zu diesem Punkt wird der Ethiker unten einige Gedanken ergänzen). Über generalisierte körperliche Erfahrungen zu sprechen oder sie als eine Beschreibung der eigenen Erzählung des Selbst zu bezeichnen, wäre eine Wiedereinführung jener Heteronormativität, gegen deren Dispositiv die LGBTIQA-Community dekonstruierend gekämpft hat. *Doing* und *Re-Doing Gender* ist für die diese Gemeinschaft ebenso notwendig wie für andere. Andernfalls würde die Antwort auf das Ansinnen der Gemeinschaft neue Unterscheidungen einführen, die zu überwinden man sich bemüht hat. Andererseits ist für die ethische Beurteilung von Transsexualität – die Diskursstrategie betreffend – der Blick auf den theologischen Diskurs über Homosexualität durchaus sinnvoll. Wenn sich (wie mit den folgenden Argumenten zu zeigen sein wird) unter Beachtung der hermeneutischen und konzeptuellen Argumentationslinien die natürlichen Einstellungen, die gleichzeitig mit einem Anspruch auf Normativität aufkommen, nach dem hier vorgenommenen theologischen Ethikansatz als unhaltbar erweisen, dann hat dieses Ergebnis auch unmittelbare Konsequenzen für die ethische Beurteilung von Transsexualität. Da diese letzte Formulierung („ethische Beurteilung von Transsexualität“) jedoch distanziert, paternalistisch und sogar arrogant klingen kann, sollte sie diskurssensibler formuliert werden: Ein Ansatz wie dieser kann dazu beitragen, einen Diskurs zwischen Menschen mit transsexuellen Erfahrungen ihres eigenen Körpers und Menschen anderer körperlicher Erfahrung oder sexueller Orientierung zu eröffnen. Der hier dargelegte Argumentationsgang begründet keine hinreichenden, gewiss aber notwendige Bedingungen, die dazu beitragen, das klassische Dispositiv der Heteronormativität zu überwinden und dadurch die Akzeptanz von Transsexualität als eine anerkennenswerte und zu respektierende Form von Geschlechtlichkeit zu fördern.[6]

4. Ein letzter kurzer Disclaimer: In diesem Beitrag werde ich nicht thematisieren, wie eine evangelische Sexualität umfassend verantwortungs- und tugendethisch gestaltet werden sollte. Warum mir gewisse Aspekte wichtig er-

5 LGBTIQA steht für lesbische, schwule, bisexuelle, Transgender-, intergeschlechtliche, queere und asexuelle Personen und ihre Verbündeten.

6 Vgl. Mathias Wirth, „‚Living in a Shell of Something I'm Not‘: Transsexuality, Medical Ethics, and the Judeo-Christian Culture,“ *Journal of Religion and Health*, Bd. 54, 2015, 1584–1597.

scheinen, habe ich an anderer Stelle bereits dargelegt. Ich werde daher diese prinzipiell wichtigen Fragen nicht im Detail behandeln. Mein Ziel ist es deutlich aufzuzeigen, warum nicht-heteronormative sexuelle Orientierungen Anerkennung verdienen – und das nicht nur aus menschenrechtlicher Sicht. Die folgende Argumentation versteht sich als eine intrinsisch in der Binnenperspektive der christlichen Religionskultur situierte Reflexion. Es ist die Argumentation einer modernitätssensiblen theologischen Ethik, die mit bedenkt, dass die Fragen „Was sollen wir tun?" und „Was macht ein gutes Leben aus?" von Menschen gestellt werden, die ihr Leben als Antwort auf den geglaubten Zu- und Anspruch des Gottes verstehen, der sich nach ihrem Glauben schließlich in Leben, Worten, Werken, Tod und Auferstehung Jesu Christi offenbart hat.

II Die begrenzte Wirkung der Bibel auf die Gestaltung moderner christlicher Lebensweisen

Warum also der Heteronormativität nicht das letzte Wort geben? Schließlich lassen sich Bibelstellen aus dem Alten wie dem Neuen Testament zitieren, die nicht nur Homosexualität scharf verurteilen, sondern auch die (höchstwahrscheinlich nie vollstreckte) Todesstrafe oder die Androhung des dauerhaften Verlustes der Gottesnähe, früher Höllenstrafe genannt, erwähnen.[7]

Ja, es gibt diese Stellen, da muss man nicht herumreden. Wir sollten ihre Härte nicht dadurch abschwächen, dass sie heute meist als defensive Identitätsmarker von Menschen verwendet werden, die sich damit einen vermeintlichen Halt in der sie verunsichernden Multioptionsgesellschaft (oder besser: Postmoderne) sichern wollen. Zwei andere Strategien sind aber – gerade im theologischen Diskurs – weiterführender.

1. Das, was wir heute homosexuelle oder nicht-heteronormative sexuelle Orientierung nennen und aus dem LGBTIQA-Spektrum kennen, war in der Vergangenheit – nicht der Sache, aber – der Konzeption nach so nicht bekannt. Damit entbehren alle von den heutigen Angsthasen auf einige Bibelstellen projizierten Verwerfungsmuster ihrer behaupteten Grundlage. Zweifellos werden homosexuelle Praktiken in den unterschiedlichsten Bibelstellen als widernatürlich oder als dem patriarchalen Familien- oder Gesellschaftsbild widersprechend

7 Vgl. Thomas Hieke, „Kennt und verurteilt das Alte Testament Homosexualität?," in *„Wer bin ich, um ihn zu verurteilen?". Homosexualität und katholische Kirche*, op. cit., 19–52; Michael Theobald, „Paulus und die Gleichgeschlechtlichkeit. Plädoyer für einen vernünftigen Umgang mit der Schrift," in op. cit., 53–90.

scharf verurteilt. Aber eine nicht-heterosexuelle Orientierung, bei der homosexuelle Praktiken nicht als Durchgangsstadium sozialer Initiation oder als Erweiterung des eigenen sexuellen Erregungsraums, sondern als genuine Erfahrung leiblichen Daseins erfahren werden, waren in den semantischen Hochsprachen (jedenfalls des biblischen, des jüdischen und des christlichen Lebensraumes) nicht präsent – von der gelebten Praxis spreche ich nicht.

2. Aber auch bei dieser Argumentation lässt man sich auf eine defensive Strategie ein, nämlich den Streit um die historisch korrekte Auslegung kontroverser Bibelstellen. Was man damit noch nicht thematisiert hat und was systematisch-theologisch vorrangig zu reflektieren ist, ist die Frage: Auf welche Bibelstellen sollten wir uns an erster Stelle beziehen? Warum sollten wir überhaupt auf biblische Passagen rekurrieren, wenn wir als Christ*innen herausgefordert sind, über unseren Glauben und unsere eigene Glaubenspraxis oder über die von der Kirche als verbindlich eingestufte Glaubenspraxis Rechenschaft ablegen? Es sollte bekannt sein, dass im evangelischen Bereich die Schrift – im Verhältnis zu anderen Konfessionen – eine besondere Stellung für die Bestimmung der als verbindlich erachteten Glaubensbotschaft besitzt.[8] Viele kennen die Formel *sola scriptura* noch aus dem Schulunterricht oder der Konfirmandenzeit. Aber sie ist leicht missinterpretierbar. Die sogenannte Exklusivität der Schrift meint keineswegs, dass man sich irgendwelche Stellen aus der Bibel nach eigenem – und sei es religiös gestimmten – Belieben herauspicken dürfe. In der Regel findet sich zu jedem biblischen Zitat auch ein Gegenzitat. Anstatt einem solchen willkürlichen Missbrauch der Bibel das Wort zu reden, muss es in erster Linie darum gehen, die Grundperspektive der liebenden Zuwendung Gottes zu den Menschen zu übernehmen. Aus protestantisch-theologischer Perspektive kann die Bedeutung der verschiedenen Texte dieser vielstimmigen Bibliothek vor dem Hintergrund der Geschichte einer in sich verkrümmten Welt und der Verheißung ihrer Neuordnung gewichtet werden. In der reformatorischen Tradition wurde dies mit den Exklusivpartikeln *solus Christus*, *sola gratia* und *sola fide* verbunden. Mit einem solchen Schlüssel an die Bibel zu gehen, entspricht dem Standard der wissenschaftlichen Theologie, der auch von den evangelischen Landeskirchen geteilt wird. Deshalb dürfen biblische Worte und Weisungen bei der ethischen Urteilsbildung nicht einfach so über den für viele biblische Texte mehr als 2000 Jahre breiten Graben hinübergebeamt werden. Sie alle müssen im Sinne der skizzierten Verstehens-

8 Vgl. Michael Haspel, „Homophober Biblizismus. Vom sola scriptura zum tota scriptura bei der ethischen Urteilsbildung in Bezug auf sexuelle Orientierung und gleichgeschlechtliche Lebensgemeinschaften," in *Gleichgeschlechtliche Lebensgemeinschaften in sozialethischer Perspektive. Beiträge zur rechtlichen Regelung pluraler Lebensformen*, hg. von Siegfried Keil und Michael Haspel, Neukirchen-Vluyn: Neukirchener Verlag 2000, 124–149.

lehre biblischer Texte von der zentralen Heilsbotschaft her auf ihre Bedeutung hin befragt werden. In Folge dieser schrifthermeneutischen Einordnung einzelner Weisungen biblischer Schriften dürfen im Umkehrschluss menschliche Erfahrungen sehr ernsthaft zur Kenntnis genommen und gewürdigt werden, wie sie sich heute u. a. in Literatur und Kunst niedergeschlagen haben oder sich im Gespräch mit anderen erschließen, aber auch in wissenschaftliche Einsichten oder rechtliche, insbesondere verfassungs- und erst recht menschenrechtliche Standards eingeflossen sind. Wenn man diesen Schlüssel zum Verstehen biblischer Botschaft gebraucht, dann lassen sich einige Grundbestimmungen menschlichen Lebens finden, für die sich evangelische Christ*innen aus ihrem Glauben heraus engagieren dürfen und sollen.[9]

Ich werde diese Grundbestimmungen in Begriffen erläutern, die auch für Nicht-Theolog*innen verständlich sind. Dazu gehört – mit Bezug auf unser Thema – *erstens* die herausragende regulative Bedeutung der Menschenwürde, die vom Standpunkt des christlichen Glaubens unterstützt werden sollte und für alle Menschen ohne Rücksicht auf Fähigkeiten, sozialen Kontext und Glauben vorausgesetzt wird.

In der theologischen Debatte findet das Menschenwürdeaxiom seinen Anker einerseits in der Vorstellung, dass jeder Mensch als nach dem Bilde Gottes geschaffen verstanden werden kann. Andererseits hat die funktionale Bestimmung von Menschenwürde, nämlich Menschen unabhängig von Status oder Eigenschaften zu würdigen, eine Präfiguration in der paulinischen Gemeinde gefunden. In einer wohl schon bei Paulus als Traditionsmaterial aufgegriffenen Taufformel gibt es einen Vorschlag, wie die christliche Gemeinde idealiter verfasst sein soll: „Es gibt nicht mehr Juden und Griechen, nicht Sklaven und Freie, nicht männlich und weiblich; denn ihr alle seid einer in Christus Jesus." (Gal 3,28) Natürlich weiß Paulus, dass all diese Unterscheidungen existieren: Völker, soziale Stellung und Geschlechter. Aber wenn es darum geht, wie Glaubensgeschwister miteinander umgehen sollen, dann – so Paulus – zählt das alles nicht. Gott liebt und achtet alle gleich in Christus, gleich in ihrer jeweiligen Unterschiedlichkeit. Eine solche Gleichheit ist keine Gleichmacherei, sondern Wertschätzung. Diese beglückende Erfahrung sollen Christ*innen weitergeben: an die Gemeinden, an alle.[10]

---

9 Vgl. Peter Dabrock, „Warum die Bibel für die evangelisch-theologische Ethik viel, aber nicht alles bedeutet – Überlegungen angesichts der noch immer nicht verstummten Debatte um die Anerkennung homosexueller Orientierung," in *Traut euch. Schwule und lesbische Ehe in der Kirche*, hg. von Eva Harasta, Berlin: Wichern 2016, 42–76.

10 Vgl. Colleen M. Conway, „The construction of Gender in the New Testament," in *The Oxford Handbook of Theology, Sexuality, and Gender*, hg. von Adrian Thatcher, Oxford: Oxford University Press 2015, 222–238.

Das Motiv des Paulus, den Anderen einfach so zu achten, ist eingeflossen in einen der großen Grundsätze des Rechts: Menschenwürde macht jeden Menschen gleich vor dem Gesetz, unabhängig von seinen individuellen Fähigkeiten, seinem Hintergrund oder seiner sexuellen Orientierung. Deshalb schützt und fördert der Gesetzgeber Partnerschaften, in denen sich die Partner, welcher sexuellen Orientierung auch immer, verpflichten, dauerhaft füreinander Sorge zu tragen.

Ist das nicht komisch? Da überzeugt ein originär christlicher Gedanke in vielen Ländern die Politik, und dann tun sich ausgerechnet die Christ*innen damit so schwer und zögern, frei zu sagen: Es ruht ein Segen auf Menschen, die einander lieben und dauerhaft füreinander Sorge tragen wollen – unabhängig von ihren Fähigkeiten, ihrem Hintergrund oder ihrer sexuellen Orientierung.

Zu den Grundbestimmungen menschlichen Lebens aus christlicher Sicht gehört *zweitens* das bereits erwähnte Verständnis von verbindlicher, sprich: responsiver und kommunikativer Freiheit, die auf Inklusion abzielt. Hinter diesem Verständnis von Menschenwürde, Freiheit und Inklusion stehen die beiden biblischen Motive der Freiheit in Christus und der Gemeinschaftstreue, der *zedakah*, die, modern gesprochen, sowohl Gerechtigkeit als auch Solidarität umfasst. Ihre Stärke erweisen diese Motive vorzugsweise, wenn sie unterschiedliche Lebensweisen mit an Bord nehmen.

Drittens geht es bei den Grundbestimmungen menschlichen Lebens aus christlicher Sicht auch um die Bedeutung von Institutionen. Wie die katholische Kirche im Jahr 2015 haben wir in der Evangelischen Kirche in Deutschland (EKD) im Jahr 2013 eine heftige Diskussion darüber geführt, wie die Verhältnisbestimmung zwischen Kriterien der Lebensführung und den Institutionen, die diese Kriterien umsetzen sollen, auszubuchstabieren sei.[11] Dabei ging es unter anderem darum, ob die Ehe ihre Rechtfertigung primär daraus bezieht, dass sie eine von Gott gewollte Stiftung, eine Gabe Gottes, eine vorgegebene Schöpfungsordnung darstelle oder ob sie zu würdigen sei, weil sie bestimmte Kriterien „gelingender" Lebensführung zum Ausdruck bringe. Diese Verhältnisbestimmung ist für unser Thema deshalb von Interesse, weil man, wenn man die erste Position vertritt, schnell zu der Auffassung gelangen kann, dass „gute" Sexualität immer an die Ehe gebunden ist. Gegenüber einer solchen exzeptionellen Bindung „guter" Sexualität an eine Institution spricht aber schon die zumindest theoretisch nie bezweifelte Würdigung des Liebesgebotes als einer kritischen Metaregel für die

---

11 Vgl. EKD, *Zwischen Autonomie und Angewiesenheit. Familie als verlässliche Gemeinschaft stärken. Eine Orientierungshilfe des Rates der Evangelischen Kirche in Deutschland*, Gütersloh: Gütersloher Verlagshaus 2013; Isolde Karle, „Die Ehe als Institution – für Hetero- und Homosexuelle. Überlegungen zur Diskussion über die EKD-Orientierungshilfe," *Evangelische Theologie*, Bd. 74, 2014, 193–202.

Beurteilung von Geboten. Oder in den Worten des Jesus aus dem Markusevangelium formuliert: „Der Sabbat ist um des Menschen willen gemacht und nicht der Mensch um des Sabbats willen." (Mk 2,27)

Wenn man jedoch von einem primär kriterienbasierten Ansatz im Verständnis von sexuellen Lebensweisen/Lebensformen ausgeht und fragt, ob es bestimmte Kriterien gibt, die das Liebesgebot auszubuchstabieren suchen, dann ist es selbstverständlich möglich und auch förderlich, dass verantwortliche Freiheit auch außerhalb der heteronormativen Ordnung der Sexualität gelebt wird. Mit Blick auf aus christlicher Sicht als gut einzuschätzende Lebensweisen/Lebensformen gehören Verbindlichkeit und Treue, Verlässlichkeit und gegenseitige Verantwortungsübernahme zu jenen Kriterien, die das Liebesgebot ausbuchstabieren. Blickt man auf sexuelle Intimität, die eben nicht ausschließlich in stabilen Partnerschaften gelebt wird (man denke nur an die Lernerfahrungen von Jugendlichen oder an das Leben von Singles), können als weitere Kriterien ergänzt werden: Freiwilligkeit, Einvernehmen und Selbstbestimmung, Achtung vor den Verwirklichungschancen des Anderen und seiner Andersheit, Schutz des bzw. der je Schwächeren, Lebenszufriedenheit, Bereitschaft zum Verzeihen und zum Neuanfang.[12]

Die Qualität einer Institution erweist sich insofern, als sie durch das Angebot, etwas auf Dauer zu stellen, eine Entlastungsfunktion für diejenigen bietet, die auf sie zurückgreifen. Für diejenigen von Ihnen, die Ehepartner sind: Sie müssen sich nicht jeden Tag fragen (und die meisten tun dies auch gar nicht), ob und warum Sie und Ihr(e) Partner*in immer noch zusammen sind. Dass umgekehrt die Institution der Ehe allein nicht vor Trennung schützt, zeigen die betrüblichen und beeindruckend hohen Scheidungsraten. Um es positiv zu formulieren: Institutionen halten sich (zumindest in der Postmoderne) nur, wenn sie glaubwürdig und plausibel erscheinen – und nicht, weil sie in der Vergangenheit einmal glaubwürdig und plausibel waren.

Es ist nicht schwer zu erraten, dass ich für den kriterienbasierten Ansatz im Verständnis sexueller Orientierungen, Lebensformen und sexueller Praktiken votieren würde. Ich muss jedoch auch sagen, dass jene Institutionen, die diese Kriterien umsetzen, in der Tat eine besonders hohe Dignität besitzen. Obwohl dieser kriterienbasierte Ansatz seinerseits wiederum des Bodensatzes geschichtlich-gesellschaftlicher und auch persönlicher Erfahrungen konkreter Lebensführungspraxis bedarf, sollte er beim Rückgriff (post)moderner Menschen auf die

---

12 Vgl. Peter Dabrock, Renate Augstein, Cornelia Helfferich, Stefanie Schardien und Uwe Sielert, *Unverschämt – schön. Sexualethik: evangelisch und lebensnah*, Gütersloh: Gütersloher Verlagshaus 2015.

Bibel nicht als Defizit, sondern als Bewährungschance begriffen werden. Ohne eine wachsende Sensibilität für die Bedeutung von Eros und Sexualität, einschließlich ihrer Ambivalenzen und Pathologien, wären so manche gegenwärtigen Entdeckungsreisen in biblische Welten, etwa in die erotische Metaphorik des Hohen Lieds oder auch in die so nicht nur konservativ lesbare Ehemetaphorik der Deuteropaulinen, gar nicht möglich. Die in der romantischen Liebe kumulierenden Passionsimaginationen oder die gegenwärtigen (oft deutlich überzogenen) Reziprozitätserwartungen der bürgerlichen Ehe, aber auch die Errungenschaften und mühsamen Folgen der sexuellen Revolution (mit der vor allem durch die Pille recht verlässlich gewordenen Entkopplung von Sex und Reproduktion), und vermutlich auch die Dekonstruktion von Geschlechterstereotypen durch die LGBTIQA-Bewegung bieten allesamt neue und vielversprechende hermeneutische Schemata für den Umgang mit der Bibel.

III Konsequenzen des kriterienbasierten ethischen Ansatzes für leibliche Lebensformen und sexuelle Praktiken

Welche Konsequenzen ergeben sich aus dieser hermeneutisch reflektierten Gewichtung biblischer Traditionen und einer am Liebesgebot gewonnenen kriterienbasierten Beurteilung leiblicher Lebensformen und sexueller Praktiken?

1. Zunächst *via negationis:* Theologische Positionen, die Homosexualität und andere Formen körperlicher Erfahrung wie Transsexualität von einer festgelegten Schöpfungsordnung her als „widernatürlich“ brandmarken und behaupten, dass eine gute Liebesgemeinschaft doch für Nachwuchs offen sein müsse, erscheinen zwar innertheologisch auf den ersten Blick als nicht unplausibel. Aus der an Gal 3,28 angelehnten Identitätsethik dürfen sie aber nicht das letzte Wort haben. Denn sie ziehen vermeintlich „natürliche“ Statuszuordnungen der Gleichwürdigkeit der Christ*innen untereinander vor. Die mangelnde Plausibilität eines solchen ordnungstheologischen oder naturrechtlichen Ansatzes erweist sich zudem darin, dass man ja auch heterosexuellen Liebespaaren, die keine Kinder bekommen können oder wollen, die geistliche Anerkennung in ihren Gemeinden nicht versagt. Umgekehrt scheint auch die Fixierung des Reproduktionsgedankens allein auf die biologische Reproduktion dem Christentum nicht angemessen: Man denke nur daran, dass der irdische Jesus nicht nur ausdrücklich, sondern auch brüsk den Versuch zurückwies, seine primäre familiale Bindung biologisch bestimmen zu lassen, und dagegen, wenn man so will, eine spirituelle Wahlverwandtschaft geltend machte (vgl. Mt 12,48 f.; Mt 10,37). Gerade von diesem in der

synoptischen wie in der johanneischen Jesus-Tradition mehrfach bezeugten Motiv her erscheint es völlig legitim, Reproduktion nicht auf einen rein biologischen Zweck zu beschränken. Demzufolge kann auch die biologische Reproduktion nicht als essenzieller Unterscheidungsmarker zwischen den Partnerschaften hetero- oder homosexueller Menschen angesehen werden.[13]

2. Vor dem Hintergrund der bisherigen Argumentation kann im evangelischen Kontext kein Würdigkeitsunterschied zwischen der Trauung eines heterosexuellen Paares und der Segnung einer homosexuellen Partnerschaft ins Feld geführt werden. Das gilt im Übrigen umso mehr, als die evangelische Trauung (jedenfalls lutherischer Provenienz) immer als Segnung einer vor dem Gang in die Kirche (heute geschieht dies im Standesamt) geschlossenen Ehe begriffen wurde.[14] Diese offizielle Position hat sich bis heute nicht verändert, selbst wenn im Gefolge der romantischen Aufladung der Ehe und Eheschließung viele Menschen (offensichtlich einschließlich vieler Kirchenleitender) das Trauritual vom katholischen Sakramentsverständnis her mehr oder minder reflektiert deuten. Dann wäre *natürlich* – aber man muss schon ein biologistisches Natürlichkeitsverständnis menschlicher Reproduktion besitzen – ein Unterschied zwischen heterosexueller Ehe und homosexueller Partnerschaft zu konstatieren und eine Differenz zwischen der Trauung und der Segnung homosexueller Menschen aufrechtzuerhalten. Entgegen einer vermeintlichen Common-Sense-Anmutung sollte nun klargeworden sein, auf welch dünnem Boden evangelisch-theologischer Ethik eine solche Differenzierung steht.

3. Zumindest auf der Schwelle von Seelsorge und Gemeindeaufbau auf der einen Seite und einer auf Würde und fundamentaler wechselseitiger Anerkennung basierten, zu Verfassungs- und Menschenrechtsdiskursen hin geöffneten theologischen Ethik auf der anderen Seite ist festzuhalten: Es gibt zwar um des Aufbaus der Gemeinde willen ein (begrenztes) Verständnis für Menschen, die aus Traditionsbindung, aus Angst vor Neuem oder Fremdem oder wegen ihrer Fokussierung auf (nach meiner Lesart nur sekundär zu würdigende) Schöpfungs- oder Naturordnungen die skizzierte Anerkennung einer nicht eigenen Lebensorientierung (noch) nicht nachvollziehen können.[15] Dieses Verständnis endet aber

13 Vgl. Isolde Karle, *Liebe in der Moderne. Körperlichkeit, Sexualität und Ehe*, Gütersloh: Gütersloher Verlagshaus 2014, 117–138 („Sexualität und Gender – biblische Perspektiven").

14 Vgl. Kirchenamt der EKD, *Soll es künftig kirchlich geschlossene Ehen geben, die nicht zugleich Ehen im bürgerlich-rechtlichen Sinne sind*, EKD-Texte 101, Hannover: EKD-Kirchenamt 2009, 12–17.

15 Zu diesem Zwecke wird ja immer gerne an die inklusionssensiblen Ausführungen des Paulus zum Götzenopferfleisch (1 Kor 8, bes. V. 9–13) erinnert. Danach sollen diejenigen, die nach Paulus zu Recht wissen, dass es an sich kein Götzenopferfleisch gibt, dieses nicht verspeisen, wenn sie dadurch das Gewissen der Glaubensgeschwister, die noch an die magische Wirkmacht solcher

dort, wo Menschen mit einer homosexuellen Orientierung – wie es zunehmend wieder geschieht – *per se* sündhaftes Verhalten vorgeworfen wird. Basierend auf dem skizzierten Ansatz einer theologischen Identitätsethik muss das „Wort" an diesem Punkt „lebendig, wirksam und schärfer als zuvor" sein (Hebr 4,12). Die evangelische Kirche sollte daher die mehr oder weniger subtil-wohlfeilen homo- und transphoben Positionen in der eigenen Kirche – und seien es die eines Bischofs – aufdecken und deutlich machen, dass sie gegen den christlichen Glauben und den Grundgedanken der christlichen *communitas* „Wir sind eins in Christus" verstoßen. Denn es ist an sich für die evangelische Kirche eine Selbstverständlichkeit, sich für den Schutz und die Achtung der Menschenwürde und die Einhaltung der Menschenrechte einzusetzen, zumal dann, wenn vollkommen klar ist (und dies ist nach der vorangegangenen Argumentation durchaus nachvollziehbar), dass die Äußerung „Die Bibel sagt, dass die homosexuelle Lebensweise nicht dem Willen Gottes entspricht" schlicht dem Stand hermeneutisch sensibler, wissenschaftlicher Theologie im 21. Jahrhundert zuwiderläuft.

4. Daher wird sich die evangelische Kirche schließlich auch von Kreisen unterscheiden müssen, die sich selbst als fromm und bibeltreu bezeichnen: Homosexualität und andere Sexualitäten sind keine Lebensformen, die man frei wählen oder abwählen kann, sondern leiblicher Ausdruck einer menschlichen Person. Und jede Person muss in ihrer Leiblichkeit mit Menschenwürde und Menschenrechten geachtet und geschützt werden. Theologisch gesprochen: Jeder Mensch ist von Gott geliebt.[16] Jeder darf sein, wie er ist, solange er anderen nicht schadet. Weil sie Ausdruck leiblichen Daseins ist, verdient die sexuelle Orientierung eines Menschen nicht nur Toleranz, sondern auch Akzeptanz, solange sie anderen nicht schadet. Was im weltlichen Recht im Gefolge dieser Einsichten praktisch geworden ist, sollte auch in der Kirche (die nach Gal 3,28 tatsächlich einen noch viel tieferen Grund für die Gleichwürdigkeit der Christ*innen untereinander hat) endlich konkrete Anerkennung und Akzeptanz finden. Die Aufhebung der künstlichen Differenz zwischen der Trauung heterosexueller Paare und der Segnung homosexueller Paare wäre wenigstens schon einmal ein erstes sichtbares Zeichen, dass diesem Aufruf Folge geleistet wurde.

Speisen glauben, belasten würden. Mit diesem Argument wird immer wieder verteidigt, dass die progressiveren Christ*innen, die Homosexualität für eine normale Variante menschlicher sexueller Orientierung ansehen, „Toleranz" mit denen haben sollten, die noch nicht so weit wären, dies so sehen zu können. Eigentümlicherweise nutzen die so in ihrer (vermeintlichen) Schwäche Angenommenen sehr schnell diese Barmherzigkeit, um ihrerseits dann unbarmherzig über Homosexuelle zu richten. Ein solch exkludierender Effekt war sicher nicht die Intention der paulinischen Inklusionssensibilität.

16 Vgl. Karle, „Sexualität und Gender."

Volker Jung

Geschlechtliche Vielfalt – eine theologisch-geistliche Perspektive

Im April 2018 hat die Evangelische Kirche in Hessen und Nassau (EKHN) eine Handreichung zum Thema Transsexualität veröffentlicht. Sie trägt den Titel „Zum Bilde Gottes geschaffen. Transsexualität in der Kirche".[1] Entstanden ist sie durch eine Initiative der Evangelischen Jugend der EKHN. Der Text wurde im Auftrag der Kirchenleitung von der Fachgruppe „Gendergerechtigkeit" erarbeitet. Adressiert ist er in erster Linie an Kirchengemeinden, insbesondere Kirchenvorstände. Es geht darum, anzuregen, sich in den Gemeinden mit diesem Thema auseinanderzusetzen und zu prüfen, ob und wie Akzeptanz transsexueller Menschen gelebt wird.

Kernstück der Handreichung ist ein Abschnitt über die theologischen Perspektiven zum Verständnis geschlechtlicher Vielfalt.[2] Die Argumentation anhand biblischer Texte geht davon aus, dass die Aussage aus der ersten Schöpfungserzählung „und schuf sie als Mann und Frau" (Gen 1,27) im allgemeinen Bewusstsein als Begründung einer Binarität verankert ist. Diese Binarität gibt nicht nur eine Erfahrung der Mehrheit wieder, sondern wird aufgrund des biblischen Textes auch als göttlich gesetzte Norm verstanden. So jedenfalls ist sie auch lange in der christlichen Tradition vertreten worden und wird es vielfach immer noch. Die Handreichung verweist zunächst auf den hebräischen Text. Dieser müsste wörtlich so übersetzt werden: „männlich und weiblich schuf er sie", wie dies zum Beispiel auch die Revidierte Einheitsübersetzung von 2016 tut. Diese Übersetzung ist nicht nur näher am Text, sie macht auch viel klarer, dass „männlich" und „weiblich" Beschreibungen von Merkmalen des vorrangig als Ebenbild Gottes zu verstehenden Menschen sind. Die Handreichung zeigt an, dass sich dies auch exegetisch vertiefen ließe. Sie weitet die Argumentation aber sogleich aus auf eine christologisch begründete Sicht auf den Menschen. Als Schlüsselstelle wird Gal 3,27 f. genannt. Mit dieser Stelle wird begründet, dass „in Christus bereits die Abgrenzungen und Hierarchien zwischen den Menschen überwunden"[3] sind. Ein weiterer Baustein der Argumentation ist der Hinweis darauf, dass in der Bibel –

1 *Zum Bilde Gottes geschaffen. Transsexualität in der Kirche*, hg. von der Kirchenleitung der EKHN, Darmstadt 2018; 2. Aufl., 2018.

2 Vgl. a. a. O., 15–18.

3 A. a. O., 17.

https://doi.org/10.1515/9783110614626-017

hier werden Gen 2,7 und Hebr 13,3 herangezogen – die Leiblichkeit Teil der menschlichen Identität ist.

Meines Erachtens besteht die theologische Aufgabe in der Tat – wie dies in der Handreichung auch begonnen wurde – darin, mit der genaueren Wahrnehmung geschlechtlicher Vielfalt biblische Texte zu befragen, und zwar in zwei Richtungen. Zum einen: Wo verstellen biblische Texte in ihrer zeitbedingten Sicht oder in ihrer ebenfalls immer zeitbedingten Auslegungstradition eine Wahrnehmung, die Menschen gerecht wird? Und zum anderen: Wo eröffnen biblische Texte neue Horizonte des Denkens und des Lebens, die Menschen in ihrer von Gott gegebenen Bestimmung, nämlich der Bestimmung zum Leben, helfen?

Einen Versuch, in dieser Weise biblische Texte zu lesen, habe ich bei einer Eröffnungsandacht zu einer Gesamtkirchlichen Bildungskonferenz der EKHN[4] zum Thema „Geschlechtliche Vielfalt" unternommen. Ich verstehe diesen Text als Anregung zur Weiterarbeit und nutze diese Publikation zur Dokumentation.

Liebe Geschwister!

„Nicht männlich und weiblich – geschlechtliche Vielfalt als Bildungsaufgabe der Kirche" ist heute unser Thema. Als Bibelstelle wird hier auf das 3. Kapitel im Galaterbrief verwiesen: „Denn ihr seid alle durch den Glauben Gottes Kinder in Christus Jesus. Denn ihr alle, die ihr auf Christus getauft seid, habt Christus angezogen. Hier ist nicht Jude noch Grieche, hier ist nicht Sklave noch Freier, hier ist nicht Mann noch Frau; denn ihr seid allesamt einer in Christus Jesus." (Gal 3,26–27)

Auf diesen Text möchte ich auch zu sprechen kommen. Ich will aber an einer anderen Stelle beginnen. Es ist der Beginn des für den gestrigen Sonntag vorgeschlagenen Predigttextes: „Gelobt sei Gott, der Vater unseres Herrn Jesus Christus, der uns gesegnet hat mit allem geistlichen Segen im Himmel durch Christus." (Eph 1,3)

Der Epheserbrief ist deutlich später als der Galaterbrief zu datieren. Der Epheserbrief stammt wohl von Menschen, die sich stark an Paulus orientiert haben. Sie haben die Gedanken des Paulus noch ein wenig weitergedacht. Ich denke, dass es hilfreich sein kann, darauf zu schauen – auch für das, was wir heute miteinander bedenken wollen.

Anders als die übrigen Briefe – so nur noch im 2. Korintherbrief – beginnt der Brief nach dem üblichen Gruß mit einem Lobgebet. Das ist ein richtiger Hymnus. Es ist ein Gotteslob für empfangenen Segen. Im Griechischen steht für „loben" und „segnen" ein und dasselbe Wort. Die Bibel in gerechter Sprache (2006) übersetzt deshalb so: „Gesegnet sei Gott, Ursprung Jesu, des Christus, dem wir gehören. Gott hat uns gesegnet mit allem geistgewirkten Segen in den Himmelsräumen bei Christus."

Gesagt wird hier: Wir leben als Menschen aus dem Segen bzw. im Segen Gottes. Und die Antwort darauf kann nur sein: Gott zu loben und Gott damit zu segnen. Ulrich Luz hat es in

4 Die 6. Gesamtkirchliche Bildungskonferenz der EKHN fand am 28. Mai 2018 in der Evangelischen Akademie Frankfurt statt.

seiner Auslegung des Epheserbriefes so gesagt: „Der nach oben gerichtete menschliche Lobpreis und der von Gott zum Menschen strömende Segen gehören zusammen."[5]

Gott und Mensch sind in einer heilvollen Wirklichkeit beieinander. Der Epheserbrief lobt besonders, dass die Heiden durch und in Christus Zugang zu diesem Raum des Heils bekommen haben. Nun ist aber Christus nicht einfach nur der Mittler oder jemand, der die Tür geöffnet hat. Christus ist selber dieser Raum des Heils. Es ist der auferstandene Christus, der in neuer Weise gegenwärtig ist. In ihm sind die „Himmelsräume" und er ist zugleich „irdisch". Irdisch dadurch, dass in ihm konkrete Menschen zusammengefügt sind – zu einem Leib.

Das alles sind hoch theologisch gefüllte Bilder. Was beschreiben sie?

Sie sagen der Gemeinde: Im Glauben seid ihr auf ganz besondere Weise mit Gott und miteinander verbunden. Diese Wirklichkeit ist größer als das, was ihr hier erlebt und erfahrt. Sie ist auch die Wirklichkeit, die die Zeit sprengt. In ihr seid ihr verbunden mit dem, was vor euch war und nach euch sein wird. Und natürlich auch mit denen, die vor euch und nach euch sein werden.

Die Bilder beschreiben weiter, dass Menschen ganz von dem leben, was sie von Gott her empfangen. Menschliches Leben ist Leben in Zeit und Ewigkeit – Leben, das wir von Gott her empfangen: als gesegnete Menschen.

Denken wir jetzt den Gedanken des Paulus hinzu, wenn er sagt, durch den Glauben seid ihr Gottes Kinder in Christus. „Hier ist nicht Jude noch Grieche, hier ist nicht Sklave noch Freier, hier ist nicht Mann noch Frau; denn ihr seid allesamt einer in Christus Jesus." Denken wir jetzt diesen Gedanken hinzu, dann bedeutet das: In dieser großen Dimension eures Lebens sind die Differenzerfahrungen, die Menschen hier in diesem Leben machen, aufgehoben!

Nun stellt sich aber die Frage: Was heißt das für uns im Hier und Jetzt? Hier machen wir doch die Differenzerfahrungen. Hier machen wir die Erfahrungen, dass wir verschiedene Menschen sind. Hier spielt es doch eine wichtige Rolle, ob wir Jude oder Grieche, Sklave oder Freier, Mann oder Frau oder – worüber wir heute besonders reden wollen – noch etwas Anderes sind.

Ja, das ist so. Und das lässt sich auch noch ein wenig weiterdenken. Verschiedenheit gehört zu unserem Leben. Mehr noch: Sie macht das Leben auch bunt und schön. Natürlich: Nicht jede Verschiedenheit muss sein und ist gut: Sklave und Freier ist eine Form der Verschiedenheit, auf die wir heute zu Recht einen anderen Blick haben als in den ersten Jahrhunderten.

Nun ist es, so denke ich, außerordentlich wichtig, Folgendes zu sehen: Von Gott gesegnet, in Christus zu einem Leib verbunden! – Das wurde nicht einfach spiritualisiert. Man könnte ja auch sagen: „Es reicht, dies in einem geistlichen Sinn zu glauben. Das ist das eigentlich Wichtige und deswegen können wir alles andere abwerten. Deswegen ist die leibliche Seite des Lebens unbedeutend." Genau das passiert nicht. So denkt Paulus nicht. So wird auch im Epheserbrief nicht gedacht. Für Paulus ist klar: Der Leib gehört zum Menschen. Der Leib ist

5 Ulrich Luz, „Der Brief an die Epheser," in: Jürgen Becker/Ulrich Luz, *Die Briefe an die Galater, Epheser und Kolosser* (*Das Neue Testament Deutsch*, Bd. 8/1), Göttingen: Vandenhoeck & Ruprecht 1998, 118 (Text von mir umgestellt).

Tempel des Heiligen Geistes. Und auch die Auferstehung ist für Paulus nur leiblich vorstellbar.[6] *Der Mensch ist eine Einheit von Leib, Geist und Seele. Der irdische Leib ist Segensgabe Gottes. Ja, er ist vergänglich, gehört aber unauflöslich zum Menschen hinzu. Der Leib wird damit hochgeschätzt. Er wird weder verachtet noch vergötzt.*

Paulus und auch der Epheserbrief ziehen aus all dem ethische Konsequenzen. (Übrigens in den konkreten Schlussfolgerungen nicht an allen Stellen gleich – so zum Beispiel beim Eheverständnis.) Für mich ein klarer Hinweis darauf: Es geht immer wieder neu darum, herauszufinden, was dies bedeutet.

Die Grundlinie heißt: Lebt als von Gott beschenkte und gesegnete Menschen miteinander. Und das bedeutet dann eben auch: Helft euch, das zu erkennen und für euch selbst anzunehmen – auch und gerade darin, dass ihr verschiedene Menschen seid! Lebt so miteinander, dass ihr als verschiedene Menschen in Christus miteinander verbunden seid!

Dazu gehört vieles, was uns Menschen zu verschiedenen Menschen macht. Wir haben lange gebraucht zu erkennen: Es gibt Menschen mit ganz unterschiedlichen sexuellen und geschlechtlichen Prägungen. Sie haben wie alle Menschen das Recht und die Aufgabe, ihre Identität zu entwickeln und das zu leben, wozu sie von Gott begabt und gesegnet sind. Dazu gehört, ein gutes Verhältnis zu sich selbst zu finden und verantwortlich zu leben. Es geht darum, die Menschen zu werden, die wir in Gottes Augen sind. Und es geht darum, das zu leben, was wir in Gottes Augen sind!

Ist uns bewusst und klar, dass die Bilder des Paulus und des Epheserbriefes eigentlich eine andere Perspektive darstellen als die, die uns in vielem geläufig ist?

Die geläufige Perspektive ist die: Du musst etwas werden. Du musst bestimmte Normen und Vorstellungen erfüllen. Dazu gehören auch Geschlechterrollen. Die andere Perspektive ist die: Lebe von dem Segen her, der dich und dein Leben erfüllt! Damit lobst du und segnest du Gott!

Bleibt die Frage: Ist das dann doch nicht sehr auf diejenigen hin gedacht, die glauben? Gewiss haben Paulus und der Epheserbrief das Zusammenleben und die Gemeinschaft in den Gemeinden im Blick. Aber so wie sie Gott und Christus denken, gilt das für alle Menschen. Gottes Segen erreicht nicht nur die, die sich zu ihm bekennen. Das klingt in solchen Worten an wie diesen: „Und ihr seid in der Liebe eingewurzelt und gegründet, damit ihr mit allen Heiligen begreifen könnt, welches die Breite und die Länge und die Höhe und die Tiefe ist, auch die Liebe Christi erkennen könnt, die alle Erkenntnis übertrifft, damit ihr erfüllt werdet, bis ihr die ganze Fülle Gottes erlangt habt. Dem aber, der überschwänglich tun kann über alles hinaus, was wir bitten oder verstehen, nach der Kraft, die in uns wirkt, dem sei Ehre in der Gemeinde und in Christus Jesus durch alle Geschlechter von Ewigkeit zu Ewigkeit! Amen." (Eph 3,17a-19)

Die Andacht zeigt, dass es eine grundlegende biblische Perspektive gibt, die nahelegt, Leben von Gott her und auf Gott hin zu verstehen. ‚Von Gott her' bedeutet, das Leben in seiner Vielfalt – auch hinsichtlich der Geschlechtlichkeit – als Segen Gottes zu verstehen, es dankbar anzunehmen und verantwortlich zu

6 Vgl. hierzu Volker Jung, „Wie Freiheit leiblich Gestalt gewinnt (1Kor 6,9 – 14.18 – 20)," *Göttinger Predigtmeditationen*, Bd. 72, 2018, 375 – 380.

leben. ‚Auf Gott hin' heißt, aus der orientierenden Kraft der verheißenen, heilvollen Wirklichkeit Gottes zu leben, in der menschliche Differenzerfahrungen überwunden sind. Das ist der von Gott eröffnete Weg zum Leben.

Ilka Wieberneit

Transsexualität und Seelsorge

Erfahrungen aus der Begleitung transsexueller Menschen im Kontext geschlechtsangleichender Operationen

Abstract: Typische Elemente und Herausforderungen in den Biographien von Transsexuellen und damit verbundene Herausforderungen für die Seelsorge werden vor dem Hintergrund des Austauschs mit Krankenhauspatient/innen beschrieben, die sich einer geschlechtsangleichenden Operation unterzogen haben. Transsexualität mit all ihren schmerzhaften Aspekten wird als eine allumfassende, schwierige und kräftefordernde persönliche Mission präsentiert. Diese wird häufig noch schwieriger durch ein soziales Umfeld, welches das Leiden dieser Menschen verstärkt. Es ist offensichtlich, dass ein akzeptierendes und respektvolles Umfeld notwendig ist, wenn Transsexuelle ihr Ziel erreichen sollen, und dass diese Menschen und ihre Integration einen Platz in Diskussionen über Glauben, Theologie und Kirche einnehmen müssen.

I Der Ort der Begegnung

Seit 2006 bin ich im Rotkreuzklinikum München als evangelische Seelsorgerin tätig. Begegnungen mit trans* Menschen[1] hatte ich bis Mai 2018 am Standort der Frauenklinik. Seit Juni 2018 ist die Belegbettenabteilung des plastischen Chirurgen an den größeren Standort des Klinikums auf eine chirurgische Station umgezogen, die sich in der Nähe der Intensivstation befindet. Ein international profilierter Chirurg[2] vollzieht seit Jahrzehnten am Klinikum geschlechtsangleichende Operationen, sowohl von Mann zur Frau als auch von Frau zum Mann.

Es ist nicht unwichtig, wo trans* Pat in der Klinik integriert werden. Noch vor ein paar Jahren wurden dem Chirurgen für seine Pat Betten auf einer Station zur Verfügung gestellt, auf der sich auch viele onkologische Pat befinden. Das war immer wieder mit Schwierigkeiten verbunden und wiederholt Thema in seelsorgerlichen Kontakten. Für trans* Pat war es schwierig, mit ersichtlich „Schwerkranken" auf einer Ebene zu liegen. Für Pflegekräfte war es manchmal schwierig,

1 Im Folgenden verwende ich zur Vereinfachung trans* für transsexuell mit allen aus dem Kontext sich ergebenden Endungen sowie Trans* für Transsexualität.

2 Pat steht hier und im Folgenden für Patient/innen mit allen aus dem Kontext sich ergebenden Endungen.

https://doi.org/10.1515/9783110614626-018

trans* Pat den besonderen Pflegebedarf nach der geschlechtsangleichenden OP zuzugestehen. Zuweilen hörte ich von Seiten des Personals: *„Die haben sich die OP ja ausgesucht, die wollten sie doch. Den Krebs haben sich die Frauen nicht ausgesucht!“*[3]

Die Lösung auf einer Ebene, auf der sonst überwiegend schwangere Frauen lagen, wirkte in der Außenperspektive reibungsarm. In besonderer Hinsicht empfangen auch trans* Pat „neues Leben“.[4]

II Angebot und Nachfrage der Seelsorge

Auf der Station, auf der ich trans* Menschen begegne, fällt auf: Sobald die Pat mobil sind, sieht man sie oft zusammenstehen und miteinander reden, sei es auf dem Gang, sei es im Klinikgarten. Oder sie besuchen sich auch gegenseitig in ihren Zimmern. Die Kontaktaufnahme untereinander scheint unkomplizierter als es sonst zwischen Pat der Fall ist. Die Vermutung liegt nahe: Es ist ein besonderes Bedürfnis, das Erleben miteinander zu teilen und der Unsicherheit im Blick auf das, was die Operation mit sich bringt, entgegenzuwirken und sich gegenseitig zu stützen. In dieser Solidarität scheint auf der einen Seite ein „Unterstützungsbedarf“ sichtbar, aber zum Teil auch untereinander abgedeckt.

Wegen der häufig langen Anreise und entsprechender Fahrt- und Unterbringungskosten bleiben Besuche von Angehörigen, Freunden und Freundinnen oft ganz aus. Es ist nicht selbstverständlich, dass trans* Pat vertraute Menschen zur Seite stehen (können), auch wenn sie über Wochen im Haus sind. Jedoch haben sie bereits vorher in der Regel lang und oft leidvoll gelernt, ihren Weg allein und ohne Unterstützung zu gehen. *„Ich war sehr viel allein, vielleicht muss ich darum jetzt so viel reden“*, erklärte eine Pat, als sie im seelsorgerlichen Kontakt plötzlich zu ihrer Überraschung den eigenen starken Redefluss bemerkte.

Trans* Pat zeigen sich nicht selten so, als hätten sie kein Problem und kämen gut mit allem klar, als bräuchten sie auch keine seelsorgerliche Unterstützung. Gezielte Rufe danach sind selten. Aber die oft schwierigen biografischen Hintergründe und Erfahrungen, die möglichen „Komplikationen“ auf körperlicher und

3 Alle kursiv und in Anführungszeichen gesetzten Zitate bleiben im Folgenden aus Personenschutzgründen anonym. Manche sind der persönlichen Erinnerung entnommen und fassen sinngemäß den Inhalt dessen zusammen, was sich der Verfasserin ins Bewusstsein geprägt hat. Alle Zitate sind konkreten seelsorgerlichen Gesprächen entnommen.

4 Der jüngste Umzug auf die chirurgische Station in die weniger „geschützte“ Umgebung des größeren Standortes scheint sich in den ersten Monaten nun aber auch ohne gravierende Irritationen seitens der Betroffenen zu vollziehen.

seelischer Ebene lassen mich stets von einem unausgesprochenen Bedarf an Zuwendung, Aufmerksamkeit und Unterstützung ausgehen und aktiv auf sie zugehen.

III Allgemeine Erfahrungen im Umgang mit trans* Menschen

1 Lange und wiederholte Klinikaufenthalte und seelsorgerliche Begegnungen

Zu einem ersten seelsorgerlichen Kontakt kommt es in der Regel in den ersten Tagen nach der Operation (OP). Sie kann die erste große oder auch eine weitere OP sein. Eventuell sind gar schon mehrere vorhergegangen oder andernorts schon enttäuschend verlaufen. Der Zeitraum des Klinikaufenthaltes nach der ersten OP erstreckt sich vor allem bei trans* Männern meist über drei Wochen, bei Frauen sind es in der Regel zwei Wochen. Wenn Komplikationen auftreten, können daraus leicht einige Wochen mehr, zuweilen auch Monate werden. Vor allem trans* Männer kommen oft zu weiteren Operationen im Abstand von mehreren Monaten oder innerhalb von Jahren wiederholt in die Klinik. Manchmal wächst eine seelsorgerliche Beziehung über einen längeren Zeitraum.

2 Erschwerte Bedingungen für die Seelsorge

Im Gegensatz zur eher „leichtfüßig" erscheinenden Kontaktaufnahme der Pat untereinander ist die seelsorgerliche Kontaktaufnahme zunächst schwieriger. Die Pat erwarten die Seelsorgerin in der Regel nicht. Sie sind meistens überrascht. Vielleicht öffne ich die Zimmertür in einem Moment, in dem jemand gerade entblößt ist. Oder die „kirchliche Person", Seelsorgerin und Pfarrerin, löst eine gewisse Reserviertheit, Distanziertheit aus. Ähnlich ist das allgemein bei kirchlich oder religiös gering verbundenen Pat, egal auf welcher Station des Klinikums sie liegen. Aber auf dieser Station kann die Distanz verstärkt sein. Vermuten Mann oder Frau vielleicht: Es werden „Welten" aufeinanderprallen, wenn „Kirchenleute" und trans* Menschen sich in diesem Kontext begegnen?

Ob ein seelsorgerliches Angebot als positive Zuwendung oder gar als Chance gesehen und ergriffen wird, ob Vertrauen und Offenheit Raum bekommen und ein Gespräch wohltuend oder hilfreich werden kann, hängt nicht allein an seelsorgerlichen Kompetenzen, sondern von einer ganzen Fülle anderer Faktoren ab.

Aber sekundenschnell entscheidet sich jeweils, ob Situation, Pat oder Seelsorgerin den Raum für einen seelsorgerlichen Kontaktversuch gewähren, öffnen oder versperren. Die Kontaktaufnahmesituation mit trans* Pat erlebe ich viel sensibler und schwieriger als mit anderen Pat. Oft wirkt ein wiederholtes behutsames Zugehen aber öffnend. Ist der Seelsorgeraum einmal geöffnet, kann die Begleitung von trans* Menschen bedeuten, sich intensiv existentiellen Themen zuzuwenden: Die Erzählung der eigenen Geschichte, das persönliche Coming-out, erlebte Enttäuschungen, Kränkungen durch nahestehende Menschen oder im beruflichen Kontext, auch akute finanzielle, berufliche oder soziale Probleme und der Umgang damit können neben der akuten Befindlichkeit nach der OP viel Raum einnehmen.

3 Persönlicher Glaube als Lebenshilfe

Immer wieder erzählen trans* Pat von ihrem persönlichen, oft auch unkonventionellen Glauben, der ihnen zum existentiellen Halt geworden ist und ihnen hilft, die Erfahrungen und Schwierigkeiten ihres Lebens zu bewältigen. Die Klinikkapelle wird manchen ein wichtiger Ort für die persönliche Spiritualität. Eher selten höre ich aber, dass ein trans* Mensch mit seinem Glauben oder seiner Konfession in gemeinschaftsbezogener Verbundenheit lebt. Mit Kirche oder der konkreten Gemeinde am Wohnort verbindet sich zumeist die Vermutung und manchmal konkrete Erfahrung: Was mich existentiell betrifft, findet in Gemeinde und Kirche keinen Raum. Aber: Wenn ich als Seelsorgerin und Repräsentantin der Institution Kirche aktiv auf trans* Menschen zugehe, mich für ihr Leben und Befinden interessiere, die Entscheidung im Blick auf die OP nicht bewerte, sondern Menschen in dieser Zeit einfach begleite, erfahre ich nicht selten positive Resonanz.

Vereinzelt regt es einen Versuch an, die z. B. eher formal vorhandene Verbundenheit mit der Kirche doch noch auf eine andere Ebene zu heben: *„Ich war jetzt auch mal in der Gemeinde, in der meine Frau sich immer wieder engagiert. Die ist katholisch. Das war auch zum Teil ganz nett. Aber so ganz meins war das dann doch auch nicht. Ich habe da auch noch so eine Frage, was sagt die Kirche denn von ihrem Glauben her zu Leuten wie mir?“*

4 Die Vielfalt der trans* Menschen, ihre verbindende Lebensaufgabe, das Problem fehlender Wahrnehmung, Akzeptanz und Wertschätzung

Die erste wichtige Wahrnehmung in der seelsorgerlichen Begegnung mit trans* Menschen war für mich: Sie kommen aus keinem spezifischen Milieu, sondern finden sich in allen Kreisen der Gesellschaft. Da ich keine Vorerfahrungen im Umgang mit trans* Menschen hatte, war ich anfangs überrascht, wie „normal" die allermeisten sind, sein und leben wollen, aber auch, wie bunt und vielfältig das Spektrum unter ihnen ist.

Je intensiver ich trans* Menschen begleitete, desto mehr erschien mir evident: Die OP ist keine „Umwandlung" des Geschlechts. Es ist eine „Angleichung" an die Identität, die zwar unterschieden von der körperlichen, aber von Anfang an auch immer da war. Die „unsichtbare" Identität wurde aber zu verschiedenen Zeiten in unterschiedlicher Weise gefühlt und gelebt. Manchmal konnte diese „unsichtbar reale" Identität jedoch auch von Außenstehenden „irgendwie" wahrgenommen werden. Die geschlechtsangleichende OP ist eine mögliche Folge eines Klärungsprozesses hinsichtlich der besonders herausfordernden und (auf-)gegebenen trans* Existenz.

Zwar findet sich die ganze Vielfalt verschiedenartigster Lebenswege unter trans* Menschen, aber ich kann in den Biografien wiederkehrende und verbindende Elemente wahrnehmen, die ihre Lebensaufgabe verdeutlichen. Die Wahrnehmung dieser typischen Elemente hat meine Haltung so geformt: Ich habe eine hohe Achtung und großen Respekt vor trans* Menschen, ihrer besonderen Lebensaufgabe und den dazugehörigen konfliktreichen Herausforderungen gewonnen, für die beständig eine große seelische Kraft nötig ist. Das individuelle Erleben der fehlenden Übereinstimmung von Leib, Geist und Seele, das „Anderssein" und die besondere Geschichte im Blick auf den Geschlechtskörper, fordern Standfestigkeit und Lebensstärke. Ein erfülltes, glückliches Leben ist trans* Menschen manchmal schon in der Kindheit erschwert, insbesondere, wenn sie in einem leidverstärkenden Kontext aufwachsen und leben. Trans* Menschen finden im binär geprägten nahen und weiteren gesellschaftlichen Umfeld in der Regel zu wenig Wahrnehmung, Akzeptanz, Wertschätzung und Unterstützung. Die aber sind unverzichtbar für die Bewältigung ihrer schwierigen Lebensaufgabe. Die fehlende Unterstützung und Akzeptanz ihres persönlichen Umfeldes und der Gesellschaft führen oft zu verstärkten, unermesslichen Leidenswegen und befördern auch eine suizidale Gefährdung.

Oft können trans* Menschen die Kraft zur Bewältigung ihrer Lebensaufgabe nur aus sich selbst und aus ihrem persönlichen Glauben schöpfen. Den Weg der

Klärung und Auseinandersetzung mit der eigenen Identität müssen sie ja zuerst selber gehen. Unsicherheit im Blick auf sich selbst und Ängste, sich einem anderen Menschen anzuvertrauen, sind groß. Selten haben vertraute Bezugspersonen eine offene, sensible, fürsorgende und liebevolle Wahrnehmung für ihre spätestens in der Pubertät akut werdenden inneren Konflikte und ihre manchmal auch für Außenstehende wahrnehmbare Eigenart. Es scheint schwer, aber auch nicht unmöglich zu sein, dass ein trans* Mensch unter Bedingungen aufwächst und leben kann, die sich nicht leidverstärkend, sondern leidlindernd auswirken. Seit ein paar Jahren kommen immer mehr jüngere Menschen zur Operation. Ein gesellschaftlicher Bewusstseinswandel im Blick auf trans* Menschen scheint sich spürbar anzubahnen. Die jüngeren Pat erzählen mittlerweile häufiger, sie seien in einem verständnisvollen Umfeld aufgewachsen. Sie bringen nicht mehr „nur" leidvolle Erfahrungen mit. In ihren Biografien finden sich viele typische Elemente nicht, die ich bislang in trans* Biografien wahrgenommen habe und im Weiteren darstellen werde.

Es ist notwendig, eine rein binäre Sicht- und Denkweise in Gesellschaft und Kirche zu überwinden. Ignoranz und Ablehnung im Blick auf die Vielfalt geschlechtlicher Weisen des Seins tragen nur zur Verstärkung trans* Leidensgeschichten bei.[5]

IV Typische Elemente und Herausforderungen in den Biografien von trans* Menschen

1 Frühkindliches Bewusstsein von der „anderen" geschlechtlichen Identität

> *„Als ich 5 oder 6 war, erzählte mir meine Großmutter einmal von einem Jungen aus dem Dorf, der auf einen Baum geklettert, hinuntergefallen und dabei gestorben war und dass der auf unserem Friedhof begraben wurde. Ich wollte nur wissen, wo der da auf dem Friedhof liegt. Ich wollte da hin und dachte, vielleicht kann man den Penis, den der ja nicht mehr braucht, bei mir dran machen."*

5 In den vergangenen drei bis vier Jahren ist gehäuft eine positive Veränderung zu konstatieren: Die Pat kommen verstärkt in jüngeren Jahren zur OP. Sie sind nun häufiger unter 20 Jahre alt. Sie berichten öfter als zuvor von einem guten familiären Verhältnis oder guten freundschaftlichen Kontakten. Eltern begleiten ihre erwachsenen Kinder auch zur OP und während des Klinikaufenthaltes; sie scheinen inzwischen seltener ein Problem mit Trans* zu haben. Das mag bereits ein Erfolg für alle sein, die bewusst und gute Öffentlichkeitsarbeit betrieben haben und das Thema zu medialer Aufmerksamkeit verhelfen konnten.

„Ich stand in der Küche mit dem Messer und wollte mir den Penis abschneiden. Da war ich 6 oder 7 Jahre alt."

„Im Kindergarten habe ich immer mit den Mädchen und mit Puppen gespielt. Und ich wollte auch Ketten tragen. Die Erzieherinnen haben mich auch gelassen. Und als ich in die Schule kam, durfte ich auch einen rosa Schulranzen haben. Mein Opa meinte manchmal, ein Junge spiele doch mehr mit Autos und so. Aber ich hab' immer gesagt: Ich bin aber ein Mädchen!"

Viele trans* Männer und Frauen erzählen von ihren teilweise auch von Eltern und Erziehenden wahrgenommenen Erfahrungen in der frühen Kindheit, sich zum „anderen" als dem äußerlich wahrnehmbaren Geschlecht hingezogen gefühlt und sich selbst darin gesehen zu haben. Zum Teil blieb dieses „Wissen" aber auch über lange Zeit nicht konkret benennbar oder im Verborgenen.

Die Kindheit konnte auch unproblematisch erlebt werden, wenn Eltern oder Bezugspersonen akzeptieren konnten, dass „der Junge" eben nur mit Mädchen spielen wollte und kein Interesse für Autos oder Fußball zeigte oder auch ein Kleid anziehen wollte wie die Schwester. Manche Bemerkungen Erwachsener konnten auch weggesteckt werden und haben das kindliche Lebensgefühl nicht immer beeinträchtigt. Oder sie wurden sogar positiv aufgenommen. *„Einmal hatte ich mir ein Kleid angezogen und ging damit nach draußen in den Garten. Das hatte ich bis dahin noch nie gemacht. Kleider hatte ich immer nur im Haus angezogen. Da kam ein Nachbar vorbei, der mich ja kannte und sagte: ‚Du bist aber ein hübsches Mädchen!' Da habe ich mich total gefreut."*

2 Das Erleben der Pubertät als „Katastrophe" und totale Verunsicherung

Die Pubertät gehört wohl zu den schlimmsten Zeiten, die trans* Menschen durchleben. Sie verunsichert total.

„Plötzlich wuchsen mir Brüste. Das war die reinste Katastrophe! Ich wusste überhaupt nicht mehr, was stimmt. Ich hab' die mir immer abgebunden. Das war so schrecklich."

„Sich umziehen in der Umkleidekabine nach dem Sportunterricht, das war ein Horror für mich. Ich wollte mich nicht vor den Jungs ausziehen oder unter die Dusche gehen."

„Ich habe immer mit den Jungs Fußball gespielt. Das war anfangs ja auch kein Problem. Aber ab einem gewissen Alter musst du dann in eine Mädchenmannschaft und da habe ich mich dann nicht mehr wohlgefühlt und hab' aufgehört, Fußball zu spielen, obwohl ich gerne weitergespielt hätte."

„Ich wusste nicht mehr: Stimmt mein Gefühl oder mein Aussehen?"

Kaum ein trans* Mensch kann sich in dieser Phase einem anderen Menschen anvertrauen. Welcher Peergroup kann sich ein trans* Mädchen oder Junge zuordnen? Das Thema Freunde und Freundinnen wird zum Problem. Zudem ist die Abgrenzung von den Eltern das altersgemäße Thema. Das führt häufig dazu, viel für und mit sich allein zu sein, einzelgängerisch und einsam zu werden.

> *„Ich war ein kränkliches, weinerliches Mädchen. Schminken, Stöckelschuhe? Bloß nicht. ‚Ich bin außen vor. Ich gehör nicht dazu', dachte und empfand ich."*

> *„Ich war immer, von Kind an einzelgängerisch. Ich wusste, dass etwas anders war und nicht stimmte mit mir. Aber ich wusste nicht, was. Meine Eltern hatten dafür keine Wahrnehmung. Die hatten auch keine Vorstellung, dass es sowas gibt. Ich hatte keine Freunde. Menschliche Kontakte haben mir immer Angst gemacht."*

Manche trans* Menschen haben sich in ihren Herkunftsfamilien von beiden oder einzelnen Elternteilen abgelehnt gefühlt oder gar Gewalt erfahren. Vielleicht, weil sie als Junge oder Mädchen nicht den Erwartungen entsprachen.

> *„Ich wurde nur hin- und hergeschoben. Wegen Kleinigkeiten hat mich mein Vater ständig versohlt. Meine Mutter hat meine Schwester immer vorgezogen und mich eingesperrt. Meine Oma hat mich dann zuletzt genommen. Als ich älter wurde, bin ich in entsprechende Kreise geraten. Habe auch Drogen genommen. Da habe ich dann auch ein Glücksgefühl gehabt."*

Wenn es gut lief im Elternhaus, dann hatten die Eltern nichts dagegen und nahmen es einfach so hin, wenn sich ihr „Mädchen" auch in der Pubertät nicht besonders mädchenhaft anziehen, kleiden und schminken wollte oder der „Junge" sich nicht besonders männlich zeigte und keine Neigung zu all dem hatte, was andere Jungen interessierte oder was sie machten.

3 Erster Klärungsversuch: Anpassung an die optische Wirklichkeit, Selbstverleugnung und Suche

Sehr häufig gehört zu einer trans* Biografie ein Versuch, sich dem optischen Geschlecht anzupassen, manchmal extrem. Ein Versuch, „das Andere" zu ignorieren, zu verdrängen und zu verleugnen: extra hart die Muskeln trainieren, sich möglichst cool kleiden, sich an einem männlichen Klischee orientieren, das gehörte für manche trans* Frauen in die Phase, in der sie nach ihrer Identität suchten. *„Aber immer, wenn ich dann mit den anderen Jungen zusammenstand und die so komisch redeten über Mädchen und Frauen und so, habe ich mich nicht so wohl gefühlt. Da bin ich dann oft einfach gegangen."*

Von trans* Männern habe ich weniger gehört, dass sie im Jugendalter ihre Neigung zum Jungenhaften oder Männlichen betont kaschiert oder in die weibliche Richtung gedrängt haben. Aber der Suchprozess, die Irritationen kommen immer wieder zur Sprache: *„Mit 18 habe ich mich in eine Frau verliebt und dachte: Vielleicht ist es das! Aber ich empfand mich nicht als Frau, die eine Frau liebt.“*

Nicht selten haben trans* Menschen über lange Zeiträume versucht, der „Norm“ zu entsprechen und dem Geschlechtskörper entsprechend zu leben, entgegen der gefühlten, aber verborgenen Identität. Sie haben sich auf Partnerschaften, Ehen, Familien eingelassen, Kinder gezeugt oder geboren. Aber der Versuch, ein „normales“ Leben zu führen, stieß irgendwann an Grenzen, an denen sie nicht mehr einfach so weitermachen konnten. Krisen, Depressionen beförderten oft den weiteren Klärungsprozess.

4 Grenzerfahrung, Krisen, heimliche Vergewisserung und verborgenes Leben im gefühlten Geschlecht

Es können auch Jahrzehnte vergehen, bis ein trans* Mensch die Grenze erreicht und der Leidensdruck so stark wird, dass die gefühlte Wirklichkeit der eigenen Identität nicht mehr weiter ignoriert werden kann und will. Erst als einer trans* Frau die Ehefrau verstorben war, kam für sie z.B. der Punkt, an dem sie den männlichen Körper nicht mehr ertragen und nicht weiter in ihm leben konnte. Da war sie fast sechzig. Erst nach dem Tod der Partnerin traute sie sich, sich weiblich zu kleiden. Erst dann entwickelte sich der Wunsch nach der geschlechtsangleichenden OP.

Die starken Krisen auf dem Weg der Klärung äußern sich häufig nicht nur in einer niedergeschlagenen Psyche bis hin zu starken Depressionen und suizidalen Gedanken. Auch Beziehungen mit vertrauten Menschen sind oft konflikthaft. Partnerschaftliche Beziehungen sind manchmal schon in die Brüche gegangen, bevor einem trans* Menschen die eigentliche persönliche Problematik klar wurde. Ein erster Schritt, dem „heimlichen“ Gespür für die andere Identität trotz schwieriger Umstände einen gewissen Raum zu geben, kann das Nutzen der Möglichkeiten sein, die sich im Lebenskontext gerade vorfinden.

> *„Ich habe mich im Bad eingesperrt und mich mit der Schminke meiner Mutter geschminkt. Immer wieder. Und wenn sie nicht da war, bin ich auch an ihren Kleiderschrank gegangen, hab' mir Sachen rausgeholt und sie einfach angezogen. Das hat sich gut angefühlt.“*

> *„Wenn ich zuhause war, habe ich mir dann Kleider angezogen. Das war manchmal im Laden nicht so ganz leicht. Wenn du da in der Wäscheabteilung stehst und einen BH kaufst, dann*

haben die schon komisch geguckt. Ich habe lange Zeit zwei verschiedene Leben geführt: eins draußen in der Arbeit und eins zu Hause. Das hältst du auf die Dauer auch nicht aus.“

5 Klarheit und Durchbruch: Point of no Return und Coming-out

„Es ging einfach nicht mehr. Ich konnte nicht mehr das Leben leben, von dem ich wusste, das ist nicht meins, das bin ich nicht. Das hat sich so verkehrt angefühlt.“

Auf unterschiedlichen Wegen und manchmal nach langwierigen Suchprozessen gibt es in trans* Biografien einen Punkt, an dem die Einzelnen Klarheit finden im Blick auf sich selbst. Viele gewinnen sie mit Hilfe von Recherchen und Informationen im Internet. Es ist zuerst für sie selbst eine große Erleichterung, endlich zu wissen, was mit ihnen los ist. Fast wie eine „Erleuchtung“ scheint sich diese Klarheit dann durch Geist und Seele zu ziehen. Und damit verbindet sich ein Point of no Return, auf den das Coming-out und alle weiteren Schritte, die „wahre“ Identität auch zu leben, in der Regel ganz bald folgen.

Das Outing ist mit großer Aufregung verbunden. Das ist selbst im Erzählen davon manchmal noch zu spüren. Der Zeitpunkt und die Form werden sorgfältig überlegt. Der Drang, mit der eigenen Erkenntnis ans Licht zu gehen, scheint mächtiger als alle Ängste vor schwierigen Reaktionen des persönlichen Umfeldes und deren Folgen. Die ersten Reaktionen prägen sich stark ins Bewusstsein und ins Herz:

„Das habe ich mir schon immer gedacht, dass du keine Frau bist – hat meine Freundin gesagt. Das war echt schön.“

„Ich habe meinen Eltern einen Brief geschrieben. Ich habe ihnen auch geschrieben, dass es nicht ihre Schuld ist. Die haben den Brief dann meinem Bruder gezeigt, obwohl der nur für meine Eltern bestimmt war. Na ja, ab da wollten sie und auch mein Bruder nichts mehr von mir wissen. Wenn wir uns auf der Straße begegnet sind – wir wohnen ja in derselben Straße – haben sie mich nicht mehr gegrüßt. Totaler Kontaktabbruch. Das ist jetzt drei Jahre her. Nur meine Schwester hat zu mir gehalten. Die ist so gut. Die hat ein weites Herz.“

„Ich war 29, als ich mir klar wurde. Mein allerbester Freund hat mich auf meinem Weg begleitet. Das hat mir Kraft gegeben. Die Foren im Internet haben mir weitergeholfen und auch mein Glaube: ‚Der Herr ist mein Hirte‘ – das ist mein Psalm. Meine Eltern haben es ganz gut gemacht. Am schönsten war aber die Reaktion meiner Freunde: Das passt total. Kann ich mir gut vorstellen – haben die gesagt. Und wenn ich jetzt jemandem meine Geschichte erzähle, dann kommt manchmal: Das kann ich mir gar nicht vorstellen. Du bist doch klar ein Mann.‘“

„Ich hatte vorher ein ganz gutes Verhältnis im Lehrerkollegium. Aber nachdem ich mich geoutet habe, war das irgendwie anders. Da sind dann einige auf Distanz gegangen. Das hat mich

enttäuscht und gekränkt, vor allem bei den Leuten, mit denen ich mich gut verstanden habe. Der Direktor hat das ganz gut hingenommen. Aber insgesamt ist es schon schwierig für mich."

6 Sehnsucht nach Eindeutigkeit und Stimmigkeit: der Weg zur geschlechtsangleichenden Operation

Die Sehnsucht, auch leibhaftig eindeutig die Frau oder der Mann zu werden, die der gefühlten Identität entsprechen, scheint unermesslich groß zu sein. So groß, dass es vielen nicht ausreicht, formal den Personenstand zu ändern, mit Namen und Kleidung in der gefühlten Identität zu leben. Manche trans* Menschen erzählen, sie hatten auch vor der OP ein Gefühl für Brüste oder Penis. Aber die Hoffnung, eindeutig als Frau oder Mann wahrgenommen zu werden, die Hoffnung auf ein Ende des Leidens am „falschen" Körper lässt viele bald nach dem Coming-out den langwierigen Weg zur geschlechtsangleichenden OP gehen.

Weder Psychologen, Psychiater und Gutachten noch Wartezeiten, weder Schnitte und Narben am Körper noch Schmerzen oder auch Risiken und Komplikationen, die mit einer geschlechtsangleichenden Operation verbunden sind oder sein können, scheuen trans* Pat. Für die Hoffnung und die Chance, endlich auch körperlich ganz Frau, ganz Mann zu sein, scheint manchen eher der Tod hinnehmbar als sie nicht zu nutzen: *„Ich hatte mir vorher überlegt: Selbst wenn ich bei der OP sterben würde, es gibt keinen anderen Weg für mich. Das wäre nicht so schlimm, wie im falschen Körper weiterzuleben."*

Außenstehende, auch ich selbst, stoßen da auch an die Grenzen der Empathie. Das Erleben der Diskrepanz zwischen Leib, Geist und Seele stelle ich mir zwar sehr „schlimm" oder „schrecklich" vor, aber einfühlen kann ich mich darin ja nicht wirklich. Eine Mutter, in Sorge um das Leben ihrer Tochter und mit der Angst, die OP nähme ihr vielleicht die Möglichkeit zu erfüllter Sexualität, reagierte auf das Anliegen der noch minderjährigen Tochter zur geschlechtsangleichenden OP: *„Kannst du denn nicht ein Mädchen mit Penis sein?"* Aber das schien der Tochter auf Dauer keine gute Lebensmöglichkeit: *„Ich möchte doch auch gerne die modischen Sachen anziehen, die die anderen Mädchen auch anziehen. Ich will auch ins Schwimmbad gehen. Es stört, fällt auf und man kann es gar nicht immer so kaschieren, wenn die Mode so eng ist. Dann fühlt man sich auch nicht wohl."*

Viel tiefgehender ist aber der Wunsch und die Sehnsucht, sich selbst genauso wie einen anderen Menschen leibhaftig lieben zu können. Ob es einer trans* Frau, einem trans* Mann möglich sein könnte, sich selbst leibhaftig und erfüllt zu lieben – und wie? –, wenn das Leiden am gefühlt „falschen" oder auch „fremden" Leib stark ist? Ein unversehrter Leib gehört für nicht-trans* Menschen wohl zum höchsten erhaltenswerten Gut im Leben. Ein operativer Eingriff wird in der Regel nur vollzogen, wenn Gesundheit oder Leben bedroht sind und dadurch erhalten werden können. Jede Narbe suchen Menschen zu vermeiden. Vielen trans* Menschen dagegen hilft die Versehrung des Körpers durch die geschlechtsangleichende OP zum „Heil-" und „Ganz"-Werden der Person. Endlich die Chance auf einen stimmigen Körper und ein stimmiges Leben zu bekommen, lässt vor und nach der OP die Emotionen tanzen. Der Erfüllung eines sehnlichen Wunsches ganz nahe zu kommen, ist manchmal gar „berauschend" und gibt Kraft auch für die nicht einfache Zeit nach der OP und während des Klinikaufenthaltes.

Manchmal scheinen die Erwartungen an die OP und ihre Ergebnisse sehr hoch zu sein. Enttäuschungen oder auch perfektionistische „Verschönerungsanliegen", die über eine gute Funktionalität hinausgehen, können eine Folge sein, insbesondere bei trans* Frauen. Mir stellt sich zuweilen die Frage: Wann kann es gut sein? Wann kann ein Mensch sein „Sosein" als gut annehmen, auch wenn es nicht perfekt ist? Aber das sind keine spezifischen Probleme von trans* Menschen, sondern generelle Probleme im Blick auf die Selbstannahme von Frauen und Männern, wenn sie gängigen Klischees und Idealen von Weiblichkeit oder Männlichkeit weniger entsprechen.

7 „Mein neues wunderbares Leben"

Die erste Zeit nach der OP will durchgestanden werden. Schmerzen, tagelanges „Festliegen" auf dem Rücken, Angewiesenheit auf Pflegende, Wundversorgung etc. fordern alle Kräfte. Viele bleiben bemerkenswert geduldig und tapfer, selbst wenn der Klinikaufenthalt nicht wie erhofft komplikationslos verläuft. Aber nicht selten spüren trans* Menschen nach der OP auch zuerst die Grenzen ihrer Kräfte. Ihre „schwierige Lage" wird ihnen manchmal ganz umfassend bewusst. Besonders, wo ein stützendes, stabilisierendes Lebensumfeld fehlt oder es konfliktbehaftet ist, wo finanzielle Schwierigkeiten, berufliche oder wohnräumliche Umbrüche dazukommen, da gesellen sich nicht selten emotionale Tiefpunkte nach der OP oder auch Komplikationen im Heilungsprozess hinzu. Sobald der Heilungsprozess aber voranschreitet und die Pat wieder mobiler werden, gehen sie auch emotional neu aufgerichtet in ihr Leben. Insbesondere trans* Frauen sind neu damit beschäftigt, wie sie als Frau sein und wirken (wollen), auch wenn sie schon lange vorher mit Kleidung und persönlichem Stil als Frau gelebt haben.

Eine erhöhte Sensibilität und Verletzlichkeit ist nach der OP wahrnehmbar. Eine besondere Achtsamkeit und Kränkbarkeit bezieht sich insbesondere bei trans* Frauen auf die Unsicherheit: Werde ich als die Frau wahrgenommen, der ich nun auch körperlich entspreche, oder sieht man mir meinen „alten" Körper noch an? Dazu kann sich eine emotionale Verunsicherung einstellen, wenn überraschend Gefühlsambivalenzen angesichts des Penisverlustes erlebt werden. Es scheint tabu und nicht leicht, sich Trauer oder auch nur „gemischte Gefühle" ein- oder zuzugestehen. Geradezu unmöglich, sie mit vertrauten Menschen zu teilen, insbesondere, wenn diese mit der OP ein Problem haben. Unter Tränen vertraute sich mir eine Frau an: *„Ich habe das Gefühl, mir fehlt etwas. Bin ich jetzt verstümmelt? Meiner Frau kann ich das gar nicht sagen, das würde sie gar nicht verstehen."* Nach einem halben Jahr reflektierte dieselbe Frau: *„Ich habe eine Zeit gebraucht, bis ich damit klar kam, dass ich auch getrauert habe. Aber dann wurde es besser und jetzt geht es mir richtig gut."*

An trans* Männern ist seltener wahrzunehmen, dass sie ein Problem mit Wirkung und Wahrnehmung ihrer Männlichkeit haben. Wenn die schwierigste Zeit durchgestanden ist, wirken sie auch gespannt bis stolz auf ihre hinzugewonnene Männlichkeit. Trans* Männer haben aber häufiger als trans* Frauen mit körperlichen Komplikationen zu tun, und oft mehrfach Operationen durchzustehen. Ein einziges Mal habe ich nach der OP von einer trans* Frau eine Äußerung in dieser Richtung gehört: *„Hätte ich das alles vorher gewusst, was für Schmerzen das bedeutet, und wäre die Gesellschaft offener, hätte ich die OP vielleicht nicht gemacht."*

Die Klinik und die OP werden auch im Nachhinein manchmal als Ort und Tag beschrieben, *„an dem ich nach Hause gekommen bin"*. Der Klinikaufenthalt ist in der Regel positiv besetzt, weil das für das Leben entscheidend Positive dort geschah. Das eigene Leben wird zuweilen bewusst zum ersten Mal nicht nur leid-, sondern auch freudvoll empfangen und bejaht. Zudem entstehen währenddessen manchmal dauerhafte Freundschaften, die zum Gefühl des „Nach-Hause-Kommens" beitragen.

Je nachdem, in welches Leben eine Frau/ein Mann zurückkehren wird, können sich mit der Entlassung aus der Klinik aber auch Ängste verbinden. Eine alleinlebende trans* Frau hatte z. B. Angst, es würde ihr zu Hause genauso schlecht gehen wie vor der OP, weil sie dort isoliert von menschlichen Kontakten lebte. Der Gedanke an die Rückkehr in ihren schwierigen, einsamen Lebenskontext am weit entfernten Wohnort führte noch in der Klinik zu suizidalen Gedanken und Fantasien, die auch ärztliche und psychiatrische Aufmerksamkeit und Hilfe erforderten.

8 Ankommen in der Realität zwischen Freud und Leid und die neue Integrationsaufgabe

Die Erwartungen an die OP und das „zum Guten gewandelte Leben" werden nicht immer erfüllt. Körperliche Komplikationen bei der Heilung, Enttäuschungen über das Ergebnis aus ästhetischer Sicht, finanzielle, berufliche oder soziale Notlagen können das Lebensgefühl von trans* Menschen auch nach der OP stärker belasten als Freude und Erleichterung über das endlich stimmige Geschlecht die Gemüter erheben kann.

Die „Erlösung" bringt auch die geschlechtsangleichende OP für keinen Menschen. Viele finden sich bald doch wieder konfrontiert mit der Realität eines weder einfachen noch leidfreien Lebens. So glücklich trans* Frauen und Männer auch über den „stimmigen" Körper sind, so sehr können sich in ihrem Lebenskontext überraschend neue Schwierigkeiten ergeben. Im beruflichen und privaten Kontext erleben manche, dass Kolleginnen und Kollegen, Freundinnen und Freunde oder die eigene Familie, die vor der OP mit dem Outing vielleicht noch ganz gut zurechtkamen, sich nach der OP stärker distanzieren.

> *„Das hätte ich nicht gedacht, dass ich nach der OP noch langjährige Freunde verliere. Das hat mich echt überrascht. Mit dem Outing hatten die überhaupt kein Problem. Und jetzt ziehen die sich total zurück. Ist so. Aber ich hab' hier auch neue gefunden. Keiner meiner Kollegen hat sich erkundigt nach mir. Obwohl ich mich mit ihnen eigentlich ganz gut verstanden habe. Das hat mich schon gekränkt. Ich spür' den Abstand. Da fragt keiner, wie's mir geht. Obwohl die ja wissen, was bei mir gelaufen ist. Die Kollegen drehen sich jetzt immer weg, wenn ich ins Büro komme. Die vermeiden total den Kontakt. Ich weiß nicht, ob ich da auf die Dauer noch bleiben kann."*

Vielleicht ist es eine der schwierigsten Aufgaben und Herausforderungen im Leben als trans* Mensch, hinzunehmen, dass das Leben auch nach der OP nicht nur leichter, leidfreier oder glücklicher wird. Etwas von der „alten" schwierigen Lebensaufgabe bleibt ihnen je nach Lebenssituation zu einem mehr oder weniger großen Teil erhalten. Der sehnliche Wunsch nach einem „normalen" Leben steht weiter in Spannung zu dem ganz „besonderen" Leben, das ihnen gegeben ist. Wenn auf der körperlichen Ebene alles ohne Komplikationen zum Guten verlaufen ist, haben sie einerseits ein wesentliches Problem gelöst. Aber auf der anderen Seite ist neu zu klären und daran zu arbeiten, wie das „alte" und das „neue" Leben in die eigene Lebensgeschichte, in die Familien, in die Partnerschaften oder Freundschaften oder im kollegialen Kreis gut integriert werden können. Auch mit dem „alten" Leben verbinden sich ja wichtige und oft viele Lebensjahre. Selbst wenn die persönliche Integration dem einzelnen trans* Menschen gut gelingt, bleiben doch die Probleme, die andere Menschen und Lebenssysteme mit ihnen, ihren Namen oder Narben, mit ihrer Geschichte und Entscheidung haben. Diese Probleme bekommen sie zwar hautnah zu spüren, aber sie können sie selber nicht lösen. Es bleibt ein großer Kraftakt, das jeweilige Maß traurigen und leidvollen Erlebens und der Ohnmacht hinzunehmen und die trans* Lebensaufgabe weiter anzunehmen. Wo trans* Menschen damit nicht für sich allein bleiben, sondern sich miteinander vernetzen, scheint es leichter zu sein, mit der besonderen Lebensaufgabe nicht nur privat, sondern auch in der Öffentlichkeit zu leben, zu agieren und aktiv etwas zur gesellschaftlichen Bewusstseinsbildung beizutragen, sowie Unterstützer und Unterstützerinnen zu suchen und zu finden. In den letzten Jahren findet im öffentlichen Raum das Thema Trans* eine größere Beachtung.[6] Das ist zu begrüßen, denn eine breite Bewusstseinsbildung ist notwendig, damit künftige trans* Generationen eher in einem leidlindernden und nicht weiter in einem leidverstärkenden Kontext aufwachsen und leben können.

V Herausforderungen in der Seelsorge

1 Barrieren im Kontakt

Sich einem unbekannten, frisch operierten trans* Menschen zuzuwenden, ist eine besondere Schwierigkeit. Zu ahnen, wie entscheidend und tiefgehend diese Operation für den konkreten Menschen ist, aber nicht zu wissen, was seine Geschichte, seine konkreten Hintergründe und Erfahrungen sind, verlangt eine große Behutsamkeit in Worten und Gesten und auch eine Zurückhaltung und Achtung im Blick auf die manchmal stark spürbare Verschlossenheit. Vertrauen zur seelsorgerlichen Person kann nicht einfach vorausgesetzt werden. Der Mut, sich anzuvertrauen und sich zu öffnen, muss erst gewonnen werden. Er braucht Zeit und auch Ruhe zum Wachsen. Beides ist manchmal im Klinikalltag nur schwer zu haben.

Die oftmals nur lose Verbundenheit oder auch starke Distanz zu dem, was die Seelsorgerin allein schon durch die Rolle mit in den Kontakt bringt – Glaube, Religion, Kirche – können es manchen Menschen erschweren, den Willen, Mut und das Vertrauen zu haben, die fürsorgende Gelegenheit für sich zu nutzen. Es ist oft zuerst Arbeit an den Barrieren nötig, bevor sich ein vertrauensvoller Kontakt von Mensch zu Mensch in der seelsorgerlichen Begegnung entwickeln kann.

---

6 Anfang 2016 kam der Film *The Danish Girl* von Tom Hooper in die deutschen Kinos. Er zeigt die Geschichte von Lili Elbe, die sich 1930 als erste einer geschlechtsangleichenden OP unterzog, aber kurz danach verstarb. Im Magazin der *Süddeutschen Zeitung* vom 15. Januar 2016 erschien anonym der Beitrag „Der neue Bruder“. Die Schwester eines trans* Mannes erzählt darin aus ihrer Perspektive die besondere Geschwister-Geschichte.

2 Grenzen der Empathie und nicht bewertende Haltung und Kommunikation

Das spezifische Erleben eines trans* Menschen vor oder nach der OP fällt aus dem Rahmen dessen, worin ich mich als Seelsorgerin unmittelbar einfühlen kann. Ein wichtiges „Instrument" der Seelsorge, die Empathie, kann also nur eingeschränkt wirksam werden. In Verbindung mit den Barrieren im Kontakt bedeutet das in der seelsorgerlichen Zuwendung auch, einem trans* Menschen in einer verstärkt „ohnmächtigen" Haltung zu begegnen, d. h. nicht wissend, was guttut, sondern vorsichtig tastend, respektvoll und achtsam danach zu suchen. Stets ist nötig, die Balance und die Grenze zu finden und zu achten, zwischen offenem Interesse und penetranter Neugier oder zwischen Zuwendung und Zudringlichkeit.

Unbedingt notwendig scheint mir vor allem, eine nicht wertende Haltung im Blick auf die Entscheidung für die geschlechtsangleichende OP einzunehmen. Wenn eine seelsorgerliche Person das Ergreifen dieser medizinischen Möglichkeit ablehnt, kann sie einen trans* Menschen kaum hilfreich begleiten.

3 Umgang mit Schamverlust und eigenen Schamgrenzen

Auf der einen Seite spielt Scham in der seelsorgerlichen Begegnung eine Rolle bei der Schwierigkeit, miteinander in einen guten, vertrauensvollen Kontakt zu treten. Auf der anderen Seite scheinen trans* Pat, vielleicht, weil sie im „Schambereich" operiert werden, immer wieder gezwungen zu sein, alle Scham zu überwinden. Der Weg zur Operation, sämtliche Untersuchungen davor und danach, die beständig notwendige Pflege des Schambereichs nach der OP durch verschiedene Personen machen es notwendig, das persönliche Schamgefühl immer wieder zurückzustellen. Zuweilen gewinne ich den Eindruck, dass es gar zum Verlust dieses Gefühls führen kann.

Als externe Person, die nicht mit Pflege oder Behandlung betraut ist, erlebe ich in den Zimmern von trans* Pat viel häufiger die eigenen Schamgrenzen, als in Zimmern anderer Pat, z. B. wenn sie die Scham unbedeckt lassen und es ihnen offensichtlich gar nichts ausmacht, auch wenn die Seelsorgerin das Zimmer betritt. Oder wenn jemand anbietet zu zeigen, wie der Penis oder die Vagina aussieht. Nirgendwo sonst fühle ich mich genötigt, Schamgrenzen auch zu benennen und zu vertreten. Es erscheint mir zuweilen gar eine seelsorgerliche Aufgabe, „Hüterin" der Scham zu sein, damit trans* Pat auch wieder in Kontakt mit diesem wertvollen Gefühl kommen können, das Nähe und Distanz zwischen Menschen reguliert.

4 Diverse Nöte, suizidale Fantasien und begrenzte Reichweite seelsorgerlicher Möglichkeiten

Zur Begegnung mit trans* Menschen gehört die Konfrontation mit diversen Nöten, in denen sich eine einzige Person befinden kann: Arbeitslosigkeit, finanzielle Schwierigkeiten, eventuell auch die Not, das Geld für die (vielfach weite und wiederholte) Anreise zur Klinik aufzubringen, spielen neben Brüchen im privaten Leben, im Familien- oder Freundeskreis eine Rolle. Kämpfe mit Ex-Partnerinnen oder -partnern um den Kontakt zu den eigenen Kindern oder berufliche Schwierigkeiten und Umbruchsituationen sowie konkrete mangelnde Akzeptanz im Kollegenkreis oder fehlende soziale Beziehungen – all das findet sich manchmal geballt bei einem Menschen und kann einen Menschen auf allen Ebenen überlasten. Zudem bewegt diese Belastungssituation die Betroffenen eher noch dazu, sich weiter zurückzuziehen statt die Vernetzung zu suchen, z. B. über die Foren im Internet oder in Selbsthilfegruppen.

Die Reichweite klinikseelsorgerlicher Möglichkeiten ist angesichts solch komplexer Situationen sehr begrenzt. Wege aus diesen Nöten können nur sehr vage mit angedacht, aber nicht nachhaltig unterstützt oder begleitet werden. Es ist eine große Herausforderung und oftmals eine Überforderung, herauszufinden, wie konkret der Lebenswille und -mut und die Kraft eines extrem belasteten Menschen gestärkt werden kann. Aber die Brücke zu schlagen zu Möglichkeiten konkreter Hilfestellungen an unbekannten, weit entfernten Orten, überfordert die begrenzten Ressourcen als Klinikseelsorgerin ebenso. Es bleibt oft nur die Ermutigung, sich nicht zurückzuziehen, sondern aktiv auch auf neuen oder bisher gemiedenen Wegen nach Unterstützung zu suchen, die Internetforen zu nutzen und sich auch mit anderen trans* Menschen zu vernetzen.

5 Religiöse Integration der Transsexualität

„Und Gott schuf den Menschen zu seinem Bilde, zum Bilde Gottes schuf er ihn; und schuf sie als Mann und Frau. Und Gott sah an alles, was er gemacht hatte, und siehe, es war sehr gut“ (Gen 1,27.31). Was bedeutet es, wenn Menschen nicht eindeutig als Mann oder Frau, sondern eindeutig „zwei-“ oder „mehrdeutig“ geschaffen sind? Ich habe keinen Zweifel, dass die Ebenbildlichkeit auch für transsexuelle Menschen gilt und die Schöpfung eine größere Vielfalt im Blick auf die Geschlechter zeigt, sich also nicht in der Binarität erschöpft.

Die Leidensgeschichten und Wege von trans* Menschen, die zur geschlechtsangleichenden OP kommen, scheinen aber eher dagegen zu sprechen, dass sie sich, so wie sie geschaffen sind, ohne eine körperliche Veränderung als

„gut" annehmen und dauerhaft gut damit leben können. Wer oder was bedingt aber das Streben nach Eindeutigkeit und das Leiden an der „Zweideutigkeit"? Wer oder was bedingt den Weg zur körperlichen Veränderung? Gehört das mit zu Gottes Schöpfungsplan? Oder gehört das in die Selbstverantwortung des Menschen? Wie ist das theologisch zu betrachten?

Wann und wie kann das Leben und auch der Leib für trans* Menschen „gut" sein? Es ist für viele eine wichtige Frage: Was lasse ich alles machen und was nicht? Wann ist es für mich gut? Oft ist die Motivation, immer noch mehr „machen zu lassen", insbesondere bei trans* Frauen, von dem Bedürfnis geleitet, mit dem „eindeutigen Aussehen" dann weniger Probleme zu haben. Kann man aber von Gott her etwas anderes sagen als: Auch ein trans* Mensch ist von Anfang an gut!? Sind gesellschaftliche Bedingungen denkbar und zu fördern, unter denen geschlechtliche „Zwei-" oder „Mehrdeutigkeit" auch ohne körperliche Veränderung von trans* Menschen selber als „gut" erlebt und erfüllt gelebt werden könnte? Können beide Wege, sowohl die Entscheidung für die geschlechtsangleichende OP als auch gegen sie, gleichermaßen Akzeptanz finden?

Einem jeden Menschen ist die Würde der Ebenbildlichkeit gegeben. Im Glauben an und in der Verantwortung vor Gott leben wir dieser Würde entsprechend. Sowohl der Weg zur geschlechtsangleichenden OP als auch der Weg der Integration der Zweideutigkeit in das Leben können im Vertrauen auf die Liebe Gottes und in Verantwortung vor ihm gegangen werden. Die Ebenbildlichkeit bleibt davon unberührt. Einem jeden trans* Menschen gebührt die Wertschätzung, Achtung, Nächstenliebe und Unterstützung, die dem durch Christus geheiligten, gerechtfertigten, geliebten Menschenleben entspricht, mit dem er sich identifiziert (Mt 25,31 ff).

Nach den geschlechtsangleichenden Operationen möchten manche trans* Menschen gerne Abstand nehmen von dem Begriff „trans", weil sie dann ja eindeutig sind. Ist das der Weg? Kann oder soll die Trans* dann nicht mehr in die persönliche Biographie gehören? Soll sie wieder verabschiedet werden? Soll und kann sie nicht in Gottes Namen angenommen und auch gutgeheißen werden, egal ob ein trans* Mensch den Weg zur Eindeutigkeit beschreitet oder nicht?

Eine christliche Perspektive und Haltung zur Transsexualität zu finden, braucht einen stärkeren theologischen Diskurs zusammen mit trans* Menschen. Sie kann und wird hoffentlich dazu beitragen, Trans* in Denken, Glauben und in der Lebenspraxis, in das individuelle, gesellschaftliche und religiöse oder kirchliche Leben zu integrieren und helfen, Leidensgeschichten zu lindern, statt sie zu verstärken. Die Herausforderungen, die besondere Lebensaufgabe der Trans* und die Kraft für ihre gelingende Bewältigung sind nicht allein auf individueller Ebene zu betrachten. Sie sind eng verbunden mit dem Lebenskontext von Familie, Partnerschaft, Gesellschaft und Recht, sowie Glaube, Theologie und

Kirche. Trans* Biografien könnten geradezu ein Paradigma sein für eine auf vielfältigen Ebenen komplexe Integrationsaufgabe sowie für die Notwendigkeit, die Linderung einer spezifischen Leidensproblematik auf allen möglichen und vielfältig vernetzten Ebenen zu denken und anzugehen.

Dorothea Zwölfer

Was dem „inneren Menschen“ Aufwind gibt …

Predigt über 2 Kor 4,16–18*

Liebe Gemeinde,

wenn ein Kind getauft wird, dann passiert eigentlich, von außen gesehen, nicht viel: Ein wenig Wasser wird über einen kleinen Menschen geschüttet und die Pfarrerin oder der Pfarrer spricht dazu die Taufformel – das ist im Wesentlichen der Kern einer jeden Taufe, wenn man es von außen betrachtet. Aber: Wir sind eingeladen, dieses Geschehen nicht von außen zu betrachten, sondern aus der Sicht des Glaubens. Diese Sichtweise besagt etwas grundlegend Anderes, wie wir sogleich im heutigen Predigttext hören werden. Dieser steht bei Paulus im 2. Korintherbrief, Kapitel 4, Verse 16–18:

> Darum werden wir nicht müde; sondern wenn auch unser äußerer Mensch verfällt, so wird doch der innere von Tag zu Tag erneuert. Denn unsre Bedrängnis, die zeitlich und leicht ist, schafft eine ewige und über alle Maßen gewichtige Herrlichkeit, uns, die wir nicht sehen auf das Sichtbare, sondern auf das Unsichtbare. Denn was sichtbar ist, das ist zeitlich; was aber unsichtbar ist, das ist ewig.[1]

Liebe Gemeinde, durch die Taufe wird ein Mensch Teil des Leibes Christi, gehört zum Reich Gottes, zur Gemeinschaft der Heiligen. Das sehen wir zwar nicht, gilt aber im Blick auf den „inneren Menschen“, von dem Paulus in seinem Brief schreibt – ja, und hier wird die Taufe nicht ausdrücklich erwähnt, aber letztlich bedeutet Taufe genau das: Der „innere Mensch“ gehört ab der Taufe zu Gott, zu Jesus. Bei einem Baby sieht man noch nicht, was es bedeuten kann, wenn der „innere Mensch“ zu Gott gehört, aber wenn ich manchmal einen Menschen beerdige, wird mir und den Angehörigen sehr deutlich, welche Kraft von diesem „inneren Menschen“ ausgehen kann.

Ich erinnere mich noch gut an eine Trauerfeier, bei der mir die Angehörigen vom schweren Schicksal der Verstorbenen erzählten – und auch von der enormen Kraft, die sie hatte, mit schwierigen Situationen fertig zu werden, angefangen vom Krieg mit seinen Schrecken über die Flucht bis hin zum Neuanfang hier in Bayern.

---

* Predigt am Sonntag Jubilate 2018 (22. April 2018) in Rottenbach (Lautertal, Bayern).

1 *Die Bibel nach Martin Luthers Übersetzung*, revidiert 2017, Stuttgart: Deutsche Bibelgesellschaft 2016.

https://doi.org/10.1515/9783110614626-019

Manche werden bei solchen Erlebnissen verbittert oder hadern mit ihrem Schicksal – bei der Verstorbenen spürte man nichts davon. Ihr „innerer Mensch“ – so würde ich es mal sagen – war geprägt durch einen Halt im Glauben, im Vertrauen darauf, dass Gott letztlich unser Leben in seiner Hand hält, auch wenn es manchmal schwer ist und wir kaum verstehen können, warum alles so und nicht anders läuft. Ja, sie erlebte auch Bedrängnis, aber die war – ähnlich wie bei Paulus – zeitlich begrenzt. Sie erlebte auch die Freuden, die einem geschenkt sind, wenn die Kinder, Enkelkinder und viele Nachbarn und Freunde einen besuchen, mit einem reden und man eben einfach spürt, dass man in einer schönen und tragenden Gemeinschaft lebt. Diese Verstorbene war eine Frau, die sich an vielem erfreuen konnte – die Blumen im Garten waren lange Jahre für sie so eine Quelle des Glücks, ähnlich wie die Gespräche mit den Menschen in ihrer Umgebung.

Als sie verstorben war, sah man nur noch den Sarg und das Äußere, was „zeitlich“ ist. Paulus aber weist uns vor allem auf das „Unsichtbare“, das „Innere“ hin, welches ewig ist. Das, was das Wesen dieser Frau wirklich ausmachte, ihre Dankbarkeit, ihre Zufriedenheit, ihre Möglichkeit, sich an den Kleinigkeiten des Alltags zu erfreuen – all das konnte man zwar erahnen, war aber letztlich unsichtbar. Ihr Wesen, ihr „innerer Mensch“ aber ist letztlich in Gott seit ihrer Taufe verankert. Deshalb dürfen wir darauf vertrauen, dass sie auferstehen wird, ähnlich wie Paulus und viele andere nach ihm. Auch im Blick auf die Auferstehung ist natürlich vieles nicht oder noch nicht sichtbar, sondern eben geheimnisvoll. Aber das Beispiel solcher Menschen kann uns Hoffnung und Kraft geben, selbst mit schwierigen Lebenssituationen anders umzugehen – weil unser „innerer Mensch“ von Tag zu Tag erneuert wird – wie Paulus schreibt.

Wie ist das bei Ihnen mit dem „inneren Menschen“ – erleben Sie auch, wie der Glaube an Jesus Christus für Sie zum Halt wird? Ich hatte in meinem Leben schon einige Tiefpunkte zu überwinden – am schlimmsten war für mich der Moment, als ich nach 25 Jahren Ehe endgültig klar erkennen musste, dass ich transsexuell bin, eine Geschlechtsangleichung brauche und dies meiner Frau sagen muss. Ich war mir ziemlich sicher, sie würde dann die Scheidung einreichen – und im Blick auf meinen Arbeitgeber war ich mir auch nicht klar darüber, ob ich mir dann etwas Neues suchen musste. Wer – so wie ich – die eigene Frau liebt, der wird verstehen, wie es einen innerlich fast zerreißt. Mein „äußerer Mensch“, wie Paulus es sagen würde, war ziemlich unten. Das ging so weit, dass ich mir überlegte, wie ich mich am schnellsten umbringen könnte. Aber ich hatte dann den Eindruck, als ob Gott etwas Anderes mit mir vorhatte und mich unabhängig von meinem Geschlecht so annimmt, wie ich bin. Das gab mir letztlich neu den Mut, alles anzupacken und Schritt für Schritt mich zu öffnen.

Dann erlebte ich, wie sich meine Frau nach einigen Monaten entschied, bei mir zu bleiben und mein Arbeitgeber mir auch zusicherte, dass ich weiter als Pfarrerin tätig sein könne. Durch mein öffentliches Coming-out im Jahr 2013 gab es ein großes Interesse der Medien, aber was mich noch mehr bewegte, war das Interesse vieler Menschen an meiner Lebensgeschichte. Ich wurde zu Vorträgen eingeladen und spürte: Ich kann hier etwas für die Verbesserung der Lebenssituation transsexueller Menschen tun. Eines Tages war ich dann in Frankfurt an der Goethe-Universität zu einem Vortrag eingeladen und im Anschluss daran gab es ein Abendessen, bei dem mich der Dozent fragte, was meine Vision, mein Traum sei – und ich antwortete: Eine wissenschaftliche Konferenz zum Thema Transsexualität, bei der Theologen und Neurowissenschaftler zusammenarbeiten. Ich dachte damals aber nicht, dass diese Vision einmal Wirklichkeit werden könnte. Aber der Dozent meinte: „Das ist eine tolle Idee. Ich habe bereits Erfahrung mit der Organisation wissenschaftlicher Konferenzen und ich würde das gerne weiterverfolgen.“

Ich hatte damals Kontakt zu einer Neurowissenschaftlerin und vermittelte dann beide miteinander. So fing das Projekt an, konkret zu werden und im Februar 2016 fand dann die internationale, interdisziplinäre Konferenz „Transsexualität. Eine gesellschaftliche Herausforderung im Gespräch zwischen Theologie und Neurowissenschaften“ an der Goethe-Universität Frankfurt statt. Ich wurde gebeten, ein Grußwort zu sprechen und leitete mit meiner Frau zwei Workshops. Der „innere Mensch“ wurde also immer wieder erneuert – und diese Konferenz wie auch vieles, was ich seit meinem Coming-out im Blick auf transsexuelle Menschen erleben konnte, machten mir deutlich, wie Gott in diesem Bereich etwas verändern will. Ja, und trotzdem erlebte ich auch, wie der „äußere Mensch“ immer wieder schwierige Situationen durchmachen musste. Aber mein Glaube an Jesus Christus und an all das, was er für uns Menschen getan hat, wie er gelebt hat – all das gibt mir immer wieder neue Kraft, weiterzumachen und darauf zu hoffen, dass Gott auch heute noch diese Welt mit unserer Hilfe zu einem schöneren Ort gestalten will.

Paulus sagte, wir „sehen nicht auf das Sichtbare, sondern auf das Unsichtbare. Denn was sichtbar ist, das ist zeitlich; was aber unsichtbar ist, das ist ewig.“ Ja, so erging es mir in den letzten Jahren auch immer wieder. Das, was wir an Realität sehen, kann verändert werden durch das, was Gott uns an Visionen und Ideen schenkt, wie man diese Welt in Seinem Sinn verändern und gestalten kann. Das, was uns im Blick auf die Ewigkeit zugesagt ist, gilt ein für alle Mal. Im Blick auf unser Leben im Alltag ist klar: Dem „inneren Menschen“ kann vieles Auftrieb geben. Das muss keine Konferenz sein – das können auch kleine Dinge im Alltag sein. Vielleicht ist es auch so, dass wir erst deutlich merken, was der „innere Mensch“ ist, wenn der „äußere Mensch“ immer mehr zur Last wird, wenn wir älter werden und eben nicht mehr so fit sind wie mit 20. Dann kann es sein, dass man mit einem Mal Hilfe von anderen Menschen braucht. Wie geht man damit um?

Es gibt ältere Menschen, die sich mit Händen und Füßen gegen fremde Hilfe wehren. Andere lassen es einfach zu, weil der „innere Mensch" ihnen deutlich macht: Du bist Gottes geliebtes Kind, auch wenn Du nichts mehr selber tun kannst. Du bist von Gott geliebt, auch wenn Du nichts mehr leisten kannst. Ja, das ist eine Herausforderung – zumal, wo wir alle in einer Leistungsgesellschaft leben und auf Leistung getrimmt werden. Aber ist es nicht der Kern unseres Glaubens, dass wir alle von Gott geliebt sind und von ihm gerechtfertigt werden, weil Jesus Christus für uns starb und für uns auferstand?

Manche transsexuellen Menschen erleben diese bedingungslose Liebe leider viel zu wenig oder gar nicht; und wenn man sieht, welche Hindernisse es auf dem Weg einer Geschlechtsangleichung in einer Demokratie wie Deutschland immer noch gibt, dann wünscht man sich als Mensch mit transsexueller Biographie mehr Christinnen und Christen, die sich für transsexuelle Menschen und ihre Rechte einsetzen. Im Juni habe ich – um die Lage transsexueller Menschen innerhalb der Kirche, aber auch in der Gesellschaft – zu verbessern, den Verein *Kreuzweise-Miteinander e. V.* gegründet,[2] der auf Spenden und Kollekten angewiesen ist. Ich freue mich über alle, die unseren Verein und damit auch die Anliegen transsexueller/transidenter Menschen unterstützen.

Wichtig ist mir auch das Gebet für all die Menschen, deren Lebenssituation schwierig geworden ist – aus welchen Gründen auch immer. Es tut gut, wenn andere Menschen sich im Gebet mit denen solidarisieren, die Leid erleben und durchstehen müssen. Gewiss: Gebet und entsprechende Taten gehören zusammen – aber beides kann dem „inneren Menschen" Auftrieb geben. In diesem Sinne wünsche ich uns, dass uns immer mehr der „innere Mensch" bewusst wird, wir ihn stärken und im Vertrauen auf Jesus Christus, dem Anfänger und Vollender unseres Glaubens leben. Amen.

* * *

2 Weitere Informationen zum Verein finden sich unter www.kreuzweise-miteinander.de.

Thesen zur Transsexuellenseelsorge*

1. Ein Ziel der Seelsorge an transsexuellen Menschen sollte darin bestehen, deren Resilienz zu fördern.
2. Es stünde der Evangelischen Kirche in Deutschland (EKD) gut an, neben den verschiedenen Seelsorgefeldern wie Telefonseelsorge, Urlaubsseelsorge, Polizeiseelsorge, Militärseelsorge auch die Transsexuellenseelsorge zu institutionalisieren.
3. Transsexuellenseelsorge geschieht manchmal nicht im direkten Gespräch, sondern virtuell im Internet (z. B. in speziellen Foren).
4. Systemische Seelsorge und Kenntnisse im Bereich der Eheseelsorge sind für die Ausbildung von Transsexuellen-Seelsorger*innen hilfreich.
5. Seelsorge und Gebet gehören zusammen und bereichern einander.
6. Reparative Therapien müssen von seriösen Seelsorger*innen abgelehnt werden – egal, ob Psychiater*innen, Psychotherapeut*innen oder Heilpraktiker*innen sie vertreten oder fundamentalistische, religiöse Gruppen.[3]
7. Seelsorge und Bildungsarbeit gehören zusammen, denn Aufklärung und Bildung helfen der Gesellschaft, transsexuelle Menschen besser zu verstehen.
8. Seelsorge findet statt, indem Menschen in ihrer Person wertgeschätzt und anerkannt werden.
9. Seelsorge schenkt Menschen Hoffnung und (neue) Visionen bzw. trägt dazu bei, diese (neu) zu entdecken.
10. Schöpfungsaussagen der Bibel können in Kombination mit der Perspektive der Neurowissenschaften Evangelium für einen transsexuellen Menschen sein.
11. Seelsorger*innen sollten wissen, wie hilfreich die Hormontherapie für transsexuelle Menschen sein kann.
12. Da bei einer medizinischen Geschlechtsangleichung auch der Einfluss von Pharmaunternehmen eine Rolle spielen kann, sollten sich Seelsorger*innen, die mit transsexuellen Menschen zu tun haben, mit evidenzbasierter Medizin und medikamentenverursachten Depressionen auskennen.
13. Seelsorge und Gemeinde können in ihrer Beziehung aufeinander eine Kraftquelle für transsexuelle Menschen werden.

---

* Mit ausführlicher Erklärung vorgetragen auf der 6. Gesamtkirchlichen Bildungskonferenz der EKHN in Frankfurt am Main am 28. Mai 2018. In einer späteren Publikation ist ein Aufsatz hierzu geplant.

3 Vgl. Claudia (H.-J.) Haupt, „Die Pathologisierung transsexueller Menschen beenden!“ (2012), in [http://t1p.de/psychopathologisierung18] (Zugriff: 29.10.2018).

Personenregister

Sachregister